MANUAL OF BUSINESS ITALIAN

The **Manual of Business Italian** is the essential companion for all who use Italian for business communication.

The *Manual* is divided into five sections covering all the requirements for business communication, whether written or spoken. Fully bilingual, the *Manual* is of equal value to the relative beginner or the fluent speaker.

Features include:
- 40 spoken situations, from booking a ticket to making a sales pitch
- 80 written communications covering memos, letters, faxes and résumés
- facts and figures on the countries that use the language
- a handy summary of the main grammar points
- a 5000-word two-way glossary of the most common business terms

Written by an experienced native and non-native speaker team working in business language education, this unique *Manual of Business Italian* is an essential one-stop reference for all students and professionals studying or working in business and management where Italian is used.

Vincent Edwards is Head of Research at The Business School of The Buckinghamshire College (A College of Brunel University). **Gianfranca Gessa Shepheard** is a freelance translator.

D0912746

In the same series

*French Business Situations**
Stuart Williams and Nathalie McAndrew-Cazorla
*German Business Situations**
Paul Hartley and Gertrud Robins
*Italian Business Situations**
Vincent Edwards and Gianfranca Gessa Shepheard
*Spanish Business Situations**
Michael Gorman and María-Luisa Henson
Manual of Business French
Stuart Williams and Nathalie McAndrew-Cazorla
Manual of Business German
Paul Hartley and Gertrud Robins
Manual of Business Spanish
Michael Gorman and María-Luisa Henson

*Accompanying cassettes available

MANUAL OF BUSINESS ITALIAN

A comprehensive language guide

Vincent Edwards
and
Gianfranca Gessa Shepheard

London and New York

In the preparation of the Business Situations and Business Correspondence sections of this handbook every effort was made to avoid the use of actual company names or trade names. If any has been used inadvertently, the publishers will change it in any future reprint if they are notified.

First published 1996
by Routledge
11 New Fetter Lane, London EC4P 4EE

Simultaneously published in the USA and Canada
by Routledge
29 West 35th Street, New York, NY 10001

© Vincent Edwards and Gianfranca Gessa Shepheard 1996

Typeset in Rockwell and Univers by Solidus (Bristol) Ltd
Printed and bound in England by Clays Ltd, St Ives plc

British Library Cataloguing in Publication Data
A catalogue record for this book is available from the British Library

Library of Congress Cataloguing in Publication Data
A catalogue record for this book has been requested

ISBN 0–415–09265–5 (hardback)
ISBN 0–415–12904–4 (pbk)

Contents

Business Situations

How to use the Business Situations

The spoken situations which follow are intended to cover a wide range of business interactions, from the brief and informal through to the more formal and prolonged exchange typical of the negotiating or interview situation. The user is encouraged not simply to read the situations together with their parallel English version, but to attempt, individually or in group work, with the help of the recording if applicable, the following exploitation exercises:

- using the original situations as models, construct dialogues on similar lines with the available vocabulary
- use the situations, or sections of them, as the basis for role-play exercises
- interpreting practice Italian/English, English/Italian
- practice in oral summary (i.e. listen to the recorded Italian version, and then summarize the content, in English or in Italian)
- oral paraphrase: listen to one version, then recount it using different expressions, but attempting to keep the same meaning
- transcription/dictation practice from the recording
- translation practice Italian/English, English/Italian

The material in the situations is intended as a basis for further expansion and exploitation, and is ideal for use in in-house training programmes, or in open-learning centres, as well as for individual use.

Sezione I
Section I

Al telefono
On the telephone

1 Making an enquiry

(a) Can I visit?

Maureen Simmons	Good morning. Robinson's Motors.
Mr Lewis	Hello, my name is Lewis. I've just seen your advert for the Riva 25s available on fleet terms. We've been looking for half a dozen vehicles at the right price for a while and your offer interests us.
Maureen Simmons	Fine. Would you like me to send you more information?
Mr Lewis	No, thanks. I'd rather come down to your salesroom this afternoon with a colleague to discuss the matter with you.
Maureen Simmons	No problem, Sir. My name is Maureen Simmons and I'll be available from 2.30. Can you give me your name again and your company, please?
Mr Lewis	Of course. It's Alan Lewis, from Stafford Electronics. I know where you are, so we'll be there for 2.30. See you then, goodbye.
Maureen Simmons	Thanks, see you later.

(b) What products do you sell?

Telephonist	Preece and Pritchard. Good morning.
James Davies	Good morning. Could you put me through to Sales?
Telephonist	Certainly. Just a moment.
Assistant	Sales, good morning. Can I help you?
James Davies	My name is James Davies, from Goodright Inc. Can you tell me if you sell water pumps?
Assistant	Yes, we do. Industrial and domestic.
James Davies	Can you send me a copy of your catalogue and price list?
Assistant	Certainly, just give me your address. We'll get it off to you later today.

1 Richiesta di informazioni

(a) Potrei venire?

Marisa Simone   Buongiorno. Rubino Automobili. Mi dica.

Carlo Luzzi   Buongiorno. Mi chiamo Carlo Luzzi. Ho appena visto il vostro[1] annuncio pubblicitario per la Riva 25 disponibile per parchi auto aziendali. Da qualche tempo vogliamo acquistare sei autovetture al prezzo giusto e la vostra offerta ci sembra alquanto interessante.

Marisa Simone   Benissimo. Vuole che le mandi altre informazioni?

Carlo Luzzi   No. Vorrei venire al vostro autosalone oggi, nel pomeriggio, con un collega per discuterne con voi.

Marisa Simone   Va bene. Mi chiamo Marisa Simone e sarò libera dalle 14.30 in poi. Può dirmi nuovamente il suo nome e quello della sua ditta?[2]

Carlo Luzzi   Sì, certamente. Mi chiamo Carlo Luzzi e lavoro per la società Staffi Elettronica. So già dove si trova il vostro autosalone. Arrivederla alle due e mezzo. Grazie.

Marisa Simone   Grazie a lei, arriverderla.

1 Note the use of 'vostro' etc. when referring to companies.
2 Alternatives to *ditta*: *società, azienda, impresa.*

(b) Che prodotti vendete?

Telefonista   Prizzi Pompe, buongiorno.

Giacomo Davizza   Buongiorno. Vorrei parlare con l'ufficio vendite.

Telefonista   Un attimo prego.

Impiegato   Ufficio vendite. Buongiorno. Mi dica.[1]

Giacomo Davizza   Sono Giacomo Davizza, dalla Benfatto SpA. Potrebbe dirmi se la Prizzi Pompe vende pompe idrauliche?

Impiegato   Sì, le vendiamo, di tipo industriale e domestico.

Giacomo Davizza   Potreste spedirci[2] una copia del vostro catalogo e listino prezzi?

Impiegato   Certo, può darmi l'indirizzo della Prizzi Pompe? Ve lo spediamo oggi stesso.

1 Literally, *please tell me.*
2 Alternative: *inviarci.*

2 Ordering

(a) Placing an order

Tracy	DIY Stores, Tracy speaking. How can I help you?
Customer	I should like to order some plywood please.
Tracy	Certainly sir, putting you through.
Wood department	Wood department.
Customer	I would like to order quite a large quantity of plywood.
Wood department	Certainly sir. Do you know what quality or can you tell me what it is for?
Customer	The purpose is to make shelving and the quality should be good enough to hold books.
Wood department	Right then I would suggest three-ply 1½ cm thickness. How many metres do you want to order?
Customer	I need 150 metres. Is there a discount for quantity?
Wood department	There are progressive discounts from 50 metres.
Customer	Very good. I will give you my address and you can tell me when your earliest delivery date is and what invoicing procedure you operate.

(b) Changing an order

Colin Pine	Please put me through to Steve Jones in Sales. . . . Hello, Steve. Colin here. I've had a think about what you suggested yesterday regarding the photocopier we ordered. We've decided to change our order from the CF202 to the FC302. I think that will meet our requirements better. Shall I send you a new order?
Steve Jones	That would be a good idea. Please send it with a note cancelling the initial order.
Colin Pine	Thanks Steve. Bye.

2 Ordini

(a) Inoltro di ordinazione

Tina	Bricolage[1] Oggi. Mi dica.
Cliente	Vorrei ordinare del legno compensato.
Tina	Certo. Un attimo prego.
Reparto Legnami	Reparto Legnami.
Cliente	Vorrei ordinare una certa quantità di legno compensato.
Reparto Legnami	Sì. Mi sa dire di che tipo o per quale lavoro?
Cliente	Vorrei fare degli scaffali e perciò il compensato deve essere abbastanza forte per sostenere il peso di libri.
Reparto Legnami	In quel caso le consiglierei un compensato con uno spessore di un centimetro e mezzo. Quanti metri gliene occorrono?[2]
Cliente	Me ne servono 150 metri. Fate uno sconto per acquisti di compensato in grandi quantità?
Reparto Legnami	Facciamo sconti progressivi a partire da acquisti di 50 metri.
Cliente	Benissimo. Le do il mio indirizzo. Può dirmi poi quale è la primissima data in cui potreste consegnarmi la merce e può dirmi anche che sistema di fatturazione usate?

1 DIY is also referred to as *Fai Da Te*.
2 Alternatives: *Di quanti metri avrebbe bisogno; Quanti metri gliene servono?*

(b) Modifica d'ordine

Corrado Pinna	Mi passa il signor Carta dell'ufficio vendite per favore? . . . Ciao Stefano, sono Corrado Pinna. Ho ripensato a quello che mi hai consigliato ieri sulla fotocopiatrice che abbiamo ordinato. Abbiamo deciso di cambiare l'ordine dalla CF202 alla FC302. Secondo me si addice meglio[1] alle nostre esigenze.[2] Vuoi che ti mandi un altro buono d'ordine?
Stefano Carta	Penso sia meglio. Spediscilo con un avviso di disdetta dell'ordine originale.
Corrado Pinna	Grazie Stefano, ciao.

1 Alternative: *è più adatta*.
2 Alternative: *necessità*.

(c) Cancelling an order

Store manager	Hello, Sandhu's Wholesale.
Customer	Morning. It's Mrs Wilson here, of Lomas Supermarket. I'm ever so sorry, but my brother has got our order wrong this week. Do you mind if we change it over the phone?
Store manager	No, madam, as long as there's nothing perishable that we've had to order specially. Can you give me the order number?
Customer	Yes, it's SCC 231. We only put it in three days ago and it's all packaged catering goods. All we want to do is cancel the soft drinks and the cereals, and have another 15 large boxes of Mercury instead. Is that all right?
Store manager	I've found the order and the invoice. We can change that before you call tomorrow and I'll make you out another bill. Will you pay on the spot?
Customer	Yes, by cheque as usual. Thanks for your help. Goodbye.

(d) Confirming receipt of an order

Telephonist	Klapp and Weaver. Good morning.
Julie Little	Morning. Can I speak to Mr Preece, please?
Telephonist	Yes, putting you through now.
George Preece	Hello, Preece here.
Julie Little	Morning Mr Preece. Julie Little here. I'm ringing to confirm receipt of our order number B/397/386.
George Preece	The radial tyres?
Julie Little	Yes, that's the one. They arrived today. You asked me to confirm receipt as soon as possible.
George Preece	Well, thanks for getting back to me.
Julie Little	We'll get your invoice processed in the next few days.
George Preece	Fine. Thanks for ringing. Goodbye.
Julie Little	Goodbye.

(c) Disdetta d'ordine

Grossista   Buongiorno. Ingrosso Alimentari.

Cliente   Buongiorno. Sono Marianna Bianchi del Supermercato Lomas. Mi dispiace molto disturbarla, ma questa settimana mio fratello vi ha inviato l'ordine sbagliato. Le dispiace modificarlo[1] al telefono?

Grossista   Certo, possiamo modificarlo purché l'ordine non comprenda articoli deperibili che abbiamo dovuto ordinare specialmente. Può darmi il numero del buono d'ordine?

Cliente   Sì, SCC 231. Gliel'abbiamo spedito solo tre giorni fa e comprende solamente prodotti preconfezionati. Vogliamo solamente cancellare[2] l'ordine per le bibite ed i corn-flakes e ordinare invece altre 15 scatole grandi di cioccolatini Mercurio. Sarebbe possibile?

Grossista   Ah, eccoli. Ho trovato il buono d'ordine e la fattura. Possiamo cambiare l'ordine prima che lei passi qui domani e le preparo un'altra fattura. Paga domani quando ritira[3] la merce?

Cliente   Sì, pagherò con un assegno come al solito. Grazie per il suo aiuto. Arrivederla a domani.

The following alternatives may be used:
1 *cambiarlo*;
2 *disdire*;
3 *preleva*.

(d) Conferma di ricevuta d'ordine

Telefonista   Tessitori Riuniti. Buongiorno.

Giulia Piccoli   Buongiorno. Potrei parlare con il signor Prizzi?

Telefonista   Un attimo, prego! Glielo passo.

Giorgio Prizzi   Buongiorno. Prizzi.

Giulia Piccoli   Buongiorno, signor Prizzi. Sono Giulia Piccoli. L'ho chiamata[1] per confermarle che abbiamo ricevuto la merce ordinata con l'ordine B/397/386.

Giorgio Prizzi   I cinturati?

Giulia Piccoli   Esatto! Sono arrivati oggi. Mi aveva chiesto di confermarle l'arrivo della merce appena possibile.

Giorgio Prizzi   Ah, sì. Grazie per averlo fatto.

Giulia Piccoli   Pagheremo la fattura nei prossimi giorni.

Giorgio Prizzi   Va bene. Grazie della telefonata. Arrivederla.

Giulia Piccoli   Arrivederla.

1 Note ending because of *lei* form.

(e) Clarifying details of an order

Edward   Good afternoon, DIY Stores, Edward speaking.

Customer   Hello, I am ringing about an order I made on the 27th. My name is Jones.

Edward   Just a moment . . . Mr B Jones, 24 litres of paint to be delivered on the 4th?

Customer   Yes, that's my order but I would like to change one or two details if I may.

Edward   Certainly Mr Jones. Go ahead.

Customer   I originally ordered six litres of eggshell blue matt, I would like to change that to sky blue vinyl silk. Is that OK?

Edward   Yes, that is all right. We have it in stock. Anything else?

Customer   Just the delivery address. Could you deliver the paint to the site, 34 Western Way, on the 4th as agreed?

Edward   No problem, sir.

(e) Apporto di modifica ad ordine

Edoardo Carli Buongiorno, Bricoshop, Carli, mi dica!

Cliente Buongiorno. Vi chiamo a proposito di un ordine inoltrato[1] al Bricoshop il 27 scorso. Mi chiamo Di Giovanni.

Edoardo Carli Un attimo prego ... signor Di Giovanni Bruno, 24 litri di vernice da consegnare il 4?

Cliente Esatto. Quello è il mio ordine, ma adesso vorrei cambiare qualche particolare.[2]

Edoardo Carli Certo, Signor Di Giovanni. Mi dica.

Cliente Inizialmente avevo ordinato sei litri di vernice opaca di colore celeste pelle d'uovo, ma adesso vorrei vernice vinilica di colore azzurro cielo. È possibile?

Edoardo Carli Sì, va bene. Ne abbiamo delle scorte in magazzino. Vuol[3] cambiare qualcos'altro?

Cliente Soltanto il recapito[4] per la consegna. Potreste consegnare la vernice direttamente al cantiere, in viale Occidentale 34, il 4 come convenuto?[5]

Edoardo Carli Certamente.

The following alternatives may be used:
1 *trasmesso;*
2 *qualche particolare: alcuni dettagli;*
3 *vuole, vorrebbe;*
4 *l'indirizzo;*
5 *stabilito.*

3 Making an appointment

Receptionist	Good morning, Chiltern International. Can I help you?
Paul Wignall	Good morning, I would like to speak to Mrs Mills's secretary.
Receptionist	One moment, please.
Secretary	Sue Jones.
Paul Wignall	Good morning, Ms Jones. My name is Wignall, from Whitnash Industries. I shall be in your area next week and would like to discuss product developments with Mrs Mills. Tuesday or Wednesday would suit me best.
Secretary	Let me check Mrs Mills's diary. She could see you Wednesday morning at 10.
Paul Wignall	That would be fine. Thank you very much.
Secretary	Thank you.
Paul Wignall	Goodbye.
Secretary	Goodbye.

3 Come fissare un appuntamento

Centralista	Buongiorno, Corrieri Internazionali. Mi dica.
Paul Wignall	Buongiorno. Vorrei parlare con la segretaria della Signora Milletti.
Centralista	Un attimo prego.
Segretaria	Lia Giannoni, buongiorno.
Paul Wignall	Buongiorno, signorina. Sono Paul Wignall della società Whitnash Industries. La settimana entrante[1] sarò nella vostra zona e vorrei presentare i nuovi prodotti della mia società alla signora Milletti. Preferirei, se possibile, un appuntamento martedì o mercoledì prossimo.
Segretaria	Un attimo prego, controllo l'agenda della signora Milletti. La signora sarà disponibile[2] alle ore 10 di mercoledì mattina.
Paul Wignall	Mi va benissimo. La ringrazio.
Segretaria	Grazie a lei.
Paul Wignall	Arrivederla.
Segretaria	Buongiorno.

1 Alternatives: *prossima, che viene.*
2 Alternatives to *disponibile*: *libera da impegni.*

4 Invitation to attend a meeting

Secretary Hello, Mr Anguita?

Director Yes, speaking.

Secretary Javier Clemente here. I'm secretary to Lucía Ordóñez, public relations manager at Agencia Rosell, Barcelona.

Director Oh, yes. We met last month at the trade fair in Tarragona. She mentioned that your agency could perhaps assist my company.

Secretary That's right. Well, since then she has been in touch with a number of local firms who wish to set up joint projects elsewhere in Europe. A meeting is scheduled for Tuesday, 6 October, at our offices here in Barcelona. She has written to invite you. I'm ringing now to give you advance warning.

Director That's very kind. I'll check my diary and either way I'll get my secretary to ring you before the weekend. Will you thank Ms Ordóñez and tell her I hope I will be able to make it on the 6th?

Secretary I will. Thank you, Mr Anguita. By the way, our number is 3516784.

Director Sorry, I nearly forgot to ask you! Send Ms Ordóñez my regards, and thanks again. Goodbye.

Secretary Good afternoon.

4 Invito a partecipare ad una riunione

Segretario   Buongiorno, parlo con il signor Anguita?

Direttore   Sì, sono Anguita.

Segretario   Mi chiamo Javier Clemente e sono il segretario di Lucía Ordóñez,
responsabile delle relazioni pubbliche della Agencia Rosell, di
Barcellona, in Spagna.

Direttore   Ah, sì. Ci siamo incontrati il mese scorso alla fiera commerciale di
Tarragona. La signora Ordóñez mi ha detto che la vostra agenzia
potrebbe assistere la mia società.

Segretario   Esatto. Dopo quell'incontro a Tarragona la signora Ordóñez si è
messa in contatto con[1] numerose aziende[2] locali che vogliono
impiantare[3] progetti congiunti[4] altrove in Europa. Una riunione è
stata fissata per martedì venturo,[5] 6 ottobre, nei nostri uffici qui a
Barcellona. La signora Ordóñez le ha già scritto per invitarla. L'ho
chiamata per comunicarle l'invio di questo invito.

Direttore   La ringrazio. Controllerò i miei impegni sull'agenda e chiederò in
ogni modo alla mia segretaria di chiamarla prima del fine
settimana.[6] Ringrazi da parte mia la signora Ordóñez e le dica che
spero di essere all'incontro del 6 ottobre prossimo.

Segretario   Lo farò senz'altro! Grazie, signor Anguita. E il nostro numero di
telefono è 351 6784.

Direttore   Mi scusi, avevo quasi dimenticato di chiederglielo! Mi saluti tanto la
signora Ordóñez, e di nuovo grazie. Arriverderla.

Segretario   Buongiorno a lei.

The following alternatives may be used:
1 *si è messa in contatto con*: *ha contattato*;
2 *aziende*: *imprese, società*;
3 *avviare*;
4 *congiunti*: *in collaborazione*;
5 *venturo*: *prossimo*;
6 *del fine settimana*: *del weekend. Il fine settimana* and *la fine settimana* are both correct.

5 Apologizing for non-attendance

(a) At a future meeting

Nancy Richards	Nancy Richards.
Bill Perkins	Morning Nancy. Bill Perkins here.
Nancy Richards	Hello Bill, how are you?
Bill Perkins	Fine thanks. Look, I've just received notice of the sales meeting next Tuesday.
Nancy Richards	Yes, is there a problem?
Bill Perkins	Afraid so. I'll have to send my apologies. I'm already committed to a trade fair trip.
Nancy Richards	OK I'll pass on your apologies. Can you send someone else?
Bill Perkins	I've a colleague who can probably come. Her name is Susie Rogerson. I'll ask her to call you later today.
Nancy Richards	Fine. Well, have a nice trip. I'll see you when you get back.

5 Presentazione di scuse per l'assenza

(a) Ad una prossima riunione

Nanda Ricciardi	Pronto, Nanda Ricciardi.
Bernardo Pozzi	Buongiorno, signorina Nanda. Sono Bernardo Pozzi.
Nanda Ricciardi	Buongiorno Pozzi. Come va?
Bernardo Pozzi	Bene grazie. Senta, ho appena ricevuto il preavviso della riunione del reparto vendite di martedì prossimo.
Nanda Ricciardi	Sì, c'è qualcosa che non va?
Bernardo Pozzi	Purtroppo. Dovrò scusarmi perché ho già preso un altro impegno: devo andare ad[1] una mostra commerciale.
Nanda Ricciardi	Allora presenterò io le sue scuse. Potrebbe incaricare qualcuno al suo posto?
Bernardo Pozzi	Ho una collega che forse potrebbe andarci. Si chiama Susanna Ruggeri. Le chiederò di chiamarla più tardi oggi.
Nanda Ricciardi	Va bene. Faccia buon viaggio e ci vedremo al suo rientro.

1 Alternative form of *a*, often used before a word beginning with a vowel.

(b) At a meeting that has already been held

George Parsons	Could you put me through to the Managing Director please.
Secretary	Certainly, sir. One moment.
Henry Sachs	Hello George. We missed you yesterday.
George Parsons	I am calling to apologize for my absence. I didn't write to you because I intended to come and was prevented at the last moment.
Henry Sachs	I gather there's a spot of bother in the Gulf.
George Parsons	Oh you've heard. Bad news travels fast. Yes we have a container ship on its way and rumours of war at its destination.
Henry Sachs	What will you do? Send it somewhere else pro tem?
George Parsons	Yes, but don't worry – I'll sort it out. Meanwhile how did your 'do' go?
Henry Sachs	Very well. All the important people came. Barry Clerkenwell from the BOTB was asking for you. I said you'd give him a bell.
George Parsons	Will do, and sorry again that I couldn't make it.

(b) Ad una riunione già tenutasi

Giorgio Pastore	Mi passa l'amministratore delegato, per piacere?
Segretaria	Un attimo[1] prego.
Enrico Sacchi	Buongiorno Pastore.[2] Abbiamo notato la sua mancanza[3] ieri.
Giorgio Pastore	L'ho chiamata per scusarmi per la mia assenza. Non le ho scritto prima dell'incontro[4] perché avevo intenzione di partecipare, ma ho avuto un imprevisto all'ultimo momento.
Enrico Sacchi	Mi pare ci siano problemi[5] nel Golfo.
Giorgio Pastore	Sì, l'ha saputo? Le brutte notizie si spargono in un battibaleno. Sì, abbiamo una nave portacontainer in navigazione e corre voce che ci sia una guerra nel porto di destinazione.
Enrico Sacchi	Cosa ha intenzione di fare? Magari dirottare la nave altrove nel frattempo?
Giorgio Pastore	Sì, ma non si preoccupi. Ci penso io. E com'è andato l'incontro?
Enrico Sacchi	È andato benissimo. C'erano tutti quelli che contano. Bruno Chiarenza dell'Ente Esport voleva parlarle. Ho promesso che lei l'avrebbe contattato al più presto.[6]
Giorgio Pastore	Lo farò senz'altro. Mi scusi ancora per la mia assenza.

1 Alternative to *attimo*: *momento*.
2 Note: Italians tend to formality in such situations and often use the *lei* form with colleagues.
3 Alternative to *mancanza*: *assenza*.
The following alternatives may be used:
4 *dell'incontro*: *della riunione*;
5 *Ci siano problemi*: *Ci siano guai*, *Ci sia qualcosa che non va*;
6 *il più presto possibile*, *quanto prima*.

6 Making a complaint

Max Russell	Service Department, please.
Assistant	Service Department.
Max Russell	Hello, my name's Russell, from Littleborough Plant & Equipment. Item IP/234 was ordered by us two weeks ago and has still not been delivered. I rang on Wednesday and was promised delivery by 5 p.m. yesterday. We still haven't received the part.
Assistant	I'm sorry, Mr Russell, let me check ... I'm afraid the part still hasn't come in to us. It's still on order from the manufacturer.
Max Russell	Look, I'm not interested in all that. I just want to know when we'll get the part. I stand to lose a good customer if I don't repair his machinery. If I don't get the part today, I'll go to another supplier.
Assistant	I'll chase up the manufacturer and see what I can do. I'll get back to you by 1 o'clock and let you know what the situation is.

6 Reclamo

Massimo Russo	Mi passa il Reparto Assistenza Clientela, per piacere.[1]
Assistenza Clientela	Reparto Assistenza Clientela, buongiorno.
Massimo Russo	Buongiorno. Sono Massimo Russo, della Russo Impianti & Attrezzi. Abbiamo ordinato l'articolo IP/234 due settimane fa e ancora non ci è stato consegnato. Ho già telefonato al[2] vostro reparto mercoledì scorso e mi avete promesso la consegna entro le 17 di ieri pomeriggio. Ma ancora non l'abbiamo ricevuto.
Assistenza Clientela	Mi dispiace, signor Russo, un attimo che controllo ... Sono spiacente,[3] ma questo articolo non è stato ancora consegnato a noi dal fabbricante a cui[4] l'abbiamo ordinato.
Massimo Russo	Guardi, a me questo non interessa proprio. Voglio soltanto sapere quando riceveremo il pezzo. Se non riesco a riparare la macchina di un nostro buon cliente, rischio davvero di perderlo. Se non mi fate avere questa parte oggi mi rivolgo ad un altro fornitore.
Assistenza Clientela	Chiamo di nuovo il fabbricante e vedo cosa posso fare. Le dò un colpo di telefono[5] prima dell'una per farle sapere.

The following alternatives may be used:
1 *per favore, per cortesia;*
2 *telefonato al*: *chiamato il*;
3 *mi dispiace, mi rincresce*;
4 *a cui*: *al quale*;
5 *la chiamo, le telefono.*

7 Reminder for payment

Tardy customer	Good day. Des Morrison speaking.
Supplier	Hello, Mr Morrison. It's Bankstown Mouldings here. Did you receive a letter from us last week reminding you about the outstanding account you have with us?
Tardy customer	No, can't say I did. Mind you, that's no surprise when you see the state of this office. We've just moved from the middle of town.
Supplier	Oh. Sorry to hear that. Well, it's an invoice for $2,356 which we sent out on 17 April; it probably arrived on the 19th or 20th.
Tardy customer	Can you remind me what it was for?
Supplier	Of course. We supplied you in March with several hundred wood and plastic ceiling fittings for the houses you were working on at the time. The invoice code is QZ163P.
Tardy customer	OK. I'll ask my wife to have a good look for it. In the meantime, what about sending me a copy so that we can pay up at the end of the month even if we can't trace the original?
Supplier	That's no problem. I'll fax it to you this afternoon if you have a machine.
Tardy customer	No way. I haven't seen ours since we moved! Send it by post to this address: Unit 12, Trading Estate, Pacific Highway. We'll settle up as soon as we get it. Sorry for the hassle.
Supplier	I'll post a copy today, and rely on you to keep your word.

7 Sollecito di pagamento

Cliente moroso	Buongiorno. Morrisi.
Fornitore	Buongiorno, signor Morrisi. Sono Formati della Villa Banchi. Ha ricevuto il sollecito di pagamento del suo conto insoluto che le abbiamo spedito la settimana scorsa?
Cliente moroso	Non mi pare[1] d'averlo ricevuto.[2] Ma, a dire il vero, questo non la sorprenderebbe se vedesse in che condizioni è quest'ufficio. Ci siamo appena trasferiti dal centro.
Fornitore	Oh, mi dispiace. In effetti si tratta di una fattura per 2.356 dollari inviata il 17 aprile scorso; sarà probabilmente arrivata il 19 o il 20.
Cliente moroso	Mi rinfresca la memoria sul[3] contenuto della fattura?
Fornitore	Certo. Nel marzo scorso le fornimmo diverse centinaia di fissaggi in plastica e legno per soffitti destinati ai fabbricati[4] in cui lavorava in quel periodo. Il numero della fattura è QZ163P.
Cliente moroso	Va bene. Chiedo a mia moglie di cercarla. Nel frattempo me ne manda una copia così possiamo pagarla alla fine del mese anche se non troviamo l'originale.
Fornitore	Senz'altro. Gliela mando per fax questo pomeriggio se ha un apparecchio.
Cliente moroso	Impossibile. Non vedo il nostro fax da quando ci siamo trasferiti! Mi mandi la fattura per posta a questo indirizzo: Zona Industriale Cosentino, Stabilimento 12, Viale della Pace. Appena arriva la paghiamo. Scusi il contrattempo.
Fornitore	Le spedisco la copia oggi e conto sulla sua parola.

The following alternatives may be used:
1 *pare*: *sembra*;
2 *d'averlo ricevuto*: *che ci sia pervenuto*;
3 *rinfresca la memoria sul*: *rammenta il, ricorda il*;
4 *ai fabbricati*: *agli edifici*.

8 Enquiry about hotel accommodation

Telephonist	Good morning, Hotel Brennan. Can I help you?
Customer	Hello. Can you put me through to Reservations?
Telephonist	Certainly. Putting you through now.
Reservations desk	Reservations. Good morning.
Customer	Morning. Could you tell me if you have a double room free from 14 to 16 May, or from 18 to 20 May?
Reservations desk	Just a moment. I'll check for you. Yes, we do. On both dates.
Customer	What's the price?
Reservations desk	The price per night, with bath and including breakfast, is £160. That includes service and VAT. Do you want to make a reservation?
Customer	I'll get back to you on it. Goodbye.
Reservations desk	Goodbye.

8   Richiesta d'informazioni sull'alloggio in albergo

Telefonista	Buongiorno, Hotel Brennero. Mi dica!
Cliente	Buongiorno. Mi passa l'ufficio prenotazioni?
Telefonista	Certo. La metto in linea.
Ufficio prenotazioni	Prenotazioni. Buongiorno.
Cliente	Buongiorno. Può dirmi se avete una camera doppia[1] dal 14 al 16 maggio prossimo, o dal 18 al 20, sempre di maggio?
Ufficio prenotazioni	Un attimo prego, controllo. Sì, per tutte due le date.
Cliente	Qual è il prezzo della camera?
Ufficio prenotazioni	Il prezzo per notte della camera con bagno, prima colazione, servizi e IVA[2] inclusi è di 300.000 lire. Vuole prenotare?
Cliente	La richiamo più tardi. Buongiorno.
Ufficio prenotazioni	Buongiorno a lei.

1   Alternative to *doppia*: *matrimoniale*.
2   IVA stands for *Imposta Valore Aggiunto*.

9 Changing an appointment

Susana López   Hello. May I speak to Elena Aznar?

Elena Aznar   Yes, that's me. How can I help you?

Susana López   This is Susana López. I rang yesterday to see if I could visit the Ministry on Friday to discuss with your staff the new plans for tax reforms in the recent Budget. Unfortunately, my boss has just told me that the time we fixed is no good as I have to attend an urgent meeting with him. Could we possibly change our appointment?

Elena Aznar   I'm sorry that's happened, but don't worry. When do you think you can come?

Susana López   Any chance of the following week, maybe Tuesday afternoon?

Elena Aznar   It looks unlikely, I'm afraid. How about Thursday at about 10.30? All the key staff should be here then.

Susana López   If you can give me a moment, I'll check ... Yes, that's fine as long as we can finish by 1 p.m. – my boss has to fly to the States in the afternoon.

Elena Aznar   That will suit us. When you arrive, please inform the security staff and they will direct you to the relevant department, which is on the fourth floor. OK?

Susana López   Many thanks for being so helpful. Looking forward to seeing you on the 8th.

Elena Aznar   Me too. Goodbye.

9 Modifica di appuntamento

Susana López	Buongiorno. Potrei parlare con Elena Aznar?
Elena Aznar	Sì, sono Elena Aznar. Mi dica.
Susana López	Buongiorno, sono Susana López. Ho telefonato ieri per chiedere se potrei venire al Ministero questo venerdì per discutere con il suo personale sui nuovi piani[1] di riforma tributaria[2] annunciati recentemente nel bilancio. Purtroppo il mio direttore mi ha appena detto[3] che l'orario stabilito non va bene[4] perché abbiamo un incontro urgente. Sarebbe possibile cambiare il nostro appuntamento?
Elena Aznar	Ah, peccato, ma non si preoccupi. Quando pensa che potrà[5] venire?
Susana López	Sarebbe possibile la settimana entrante, magari martedì pomeriggio?
Elena Aznar	No, purtroppo non è possibile. Forse giovedì verso le 10.30? Tutti i responsabili dovrebbero essere presenti.
Susana López	Un attimo per favore. Controllo ... Sì, va bene, purché possiamo concludere la visita alle 13 – il mio direttore deve prendere l'aereo per gli Stati Uniti nel pomeriggio.
Elena Aznar	Per noi va benissimo. Al vostro arrivo rivolgetevi alle guardie di sicurezza che vi indirizzeranno al reparto giusto, al quarto piano. D'accordo?
Susana López	Grazie mille per la sua cortesia. Spero di incontrarla giovedì 8.
Elena Aznar	Anch'io. Buongiorno.

The following alternatives may be used:
1 *piani*: *progetti;*
2 *tributaria*: *fiscale;*
3 *detto*: *comunicato;*
4 *non va bene*: *non è conveniente;*
5 *potrà*: *le sarà possibile.*

10 Informing of a late arrival

James Kennon	James Kennon.
Paul Alexander	Morning James, Paul here.
James Kennon	Hi, Paul. Where are you?
Paul Alexander	Still at Heathrow – my flight has been delayed.
James Kennon	So you'll be late for the meeting.
Paul Alexander	Afraid so! I'm now due to arrive at Düsseldorf at 11.15. I should be with you about 12.
James Kennon	Don't worry. We'll push the start of the meeting back to 11.30 and take the less important agenda items first.
Paul Alexander	Fine. Thanks for that. Look, I'd better dash – they've just called the flight.
James Kennon	OK. See you later. Bye.
Paul Alexander	Bye.

11 Ordering a taxi

Taxi firm	Hello.
Customer	Hello, is that A & B Taxis?
Taxi firm	Yes. What can we do for you?
Customer	We would like a cab straightaway to take our Sales Manager to the airport.
Taxi firm	Birmingham Airport?
Customer	Yes, the new Eurohub. It's quite urgent. He has to check in in 35 minutes.
Taxi firm	Don't worry we'll get him there. Give me your address and a cab will be with you in 5 minutes.

10 Comunicazione di arrivo in ritardo

Gianni Zeno	Gianni Zeno, Buongiorno.
Paolo Alessandri	Buongiorno Zeno. Sono Paolo Alessandri.
Gianni Zeno	Buongiorno Alessandri. Dove si trova?[1]
Paolo Alessandri	Ancora all'aeroporto di Heathrow – il mio volo è in ritardo.
Gianni Zeno	Allora arriverà in ritardo alla riunione.
Paolo Alessandri	Purtroppo. L'arrivo a Milano è previsto alle 11.15. Dovrei arrivare da voi verso le 12.
Gianni Zeno	Non si preoccupi. Rimanderemo l'inizio della riunione alle 11.30 e tratteremo prima i punti[2] meno importanti all'ordine del giorno.
Paolo Alessandri	Bene. Grazie. Devo andare, hanno appena chiamato il mio volo.
Gianni Zeno	Va bene. A più tardi. Arrivederci.
Paolo Alessandri	A presto.

1 Alternative to *Dove si trova*: *Dov'è.*
2 Alternative to *tratteremo*: *ci occuperemo prima dei punti, prenderemo in esame prima i punti.*

11 Prenotare un taxi

Posteggio di taxi	Buongiorno. Taxi.
Cliente	Buongiorno. Parlo con Taxi A & B?
Posteggio di taxi	Sì, mi dica.
Cliente	Vorremmo un taxi immediatamente per portare il nostro direttore delle vendite all'aeroporto.
Posteggio di taxi	A Linate?
Cliente	Sì, al nuovo Eurofulcro. Il taxi è urgentissimo. Deve fare il check-in[1] fra 35 minuti.
Posteggio di taxi	Non si preoccupi. Ce la faremo. Mi dia il suo indirizzo e un taxi sarà da voi entro 5 minuti.

1 Alternatives: *deve presentarsi al check-in, deve fare l'accettazione.*

12 Checking flight information

Travel agent	Russell's Travel, good morning.
Customer	Could you confirm my travel details for me, please?
Travel agent	Certainly sir. Do you have your ticket? Can you give me the details?
Customer	I am travelling on flight EA739 to Prague next Wednesday and then on to Bratislava the next day.
Travel agent	Flight EA739 leaves Heathrow at 11.35 a.m. and arrives in Prague at 15.05. Flight CZ417 leaves Prague at 16.30 and gets to Bratislava at 17.20. Is it an open ticket?
Customer	No, it's an Apex ticket.
Travel agent	That's fine, then. You must check in one hour before departure.
Customer	Thank you very much for your help.
Travel agent	Don't mention it.

12   Controllo delle informazioni su un volo

Agenzia di viaggi	Agenzia Viaggi Russo, buongiorno.
Cliente	Mi può confermare i dati sul mio viaggio, per piacere?
Agenzia di viaggi	Certamente! Ha il biglietto? Può darmi tutti i dettagli?
Cliente	Viaggio con il volo EA739 per Praga mercoledì prossimo e poi da lì con il volo per Bratislava il giorno dopo.[1]
Agenzia di viaggi	Il volo EA739 parte da Londra Heathrow alle 11.35 e arriva a Praga alle 15.05. Il volo CZ417 parte da Praga alle 16.30 e arriva a Bratislava alle 17.20. È un biglietto aperto?
Cliente	No, è un biglietto Apex.
Agenzia di viaggi	Benissimo. Deve presentarsi al banco accettazioni[2] un'ora prima della partenza.[3]
Cliente	Grazie della sua cortesia.[4]
Agenzia di viaggi	Non c'è di che![5]

The following alternatives may be used:
1 *il giorno dopo: l'indomani;*
2 *al banco accettazioni: al check-in;*
3 *della partenza: del decollo* (take-off);
4 *gentilezza;*
5 *Non c'è di che!: Prego!*

13 Booking a flight

Customer	Hello. Sunline Air Services?
Airline clerk	Yes, madam. This is Everton Frith. Can I help you?
Customer	Thank you. My name is Robertson. I'd like to book a direct flight to Antigua. How many times a week do you offer Luxury Class travel on your flights?
Airline clerk	There are departures from London each Monday afternoon and Thursday morning. Obviously, there are flights on other days with different airlines, but our tariffs are very competitive.
Customer	Yes, that's what they told me at the travel agency, but I wanted to check for myself. Could you quote me for two return tickets leaving on Thursday, 7 May?
Airline clerk	Can we first check flight details and then look again at prices?
Customer	Yes, fine. So how does the 7th look?
Airline clerk	On the 9.30 departure there are several pairs of seats available still; for your return journey you can make arrangements at the other end. Shall I pass you over to my colleague, Janet, who can give you more information on costs? Everything else will be dealt with by her, including your personal details, form of payment and delivery of tickets to you.
Customer	Thank you for your help.
Airline clerk	My pleasure.

13   Prenotazione di biglietti aerei

Cliente	Buongiorno. Parlo con la Servizi Solejet?
Impiegato	Sì, Servizi Solejet. Sono Elio Fantoni. Desidera?
Cliente	Mi chiamo Dirobbio. Vorrei prenotare due posti su un volo diretto per Antigua. Quante volte alla settimana avete dei posti in Top Class disponibili sui vostri voli?
Impiegato	Ci sono voli da Roma il lunedì pomeriggio ed il giovedì mattina. Ovviamente ci sono voli altri giorni offerti da altre compagnie aeree, ma le nostre tariffe sono molto competitive.
Cliente	Sì, me l'ha accennato la mia agenzia di viaggi, ma ho preferito accertarmene personalmente. Può dirmi la tariffa per due biglietti di andata e ritorno, con partenza giovedì 7 maggio?
Impiegato	Prima controlliamo i particolari del volo e poi vediamo i prezzi.
Cliente	D'accordo. Per il 7 va bene?
Impiegato	Sul volo delle 9.30 ci sono diverse coppie di posti ancora disponibili; per il viaggio di ritorno potrà rivolgersi agli uffici nel posto di destinazione. La trasferisco alla mia collega, Gianna, che le darà le informazioni sulle tariffe. La mia collega si occuperà del resto, compresi nome, indirizzo, modalità di pagamento e consegna dei biglietti.
Cliente	La ringrazio.
Impiegato	Non c'è di che.

14 Thanking for hospitality

Jennie Denning	Jennie Denning.
Rachel Green	Hello, Ms Denning. Rachel Green here, from Galway plc.
Jennie Denning	Hello, Mrs Green. Did you have a good flight back?
Rachel Green	Yes, very good thanks. I'm ringing to thank you for your hospitality last night. It was a very enjoyable evening, and it was very kind of you to ask us all round – particularly at such short notice!
Jennie Denning	I'm pleased you found it enjoyable. It was very interesting for me to meet you all.
Rachel Green	It really was kind of you. So thanks once again. If you ever come over here with James, you must visit us.
Jennie Denning	Yes, I'll do that. Thanks for ringing.
Rachel Green	And thank you. Goodbye.
Jennie Denning	Bye.

14 Grazie dell'ospitalità

Gina Donati	Gina Donati, buongiorno.
Rina Verdi	Buongiorno, signorina Donati. Sono Rina Verdi, della Galli SpA.
Gina Donati	Buongiorno, signora Verdi. Ha fatto buon viaggio?
Rina Verdi	Sì, ottimo, grazie. La sto chiamando per ringraziarla della sua ospitalità ieri sera. È stata una serata molto piacevole ed è stato molto gentile da parte sua invitarci tutti, e con un preavviso così breve!
Gina Donati	Mi fa piacere che vi siate divertiti. Per me è stato molto interessante incontrarvi tutti.
Rina Verdi	È stata davvero tanto gentile. La ringrazio di nuovo. Se verrà dalle nostre parti con Giacomo dovrà venire a trovarci!
Gina Donati	Sì, volentieri. Grazie per la telefonata.
Rina Verdi	Grazie a lei! Arrisentirci.[1]
Gina Donati	Arrivederci.

1 Literally, until we talk again.

15 Invitations

(a) Accepting

John Brown	Hello, this is John Brown of International Tool & Die. I am calling to accept your invitation to the lunch in honour of Mr Aspley.
Chamber of Commerce employee	You are only just in time Mr Brown. I am fixing the final number of guests at 12 noon today.
John Brown	I'm sorry I did not reply sooner and in writing. I have just come back from a business trip. I'm so glad not to miss this occasion.
Chamber of Commerce employee	A lot of people think highly of our Euro MP. There's going to be a good turnout.
John Brown	I am pleased to hear it. Mr Aspley has certainly helped my business to get into the EC market. Who else is coming?
Chamber of Commerce employee	The Lord Mayor is coming and so is the president of the European Parliament. I don't know about our local MPs.
John Brown	Anyway you've got me on your list?
Chamber of Commerce employee	Yes Mr Brown. You are on the list.

15 Inviti

(a) Accettare

Giovanni Brunati   Buongiorno. Sono Giovanni Brunati della Utensili e Stampi Internazionale. Ho chiamato per accettare il vostro invito al pranzo in onore dell'Onorevole Aspi.

Impiegato della Camera di Commercio   Ha fatto giusto in tempo, dottor Brunati. Devo fissare il numero finale degli invitati oggi a mezzogiorno.

Giovanni Brunati   Mi scusi se non le ho risposto o scritto prima, ma sono appena rientrato da un viaggio d'affari. Sono molto lieto di non mancare a questa occasione.

Impiegato   Molte persone tengono l'eurodeputato[1] in grande considerazione. Il numero dei presenti previsto è alto.

Giovanni Brunati   Mi fa piacere. L'Onorevole Aspi ha certamente sostenuto la mia ditta nel suo ingresso nel mercato comunitario. Verranno altri esponenti di rilievo?

Impiegato   Ci saranno il sindaco e il presidente del Parlamento Europeo. Non so se verranno i nostri deputati.

Giovanni Brunati   Allora, sono incluso[2] nel suo elenco?

Impiegato   Sì, dottor Brunati. Lei è incluso.

1   Italian Euro MPs are currently elected on a proportional basis and do not represent individual constituencies. Italian council, provincial, regional and national MPs and Euro MPs have the title *onorevole*, abbreviated to *On.* in front of their names.
2   Alternative to *incluso: compreso*.

(b) Declining

John Gregory	Hello, Michael. This is John Gregory from Car Products International. We've organized a trip to the Indycar road race at Long Beach for our most valued clients. It's the last weekend of April. Would you be able to come?
Michael Daniels	Let me check my diary. I'm sorry, John, but I'm down to go to a company sales convention in Malta that weekend. I'm afraid there's no way I can get out of that.
John Gregory	That's a pity. It would have been great to get together again. If you would like to send one of your staff, just let me know.
Michael Daniels	Will do. Goodbye.
John Gregory	So long.

(b) Declinare

Giovanni Gregoretti	Pronto, Michele. Sono Giovanni Gregoretti della Prodottauto Internazionale. Abbiamo organizzato un viaggio alla gara automobilistica del circuito di Indycar a Long Beach per i nostri clienti più importanti, nell'ultimo fine settimana di aprile. Potrebbe venire?
Michele Danieli	Un attimo che controllo la mia agenda. Mi dispiace, Giovanni, ma in quel weekend devo andare a un convegno dei venditori dell'azienda a Malta. Purtroppo non posso assolutamente sottrarmi dal mio impegno[1] di Malta.
Giovanni Gregoretti	Peccato! Sarebbe stato splendido rivederci. Se vuole mandare uno dei suoi dipendenti, me lo faccia sapere.
Michele Danieli	Volentieri. Arrivederla.
Giovanni Gregoretti	Buongiorno.

1 Alternative to *sottrarmi dal mio impegno*: *tirarmi indietro dal mio impegno*.

16 Travel enquiry

(a) Rail

Passenger	Good afternoon. Could you tell me if there is a train out of Seville in the early afternoon going to Madrid?
Booking clerk	Do you mind how long the journey takes?
Passenger	Well, I have to be at a conference in the capital by 6 o'clock in the evening.
Booking clerk	There's a high-speed train which leaves every day at 12 midday. You'll be there by mid-afternoon.
Passenger	That sounds fine. Can I purchase my tickets by phone?
Booking clerk	No, I'm afraid you have to come and pay in person.
Passenger	Surely it's possible for a colleague or my personal assistant to make the purchase for me?
Booking clerk	Yes, sir, of course.
Passenger	Very well. I shall be travelling on Friday of this week and will require two singles. How much is that?
Booking clerk	34,000 pesetas in first class or 21,000 in second.
Passenger	Fine. Thanks for your assistance.

16 Richiesta d'informazioni

(a) Viaggio ferroviario

Viaggiatore   Buon pomeriggio. Mi può dire se c'è un treno che parte da Siena nel primo pomeriggio per Roma?

Impiegato   La durata del viaggio è importante per lei?

Viaggiatore   Sì, devo essere presente ad una conferenza a Roma alle 18.

Impiegato   Tutti i giorni c'è il superrapido[1] che parte a mezzogiorno e che arriva a Roma a metà pomeriggio.

Viaggiatore   Mi va benissimo. Potrei fare i biglietti per telefono?

Impiegato   No, mi dispiace, non è possibile, dovrà venire qui e pagare personalmente.[2]

Viaggiatore   Un collega o la mia segretaria potrebbero acquistarli per me?

Impiegato   Certamente!

Viaggiatore   D'accordo. Viaggerò questo venerdì e mi occorrono due biglietti di sola andata. Quanto costano?

Impiegato   34 mila lire in prima classe o 21 mila in seconda.

Viaggiatore   Va bene. La ringrazio.

1 Alternative: *il treno ad alta velocità*.
2 Alternative to *personalmente*: *di persona*.

(b) Ferry

Booking clerk   Speedline Ferries. Can I help you?

Customer   Yes, I'm taking my car over to France next week, from Dover to Calais. Can you give me the times of the crossings?

Booking clerk   Well, they're very frequent. About what time do you want to leave?

Customer   About 8 a.m.

Booking clerk   Well, there's one at 8.45, and another at 10.45.

Customer   Is there an earlier one?

Booking clerk   Yes, but that one goes at 6 a.m.

Customer   And what's the return fare?

Booking clerk   Your vehicle and how many passengers?

Customer   Just my car and me.

Booking clerk   What vehicle do you have?

Customer   A Florio estate.

Booking clerk   The fare is £185.

Customer   That's fine. Can I book by phone using my credit card?

Booking clerk   Certainly sir.

Customer   Thanks for your help. I'll call back later to make the booking. Goodbye.

Booking clerk   Bye, and thanks for calling.

(b) Viaggio in traghetto

Impiegato	Mufloni Traghetti. Buongiorno, mi dica!
Passeggero	Buongiorno, devo andare in Sardegna in macchina la settimana prossima, da Civitavecchia a Olbia. Mi può dare gli orari delle traversate?
Impiegato	Sono molto frequenti. Verso che ora vorrebbe partire?
Passeggero	Verso le 8 di mattina.
Impiegato	Sì, ecco, ce n'è una alle 8.45 e un'altra alle 10.45.
Passeggero	Ce ne sarebbe una prima?
Impiegato	Sì, ma parte alle 6.
Passeggero	E quanto costa il biglietto di andata e ritorno?
Impiegato	Per un'autovettura e quanti passeggeri?[1]
Passeggero	Solo per me e per la mia macchina.
Impiegato	Che vettura ha?
Passeggero	Una Florio giardiniera.
Impiegato	La tariffa è 400.000 lire.
Passeggero	Benissimo. Posso prenotare per telefono e pagare con la carta di credito?
Impiegato	Certamente!
Passeggero	Grazie per il suo aiuto. Richiamo più tardi per fare la prenotazione. Arrivederci.
Impiegato	Arrivederci a lei. Grazie.

1 Alternative: *quante persone*.

17 Arranging delivery of goods

Customer   Hello Mr James? You wanted me to ring you back.

Supplier   Thanks for calling. I wanted directions for the delivery of parts that we are making to your factory on Monday.

Customer   Ah right, this will be your first delivery. Well, take the motorway north. Come off at exit 27 and head towards Northam.

Supplier   How do you spell that? N-O-R-T-H-A-M?

Customer   That's it. After five miles you'll come to the Eastfield road.

Supplier   E-A-S-T-F-I-E-L-D?

Customer   Yes. After two miles you meet the Eastfield ringroad, clearly indicated, at a traffic light. Go straight ahead and go through the next two traffic lights.

Supplier   So, the road to Northam, two miles and three traffic lights . . .

Customer   At the fourth traffic light you turn left and then second right. This is Alverton Road and our premises are 150 yards down on the left.

Supplier   Thanks very much; our lorry will be there on Monday.

17 Organizzazione della consegna di merce

Cliente	Buongiorno, signor Giacomelli. Mi aveva chiesto di richiamarla.
Fornitore	Grazie della telefonata. Volevo chiederle dei ragguagli sulla consegna dei pezzi che effettueremo lunedì al vostro stabilimento.
Cliente	Ah, sì, si tratta della vostra prima consegna. Allora, prende l'autostrada in direzione nord: lascia l'autostrada all'uscita 27 e procede poi verso Valthvile.
Fornitore	Come si scrive? V-A-L-T-H-V-I-L-E?[1]
Cliente	Esatto. Dopo 8 chilometri imbocca la strada per Campeste.
Fornitore	C-A-M-P-E-S-T-E?
Cliente	Sì, dopo tre chilometri arriva alla circonvallazione di Campeste, chiaramente indicata dalla segnaletica stradale, dove trova dei semafori. Procede sempre diritto, e passa altri due gruppi di semafori.
Fornitore	Dunque, la strada per Valthvile, tre chilometri e tre gruppi di semafori ...
Cliente	Al quarto gruppo di semafori svolta a sinistra e prende poi la seconda a destra. Questa è via Alvero e il nostro stabilimento si trova a 150 metri sulla sinistra.
Fornitore	Grazie mille; il nostro camion sarà da voi lunedì.

1 There is generally no need to spell Italian words as they are normally written as they sound.

Sezione II
Section II

Faccia a faccia
Face to face

18 Arriving for an appointment

Receptionist	Good morning, can I help you?
Frances Jones	Good morning, my name is Frances Jones. I have an appointment with Mrs Jenkins at 10.
Receptionist	One moment, please. Mrs Jenkins' secretary will come down to meet you. Please take a seat.
Frances Jones	Thank you.
Receptionist	Would you like a coffee while you are waiting?
Frances Jones	Yes, thank you.
Receptionist	Just a minute, I'll get it for you.

18 Arrivo ad un appuntamento

Impiegata	Buongiorno, desidera?
Francesca Iotti	Buongiorno, mi chiamo Francesca Iotti. Ho un appuntamento con la Signora Genchi alle 10.
Impiegata	Un attimo, per favore. La segretaria della signora Genchi scenderà ad incontrarla. Prego, si accomodi.
Francesca Iotti	Grazie.
Impiegata	Gradisce un caffè[1] mentre aspetta?
Francesca Iotti	Sì, grazie.
Impiegata	Un attimo, glielo porto.

1 Coffee in Italy is always served black, unless at a bar (*cappuccino*) or at home (*caffellatte*). The drinker adds his own sugar if desired.

19 Arranging further contacts with a company

Mr Calder	Thank you very much for your help this morning, Mr Wallace. I think we've made a lot of progress on the matter of financing the deal.
Mr Wallace	Yes, I agree. It's been useful to clear the air after the initial difficulties we experienced. Presumably, this will not be our last meeting as we must await the final decision and then act quickly.
Mr Calder	Indeed. Do you know when we'll know the final decision?
Mr Wallace	I've been promised an answer by the end of June, so if we say early July there will still be a couple of weeks before we close for the summer vacation.
Mr Calder	Fine. How about Monday the 3rd?
Mr Wallace	I can't make the morning, but I shall be free all afternoon. More importantly, the main people involved will be able to work on the final proposals that week. If we need to develop our plans further, bringing in other companies or arranging further contacts, there should be time enough to do that.
Mr Calder	Shall we say 2 p.m. here? In the meantime we can still explore the possibilities or value of involving other parties both within and outside our companies.
Mr Wallace	Very well. I'll get that organized. I'll give you a ring by the 14th to confirm everything we might know in the meantime.
Mr Calder	Right. Thanks again. .... Can I get to the carpark by going straight down in the elevator?
Mr Wallace	Yes. First floor, first door on the left. See you in July if not before.

19 Ulteriori contatti con un'impresa

Sig. Conti   Grazie del suo aiuto stamattina, signor Valdese. Mi sembra che abbiamo fatto grandi progressi per quanto riguarda[1] il finanziamento del progetto.

Sig. Valdese   Sì, son[2] d'accordo. È stato utile chiarire la situazione dopo le difficoltà iniziali che abbiamo incontrato. Presumibilmente non sarà la nostra ultima riunione in quanto dovremo attendere la decisione finale e poi agire subito opportunamente.

Sig. Conti   È vero. Sa quando sapremo la decisione finale?

Sig. Valdese   M'hanno promesso una risposta entro la fine di giugno; perciò, dall'inizio di luglio, avremo una o due settimane prima della chiusura per le ferie estive.[3]

Sig. Conti   Cosa ne pensa di lunedì 3 luglio?

Sig. Valdese   Di mattina ho impegni,[4] ma sarò libero tutto il pomeriggio. Quello che conta di più è che le persone principali interessate potranno lavorare sulle proposte finali in quella settimana. Se sarà necessario ampliare i nostri programmi, con l'inclusione di altre aziende o fissando ulteriori contatti, dovremmo avere abbastanza tempo per farlo.

Sig. Conti   Diciamo alle 14 allora? Nel frattempo possiamo sempre esaminare se è possibile o se vale la pena includere terzi sia all'interno che all'esterno delle nostre aziende.

Sig. Valdese   Va bene. Organizzerò io la riunione. La chiamerò prima del 14 di questo mese per confermarle quanto avremo appreso nel frattempo.

Sig. Conti   Sì, d'accordo. . . . Posso arrivare al parcheggio se scendo direttamente con l'ascensore?

Sig. Valdese   Pianterreno, prima porta a sinistra. Arrivederla a luglio, se non prima.

The following alternatives may be used:
1 *concerne*;
2 *sono.*
3 Italian companies tend to reduce or close down their activities during August.
4 *ho impegni*: *sono impegnato.*

20 Presenting a proposal

Helen   Morning John. Do come in and take a seat.

John   Morning Helen. Thanks.

Helen   You wanted to see me about our new product launch?

John   Yes, I think we should try to bring it forward to December.

Helen   That might be a bit tight. Any particular reason?

John   Well, we'd catch the important Christmas business, and we'd be ahead of the opposition.

Helen   I'm not sure our production people could handle it.

John   Not a major problem. Our plant in Wellington can take on more of the production. We have spare capacity there.

Helen   Have you discussed this with your people there?

John   Yes, and they're convinced they can deal with it.

Helen   We can't risk any slip-up on this – the launch is very important. And what about the advertising schedule?

John   It's all settled. The advertising copy is virtually ready. The ads could be pulled forward to December.

Helen   Look, there's some advantage in doing this, but I'd like to talk about it with the board first. There's a meeting tomorrow at 2. Can you make it?

John   I've got one or two things on, but I can reshuffle them.

Helen   Fine. Look, I've another meeting now, but I'll catch up with you later.

John   OK. See you later.

20 Presentazione di proposta

Elena	Buongiorno Gianni. Prego, accomodati!
Gianni	Ciao, Elena. Grazie.
Elena	Volevi vedermi a proposito del lancio del nostro nuovo prodotto?
Gianni	Sì, penso dovremmo cercare di anticiparlo a dicembre.
Elena	Credo che sia un po' difficile. Per quale motivo questo anticipo?
Gianni	Beh, potremmo inserirci nel periodo prenatalizio e superare così la concorrenza.
Elena	Non son sicura se il reparto di produzione riuscirebbe a farcela.
Gianni	Non è un problema. Lo stabilimento di Amburgo potrebbe incrementare la produzione. Lì abbiamo la capacità di riserva che ci serve.[1]
Elena	Hai già parlato con i responsabili di quello stabilimento?
Gianni	Sì, e sono convinti di farcela.
Elena	Non possiamo permetterci errori di sorta[2] – il lancio è importantissimo. E per quanto riguarda[3] il programma pubblicitario?
Gianni	È tutto a posto! I testi pubblicitari in pratica sono già pronti. La pubblicazione degli annunci pubblicitari[4] potrebbe essere anticipata a dicembre.
Elena	Sì, questo sarebbe vantaggioso, ma prima vorrei parlarne con gli amministratori. La riunione è domani alle 14. Puoi venire?
Gianni	Ho degli impegni, ma posso riorganizzarli.
Elena	Bene. Senti, adesso ho un'altra riunione, ma ti raggiungo[5] più tardi.
Gianni	D'accordo. A più tardi.

1 Alternative to *che ci serve*: *di cui abbiamo bisogno*.
2 *di sorta* is used in a negative sense; it means *of no kind*. Alternative to *di sorta*: *di nessun genere*.
The following alternatives may be used:
3 *riguarda*: *concerne*;
4 *annunci*: *messaggi*;
5 *ti raggiungo*: *ci vediamo*.

21 Exploring business collaboration

Mr Berryman (visitor)	Pleased to meet you, Monsieur Maurois, and thank you for arranging my hotel.
M. Maurois (local businessman)	The pleasure is mine, Mr Berryman. You wanted to discuss possible joint ventures with us.
Mr Berryman	Yes we are both in building and civil engineering. We want to expand into Europe. You might find us useful partners.
M. Maurois	It's a pity we didn't begin these discussions three months ago; we recently wanted to bid for a stretch of motorway in this region but we did not quite have the resources.
Mr Berryman	Was there no local company you could combine with?
M. Maurois	Unfortunately we are the only firm in the region with the necessary expertise. You would have been a good partner – we have made a study of your past projects.
Mr Berryman	And we have studied you, of course. We were thinking of the proposed port development just down the road.
M. Maurois	You are really on the ball, Mr Berryman. We have just received the detailed specifications and were contemplating a tender.
Mr Berryman	And I have the spec in English in my briefcase! Shall we roll our sleeves up and work out a joint tender?

21   Esame di possibile collaborazione commerciale

Sig. Birmani	Piacere di conoscerla, monsieur Maurois e grazie per avermi prenotato l'albergo.
M. Maurois	Piacere mio, signor Birmani. Voleva discutere le possibilità di joint-venture con la nostra azienda?
Sig. Birmani	Sì, operiamo entrambi nel settore dell'ingegneria edilizia e civile. Vogliamo ampliare[1] la nostra attività in Europa e la nostra società potrebbe essere una partner utile per la vostra.
M. Maurois	È un peccato che non abbiamo avviato[2] queste discussioni tre mesi fa. Qualche tempo fa volevamo presentare un'offerta d'appalto per i lavori su un tratto d'autostrada in questa regione, ma non disponevamo di tutte le risorse necessarie.
Sig. Birmani	Non c'erano aziende locali con cui avreste potuto collaborare?
M. Maurois	Purtroppo siamo l'unica impresa della regione che dispone della competenza necessaria. La vostra azienda sarebbe stata un'ottima partner – abbiamo preso in esame i progetti che avete realizzato finora.
Sig. Birmani	E noi abbiamo studiato la vostra attività, naturalmente. Stavamo pensando al previsto ampliamento del porto qui vicino.
M. Maurois	Lei è proprio informatissimo, signor Birmani! Abbiamo appena ricevuto il capitolato d'appalto e stavamo considerando la possibilità di presentare un'offerta.
Sig. Birmani	E io ho il capitolato in italiano nella ventiquattrore! Ci rimbocchiamo le maniche e prepariamo un'offerta d'appalto congiunta?

The following alternatives may be used:
1 *accrescere*;
2 *iniziato*.

22   At the travel agent's

(a) Enquiry/booking

Traveller   Could you give me details of flights to Wellington, New Zealand, please?

Assistant   When do you wish to fly?

Traveller   The first week of June.

Assistant   Let me see. Which day do you want to depart?

Traveller   Tuesday, if possible.

Assistant   There's a flight leaving Sydney at 8 a.m. which gets into Wellington at 1 p.m. Do you want to make a booking?

Traveller   How much is the flight?

Assistant   It is 725 Australian dollars return.

Traveller   OK. Go ahead.

(b) Changing a booking

Traveller   I'd like to change a flight reservation for Mr David Street.

Assistant   Could you give me the flight details?

Traveller   BY567 to Rome on 21st March. Would it be possible to change it to 23rd March?

Assistant   I'll just check. That's OK. The flight leaves at the same time. I'll issue a new ticket and send it to you later today.

Traveller   Thank you.

22 Agenzia di viaggi

(a) Richiesta di informazioni/prenotazione

Viaggiatore	Potrebbe darmi delle informazioni sui voli per Wellington, in Nuova Zelanda, per favore?
Impiegata	Quando vorrebbe viaggiare?
Viaggiatore	Nella prima settimana di giugno.
Impiegata	Un attimo prego. In quale giorno della settimana vorrebbe viaggiare?
Viaggiatore	Di martedì, possibilmente.[1]
Impiegata	C'è un volo che parte da Sydney alle 8 che arriva a Wellington alle 13. Vuole fare la prenotazione?[2]
Viaggiatore	Quanto costa il biglietto?
Impiegata	Andata e ritorno – 725 dollari australiani.
Viaggiatore	D'accordo. Proceda.

1 Translate: if possible.
2 Alternative: *Vuole prenotare?*

(b) Modifica di prenotazione

Viaggiatore	Vorrei modificare[1] la prenotazione di un volo per il signor Strada Davide.[2]
Impiegata	Mi può dare i dati sul volo?
Viaggiatore	BY567 per Roma il 21 marzo. Potrebbe cambiare la data al 23 marzo?
Impiegata	Un attimo, controllo. Sì va bene. Il volo parte alla stessa ora. Le emetto un altro biglietto e glielo mando più tardi oggi stesso.
Viaggiatore	Grazie.

1 Alternative: *cambiare*.
2 In Italian the surname is frequently stated before the first name.

(c) Flight cancellation

Client   I'm ringing on behalf of Mrs Mary Thomas. She was due to fly to Cape Town next Thursday, but she has unfortunately fallen ill.

Assistant   I see.

Client   Can she get a refund on her ticket?

Assistant   How did she pay?

Client   By cheque, I think.

Assistant   If she took out travel insurance she will be able to get her money back, if her doctor signs a certificate.

Client   I'd better ask her if she took out any insurance and then I'll get back to you.

23   Checking in at the airport

Assistant   Good evening, Sir. Can I have your ticket and passport?

Passenger   Certainly.

Assistant   Are you travelling alone?

Passenger   Yes, that's right.

Assistant   How many items of luggage are you checking in?

Passenger   Just this case.

Assistant   Can you put it on the belt, please? Can I ask you if you packed it yourself?

Passenger   Yes.

Assistant   Are there any electrical items in it?

Passenger   No, they're in my hand baggage.

Assistant   What are they?

Passenger   An electric shaver and a lap-top computer.

Assistant   That's fine. Do you want smoking or non-smoking?

Passenger   Non-smoking please.

(c) Disdetta di prenotazione

Cliente	Telefono per conto della signora DiTommaso Marina. Dovrebbe partire per Città del Capo giovedì prossimo, ma purtroppo si è ammalata.
Impiegato	Capisco.
Cliente	Potrà richiedere il rimborso del costo del biglietto?
Impiegato	In che modo ha effettuato il pagamento?
Cliente	Con un assegno bancario, credo.
Impiegato	Se si è assicurata per il viaggio potrà richiedere il rimborso presentando un certificato firmato dal suo medico personale.
Cliente	Le chiedo allora se si è assicurata e poi la richiamo.

23 Formalitá di accettazione all'aeroporto[1]

Impiegata	Buona sera. Biglietto e passaporto, prego.
Passeggero	Eccoli.
Impiegata	Viaggia da solo?
Passeggero	Sì.
Impiegata	Quante valigie presenta?
Passeggero	Solo questa.
Impiegata	La metta sul nastro trasportatore, per favore. Ha fatto la valigia personalmente?
Passeggero	Sì.
Impiegata	Contiene articoli elettrici?
Passeggero	No, quelli li ho messi nel bagaglio a mano.
Impiegata	Che articoli sono?
Passeggero	Un rasoio elettrico e un computer lap-top.
Impiegata	Bene. Preferisce un posto per fumatori o non fumatori?[2]
Passeggero	Non fumatori, grazie.

1 Alternative to *accettazione*: *check-in*.
2 Smoking is not allowed on flights over Italian territory.

24 Checking in at a hotel

Receptionist	Good afternoon, madam.
Guest	Good afternoon. I have a reservation in the name of Battersby.
Receptionist	A single room for two nights?
Guest	Surely that was changed to a double room? My husband is due to join me later this evening.
Receptionist	I'll just check. Oh, yes, there is a note to that effect. Please fill in this form. How do you wish to pay?
Guest	By credit card.
Receptionist	If I can take the details, I can have your bill ready for you when you check out.
Guest	Here you are.
Receptionist	Thank you. Will you be having dinner at the hotel?
Guest	Yes, dinner for me only. Can I also order an early call tomorrow morning and can we have a newspaper?
Receptionist	At 6 o'clock, 6.30?
Guest	That's too early. Say seven o'clock. And could we have a copy of *The Times*?
Receptionist	I am sorry but we will not have the London *Times* until tomorrow afternoon. Would you like the *Herald Tribune* or perhaps an Italian newspaper?
Guest	No, thank you. I'll leave it. Can you call me a taxi for half an hour from now? And what time is dinner by the way?

24 Registrazione in albergo

Impiegato	Buongiorno.
Cliente	Buongiorno. Ho prenotato una camera nel nome di Battersby.
Impiegato	Camera singola per due notti?
Cliente	No, no, la prenotazione è stata cambiata per una matrimoniale! Mio marito dovrebbe raggiungermi più tardi stasera.
Impiegato	Un attimo prego, controllo. Oh sì, c'è un appunto che lo conferma. Compili questo modulo per favore. Come vuole pagare?
Cliente	Con la carta di credito.
Impiegato	Prendo i dati e il conto sarà pronto alla fine del suo soggiorno in questo albergo.
Cliente	Prego.
Impiegato	Grazie. Cenerà in albergo stasera?
Cliente	Sì, cena per me soltanto. Potrei anche chiedere la sveglia per domani mattina e potremmo anche avere un quotidiano[1] la mattina?
Impiegato	La sveglia alle sei, sei e mezzo?
Cliente	È troppo presto. Facciamo alle sette. E potremmo avere una copia del *Times*.
Impiegato	Mi dispiace ma *il Times* non arriverà fino a domani pomeriggio. Vorrebbe l'*Herald Tribune* o magari un giornale italiano?
Cliente	No grazie. Non importa! Vorrei un taxi fra mezz'ora, me lo chiama per cortesia? E potrebbe dirmi a che ora servite la cena?

1 Alternative: *giornale*.

25 Checking out of a hotel

Guest	I would like to check out now.
Receptionist	Certainly, sir. What is your room number?
Guest	324.
Receptionist	Mr Lawrence? Did you make any phone calls this morning? Have you used the mini-bar?
Guest	No, I haven't made any calls since yesterday evening. Here is my mini-bar slip.
Receptionist	Thank you. Would you be so kind as to fill in the hotel questionnaire while I total your bill? How do you wish to pay?
Guest	By credit card.
Receptionist	Fine. May I have your card? Thank you. I'll just be a minute. There you are, Mr Lawrence. Thank you very much.

25 Partenza dall'albergo e pagamento del conto

Cliente	Vorrei pagare[1] il conto per favore.
Impiegato	Certamente. Qual è il numero di camera?
Cliente	324.
Impiegato	Signor Lawrence? Ha fatto delle telefonate stamattina? Ha usato il frigobar in camera?
Cliente	No, non faccio telefonate da ieri sera. Eccole il tagliando del frigobar.
Impiegato	Grazie. Potrebbe compilare[2] questo questionario sull'hotel mentre le preparo il conto? Come desidera[3] pagare?
Cliente	Con la carta di credito.
Impiegato	Benissimo. Può darmi la carta? Grazie. Un attimo prego... Ecco a lei, signor Lawrence.

The following alternatives may be used:
1 *saldare;*
2 *riempire;*
3 *preferisce.*

26 Ordering a meal in a restaurant

Waitress   Good afternoon, madam. Would you like the menu?

Customer 1   Yes, thank you. And may we have a dry white wine and a pint of lager whilst we are choosing our meal?

Waitress   Certainly. Here is the menu; we also have a chef's special set meal at 15 dollars.

* * *

Customer 1   Would you like to have a look first?

Customer 2   No: I'll have what you recommend as you know the local cuisine far better than I do. But I'm looking forward to my lager.

Customer 1   Fine. Here come the drinks, anyway. May we have two hors d'œuvres? Then for main course two pepper steaks with vegetables and roast potatoes. I think we'll also have a bottle of house red with the steak.

Waitress   A bottle of red, two hors d'œuvres and two pepper steaks.

* * *

Waitress   Have you enjoyed your meal?

Customer 1   Yes, it was fine, thank you. I think we'll skip the sweet as we are running a bit late. Just two black coffees and the bill, please.

* * *

Waitress   Your coffee and the bill, madam. Could you pay the head waiter at the till when you leave?

Customer 1   Of course. And this is for you.

Waitress   Thank you, madam.

26 Come ordinare il pranzo in ristorante

Cameriera	Buongiorno. Desidera il menu?
Cliente 1	Sì, grazie. E vorremmo un aperitivo[1] e una birra bionda mentre diamo una scorsa[2] al menu.
Cameriera	Va bene. Eccole il menu; offriamo anche un pranzo speciale selezionato dal nostro chef[3] al costo di 25 mila lire.

* * *

Cliente 1	Vuole leggerlo prima lei?
Cliente 2	No, prendo quello che raccomanda lei perché conosce la cucina locale meglio di me. Non vedo l'ora di bere quella birra.
Cliente 1	Bene. Ecco, arrivano le bibite. Vorremmo due antipasti misti. Per secondo poi due bistecche al pepe nero con contorno di verdura e patate arrosto. Con le bistecche prendiamo una bottiglia del vino rosso della casa.
Cameriera	Una bottiglia di vino rosso, due antipasti e due bistecche al pepe.

* * *

Cameriera	Hanno gradito il pranzo?[4]
Cliente 1	Sì, molto, grazie. Tralasciamo il dolce[5] perché siamo un po' in ritardo. Ci porti due espressi e il conto, per cortesia.

* * *

Cameriera	Due caffè e il conto. Può pagare il conto al capocameriere alla cassa all'uscita.
Cliente 1	Certo. E questo è per lei.
Cameriera	Grazie.

1 White wine wouldn't be drunk in Italy before a meal and the wine would be chosen only according to the main dish; before the meal an *aperitivo* or *bitter analcolico* would be preferred instead.
2 Alternative to *una scorsa*: *uno sguardo*.
3 Alternative: *capocuoco*.
4 This very typical English question wouldn't be asked in Italy because it would question the good quality and perfection of the meal and the service offered to customers.
5 Italians do not normally eat a sweet/pudding to complete a meal; they almost always have fresh fruit instead.

27 Verifying a bill

Waiter	Yes sir? Did you enjoy your meal?
Customer	Yes, but can I check the bill with you?
Waiter	Certainly – is there a problem?
Customer	I think there might be a mistake – we had four set menus at £15 a head and also the aperitifs and the wine.
Waiter	Yes?
Customer	But what's this item here?
Waiter	Four whiskies, sir. £10.
Customer	But we didn't have any!
Waiter	Just a moment sir, I'll check it for you. . . . Sorry, my mistake. I'll get you an amended bill at once.
Customer	Thank you.

27 Controllo del conto in ristorante

Cameriere   Sì?[1] Ha gradito il pranzo?

Cliente   Sì, grazie. Potrei controllare il conto con Lei?

Cameriere   Certo – c'è qualcosa che non va?

Cliente   Mi pare[2] ci sia un errore[3] – abbiamo preso quattro pasti completi a 25 mila lire ciascuno, più gli aperitivi e il vino.

Cameriere   Sì?

Cliente   Questo cos'è?

Cameriere   Quattro whisky. 20 mila lire.

Cliente   Ma non abbiamo preso whisky!

Cameriere   Un attimo. Controllo. . . . Mi scusi, ho sbagliato io. Le porto immediatamente un conto rettificato.

Cliente   Grazie.

1 'Sir' has not been translated here in Italian. The polite and formal approach is evident in the use of the *lei* form.
2 Alternatives to *Mi pare*: *Mi sembra, Credo*.
3 Alternative: *sbaglio*.

28 Drawing up a schedule of visits for reps

Senior representative   Thanks for coming to this meeting. I thought it would be useful to discuss areas for the autumn quarter.

Representative 2   Conveniently enough the schedule of leads and follow-up visits shows a roughly equal split between the northwest, northeast and southwest regions.

Representative 3   We need to consider what to do about the lack of interest in our products in the southeast.

Senior representative   There is also a scattering of trade fairs that one or other of us should attend, including one in Marseilles in mid-September.

Representative 2   Perhaps we should all be there to work out a strategy for the southeast. And we could all be at the Paris Salon des Arts Ménagers in early November.

Representative 3   Good idea. I have some contacts that might help. We'll proceed as originally suggested? Me in Bordeaux, George in Lille and Alf in Strasbourg?

Senior representative   That all seems OK. Are you happy Alf? Apart from the Marseilles and Paris fairs we can each do our regional fairs individually.

Representative 2   I am happy with that. Same budget as last year?

Senior representative   I am glad you asked. The operating budget has been increased by a meagre 5 per cent. Any requests for increased staffing need to be justified by increased business.

Representative 3   So what else is new? Let's get those dates in our diaries.

28 Preparazione del programma di visite di rappresentanti

Rappresentante anziano	Vi ringrazio per essere venuti a questa riunione.[1] Ho pensato che sarebbe utile discutere sulla situazione delle regioni per il trimestre autunnale.
Rappresentante 2	Il piano di lavoro[2] indica chiaramente che le richieste di informazioni e le visite successive sono distribuite più o meno in uguale misura nelle regioni nord-occidentali, nord-orientali e sud-occidentali.
Rappresentante 3	Dobbiamo anche decidere quali misure adottare per eliminare la[3] mancanza di interesse nei nostri prodotti nel Sud-est.
Rappresentante anziano	Dobbiamo anche considerare alcune mostre a cui alcuni di noi dovrebbero partecipare, inclusa quella di Marsiglia a metà settembre.
Rappresentante 2	Forse dovremmo andarci tutti per elaborare[4] una strategia per il Sud-est. E potremmo anche andare tutti alla Fiera degli Articoli Casalinghi di Parigi all'inizio di novembre.
Rappresentante 3	Ottima idea! Ho dei contatti che potrebbero esserci utili. Procediamo come era stato proposto inizialmente: io a Bordeaux, Giorgio a Lilla e Alfredo a Strasburgo?
Rappresentante anziano	Va bene. Sei d'accordo, Alfredo? A parte le mostre di Marsiglia e Parigi possiamo partecipare singolarmente alle nostre esposizioni regionali.
Rappresentante 2	Mi va benissimo. Lo stesso budget dell'anno scorso?
Rappresentante anziano	Sono contento che me l'abbia chiesto. Il budget operativo[5] è salito di appena il 5%. Le eventuali richieste di altro personale dovranno essere giustificate da un maggiore giro d'affari.
Rappresentante 3	Come se non lo sapessimo! Annotiamo queste date nelle agende, allora?

The following alternatives may be used:
1 *a questa riunione*: *a questo incontro*;
2 *piano di lavoro*: *programma di lavoro*;
3 *eliminare la*: *ovviare alla, rimediare la*;
4 *elaborare*: *trovare*;
5 *budget operativo*: *budget dei costi e dei ricavi*.

29 Conducted visit of a department

Guide	Before I show you round the department, come and meet my deputy, Frederick Fallon.
Miss Smith	Pleased to meet you, Mr Fallon.
Frederick Fallon	Welcome to the department, Miss Smith.
Guide	Frederick is responsible for the day-to-day running of the department. I'll take you round now. This is the general office, with Mrs Jones looking after reception and typists and PC operators.
Miss Smith	How many secretaries work for Mrs Jones?
Guide	Normally five. One is currently on sick leave and one on holiday. . . . This is the overseas sales office. They have their own fax machines and deal directly with our agents in Europe. . . . And this is the design section. Most of their work is now done by CAD/CAM. They've got some of the most sophisticated computer equipment in the company. Let me introduce you to David Green who is responsible for the CAD/CAM. David, can I introduce Miss Smith.
David Green	Pleased to meet you, Miss Smith.
Guide	David has four designers working for him. And finally, this is Ted Stolzfuss, who is over here from our American parent company. Ted, meet Miss Smith. Ted is with us to look at the way we operate in Europe.

29 Visita guidata ad un reparto

Guida	Prima di mostrarle il reparto le presento il mio sostituto, Federico Frizi.
Signorina Sanni	Piacere di conoscerla, signor Frizi.
Federico Frizi	Benvenuta al nostro reparto, signorina Sanni.
Guida	Frizi è responsabile del funzionamento giornaliero del reparto. Prego, l'accompagno. Questo è l'ufficio amministrativo generale: la signora Giannini si occupa dei servizi di accettazione[1] e del reparto di dattilografi e operatori della ditta.
Signorina Sanni	Quante segretarie lavorano nel reparto della signora Giannini?
Guida	In genere cinque: una è attualmente in congedo per malattia e un'altra è in ferie. . . . Questo è l'ufficio delle vendite estere; qui i dipendenti dispongono di macchine telefax e trattano direttamente con gli agenti della ditta in Europa. . . . E questo è il settore riservato al design. La maggior parte del lavoro dei progettisti viene ormai fatta con il CAD/CAM: i computers che utilizzano sono alcuni dei più avanzati dell'intera azienda. Posso presentarle Davide Giunti che è responsabile del CAD/CAM. Davide, le presento la signorina Sanni.
Davide Giunti	Molto lieto, signorina Sanni.
Guida	Davide ha quattro designers che lavorano nel suo reparto. E per concludere, ecco Ted Stolzfuss, che proviene dalla nostra casa madre[2] americana. Ted, le presento la signorina Sanni. Ted è qui da noi per osservare come operiamo in Europa.

1 Alternative to *accettazione*: *reception*.
2 Alternatives to *casa madre*: *società controllante, società di controllo, società madre, holding*.

30 Informal job interview

Personnel manager	Good morning, Sra Jiménez, and welcome. I hope you had no trouble getting here.
Gloria Jiménez	Good morning. Thank you, it was nice of you to invite me in for a chat.
Personnel manager	First, let me introduce you to Pepe Romero, who is in charge of advertising. As you can see, he's always snowed under with work, eh Pepe? Gloria Jiménez, Pepe Romero.
Pepe Romero	Pleased to meet you. Don't take her too seriously, Gloria, you'll see for yourself when you start next week.
Gloria Jiménez	How many staff do you have in this department?
Pepe Romero	Seven fulltimers and a couple of freelancers who help out when we have special projects on.
Gloria Jiménez	It looks a friendly set-up, anyway.
Personnel manager	Yes, you're right, they are one of our most efficient and successful departments. Would you like to meet Fernando, with whom you will be working most closely? He is our art director.
Gloria Jiménez	Fine. Has he been with the company for a long time?
Personnel manager	No, he was brought in recently when the company merged. Oh, it looks as if he's in a meeting, so we'll wait here and talk a bit more about you. How did you get into commercial design?
Gloria Jiménez	After university I realized that there were good prospects for young people with ideas in the field of design and advertising, so I took a course in advertising in Seville not long before the World Fair was awarded to the city.
Personnel manager	Did you actually work on the World Fair project?
Gloria Jiménez	Yes, my first job was with a Japanese agency that was promoting its high-tech industries, and I carried on until the Fair closed last year.
Personnel manager	That sounds just the sort of experience we are looking for. Ah, here comes Fernando...

30 Colloquio informale

Direttore personale	Buongiorno, signora Jiménez. Molto lieto! Spero non abbia avuto difficoltà nel trovare i nostri uffici.
Gloria Jiménez	Buongiorno. La ringrazio dell'invito rivoltomi per fare una chiacchierata.
Direttore personale	Innanzi tutto[1] mi permetta di presentarle Pepe Romero, che è responsabile della pubblicità. Come vede Pepe è sempre sovraccarico di lavoro, vero Pepe? Gloria Jiménez, Pepe Romero.
Pepe Romero	Molto lieto. Non lo prenda sul serio Gloria; lo constaterà di persona quando comincerà a lavorare qui la settimana prossima.
Gloria Jiménez	Quanti dipendenti avete in questo reparto?
Pepe Romero	Sette dipendenti a tempo pieno e due collaboratori esterni[2] con cui lavoriamo per progetti speciali.
Gloria Jiménez	L'atmosfera sembra simpatica.
Direttore personale	Sì, è vero, è uno dei nostri reparti più efficienti e di maggiore successo. Vuole incontrare Fernando con cui lavorerà direttamente? È il nostro direttore artistico.
Gloria Jiménez	D'accordo. È da molto che lavora per l'azienda?
Direttore personale	No, è qui da poco, è arrivato dopo la fusione[3] dell'azienda. Oh, sembra che sia impegnato in una riunione; aspettiamo qui e parliamo un po' di lei. Che cosa l'ha spinta ad occuparsi di design commerciale?
Gloria Jiménez	Dopo la laurea mi sono resa conto che c'erano ottime prospettive per giovani ricchi di idee nel campo del design e della pubblicità. Perciò ho seguito un corso in pubblicità a Siviglia prima che fosse scelta come sede per la Fiera Mondiale nella città.
Direttore personale	Ha effettivamente lavorato al progetto della Fiera Mondiale?
Gloria Jiménez	Sì, il primo incarico l'ho avuto presso un'agenzia giapponese che promuoveva le sue industrie ad alta tecnologia[4] fino alla conclusione[5] della Fiera l'anno scorso.
Direttore personale	Mi sembra proprio il tipo di esperienza che cerchiamo. Ah, ecco Fernando!

The following alternatives may be used:
1 *prima di tutto*; 2 *collaboratori esterni: liberi professionisti, collaboratori a cachet, collaboratori free lance*; 3 *la fusione: l'incorporazione*; 4 *ad alta tecnologia: tecnologicamente avanzate, a elevata tecnologia*; 5 *alla conclusione: al termine, alla fine*.

31 Formal job interview

Part 1

Interviewer	Do come in, Ms Ruskin, and take a seat.
Mary Ruskin	Thank you.
Interviewer	How did you find the tour of the offices?
Mary Ruskin	Very interesting, and everyone was very happy to answer my questions.
Interviewer	That's good. Well, if I can make a start, can you tell us why you want this particular post?
Mary Ruskin	As I said in my application, I'm working with quite a small company at the moment. My promotion prospects are limited because of that.
Interviewer	So that is your main reason?
Mary Ruskin	Not just that. I've been with the company for five years now, and although I found the work interesting at first, I now feel that I want a more varied post which is more challenging.
Interviewer	Do you think this job would meet your requirements?
Mary Ruskin	Yes, I do. You're a big company in the process of expansion, and the department I'd be working in would give me much more variety.
Interviewer	Do you think that moving from a small department to a much larger one would be a problem?
Mary Ruskin	It would be rather new at first, but I was working with a big company before my present job, and I do integrate well. I'm sure I'll fit in well in the new environment.

31   Colloquio[1] formale

Prima parte

Intervistatore	Venga, signorina Rusconi, si accomodi!
Maria Rusconi	Grazie.
Intervistatore	Come ha trovato la visita agli uffici?
Maria Rusconi	Molto interessante e tutti hanno risposto volentieri alle mie domande.
Intervistatore	Bene. Dunque. Per cominciare, ci dica perché vorrebbe ricevere questo incarico.
Maria Rusconi	Come ho detto nella mia domanda d'impiego, attualmente lavoro presso un'impresa di dimensioni piuttosto piccole. Per questo le mie prospettive di promozione sono limitate.
Intervistatore	Questo è il motivo principale?
Maria Rusconi	Non solo. Lavoro in questa ditta da cinque anni ormai, e, anche se inizialmente trovavo il lavoro interessante, adesso vorrei una posizione più stimolante, con più diversità.
Intervistatore	Secondo lei questo impiego risponderebbe alle sue esigenze?
Maria Rusconi	Sì, ne sono convinta! La vostra è una grande azienda in fase di sviluppo ed il reparto in cui sarei impiegata mi consentirebbe una maggiore diversità.
Intervistatore	Pensa che il trasferimento da un reparto piccolo ad uno molto più grande le porrebbe dei problemi?
Maria Rusconi	Inizialmente sarebbe un'esperienza piuttosto nuova, ma prima di lavorare dove sono attualmente ero impiegata presso una grande società; e riesco ad inserirmi bene nel campo del lavoro. Sono sicura di riuscire ad adattarmi bene al nuovo ambiente.

1 Alternative: *intervista*.

Part 2

Interviewer	As you know, we're a multinational organization, and that means that one of the things we're looking for in this post is a competence in languages.
Mary Ruskin	Yes, well, as you'll see from my CV I studied German and Spanish at school, and I've lived and worked in France for several years.
Interviewer	How would you describe your language competence?
Mary Ruskin	My French is fluent, and I can still remember the basics in German and Spanish.
Interviewer	What if we asked you to take further language training?
Mary Ruskin	I'd welcome that. I feel that it's important to get them to as high a level as possible.
Interviewer	Fine. On another issue: if we were to offer you the post, when could you take it up?
Mary Ruskin	In two months. I'm working on a project in my current post, and I'd like to see that through first. Would that be a problem?
Interviewer	I don't think so, but I'd have to check with the department before confirming, of course. Well now, are there any questions you want to ask us?
Mary Ruskin	Just two: in the advert for this job you mention your management training programme. Can you tell me more about it?
Interviewer	Yes, we expect all our middle managers to try to reach their full potential through self-development. We help them in that by running a series of in-house residential training courses.
Mary Ruskin	How often?
Interviewer	Three or four times a year, and we expect everyone to attend them, as far as possible.
Mary Ruskin	That's fine. One other question, if I may?
Interviewer	Certainly.
Mary Ruskin	When will I hear if I've got the job?
Interviewer	We'll be contacting the successful candidate by phone this evening, and we'll be writing to the others.
Mary Ruskin	Thanks very much.
Interviewer	Well, thank you for coming to interview, Ms Ruskin. Goodbye.
Mary Ruskin	Goodbye.

Seconda parte

Intervistatore	Come sa, la nostra è un'organizzazione multinazionale, e per questo una delle qualità che ricerchiamo per questo incarico è la competenza linguistica dei candidati.
Maria Rusconi	Sì, come vede dal mio curriculum, ho studiato tedesco e spagnolo a scuola, e ho vissuto e lavorato in Francia per diversi anni.
Intervistatore	Come considera la sua competenza linguistica?
Maria Rusconi	Parlo il francese correntemente, e mi ricordo ancora i principi basilari sia del tedesco che dello spagnolo.
Intervistatore	E se la invitassimo a continuare lo studio delle lingue?
Maria Rusconi	Sarei disposta a farlo! Penso che sia importante conoscere le lingue straniere al livello più alto possibile.
Intervistatore	Bene. Un'altra cosa: se le offrissimo questo incarico, quando potrebbe cominciare a lavorare qui?
Maria Rusconi	Fra due mesi. Nella ditta dove lavoro attualmente sono impegnata con un progetto e vorrei portarlo a termine.[1] Ci sarebbero delle difficoltà?
Intervistatore	Non penso, ma, naturalmente, prima di confermarglielo dovrò chiedere la convalida al reparto. Ha qualche domanda?
Maria Rusconi	Solo due: nell'inserzione per questo impiego citate un programma di formazione[2] per managers. Potrebbe darmi qualche altro dato?
Intervistatore	Sì, esigiamo che tutti i nostri managers di livello medio si impegnino a raggiungere il loro pieno potenziale sviluppando al massimo le capacità a livello personale. Li sosteniamo in questo con una serie di corsi aziendali di addestramento sul posto di lavoro.[3]
Maria Rusconi	Ogni quanto tempo si tengono questi corsi?
Intervistatore	Tre o quattro volte all'anno, e richiediamo la partecipazione di tutti, per quanto possibile.
Maria Rusconi	Benissimo! Posso farle un'altra domanda?
Intervistatore	Prego!
Maria Rusconi	Quando saprò se sono stata assunta?
Intervistatore	Contatteremo il candidato prescelto per telefono stasera, e scriveremo agli altri.
Maria Rusconi	Grazie.
Intervistatore	Bene, la ringrazio per essere venuta al colloquio, signorina Rusconi. Arrivederla.
Maria Rusconi	Arrivederla.

1 Alternatives to *portarlo a termine*: *completarlo, concluderlo*; 2 Alternative to *programma di formazione*: *programma di addestramento*; 3 *In-house* can also be rendered with *intra-aziendale, interno*.

Part 3

Mary Ruskin	Hello. Mary Ruskin.
Roger Carter	Good evening, Ms Ruskin. Roger Carter here, from Keystone Engineering. I'm ringing to offer you the post here.
Mary Ruskin	Really? Well, thank you very much!
Roger Carter	I suppose the first question has to be whether or not you wish to accept the post.
Mary Ruskin	Yes, I do. Thank you.
Roger Carter	The starting salary, as we agreed, would be £ . . ., with a salary review after your first six months.
Mary Ruskin	Yes, that's fine.
Roger Carter	When could you start?
Mary Ruskin	As I explained at interview, there is a project I'm working on at the moment that I'd like to see through. So if possible I'd like to start in two months.
Roger Carter	Shall we say the 1st of June, then?
Mary Ruskin	Probably. I'll just need to discuss things with my present employer first. I'll do that after I get your offer in writing, and then ring you.
Roger Carter	You'll need to get down here a few times before, of course, to meet one or two people and get the feel of the place.
Mary Ruskin	Yes, certainly. I'd like to do that.
Roger Carter	Well then, I'll get our personnel people to send the formal written offer to you. That should be with you in a couple of days.
Mary Ruskin	Thank you for offering me the post.
Roger Carter	Look forward to working with you. Bye.
Mary Ruskin	Goodbye.

Terza parte

Maria Rusconi	Buona sera, Maria Rusconi, mi dica!
Ruggero Carta	Buona sera, signorina Rusconi. Sono Ruggero Carta della Perni Ingegneria. Le telefono per offrirle l'incarico nella nostra azienda.
Maria Rusconi	Davvero? La ringrazio tantissimo!
Ruggero Carta	Devo chiederle ufficialmente se desidera accettare l'incarico o meno.
Maria Rusconi	Sì, l'accetto. Grazie!
Ruggero Carta	Lo stipendio mensile iniziale, come convenuto, sarà di lire . . ., e sarà revisionato[1] dopo i primi sei mesi di impiego.
Maria Rusconi	Va bene.
Ruggero Carta	Quando potrebbe cominciare?
Maria Rusconi	Come ho spiegato durante il colloquio, attualmente sono impegnata in un progetto e vorrei portarlo a termine. Se fosse possibile vorrei iniziare fra due mesi.
Ruggero Carta	Diciamo il 1°[2] giugno prossimo?
Maria Rusconi	Penso di sì. Devo discuterne con il mio datore di lavoro attuale. E lo farò non appena avrò ricevuto la sua lettera di conferma dell'offerta di impiego, e poi le telefonerò.
Ruggero Carta	Dovrà anche venire qui in azienda qualche volta prima di iniziare, naturalmente, per incontrare alcuni dipendenti e per familiarizzarsi con l'ambiente.
Maria Rusconi	Sì, certamente! D'accordo.
Ruggero Carta	Chiederò all'ufficio personale di inviarle l'offerta d'impiego ufficiale. Dovrebbe pervenirle[3] fra qualche giorno.
Maria Rusconi	Grazie per avermi offerto l'incarico.
Ruggero Carta	Attendiamo con interesse l'inizio della nostra collaborazione. Arrivederla.
Maria Rusconi	Buongiorno.

1 Alternative: *riesaminato.*
2 Abbreviation of *primo.*
3 Alternative to *Dovrebbe pervenirle: La dovrebbe ricevere.*

32 Planning a budget

Managing director	All right, if I can open the meeting. This need not be too formal but I hardly need to say how important it is. We've all received a copy of our balance sheet.
Director 2	It makes very pleasant reading, 11 per cent growth on the preceding year . . .
Managing director	Don't get carried away Derek. I've looked at our orders and would suggest that we should not budget for more than 5 per cent growth in the coming year.
Director 2	Does that mean an average 5 per cent increase in expenditure all round?
Director 3	Most of the increase will be forced on us. We have got to give the staff a cost of living increase, fuel for the vans is bound to increase by at least 5 per cent.
Managing director	We certainly cannot recruit extra staff at this point so I agree with that. Is there any equipment we need to replace, Derek?
Director 2	The production stuff is in good nick and we have at least 20 per cent spare capacity. The vans are OK, not too much mileage.
Director 3	Rosemary needs a new printer and we could all do with a higher spec photocopier. We probably need to up our marketing effort.
Managing director	I am relying on you to watch the monthly cash flow like a hawk, Bill. Most of my time is taken looking for new business. What about production costs, Derek?
Director 2	I reckon we can increase production by 10 per cent with hardly any extra cost and no danger. How about that!
Managing director	And the bank is happy with the state of our overdraft. That all looks fairly satisfactory. As long as we continue to work with commitment.

32 Pianificazione del bilancio[1]

Amministratore delegato	Va bene, diamo inizio[2] alla seduta. Non è necessario essere troppo formali, ma devo ugualmente sottolineare l'importanza di quanto verrà discusso in questa sede. Avete tutti una copia del bilancio patrimoniale?
2° Consigliere delegato	È molto interessante; un aumento dell'11% rispetto al bilancio patrimoniale dell'anno precedente.[3]
Amministratore delegato	Non si lasci trascinare dall'entusiasmo! Ho preso in esame gli ordini che abbiamo ricevuto e direi che non dovremmo prevedere un aumento superiore al 5% per l'anno prossimo.
2° Consigliere delegato	Rappresenterebbe un aumento medio del 5% di tutta la capacità di spesa?
3° Consigliere delegato	Quasi tutto questo aumento ci sarà imposto. Dovremo concedere ai dipendenti un aumento in base all'indice del costo della vita; il carburante per i mezzi di trasporto salirà senza dubbio del 5% almeno.
Amministratore delegato	Di assumere altri dipendenti a questo punto non se ne parla nemmeno, mi pare. Dobbiamo sostituire apparecchiature in qualche reparto, Darici?
2° Consigliere delegato	I macchinari nel reparto di produzione sono in buone condizioni e disponiamo di una capacità di riserva di almeno il 20%. I furgoni sono in ottime condizioni e non hanno fatto troppi chilometri.
3° Consigliere delegato	Alla signorina Samari occorre una nuova stampante e ci serve una fotocopiatrice migliore. Penso che dovremmo accrescere il nostro impegno nel marketing.
Amministratore delegato	Contiamo su di lei per il controllo del cashflow mensile. Personalmente dedico gran parte del mio tempo alla ricerca di nuove opportunità commerciali. E per quanto riguarda i costi di produzione, Darici?
2° Consigliere delegato	Direi che potremo incrementare la produzione del 10% senza incorrere in spese addizionali e senza alcun rischio. Non è male!
Amministratore delegato	E la banca considera soddisfacente l'andamento del nostro scoperto. Sembra che tutto proceda bene. Purché continuiamo ad impegnarci al massimo.

The following alternatives may be used:
1 *budget*;
2 *diamo inizio alla*: *iniziamo la*;
3 *prima*.

33 Organizing a product launch

Albert Archer   My suggestion is that we hire a river cruiser and take our key accounts for an evening cruise and dinner. After dinner we can unveil our new range of services.

Brian Ball   Do you think that'll be enough?

Albert Archer   Well, when we've informed the key accounts, we can do some promotion in the trade press – some ads and, if possible, a press release. The key accounts managers will just have to keep in touch with their clients. We'll have to wait and see what response we get from the trade journals.

Brian Ball   OK. Let's go ahead with this. Do you want me to get Jim started on the arrangements?

Albert Archer   Yes, you might as well. By the way, what about hospitality for the press? Couldn't we invite them to the Clubroom for a special presentation?

Brian Ball   Good idea! I'll get Jim to see to it.

33 Organizzazione del lancio di un prodotto

Alberto Arcado   Proporrei di noleggiare un cabinato e di organizzare una crociera, seguita da una cena, per i nostri clienti più importanti. Dopo cena possiamo rivelare la nostra nuova gamma di servizi.

Bruno Bolla   Lei dice che[1] sarà sufficiente?

Alberto Arcado   E poi, dopo che informiamo i clienti più importanti possiamo promuovere i nostri prodotti sulla stampa specializzata, con qualche messaggio[2] pubblicitario e, se possibile, un comunicato stampa. Gli addetti ai rapporti con i clienti più importanti dovranno tenersi in contatto con la clientela. Dovremo aspettare e vedere che tipo di risposta riceveremo dalla stampa commerciale.

Bruno Bolla   Va bene. Proseguiamo. Vuole che incarichi Giannini dell'organizzazione?

Alberto Arcado   Sì, direi di sì. E per quanto riguarda l'ospitalità per i rappresentanti della stampa? Cosa ne direbbe di invitarli al Clubroom per una presentazione speciale?

Bruno Bolla   Ottima idea! Chiederò a Giannini di occuparsene.

1 Alternatives to *Lei dice che*: *A suo parere, Secondo lei, Pensa che.*
2 Alternative: *annuncio.*

34 Contacting official agencies

(a) Chamber of Commerce

Roberto Massi	How do you do? I'm Roberto Massi, from Paloma Textiles.
Arturo Castro	Pleased to meet you. Arturo Castro. My staff told me you were going to come by this morning. How can we help?
Roberto Massi	We are thinking of expanding the business, especially to focus on the '30 to 50' market, and were advised to consult the Chamber of Commerce and seek your views on how and where best to establish retail outlets for our fashion products.
Arturo Castro	Well, Sr Massi. I hope you will join the Chamber as and when you set up in the city, but for the time being you are welcome to our assistance.
Roberto Massi	Yes, I understand, but right now we are keen to obtain some information on local retail figures, the competition, some data on the local population, available premises and so on.
Arturo Castro	That's no problem. We can provide you with what you request and much more. Are you likely to be creating any jobs through your new initiative?
Roberto Massi	I think it's inevitable that we will take on new staff, both in the factory and in the local shops. Could you recommend a person whom we could contact in the job centre?
Arturo Castro	Yes, of course. If you'd like to come through to my office, we'll have a coffee and get down to business on this one.

34 Incontro alle agenzie ufficiali

(a) Camera di Commercio

Roberto Massi   Buongiorno. Mi chiamo Roberto Massi, e lavoro per la ditta
                   Paloma Tessili.

Arturo Castro   Piacere di conoscerla. Arturo Castro. Il mio personale mi aveva
                   detto che sarebbe passato stamattina. Come possiamo
                   assisterla?

Roberto Massi   Stiamo pensando di espandere la nostra attività, specialmente
                   per concentrarci sul mercato della moda destinata al pubblico
                   dai 'trenta ai cinquanta' anni di età, e ci è stato consigliato di
                   consultare la Camera di Commercio per trovare il modo e le
                   località migliori per aprire punti di vendita per i nostri articoli di
                   moda.

Arturo Castro   Bene, Signor Massi. Mi auguro che iscriva la sua ditta alla
                   Camera di Commercio non appena si sarà stabilito in città, e nel
                   frattempo potrà usufruire della nostra assistenza.

Roberto Massi   Sì, d'accordo, ma per il momento vorremmo disporre di dati
                   sull'attività di rivendita in questa zona, sulla concorrenza, sulla
                   popolazione locale, sui locali disponibili ecc.

Arturo Castro   Va bene. Siamo in grado di fornirle quanto le occorre e molti
                   altri dati e servizi. Con questa nuova iniziativa prevede la
                   creazione di nuovi posti di lavoro?

Roberto Massi   Inevitabilmente dovremo assumere nuovi dipendenti, sia nello
                   stabilimento che nei negozi locali. La Camera di Commercio
                   potrebbe indicarci una persona a cui potremmo rivolgerci
                   nell'ufficio di collocamento?

Arturo Castro   Sì, naturalmente. Prego si accomodi nel mio ufficio, prendiamo
                   un caffè e cominciamo a lavorare.

(b) Customs and Excise

Customs and Excise officer	Good morning, sir.
Businessman	Hello, I have a query regarding the import of meat products. I wonder if you can help me.
Customs and Excise officer	Certainly. Can you explain?
Businessman	We're a meat retailer based here in Dover, and we're intending to import a range of cooked meats and sausages from a German supplier. So far we've only been supplied by British companies. I need to know what the regulations are.
Customs and Excise officer	It's rather difficult and complex to explain briefly. There is a range of regulations and restrictions. They're contained in our information brochures. When are you intending to import?
Businessman	We'll get the first shipment in a couple of weeks.
Customs and Excise officer	Then you'd better move fast. I'll collect all the information for you. The best thing is for you to read it and then come back to us with any queries.
Businessman	Fine. I'll get down to it.

(b) Ufficio Dazi Doganali

Impiegato	Buongiorno.
Uomo d'affari	Buongiorno. Vorrei chiedere informazioni sull'importazione di carni. Potrebbe fornirmi questi dati?
Impiegato	Certo. Mi esponga[1] la situazione.
Uomo d'affari	La nostra è una rivendita di carni situata a Bolzano, e vorremmo importare una selezione di affettati[2] e insaccati da un fornitore tedesco. Finora i nostri fornitori sono stati solo italiani. Vorrei sapere quali sono le normative vigenti relative.[3]
Impiegato	È piuttosto difficile e complesso spiegarglielo brevemente. Le normative e le restrizioni in questo campo sono tante; sono tutte esposte nei nostri opuscoli informativi. Quando pensate di importare questi prodotti?
Uomo d'affari	L'arrivo della prima partita[4] è previsto fra due o tre settimane circa.
Impiegato	Beh, allora non c'è tempo da perdere. Le faccio avere le informazioni che le occorrono. Le suggerisco di leggere tutto e di richiamarci per richiedere eventuali chiarimenti.
Uomo d'affari	Va bene. Lo farò senz'altro.

1 Alternatives: *spieghi, descriva.*
2 *Affettati* means sliced ham and salamis.
The following alternatives may be used:
3 *i regolamenti vigenti relativi;*
4 *consegna.*

35 Presenting company policy

(a) Location

Managing director   As you know, it's the company's policy to set up new plants in areas which offer the most advantages. For this reason the liquid detergent plant here will close as soon as the new plant is operational in the south-east. There are both economic and social benefits in doing things this way.

Journalist   What about the people currently working at the plant? What will happen to them? Will they be made redundant?

Managing director   That's not the way we do things here. We'll look to natural wastage and early retirements throughout the company – nobody will be made redundant because of the closure of this plant. Clearly, some people will have to be redeployed and there may be possibilities at the new plant for some of the specialist technicians if they are willing to relocate.

Journalist   How will you reorganize the remaining staff? Would they be entitled to the reimbursement of part of the removal expenses if they agreed to transfer?

Managing director   Clearly we would make available to them a relocation package if they agreed to move; that's standard practice here.

35 Presentazione della politica aziendale

(a) Sede

Amministratore delegato	Come sapete, conformemente alla nostra politica aziendale, siamo soliti impiantare nuovi stabilimenti in zone che ci offrono i massimi vantaggi. Per questo motivo[1] questo impianto di produzione di detersivi liquidi sarà chiuso non appena il nuovo complesso[2] sarà pronto ad entrare in operazione nel sud-est. Questa soluzione comporta dei benefici[3] sia economici che sociali.
Giornalista	E il personale attualmente impiegato[4] nello stabilimento? Quali saranno le conseguenze per loro? Saranno licenziati perché in soprannumero?[5]
Amministratore delegato	No, la nostra azienda non agisce mai in questo modo. Prenderemo in esame la possibilità della riduzione naturale della forza lavoro e dei pensionamenti anticipati a tutti i livelli dell'azienda; nessun dipendente sarà licenziato a causa della chiusura di questo impianto. Chiaramente, alcuni dipendenti dovranno essere ridistribuiti ad altri settori dell'azienda,[6] e ci saranno probabilmente delle possibilità nel nuovo stabilimento per alcuni tecnici specializzati disposti a trasferisi.
Giornalista	Come riorganizzerete il resto dello staff?[7] Avrebbero diritto al rimborso di parte delle spese di trasloco se acconsentissero a trasferirsi ad altri impianti?
Amministratore delegato	Chiaramente se accettassero il trasferimento metteremmo a loro disposizione un package di agevolazioni: questa è la nostra prassi.[8]

The following alternatives may be used:
1 *Per questo motivo*: *Per questa ragione*;
2 *il nuovo complesso*: *il nuovo impianto, il nuovo stabilimento, la nuova fabbrica*;
3 *vantaggi*;
4 *E il personale attualmente impiegato*: *Ed i dipendenti attualmente impiegati*;
5 *in soprannumero*: *esuberanti*.
6 Literally, *will have to be redistributed to other departments of the company.*
7 *Staff* is used in Italian. Alternatives of *dello staff*: *del personale, dei dipendenti.*
8 Alternative: *procedura abituale.*

(b) Development

Personnel manager	So, as we have seen during the last half-hour, the prospects for the next few years are quite encouraging. We now need to consider precisely how we are going to develop policies to benefit the firm and its employees.
Managing director	Can I just add before you continue, Alan, that the Board will be taking very seriously whatever conclusions are drawn by this group today. So it is essential that people speak their mind.
Personnel manager	Thanks for confirming that, Victor. Frankly, recent EC legislation means that our profit margins can be increased as long as we take into account from the start matters like Health and Safety, employee compensation, maternity benefits etc. These items, that normally and quite properly cost our company a percentage of raw profits, can be reclaimed if fully documented.
Financial director	Well, that's good news as in the past we've never been able to prepare very well for this sort of cost to the company.
Personnel manager	I am proposing, therefore, that we create a small unit within the company to cover the full range of benefits that can accrue to us under the new provisions. In addition to this, we should be able to demonstrate to the workforce that by our observing these criteria, they too will have an enhanced status. Before I continue with my next subject, are there any questions?
Sales manager	Alan, can anyone guarantee that our current level of sales is sustainable? What you are saying about the interests of the workforce and those of the company as a whole being convergent seems to me a rather optimistic interpretation.
Personnel manager	We've commissioned a report on this very question, so as long as everybody is prepared to wait for a week or two longer I should be able to give you an honest answer. Frankly, whatever the precise outcome of that report, we have to make plans for a future in which we balance the financial well-being of the firm with that of all the individuals who work in and for it.

(b) Sviluppo

Direttore del personale	Dunque, come abbiamo visto durante quest'ultima mezz'ora, le prospettive per i prossimi anni sono piuttosto incoraggianti. Dobbiamo ora considerare precisamente in che modo intendiamo sviluppare i nostri piani d'azione così che[1] sia la società che i dipendenti ne traggano beneficio.[2]
Amministratore delegato	Mi permetta di[3] aggiungere, prima che lei proceda, Alberto, che il Consiglio d'amministrazione prenderà in seria considerazione qualsiasi conclusione tratta dal gruppo riunito qui oggi. È perciò indispensabile che ciascuno di voi esprima il proprio parere.[4]
Direttore del personale	Grazie per averlo sottolineato Victor. Francamente in seguito alla recente entrata in vigore delle leggi dell'Unione Europea, i nostri margini di profitto possono essere incrementati purché teniamo in considerazione da tutto principio aspetti quali prevenzione degli infortuni,[5] retribuzione dei dipendenti, assegni di maternità, ecc. Questi elementi che normalmente e, direi, del tutto correttamente, costano alla nostra azienda una percentuale degli utili lordi, possono essere riscattati[6] se esattamente attestati.
Direttore Ufficio Finanziamenti	D'accordo. Questi sono dati positivi, anche perché in passato non siamo mai riusciti ad organizzarci bene in previsione di spese di questo genere.
Direttore del personale	Proporrei perciò la creazione di una piccola unità all'interno dell'azienda responsabile dell'esame dell'intera gamma di indennità che possono spettarci secondo i nuovi provvedimenti. Oltre a questo, dovremmo essere in grado di dimostrare alla nostra forza lavoro che, osservando[7] questi criteri, anche la posizione dei dipendenti sarà migliore. Prima di passare al prossimo argomento, ci sono delle domande?
Direttore commerciale	È possibile garantire la sostenibilità del nostro attuale livello di vendite? La sua interpretazione mi sembra alquanto ottimistica quando lei afferma che gli interessi dei dipendenti e quelli della società siano convergenti.
Direttore del personale	Abbiamo ordinato la stesura di un rapporto proprio a questo riguardo, così se sarete disposti ad attendere una o due settimane, potrò darvi una risposta sincera. Francamente, qualunque sia il[8] risultato del rapporto, dobbiamo pianificare per un futuro in cui dovremo controbilanciare il benessere finanziario della società con quello dei singoli che lavorano nell'azienda e per l'azienda.

1 also spelt *cosicché*. The following alternatives may be used: 2 *sia la società che i dipendenti ne traggano beneficio: in modo giovevole sia per la società che per i dipendenti;* 3 *Mi permetta di: Vorrei;* 4 *esprima il proprio parere: parli chiaro, dica quello che pensa;* 5 *prevenzione degli infortuni: normative antinfortunistiche;* 6 *ricuperati;* 7 *osservando: aderendo a, con l'osservanza di, con il rispetto di;* 8 *qualunque sia il: a prescindere dal.*

(c) Staffing

Meeting between the personnel manager and a trade union representative

Personnel manager	I've called you in to tell you about our proposed staff changes.
TU representative	Yes, I know. I understand that you're planning compulsory redundancies.
Personnel manager	No, that's not the case, but we must rationalize the whole personnel organization.
TU representative	Can you tell me why?
Personnel manager	Everyone knows why: production costs have been increasing because of outmoded plant. We've taken the decision to close one of our older plants.
TU representative	Has it been decided which one?
Personnel manager	We have a choice of either Sheffield or Gloucester. The precise figures are being worked out.
TU representative	And what happens to the workforce?
Personnel manager	We'll propose voluntary redundancies and early retirements. That should reduce the problem considerably.
TU representative	But not fully. You'll have to lay people off.
Personnel manager	We don't think so. The staff remaining after redundancies and early retirement can be relocated. We have other plants within 20 miles of both Sheffield and Gloucester. We're talking about streamlining production, not cutting it back.
TU representative	So what will be the total reduction in the workforce?
Personnel manager	In the region of 200 to 250.
TU representative	And when are the changes being made?
Personnel manager	We're hoping to have them complete by the end of January.
TU representative	Has it been discussed at board level yet?
Personnel manager	Of course – the board gave its approval last week. That's why we're moving on it now.

(c) Personale

Incontro fra il direttore del personale e un sindacalista

Direttore del personale	Le ho chiesto di venire per parlarle dei cambiamenti previsti riguardanti il personale.
Sindacalista	Sì, lo so. Mi risulta che vogliate proporre licenziamenti obbligatori dei dipendenti esuberanti.[1]
Direttore del personale	No, non è il caso, ma dobbiamo razionalizzare l'intero settore personale.
Sindacalista	E per quale motivo?
Direttore del personale	Il motivo è risaputo:[2] i costi di produzione hanno subìto un costante aumento a causa di impianti antiquati. Abbiamo preso la decisione di chiudere uno degli stabilimenti più superati.[3]
Sindacalista	È stato già deciso quale in particolare?
Direttore del personale	La scelta è tra Carbonia o Ostia. Le cifre relative sono in fase di calcolo attualmente.
Sindacalista	E cosa succederà agli operai?
Direttore del personale	Proporremo esuberanze del personale e pensionamenti anticipati.[4] In tal modo dovremmo riuscire a ridurre considerevolmente il problema.
Sindacalista	Ma non del tutto. Dovrete fare dei licenziamenti.
Direttore del personale	Non pensiamo che sia necessario. Il personale rimasto dopo gli esuberi ed i pensionamenti potrà essere trasferito ad altri settori. Abbiamo altri stabilimenti nel raggio di trenta chilometri sia di Carbonia che di Ostia. Stiamo considerando il ridimensionamento[5] della produzione e non la riduzione.
Sindacalista	Allora quale sarà la riduzione totale dell'organico?[6]
Direttore del personale	Fra duecento e duecento cinquanta unità.
Sindacalista	E quando saranno messi in atto i cambiamenti?
Direttore del personale	Contiamo entro la fine di gennaio.
Sindacalista	Sono stati già discussi dal consiglio d'amministrazione?
Direttore del personale	Naturalmente; il consiglio d'amministrazione li ha approvati la settimana scorsa. Ecco perché adesso possiamo procedere.

The following alternatives may be used:
1 *esuberanti: in soprannumero, sovrabbondanti, eccedenti;* 2 *è risaputo: è arcinoto, lo sanno tutti;* 3 *superati: vecchi, antiquati, di vecchia data;* 4 *prepensionamenti;* 5 *il ridimensionamento: lo snellimento, l'ottimizzazione;* 6 *dell'organico: della forza lavoro, della manodopera.*

(d) Sales policy

Chairman	I am pleased to open this first Board Meeting following our change of parent company. The first item on the agenda is sales policy. Over to you, Charles.
Charles	Thank you, Mr Chairman. I am instructed by the main board of our parent company to plan, with you, the introduction of a new sales policy.
Director 2	What view is taken of our existing policy? Too expensive?
Charles	In a nutshell, yes. The company's product lines are mostly good but the sales operation could be improved.
Director 2	I am not surprised. I have thought for some time that we have too large a sales force in too many regions.
Charles	What you have just said brings me to one of the proposals I have. To redraw the regions and slim down the workforce.
Director 2	By redundancy or natural wastage?
Charles	Probably a bit of both would be necessary. Also, some concern has been expressed about the size of the advertising budget.
Director 3	Hear, hear. For a company with good products we do a hell of a lot of advertising.
Charles	I gather it is proposed, subject to this board's approval, to appoint a top class Marketing Manager with the remit to review the whole operation.
Director 2	Is a system of dealerships on the cards?
Charles	Nothing is excluded based on the premise of a need to rationalize the sales operation.

(d) Politica aziendale di vendita

Presidente	Ho il piacere di aprire questa prima riunione del Consiglio d'amministrazione dopo il rilevamento[1] della nostra società da parte della nuova casa madre.[2] Il primo punto all'ordine del giorno è la politica delle vendite. Carli, prego!
Carli	La ringrazio, signor presidente. Sono stato incaricato dal consiglio d'amministrazione della nostra società madre di pianificare con voi l'introduzione di una nuova politica delle vendite.
2° Consigliere Delegato	Come è considerata la nostra politica attuale? È troppo costosa?[3]
Carli	In poche parole, sì. Le linee di prodotti della società sono complessivamente[4] buone, ma l'operazione delle vendite potrebbe essere migliorata.
2° Consigliere Delegato	Non mi sorprende. Da parecchio tempo mi rendo conto che in troppe regioni abbiamo una forza di vendita troppo numerosa.[5]
Carli	Quanto lei ha detto mi riconduce ad una delle mie proposte: la riorganizzazione delle regioni e la riduzione della forzalavoro.
2° Consigliere Delegato	Tramite esuberi o riduzione naturale del personale?
Carli	Forse ci vorranno entrambi.[6] È stata anche espressa una certa inquietudine sulle dimensioni del budget pubblicitario.[7]
3° Consigliere Delegato	Son d'accordo. Per una società che produce prodotti di buona qualità facciamo un sacco di pubblicità.
Carli	Mi risulta che la proposta, soggetta all'approvazione di questo Consiglio, sia di incaricare un direttore dell'ufficio marketing d'alto livello con il compito[8] di esaminare l'intera operazione.
2° Consigliere Delegato	È previsto un sistema di concessionarie?[9]
Carli	Non si esclude nessuna possibilità sulla base del bisogno di razionalizzazione delle operazioni di vendita.

1 *Rilevamento* means *takeover, acquisition.*
The following alternatives may be used:
2 *casa madre*: *società madre* and *società di controllo*;
3 *costosa*: *cara*;
4 *complessivamente*: *perlopiù* or *per lo più*;
5 *forza di vendita troppo numerosa*: *troppi addetti alle vendite*;
6 *entrambi*: *sia gli uni che l'altra, tutt'e due*;
7 *budget della pubblicità*: *budget delle spese pubblicitarie, stanziamento pubblicitario*;
8 *con il compito*: *con la mansione.*
9 *Concessionarie* are *car dealerships.* For products other than cars *rivenditori autorizzati, dettaglianti.*

36 Visiting the bank manager

Bank Manager   Good morning, Mrs Brunson. I'm pleased to see you again.

Mrs Brunson   Good morning, Mr Green. I have come to discuss our business plan with you. Our turnover has risen by 40 per cent for the last three years and our products have been selling really well. We'd like to open another shop in Loughborough.

Bank Manager   Well, Mrs Brunson, I have followed the success of your company. Our bank has been very happy to support its development. Your firm has always stayed within the overdraft limits granted to it by the bank. How might we help you now?

Mrs Brunson   We're having to plough back most of our profits into the business in order to finance our growth. We've done market research in Loughborough and are convinced that it will be a success, what with Loughborough being a university town. What I've come to discuss with you is a loan to finance the lease of a shop and to buy start-up stock.

Bank Manager   I'm sure the bank will be willing in principle to finance your business's future growth. If you send me your proposal for the shop in Loughborough, with details of the amount you wish to borrow, cash flow projections – in brief, all the usual information – I will consider it as quickly as possible.

Mrs Brunson   Thank you very much. I'll send you our proposal in the next few days.

36 Colloquio con il direttore della banca[1]

Direttore	Buongiorno, signora Brunsoni. Son lieto di rivederla.
Marta Brunsoni	Buongiorno, dottor Verga. Sono venuta per discutere con lei il nostro piano commerciale; negli ultimi 3 anni il nostro giro d'affari è salito[2] del 40% e i nostri prodotti vendono veramente bene. Vorremmo aprire un altro negozio a Pavia.
Direttore	Dunque, signora Brunsoni, ho seguito il[3] successo della sua ditta e la nostra banca è stata particolarmente felice di sostenerne lo sviluppo. La sua ditta ha sempre rispettato i limiti dello scoperto[4] accordatole dalla banca. In che modo possiamo assisterla stavolta?
Marta Brunsoni	Per finanziare il nostro sviluppo ci troviamo costretti attualmente a reinvestire nella società la maggior parte dei nostri profitti. Abbiamo effettuato una ricerca di mercato a Pavia e siamo convinti della riuscita di un negozio lì, anche perché Pavia è una città universitaria. Sono venuta da lei per discutere con lei la concessione di un prestito per finanziare la locazione di un negozio e per acquistare lo stock iniziale[5] di merci.
Direttore	Sono sicuro che la banca sarà disposta in teoria a finanziare lo sviluppo futuro della sua società. Se vuole inviarmi la proposta per il negozio di Pavia, comprendente dati particolareggiati[6] sull'ammontare[7] che vorrebbe prendere in prestito, sul cash-flow[8] previsto, insomma, tutte le solite informazioni, la prenderò in considerazione quanto prima.[9]
Marta Brunsoni	La ringrazio. Le farò pervenire la nostra proposta nei prossimi giorni.

1 In this instance, it would be more likely to be *direttore di filiale di banca* (bank branch manager).
The following alternatives may be used:
2 *salito*: *aumentato*;
3 *ho seguito*: *mi sono interessato del*;
4 *dello scoperto*: *del credito allo scoperto*;
5 *stock iniziale*: *scorte di avviamento, giacenze iniziali*;
6 *dati particolareggiati*: *dettagli*;
7 *sull'ammontare*: *sul totale complessivo, sulla cifra, sulla somma*;
8 *cash-flow*: *flusso di cassa*;
9 *quanto prima*: *appena possibile*.

37 Selling a service to a client

Teresa Allison	Good morning, Mr Tolson. I'm Teresa Allison from P and G Computer Maintenance Services. You answered one of our ads in the *Evening Mail*, so I have come to fill you in on what we have to offer to small businesses.
Mr Tolson	Ah yes, thank you for coming so soon. As you can see, we recently purchased a computer system to maximize our efficiency in dealing with orders.
Teresa Allison	I assume that you have an initial service contract on the machines, but once that runs out you would be best advised to take out a plan like ours. We can provide a 24-hour breakdown cover, three-monthly servicing, immediate replacement of faulty equipment, regular updating of your software and a free consultancy service for the duration of the contract.
Mr Tolson	It sounds a good deal, but what are the conditions of payment? Is it possible to pay monthly via a standing order or does it have to be a lump sum?
Teresa Allison	You can pay either way, as long as your bank can guarantee that your account will bear it. Let me leave you some brochures to read at your leisure; you'll be able compare our prices and conditions with others, though I can assure you that it's the most favourable deal available at present.
Mr Tolson	OK, fair enough. Can you give me a ring in about a week and I'll let you know what I think.
Teresa Allison	I certainly will. Give me your number and I'll be in touch early next week.

37 Vendita di un servizio ad un cliente

Teresa Amasio	Buongiorno, signor Tozzi. Sono Teresa Amasio della PGD Italia, Centro Assistenza e Manutenzione di computers. Lei ha risposto a una delle nostre inserzioni pubblicate nel *Giornale Sera*. Per questo motivo sono venuta ad illustrarle quello che offriamo alle piccole imprese.
Sig Tozzi	Ah, sì. Grazie per la rapidità con cui è venuta. Come vede, abbiamo recentemente acquistato un sistema di elaborazione dei dati[1] per massimizzare[2] l'efficienza con cui gestiamo le ordinazioni.[3]
Teresa Amasio	Presumo[4] che abbiate un contratto iniziale di assistenza per i computers, ma quando questo scade, fareste bene a sottoscrivere un programma come il nostro. Siamo in grado di fornire assistenza in caso di guasto 24 ore su 24, manutenzione con scadenza trimestrale, sostituzione immediata di apparecchiature difettose, aggiornamento regolare del software ed un servizio gratuito di consulenza per l'intera durata del contratto.
Sig Tozzi	Le condizioni sembrano eccellenti, ma quali sono i termini di pagamento? È possibile effettuare dei pagamenti ricorrenti mensili tramite ordine bancario permanente[5] o l'importo deve essere versato tutto in una volta?[6]
Teresa Amasio	Può pagare in ambedue[7] i modi, purché la sua banca possa garantire la copertura del suo conto. Mi permetta di darle degli opuscoli che potrà leggere con comodo;[8] potrà confrontare[9] i nostri prezzi e termini con quelli di altre società, anche se posso assicurarle che si tratta dell'offerta più vantaggiosa attualmente disponibile.
Sig Tozzi	Sì, sì, d'accordo. Mi telefoni fra una settimana circa e le farò sapere cosa ne penso.
Teresa Amasio	Senz'altro! Mi dia il suo numero di telefono e la contatterò all'inizio della settimana entrante.

The following alternatives may be used:
1 *sistema di elaborazione di dati: sistema informatico;*
2 *massimizzare: accrescere al massimo;*
3 *le ordinazioni: gli ordinativi, ordini.*
4 *suppongo;*
5 *ordine permanente: commessa continuativa;*
6 *tutto in una volta: a forfait;*
7 *ambedue: entrambi;*
8 *con comodo: quando ha un attimo libero;*
9 *confrontare: paragonare, raffrontare.*

38 Selling a product to a client

Salesman	This motor is a good buy at this price, sir, if you prefer not to buy new.
Max Chancellor	It certainly looks to be in immaculate condition. About two years old is it?
Salesman	Eighteen months. It only has 6,000 miles on the clock.
Max Chancellor	That's unusual isn't it? Who was the previous owner?
Salesman	It's been a demonstration model. That explains the complete lack of any dents and no rust of course.
Max Chancellor	What sort of discount could I have? Can you offer a hire purchase deal?
Salesman	We are offering a 5 per cent discount off the list price and you could repay over one or two years.
Max Chancellor	That sounds quite interesting. And you would offer me the trade-in price for my present car that we discussed earlier?
Salesman	Yes indeed, sir. Would you like to go for a spin?

38 Vendita di un prodotto ad un cliente

Commesso	Quest'auto è una vera occasione a questo prezzo, se preferisce non acquistarne una nuova.
Massimo Cancelli	Sembra davvero in condizioni perfette. Ha sui[1] due anni?
Commesso	Un anno e mezzo. Ha fatto soltanto 16 mila chilometri.
Massimo Cancelli	Sembra un po' strano, non le pare? A chi apparteneva?[2]
Commesso	È stata usata come modello di showroom. Il che spiega la totale assenza di ammaccature nella carrozzeria e di ruggine.
Massimo Cancelli	Che tipo di sconto potreste farmi? È possibile l'acquisto rateale?[3]
Commesso	Offriamo uno sconto del cinque per cento sul prezzo di listino e il pagamento può essere effettuato a rate in uno o due anni.
Massimo Cancelli	Mi sembra piuttosto interessante. E mi offrirebbe il prezzo di permuta per la mia macchina attuale di cui abbiamo discusso prima?
Commesso	Certamente. Vorrebbe fare un giretto di prova?

The following alternatives may be used:
1   *sui: pressapoco, all'incirca, più o meno;*
2   *Chi era il proprietario, Di chi era;*
3   *rateale: a rate.*

39 Giving an informal vote of thanks

Speaker Ladies and gentlemen, I'd like to take this opportunity of thanking Leonard White and his colleagues for arranging the seminar over the last few days. I'm sure we've all found it most interesting and stimulating, and that we will all go back to our work enriched by what we have learnt in this meeting.

I'd like to thank Leonard White and his colleagues for their hospitality over the last two evenings, and I'm sure I speak for all of us when I say that the seminar has been a great success.

As you all know, we intend to hold a similar seminar next year at our headquarters, and that will give us the opportunity to return the hospitality. Thanks again, Leonard and colleagues, for a most successful event.

39 Ringraziamento informale

Oratore   Signore e signori, vorrei cogliere questa occasione[1] per ringraziare
Leonardo Bianchi ed i suoi colleghi per aver organizzato il seminario[2]
che si è tenuto negli ultimi giorni. Sono sicuro che tutti noi abbiamo
trovato questo seminario estremamente interessante e stimolante, e
che ritorniamo alle nostre attività arricchiti da quanto abbiamo
appreso partecipando a questo incontro.

Vorrei inoltre ringraziare Leonardo Bianchi ed i suoi colleghi per la
loro ospitalità nel corso delle ultime due serate e sono sicuro di
esprimere il parere di ciascuno di noi quando affermo che questo
seminario ha avuto un grande successo.

Come sapete, intendiamo organizzare un simile corso di
aggiornamento l'anno prossimo nella nostra sede principale[3] e
potremo in tal modo restituire l'ospitalità accordataci.[4] Grazie ancora
a Leonardo Bianchi e colleghi per una manifestazione di grande
successo.

The following alternatives may be used:
1 *opportunità;*
2 *seminario*: *corso di aggiornamento;*
3 *sede principale*: *sede centrale;*
4 *accordataci*: *dataci.*

40 Discussing contracts

(a) Sales conditions

Client   I'm pleased to inform you that we are prepared to include your
             company as one of our suppliers. Before we sign an agreement, we
             need to agree on terms and conditions.

Supplier   We're delighted. What in particular do we need to agree?

Client   Firstly, our terms of payment are 20 per cent on receipt of the goods
             and the remainder within 90 days.

Supplier   We normally expect to be paid in full within 60 days, but if we can
             have a two-year agreement, we could accept your conditions.

Client   Fine. We also want a 10 per cent discount for orders of over 5,000
             parts. Deliveries must also be made by the specified date, with
             penalties for late delivery. I think you've been given some details.

Supplier   Yes, and I can assure you that we are accustomed to just-in-time
             delivery. I'm sure that you know already that we offer good service
             at a good price. We're ready to sign.

Client   That's good. I have the agreement here.

40 Discussioni sui contratti

(a) Condizioni di vendita

Cliente   Sono lieto di comunicarle che siamo disposti ad includere la vostra società fra i nostri fornitori.[1] Prima di firmare l'accordo dobbiamo accordarci sulle condizioni.

Fornitore   Siamo felicissimi. Su cosa dobbiamo metterci d'accordo in particolare?

Cliente   Innanzi tutto queste sono le nostre condizioni di pagamento: 20% al ricevimento della merce e 80% entro 90 giorni.

Fornitore   In genere esigiamo il versamento a saldo[2] entro 60 giorni, ma potremo accettare le vostre condizioni se il contratto fosse per due anni.

Cliente   D'accordo. Per ordini di oltre cinque mila unità vogliamo anche uno sconto del 10%. Le consegne devono inoltre essere effettuate entro le date specificate, e prevediamo il pagamento di penali in caso di consegna in ritardo. Mi sembra che abbia già dei dati su questo.

Fornitore   Sì, e posso assicurarle che siamo abituati alla consegna just-in-time. Saprà già che offriamo un ottimo servizio ad un prezzo eccellente. Siamo pronti a firmare.

Cliente   Benissimo. Ho l'accordo qui con me.

1 Alternative to *fra i nostri fornitori*: *fra le nostre ditte fornitrici*.
2 Alternative to *il versamento a saldo*: *il saldo*.

(b) Payment conditions

Client   When will I be required to complete the payment of the instalments on the new equipment?

Supplier   There are several plans under which you have maximum flexibility of conditions. Obviously, you can pay the full amount in a one-off sum, which would mean a substantial saving overall as interest costs are always high in the transport sector.

Client   Suppose I could pay you 50 per cent of the total cost now, what sort of arrangements would best suit us both for the other half over a couple of years?

Supplier   That would depend on how we structure our own borrowing requirement, but in principle there is no reason why payments cannot be adjusted exactly to suit your circumstances.

Client   Fine. Can you give me a few days to discuss this with my accountant? If the bank is willing to lend me more than I had first thought, it may be possible for me to buy outright.

Supplier   Why not? With general interest rates as they are it could be worth risking a big outlay. Remember: either way we can help as our own finances are secured by the parent company.

Client   Thanks for confirming this point. I'll let you know ASAP.

(b) Condizioni di pagamento

Cliente   Quando dovrò finire di pagare le rate per il nuovo impianto?

Fornitore   I piani disponibili sono diversi e le offrono la massima flessibilità. Naturalmente può pagare l'importo totale[1] in un unico versamento, che rappresenterebbe un risparmio complessivo considerevole dato l'alto livello dei tassi d'interesse nel settore del trasporto.

Cliente   Supponiamo che possa versarvi il 50% del costo totale adesso, quali modalità di pagamento sarebbero accettabili sia per voi che per me per il versamento del rimanente 50% in un periodo di due-tre anni?

Fornitore   Dipenderebbe da come strutturiamo il nostro fabbisogno finanziario, ma in principio non vedo perché i pagamenti non possano essere opportunamente modificati per soddisfare in pieno le sue esigenze.

Cliente   Va bene, mi permetta di discuterne con il mio contabile per qualche giorno. Se la mia banca è disposta a concedermi un prestito più alto di quello che avevo inizialmente previsto, mi sarà probabilmente possibile effettuare l'acquisto tutto in una volta.

Fornitore   Prego. Dato l'alto livello dei tassi d'interesse attuali forse varrebbe la pena rischiare una spesa elevata. E non dimentichi che in entrambi casi possiamo assistervi perché i nostri finanziamenti sono garantiti dalla nostra casa madre.

Cliente   Grazie per averlo ribadito. Le farò sapere quanto prima.

1 Alternatives to *l'importo totale*: *l'ammontare, la somma.*

(c) Breach of contract

Client   Well, here we have the order contract that you wanted to discuss.

Supplier   Yes, thanks. The paragraph I wanted to look at was this one, 9b.

Client   Is there a problem?

Supplier   It indicates that non-delivery of the goods within three days of the date indicated constitutes breach of contract, and the order can be cancelled.

Client   It is a clause of our normal contract. Would you have a problem with that?

Supplier   I find it a bit unusual.

Client   We've had to introduce it, because in the past we had lots of problems with suppliers missing the delivery dates by weeks. We lost a lot of customers because of that. Since we introduced the modified contract we've had far fewer problems with delay.

Supplier   Is it possible to vary it a little?

Client   In what way?

Supplier   Well, I find three days very restrictive. We'd be much happier with one week.

Client   I'm sure you would! Any particular reason? Have you had difficulties meeting dates in the past?

Supplier   Only rarely, but it does happen. And it's usually because a supplier has let us down. I'd like to modify that paragraph a bit, to give us a little more time.

Client   I'll have to consult with our manager. I'll get back to you in the next 24 hours.

Supplier   Thanks.

(c) Violazione di contratto[1]

Cliente   Dunque, ecco il contratto dell'ordine che voleva esaminare.

Fornitore   Sì, grazie. Il paragrafo a cui volevo dare uno sguardo è questo, 9b.

Cliente   C'è qualcosa che non va?

Fornitore   C'è scritto che la mancata consegna della merce entro tre giorni dalla data indicata costituisce un'inadempienza contrattuale, e l'ordine può essere annullato.

Cliente   È una clausola inclusa nel nostro contratto normale. Pensa che le provocherebbe dei problemi?

Fornitore   La trovo un po' singolare.

Cliente   Abbiamo dovuto introdurla, perché in passato abbiamo avuto tante difficoltà con fornitori che consegnavano la merce settimane dopo le date stabilite. E per questo motivo abbiamo perso tanti clienti. Da quando abbiamo introdotto il contratto modificato sono diminuiti i problemi dovuti ai ritardi delle consegne.

Fornitore   È possibile modificare questa clausola in parte?

Cliente   In che modo?

Fornitore   Trovo il limite di tre giorni molto limitante. La mia società preferirebbe un limite di una settimana.

Cliente   Non lo metto in dubbio! Per quale motivo? Avete avuto difficoltà nel rispettare le date di consegna?

Fornitore   Solo raramente, ma a volte può succedere. E in genere succede perché un fornitore è venuto meno al suo impegno. Vorrei modificare leggermente quel paragrafo, per darci un po' di tempo in più.

Cliente   Dovrò interpellare il nostro manager. Le farò sapere nelle prossime ventiquattro ore.

Fornitore   Grazie.

1 Alternative to *violazione di contratto*: *inadempimento di contratto*.

41 Meeting visitors at the airport

John Andrew	Messrs Martin and Bertot from Toulouse?
M. Martin	Are you Mr Andrew from Perkins Industrial?
John Andrew	Yes, hello. I am glad to hear that you speak English, I was trying to remember my schoolboy French on the way to the airport.
M. Martin	My colleague Bertot cannot speak English I am afraid, so you may need some of your schoolboy French, or perhaps an interpreter, when we come to discuss the contract.
John Andrew	Right, I'll see to it. Are these your bags? My car is just outside. Did you have a good journey?
M. Martin	Fairly good. For some reason our flight from Toulouse to Paris was delayed so we nearly missed the Paris–Birmingham flight.
John Andrew	I am sure our Chairman will be pleased that you made it. We have high hopes for our proposed deal. Would you like to have a coffee before we leave the airport?
M. Martin	Don't worry, we had a meal during the flight.
John Andrew	Before we get back to talking shop can I just ask you what time you need to check in for this evening's return flight?

41 Incontro con ospiti all'aeroporto

Andreata	Signori Martin e Bertot di Tolosa?
Martin	Lei è il signor Andreata della Mursi Industriale?
Andreata	Sì, buongiorno. Mi fa piacere che parli l'italiano; venendo all'aeroporto ho cercato di ricordare il francese che ho imparato a scuola.
Martin	Il mio collega Bertot non parla l'italiano, e perciò dovrà usare un po' del suo francese scolastico, o magari un interprete, per la discussione sul contratto.
Andreata	D'accordo, lo farò. Questi sono i loro bagagli? La mia macchina è qui vicino. Hanno fatto buon viaggio?
Martin	Abbastanza. Per qualche motivo il volo da Tolosa a Parigi è partito in ritardo e abbiamo quasi perso la coincidenza con il volo Parigi–Torino.
Andreata	Sono sicuro che il nostro presidente sarà molto contento che siano venuti. Le nostre aspettative per il previsto accordo sono alte. Gradiscono un caffè prima di uscire dall'aeroporto?
Martin	No, non importa; abbiamo fatto colazione in aereo.
Andreata	Prima che continuiamo a parlare d'affari, posso chiedere a che ora devono presentarsi per il check-in del volo di ritorno stasera?

Business Correspondence

Italian business correspondence

Italian business letters tend to be stylized, impersonal and to the point. They are regarded as communication between organizations rather than between individuals. The signature of the sender is frequently illegible and the name is not indicated.

The names and addresses of companies should be preceded by *Spett.* (*Spettabile*), which is the equivalent of Messrs, e.g. *Spett. Ditta Tedesco SpA*, *Spett. Ditta Fratelli Boccadoro Srl.*

Individuals are addressed by their title e.g. *Signor Fenoglio, Signora Acquaviva, Dottor Valenzano*, unless the writer knows them very well. It is possible but not usual to begin letters with *Egregio Signor Fenoglio*, etc. If a letter needs to be directed to a particular individual this is done by use of *'Per la cortese attenzione della Signora Acquaviva'* or *'C.A. Signora Acquaviva'*.

The English 'Dear Sir/Madam' is not normally used in business letters. *Caro Signore/Cara Signora/Caro lettore*, etc. is occasionally used in circulars to subscribers or potential customers.

The purpose of the letter is always specified by summarizing the main content (*Oggetto*) at the beginning, e.g. *Oggetto: Vs lettera del 12 maggio.*

Standard endings to letters are *Distinti saluti* (Yours faithfully) and *Cordiali saluti* (Yours sincerely) although more flowery endings are also used, e.g. *Vi porgiamo i nostri più distinti saluti.*

If there are any enclosures they are referred to by *All.* (*allegato*). The number of items enclosed is also specified, e.g. *All. 2.*

As letters are usually regarded as communication between organizations, the *Voi* form of the verb is used. Note that the forms of *Voi*, etc. are written with a capital letter, even when they appear within words e.g., *Vi inviamo i campioni da Voi richiesti, Siamo spiacenti di doverVi informare che* . . . The various forms of *Vostro* are abbreviated to *Vs*, e.g., *il Vs ordine del 29 giugno.* Similarly the forms of *nostro* are abbreviated as *ns*, e.g. *secondo le ns istruzioni.*

If the letter is directed at a specific individual known to the sender, the *Lei* form of the verb can be used.

Note on translations

The documents presented here in parallel text are not a word-for-word translation of each other. Owing to obvious differences in letter-writing style in Italy and the business terminology used, it is possible to offer only an equivalent version of the Italian documents in the English text.

1 Enquiry about a product

Augustin SA
Z.I. de l'Empereur
F-19200 Ussel
France

Dear Sir/Madam

RE: TOOTHPICK MAKING & PACKAGING MACHINE

We represent a major distributor of foodstuffs and related materials in Kenya.

We have found your name in *Kompass* under the category of suppliers of toothpick-making machinery. Our present requirement is for a special toothpick-making and packaging machine. If you do produce such equipment or can supply it we would be pleased to receive your earliest quotation CIF Mombasa, prices for this machine and its equipment, together with a stated delivery time.

Please would you also quote for the installation of this machine in the Ususu factory in Mombasa.

We look forward to your earliest reply and remain

Yours faithfully

John Mason
Technical Director

1 Richiesta di informazioni sulla disponibilità di un prodotto

Spett. Ditta[1] AUGUSTIN SA
Z.I. de l'Empereur
F-19200 Ussel
Francia

Agrate Brianza, li[2] ...., 199-

Alla cortese attenzione del Titolare

OGGETTO:[3] **Macchine produzione e confezionamento stuzzicadenti**[4]

La ns[5] società rappresenta uno dei principali distributori di generi alimentari e prodotti affini in Kenia.

La Vs[6] azienda è inclusa nella guida *Kompass* nella categoria 'Fornitori di macchine per la produzione di stuzzicadenti'. Abbiamo attualmente bisogno di un macchinario speciale per la produzione ed il confezionamento degli stuzzicadenti. Qualora[7] la Vs società produca macchine di questo tipo o sia in grado di[8] fornirle, gradiremmo ricevere al più presto possibile la Vs offerta CIF Mombasa, i prezzi e le attrezzature relative, oltre alla data di consegna.

Vogliate anche includere il costo dell'installazione della suddetta macchina nello stabilimento della Ususu a Mombasa.

In attesa del Vs pronto riscontro Vi inviamo distinti saluti.

KENCIBI Srl
Dott. Gianni Mussini
Direttore Tecnico

1 Also *Spett.le*, *Spettabile*, translates the English 'Messrs'.
2 Note that the date in Italian is preceded by the name of the town from which the letter originates. *Li*, old fashioned and meaning 'the', is used in letters and official documents.
3 Means 'subject matter' of the letter; equivalent of RE:.
4 Alternative: *stecchini*.
5 Abbreviation for *nostra, nostro, nostri, nostre*; also found as *n*.
6 Abbreviation for *vostra, vostro, vostri, vostre*; also found as *v*: capital letter used as sign of respect.
7 Alternative: *nel caso in cui* (both need the verb in the subjunctive form).
8 Alternative: *possa*.

2   Enquiry about prices

Bandani Detergenti SpA
Via A. Lamarmora 75
20093 COLOGNO MONZESE (MI)
Italy

Dear Sir/Madam

RE: QUOTATION RMS34/16 JAN 199-/TOILET CLEANSER

On 16 January we received a quotation from your company for the supply of
4,000 litres of industrial toilet cleanser and disinfectant. We were unable to justify
ordering this at the time, because we had sufficient stocks from our previous
order at the end of last year.

We would like to enquire now if the prices quoted at the time are still valid for this
commodity.

If you are unequivocally able to confirm that this is the case, please take this
letter as an order for a further 10,000 litres. If there has been any price increase,
please fax this to us or phone the undersigned to enable us to proceed and agree
a price in due course.

Yours faithfully

Dick DeZwart
Buyer

2 Richiesta di informazioni sui prezzi

Spett. Ditta BANDANI DETERGENTI SpA[1]
Via A. Lamarmora 75
20093 COLOGNO MONZESE (MI)
Italy

Per la cortese attenzione del DIRETTORE VENDITE

Lauwe-Menen, li . . . ., 199-

OGGETTO: Quotazione RMS34/16 gennaio 199-/Detergente igienico-sanitario

Facciamo seguito[2] alla Vs offerta del 16 corrente mese per la fornitura di 4.000 litri di detergente e disinfettante igienico-sanitario industriale. Non ritenemmo allora opportuno inviarVi un ordinativo[3] in quanto[4] disponevamo di scorte sufficienti in magazzino consegnateci con l'ordinativo della fine dello scorso anno.

Vogliate comunicarci se i prezzi quotati sono tuttora validi per questo prodotto.

In caso di conferma dell'offerta in oggetto vogliate considerare la presente come buono d'ordine per altri 10.000 litri di detergente. In caso di aumento del prezzo vogliate comunicarlo al sottoscritto per fax o telefono per consentirci di procedere e concordare il prezzo.

In attesa del Vs cortese riscontro vogliate gradire i ns migliori saluti.

CLEANSTECHNICK
Ufficio Acquisti
Dick DeZwart

1 Abbreviation for *società per azioni*, public limited company or company limited by
   shares.
The following alternatives may be used: 2 *In riferimento*; 3 *un'ordinazione, un'ordine*;
4 *in quanto*: *poiché, dato che*.

3 Enquiry about a company

GiardinPrati SpA
Via Cassia Km 89
Val di Paglia
53040 RADICOFANI
Siena
Italy

Dear Sir/Madam

RE: ORDER LAWN-IND/CZ28

We refer to your quotation for 30 industrial mowing machines, model CZ28.

Our client is now eager to proceed with finalizing the order for this equipment as we are slowly approaching spring time. As we have never placed an order with your company, we would like to receive your full audited accounts for the last four trading years.

Please ensure that the above accounts reach us within the next five working days, as we are eager not to miss the six-week-delivery time which will enable us to have the equipment in our hands as soon as possible.

Yours faithfully

Sales Department

3   Richiesta di informazioni su una società

Spett.le Ditta GIARDINPRATI SpA
Via Cassia Km 89
Val di Paglia
53040 RADICOFANI (SI)
Italy

Helsinki, li . . . ., 199-

C.A.[1] – Ufficio Vendite Estere

OGGETTO: Ordinazione LAWN-IND/CZ28

In riferimento alla Vs offerta per la fornitura di n.30 tagliaerba/trattorini industriali, modello CZ28.

Il ns cliente ha richiesto la finalizzazione dell'ordine[2] delle suddette macchine data l'imminenza della stagione primaverile. In quanto non abbiamo mai effettuato alcun acquisto dalla Vs società, Vi preghiamo di inviarci i rendiconti annui degli ultimi quattro anni di esercizio della Vs azienda.

Vogliate farci pervenire[3] i suddetti documenti entro i prossimi cinque giorni lavorativi, per poter completare la consegna della merce in oggetto entro il tempo di consegna di sei settimane per consentirci di disporre delle macchine quanto prima.

RingraziandoVi anticipatamente Vi porgiamo distinti saluti

RAUMA
Ufficio Vendite

1 Abbreviation for *per la cortese attenzione.*
2 Alternative: *ordinazione.*
3 Alternative to *farci pervenire*: *inviarci.*

4 Enquiry about a person

ROPER Industriale
Viale San Benedetto 39–43
20084 Lacchiarella
Milano

Dear Sirs

RE: Mr Samuel Smith

We write to you as a fellow producer of machine tools. We have recently received an application from Mr Samuel Smith of Reading (England) who is applying for a post as technical support engineer with our company. This gentleman has given your company's name both as a previous employer and as a character referee.

From our reading of Mr Smith's CV he would appear most suitable for the post. However we are also keen that people should fit into our factory and we are most concerned that in his early twenties Mr Smith was a very active member of the European Pro-Whale Organization. We would appreciate your comments on this as we are keen to be better informed about this candidate.

Yours faithfully

Carlo Ruggeri
Personnel Manager

4   Richiesta di informazioni di carattere personale per dipendente da assumere

Spett.le Ditta
ROPER Industriale
Viale San Benedetto 39–43
20084 LACCHIARELLA (MI)

Castelfranco, ..., 199-

OGGETTO: SAMUEL SMITH/DOMANDA D'IMPIEGO

Scriviamo alla Vs società quali coproduttori di macchine utensili. Il signor Samuel Smith, residente a Reading, in Inghilterra, ha recentemente inoltrato[1] domanda per essere assunto quale tecnico di sostegno presso la nostra società. Il sig. Smith ci ha fornito il nominativo[2] della Vs società quale precedente datore di lavoro e quale referenza.[3]

Dal suo curriculum il sig. Smith risulta più che idoneo per la posizione. Abbiamo sempre a cuore l'inserimento dei ns dipendenti nel ns stabilimento e per questo consideriamo alquanto preoccupante il fatto che il signor Smith, quando aveva poco più di vent'anni, fosse iscritto e socio attivissimo dell'Organizzazione Europea Pro-Whale. Gradiremmo i Vs commenti a proposito e Vi preghiamo di favorirci[4] ulteriori informazioni particolareggiate sul suddetto candidato.

RingraziandoVi anticipatamente porgiamo cordiali saluti

DETTORI F.lli
Dr. Carlo Ruggeri
Direttore Ufficio Personale

1   Alternative: *presentato*.
2   Alternative: *nome*.
3   Due to the current climate of corruption and the investigation of company and public officials, Italian employers tend not to ask for letters of reference.
4   *Favorire* is commonly used when politely requesting something, e.g. *mi favorisca il passaporto* (can I have your passport, please?).

5   Enquiry asking for a specific quote

Sales Manager
OFFICE 2000
89–91 Scott Road
Olton
Solihull
West Midlands
B92 7RZ

Dear Sir/Madam

RE: LASER PHOTOCOPIER PR3000

We have been in correspondence with your company over the last six months and have in that time received a number of different quotations for different models of the industrial laser photocopying machines produced by your company. We have decided that the most suitable machine for our requirement is the PR3000.

We note however that your price of £4,000 was per item. We are keen to purchase 20 printers of this particular model and we would like to know what your discount is on an order of this magnitude.

We are also keen to have the delivery time for this equipment. If it were possible to deliver the printers in two separate batches of 10 each, we would require the first delivery in three months' time and the second some two months after that, when our new British office is set up in Cromer.

Yours faithfully

Luca Evangelista
Sales Manager

5   Richiesta di quotazione precisa

Spett.le UFFICIO 2000
Centro Vendita & Assistenza
Divisione Macchine & Attrezzature per Ufficio
Via Fatebenefratelli 35
20121 MILANO

Per la cortese attenzione del Direttore Commerciale

Roma, li . . . . , 199-

OGGETTO: FOTOCOPIATRICE LASER PR3000

Nel corso della corrispondenza con la Vs società negli ultimi sei mesi abbiamo ricevuto varie quotazioni per l'acquisto di diversi modelli delle fotocopiatrici laser industriali da Voi offerte. Abbiamo deciso che la macchina più adatta alle nostre esigenze è la PR3000.

Notiamo però che il prezzo di 4.000 sterline per le fotocopiatrici da Voi indicato è unitario. È ns intenzione acquistare 20 fotocopiatrici di questo modello e vorremmo sapere quale sconto sareste disposti a concederci per un'ordinazione di questo tipo.

Vogliate anche favorirci i tempi di consegna relativi. Se la consegna potesse essere effettuata in due lotti separati, ciascuno di 10 fotocopiatrici, gradiremmo[1] ricevere la prima consegna fra 3 mesi e la seconda circa due mesi dopo la prima, quando saranno completati i lavori di approntamento del ns nuovo ufficio a Cromer, in Gran Bretagna.

In attesa di un Vs riscontro inviamo distinti saluti

GENUFFICIO AGENZIA ITALIA
Direttore Vendite
(Dott. Ing.[2] Luca Evangelista)

1 Alternative: *vorremmo*.
2 Abbreviations for *Dottor Ingegnere* (engineering graduate).

6 Soliciting an agency

Erwin Page plc
Electrical appliances & supplies
29 Landon Place
London
SE45 9AS

Dear Sirs

We have heard from business associates that you are looking for an agency for the promotion of your products in the US. We feel that we may be of assistance to you: we are a long established agency with offices in the midwest and on the west coast of the United States, and are experienced in the sale and promotion of domestic electrical equipment. We have helped several British firms to boost their US sales, and are convinced that you too could benefit from our experience. Our UK representative, Charles J Parker, would be pleased to call on you to discuss your needs further: you can contact him on 0171 745 4756. He will in any event be in your locality in the coming week, and will take the opportunity of calling on you.

Yours faithfully

Peter Bowles

6 Richiesta di concessione di rappresentanza

Spett.le Ditta ELVINA SpA
Elettrodomestici – Elettroforniture
Piazza Landi, 29
00123 ROMA

Kansas, ..., 199-

CA: Direttore Commerciale

OGGETTO: RICHIESTA DI RAPPRESENTANZA

Abbiamo appreso da soci in affari che cercate attualmente un'agenzia per la promozione dei Vs prodotti negli USA.[1] Siamo certi di poterVi assistere: la ns agenzia, che è affermata[2] nel campo, si avvale di uffici negli stati medio-occidentali e sulla costa occidentale degli Stati Uniti e ha acquisito una certa esperienza nella vendita e nella promozione di elettrodomestici. Essa ha inoltre assistito diverse società britanniche ad aumentare le loro vendite negli USA e siamo convinti che anche Voi potrete trarre vantaggio dalla ns esperienza nel campo. Il ns rappresentante per l'Italia, Carlo Parca, sarebbe lieto di incontrarVi per discutere ulteriormente le Vs esigenze: vogliate contattarlo al n. telefonico 06 745 4756. Carlo Parca si troverà comunque nella Vs zona la settimana prossima e coglierà l'occasione per recarsi[3] alla Vs ditta.

Restiamo in attesa di una Vs risposta, che confidiamo[4] sarà favorevole, e Vi ringraziamo sentitamente.

TOLLERMAN ASSOCIATES
Peter Bowles

1 Alternative: *Stati Uniti*.
2 *Affermarsi* means: *to prove oneself, make a name for oneself*.
3 Alternative: *andare*.
4 Alternative: *siamo certi*.

7 Requesting information about agents

Duperrier SA
24 avenue des Sylphides
Brignoles
83170 Var
France

Dear Sirs

RE: LÜTTICH GmbH

We have heard from colleagues that you have recently used the services of Lüttich GmbH as agents for your products in Germany. We are in a different line of business from yourselves, but I believe that Lüttich represents companies of various kinds. We are looking for agents in Germany and Switzerland for our stationery products. I should be grateful if you could let us have further information on the above-named firm. Any information you send us will be treated with the strictest confidence.

Yours faithfully

P Brandauer

7 Richiesta di informazioni su agenti

Spett.le Ditta PERRERO SpA
PRODUZIONE E LAVORAZIONE
ECOLOGICA DI CARTE RICICLATE[1]
Corso Venezia, 24
10107 TORINO
Italia

Dover, ... , 199-

Per la cortese attenzione del Titolare

OGGETTO: Lüttich GmbH

Abbiamo appreso da ns colleghi che la Vs azienda ha recentemente utilizzato i servizi della Lüttich GmbH quale agente per i Vs prodotti in Germania. La ns società opera in un settore diverso dal Vs, ma ci risulta che la Lüttich rappresenti società di vari tipi. Cerchiamo attualmente agenti che ci rappresentino in Germania e Svizzera per gli articoli di cancelleria che produciamo nel ns stabilimento. Vogliate favorirci,[2] in via del tutto[3] confidenziale, ulteriori informazioni particolareggiate sul conto della suddetta società.

Distintamente

PORTER CARRINGTON PLC
P Brandauer

1 'Ecological production and manufacture of recycled paper'.
2 Alternative: *fornirci*.
3 Alternative to *del tutto*: *strettamente*.

8   Giving information about agents

Herrn H Pike
Heinrich Pittmann GmbH
Ofterdingenstraße 69
6800 Mannheim
Germany

Dear Mr Pike

RE: DIETER & HELLER

Thank you for your enquiry about the company Dieter and Heller, who have been agents for our products for several years. This company has represented our interests in Eastern and Central Europe very effectively and our sales in those regions have been buoyant as a result. You will find their Bonn-based manager, Max Lettmann, particularly helpful, and I am sure he will be interested in co-operating with you.

If you do contact Mr Lettmann, don't hesitate to mention my name.

Yours sincerely

Maria Fischer

8   Rilascio di informazioni su agenti

Spett.le Ditta PITTMANN Srl
Via Michelstädter, 113
34170 GORIZIA
Italy

Durham, ... luglio 199-

Alla cortese attenzione del Signor Giacomo Picca

OGGETTO: Dieter & Heller

Prendiamo atto[1] della Vs richiesta di informazioni sulla suddetta società, che agisce da vari anni quale agente per i ns prodotti. Questa società rappresenta i ns interessi nell'Europa orientale e centrale in modo efficace e le vendite dei ns prodotti in quelle regioni sono di conseguenza elevate. Troverete il direttore della sede di Bonn della Dieter & Heller, Max Lettmann, particolarmente preparato e disponibile, e siamo certi che vorrà instaurare un rapporto di collaborazione con la Vs azienda.

Se contattate il signor Lettman, non esitate a citare il nome della sottoscritta.

Gradite i ns più distinti saluti.

J. CREEK & PARTNERS
Maria Fischer

1   Literally, 'we take note'.

9   Request for a business reference

CONFIDENTIAL

Mr G Le Blanc
Sales Director
CURTAINS & BLINDS Ltd
PO Box 181
Croydon
CR0 5SN

Dear Mr Le Blanc

RE: CASELLACCI SpA

We would like to introduce our company as a major supplier of castors for office furniture. We have been approached by Casellacci SpA of Pisa as potential distributors of our products in the Italian market. Mr Casellacci has explained that he has been supplying your range of curtain fittings in the market for some fifteen years and has a proven track record of both successful sales and prompt payment with your company.

We are eager to proceed in the Italian market, but we wish to have some reassurance about this company, as we do not know either the company or the individuals concerned. It would appear that they are selling only high quality products and that our range of castors would fit very well into their sales range.

We would appreciate your earliest comments and thank you in advance for providing this information, which we would treat in the utmost confidence.

Yours sincerely

Steve Watwood
Export Manager

9 Richiesta di referenza commerciale

Comunicazione riservata

Spett.le Ditta TENDIDEA Srl
Casella Postale 181
26150 CREMONA
Italy

Alla cortese attenzione del Sig.[1] G. Bianchi, Direttore Vendite

New Malden, .../...../199-

Casellacci SpA – Pisa

La ns società è una delle principali fornitrici di ruote pivotanti per mobili d'ufficio. La Casellacci di Pisa ci ha richiesto la concessione dell'agenzia di distribuzione dei ns prodotti sul mercato italiano. Il sig. Casellacci ci ha spiegato che vende la Vs gamma di accessori per tende da una quindicina[2] d'anni e che la sua performance,[3] sia per quanto concerne il volume delle vendite effettuate che la prontezza dei pagamenti alla Vs società, si è dimostrata particolarmente valida.[4]

Vediamo[5] con particolare interesse il nostro ingresso nel mercato italiano, ma vorremmo ricevere dati rassicuranti sulla suddetta società, in quanto non conosciamo né la società né le persone responsabili di questa. Ci risulta che attualmente vendono solo prodotti di alta qualità e riteniamo perciò che la ns gamma di ruote pivotanti potrebbe essere inclusa nei prodotti venduti dalla Casellacci.

Favoriteci i Vs commenti al più presto. Vi ringraziamo anticipatamente delle informazioni inviateci che useremo in via del tutto riservata.

Vi ringraziamo per la cortese collaborazione e porgiamo distinti saluti.

CASTASSIST
Steve Watwood
Direttore Vendite Estere

1 Abbreviation for *Signor* (Mr); *Sig.a* is short for *Signora* and *Signorina* (Mrs and Miss) which can also be abbreviated as *Sig.ra* and *Sig.na* respectively, *Sigg.* is used for Messrs.
2 Also *decina* (about 10), *ventina* (about 20), *trentina* (about 30), etc.
3 Frequently used in Italian. Alternatives: *rendimento, prestazione*.
4 Alternative: *efficace*.
5 Alternative: *consideriamo*.

10 Favourable reply to request for a business reference

Mr S Watwood
CASTASSIST
158–161 Cressex Estate
New Malden
Surrey
KT13 4EY

Dear Mr Watwood

RE: CASELLACCI SpA of Pisa

We thank you for your letter of 11 March, regarding the company Casellacci of Italy as potential distributors of your range of castors.

We have indeed been working with Casellacci now for 23 years and know both Andrea Casellacci and his son Antonio, who has become more active in the company over the last few years. Casellacci have a number of most competent sales personnel covering the whole of Italy and the islands and have performed most effectively for our company against our large German competitors within the market. Casellacci have over this period of time proven to be most prompt in their payment. At the time of writing I cannot recall any undue delay in the settlement of their bills.

I have some awareness of your company and its products and I am sure they are suited to the Italian market. I hope the Casellacci company will prove a dependable and successful distributor for your product.

We hope you find this information sufficient to your requirements. Should you need any further comments please do not hesitate to contact us.

Yours sincerely

George Le Blanc
Sales Director

10 Risposta favorevole a richiesta di referenza commerciale

Spett. Ditta CASTASSIST
158–161 Cressex Estate
NEW MALDEN
Surrey KT13 4EY
Inghilterra

Cremona, ..., 199-

Alla cortese attenzione del Signor Watwood

CASELLACCI SpA – PISA

In risposta alla pregiata[1] Vostra dell'11 corrente mese[2] in cui richiedete informazioni sulla società italiana Casellacci quale possibile distributrice della Vs gamma di ruote pivotanti.

Vi facciamo noto che la Casellacci lavora con noi da 23 anni e che conosciamo sia Andrea Casellacci che il figlio Antonio, che è diventato più attivo nell'azienda negli ultimi anni. La Casellacci dispone di[3] numerosi venditori abilissimi che coprono la maggior parte del territorio italiano e le isole e ha operato in modo estremamente proficuo per la ns società contro l'imponente presenza della concorrenza tedesca sul mercato. La Casellacci ha sempre fatto fronte agli impegni finanziari assunti e non ha mai effettuato i versamenti dovuti con alcun ritardo.

Siamo consapevoli dell'attività della Vs società e dei Vs prodotti e siamo sicuri che essi si addicano[4] al mercato italiano. Ci auguriamo che la Casellacci si dimostri una distributrice attendibile[5] e abilissima dei Vs prodotti.

Siamo sicuri che troverete le informazioni qui contenute sufficienti, ma se richiedete ulteriori comunicazioni Vi preghiamo di contattarci senza alcun indugio.

Gradite i ns migliori saluti

TENDIDEA Srl
Dott. Giorgio Bianchi
Direttore Vendite

1 Literally, 'esteemed' (*lettera* is understood).
2 Also found as *c.m.*
3 Alternative: *utilizza*.
4 *Addirsi*: 'to be suitable'.
5 Alternative: *affidabile*.

11 Unfavourable reply to request for a business reference

Mr S Watwood
CASTASSIST
158–161 Cressex Estate
New Malden
Surrey
KT13 4EY

Dear Mr Watwood

RE: CASELLACCI SpA OF PISA

We are in receipt of your letter regarding the company of Andrea Casellacci with whom you have been discussing the potential distribution of your products in the Italian market.

We must first ask you to accept our comments on this company in the most confidential terms. We have indeed been working with Casellacci for many years, but unfortunately six months ago Mr Andrea Casellacci was detained by the Italian police and certain irregularities within the company have come to light. A direct result of this situation, in our particular case, is that we have not received payment for the last three major shipments of goods to Casellacci, which were due to us at different times. We are at the moment in discussions with our solicitors who will be undertaking the appropriate action on our behalf.

As a result of this, therefore, although this company has performed successfully in the past, it is obviously not in a position to continue this work on our behalf and therefore in our opinion it would not be a suitable partner for you at this time.

Yours sincerely

George Le Blanc
Sales Director

11 Risposta sfavorevole a richiesta di referenza commerciale

Spett.le Ditta CASTASSIST
158–161 Cressex Estate
NEW MALDEN
Surrey KT13 4EY
Inghilterra

Cremona, li . . . . , 199-

Alla cortese attenzione del Signor Watwood

CASELLACCI SpA – PISA

In relazione[1] alla Vs richiesta dell'11 marzo scorso sulla società di Andrea Casellacci con cui state discutendo la possibile distribuzione dei Vs prodotti sul mercato italiano.

Dobbiamo innanzi tutto[2] richiederVi di fare uso dei commenti su questa società, che vi diamo in via del tutto confidenziale, nel modo più riservato. Il nostro rapporto di collaborazione con la Casellacci durava da molti anni, ma purtroppo sei mesi fa Andrea Casellacci fu arrestato dalle forze dell'ordine italiane e sono appurate talune irregolarità della società. Un risultato diretto di questa situazione, per noi, è la mancata corresponsione alla ns società del saldo delle ultime tre partite principali di merce consegnate alla Casellacci: questi pagamenti erano scaduti in periodi diversi. Abbiamo adesso incaricato i ns rappresentanti legali perché intentino le pertinenti azioni legali.[3]

Dalle informazioni assunte ci risulta, perciò, che, anche se in passato ha operato con profitto, l'azienda in oggetto non sia in grado di continuare a farlo per conto della ns società, e, a ns giudizio, la Casellacci non offre attualmente le garanzie desiderabili come Vs partner.

Distintamente

TENDIDEA Srl
Dott. Giorgio Bianchi
Direttore Vendite

1 Alternative: *riferimento*.
2 Alternative: *prima di tutto*.
3 *Intentare azioni legali*: 'to start legal proceedings'.

12 Evasive reply to request for a business reference

Mr S Watwood
CASTASSIST
158–161 Cressex Estate
New Malden
Surrey
KT13 4EY

Dear Mr Watwood

RE: CASELLACCI SpA OF PISA/ITALY

We are in receipt of your letter regarding the company Casellacci SpA with whom you have been discussing the distribution of your products in the Italian market.

Casellacci are a very reputable company, but we are concerned that they might have already stretched themselves with the selling of our products in Italy and we feel that, if they did take on your range of products, they would probably have to employ a further product manager and perhaps another half a dozen regional sales people to cover the Italian market adequately.

We trust this information is sufficient, but should you require any further comments please do not hesitate to contact us.

Yours sincerely

George Le Blanc
Sales Director

12 Risposta evasiva a richiesta di referenza commerciale

Spettabile Ditta CASTASSIST
158–161 Cressex Estate
NEW MALDEN
Surrey KT13 4EY
Inghilterra

Cremona, li . . . ., 199-

Alla cortese attenzione del Signor Watwood

OGGETTO: **CASELLACCI SpA – PISA/ITALIA**

In risposta alla Vs lettera riguardante la società CASELLACCI SpA con cui avete in corso di discussione la potenziale distribuzione dei Vs prodotti sul mercato italiano.

La Casellacci è una ditta molto seria e che gode buona stima, ma ci preoccupa che essa abbia già utilizzato tutte le risorse di cui dispone per vendere i ns prodotti in Italia; riteniamo che, se includesse la Vs gamma di prodotti, dovrebbe con tutta probabilità assumere un altro manager di prodotto e probabilmente altri sei rappresentanti regionali per coprire adeguatamente il mercato italiano.

Ci auguriamo[1] che i ns commenti siano sufficienti, ma restiamo a Vs disposizione per fornirVi ulteriori informazioni.

Lieti di poterVi essere utili con stima Vi salutiamo.

TENDIDEA Srl
Direttore Vendite
Dott. Giorgio Bianchi

1 Alternative to *Ci auguriamo*: *speriamo*.

13 Placing an order

Jenkins Freeman plc
Unit 36
Heddington Industrial Estate
Birmingham
B34 9HF

Dear Sirs

We thank you for your catalogue and price list, which we read with interest. On the basis of your current prices, we wish to order the following:

    50 electric drills, model 1456/CB
    50 chain saws, model 1865/CH

Delivery is required by 3.5.199-, and the goods should be delivered to our warehouse in Riddington Way, Battersea. As agreed, payment will be by banker's draft.

Yours faithfully

Gillian Brookes
Purchasing Department

13 Invio di ordine

Spett. le Ditta JENKINS FREEMAN plc
Unit 36
Heddington Industrial Estate
BIRMINGHAM B34 9HF
Inghilterra

Ca,[1] . . . . . / . . . . . /199-

OGGETTO: ORDINAZIONE – trapani e motoseghe

Con la presente Vi ringraziamo del Vs catalogo e listino prezzi che abbiamo trovato di particolare interesse. Sulla base dei Vs prezzi correnti ci pregiamo[2] di rimetterVi[3] il seguente ordine:

n. 50 trapani elettrici, modello 1456/CB
n. 50 motoseghe, modello 1865/CH

Fornitura da eseguire entro il 3 maggio 199-, e la consegna della merce in oggetto da effettuare al ns magazzino di Riddington Way, Battersea, in Inghilterra. Come convenuto, il pagamento sarà effettuato a mezzo di assegno circolare.

Distinti saluti

LIBERO SpA
Ufficio Acquisti
Giorgio Bianchi

1 Abbreviation for Italian place name Cagliari.
2 Alternative: *siamo lieti.*
3 Alternatives: *trasmetterVi, inviarVi.*

14 Cancellation of order

Porzellanfabrik Hering
Langauer Allee 18
7000 Stuttgart
Germany

Dear Sirs

RE: ORDER NO. HGF/756

We recently placed an order for 60 bone china coffee sets (model 'Arcadia'). The order reference: HGF/756.

We regret that due to circumstances beyond our control, we now have to cancel the order. We apologize for any inconvenience this may cause you.

Yours faithfully

D. Grey

14 Disdetta d'ordine

Spett.le Ditta PORZELLANFABRIK HERING
Langauer Allee 18
7000 STUTTGART
Germania

Bari, li . . . ., 199-

Disdetta ordine HGF/756

Vi abbiamo recentemente inviato un ordine per n. 60 servizi da caffé in porcellana finissima (modello 'Arcadia'), Rif.[1] Ordine n. HGF/756.

A causa di circostanze non dipendenti dalla ns volontà siamo purtroppo costretti a disdire il suddetto ordine. Vi preghiamo di scusarci per il disturbo causatoVi.

Gradite i ns migliori saluti.

PORCELLANA LUX
D. Grei

1 Abbreviation for *riferimento* (reference).

15   Confirming a telephone order

Henning & Söhne GmbH
Schillerstraße 45
4300 Essen
Germany

Dear Mr Hartmann

Following the visit of your representative Dieter Höne last week, we are
confirming our telephone order for

   250 car seat covers, model AS/385/c

The total price of the order, inclusive of your discount, is £4,600. Payment will
follow immediately upon delivery. The covers should be delivered no later than
Tuesday 3 February, to our warehouse on the Pennington Industrial Estate,
Rochdale.

Yours sincerely

Derek Batty

15 Conferma di ordine precedentemente trasmesso per telefono

Spett.le Ditta HENNING & SÖHNE GmbH
Schillerstrasse 45
4300 ESSEN
Germania

ALLA CORTESE ATTENZIONE DEL SIG. HARTMANN

Bolzano, li . . . ., 199-

OGGETTO: CONFERMA ORDINE

A seguito delle intese verbali[1] avute con il Vs rappresentante Dieter Höne la settimana scorsa, Vi confermiamo il ns ordine trasmessoVi per telefono per

n. 250 fodere sedili auto, modello AS/385/c

Importo totale dell'ordine, Vs sconto compreso: L. 10.000.000[2] (dieci milioni). Pagamento immediato alla consegna.

La consegna delle fodere dovrà essere effettuata entro, e non oltre, martedì 3 febbraio p.v.[3] al ns magazzino nella zona industriale Thöni di Bolzano.

In attesa Vi porgiamo i ns distinti saluti.

Dario Batti
Ufficio Commerciale Centrale

1 Alternative: *contrattazioni*.
2 Note the use of full stops in Italian (commas are used with decimals).
3 Abbreviation for *prossimo venturo* (next month).

16   Making an order for specific items of office equipment

7 July 199-

Your ref.
Our ref. HB/LP

Garzón y Hijos
Plaza de la Catedral 8
Bogotá

Dear Sir/Madam

Please supply the following items, using the Order Number E183, to the above address at your earliest convenience; payment will be made within 14 days of receipt of your invoice and of the goods as ordered.

   6 artists' stools (aluminium)

   20 sets of 5 painting brushes

   10 reams of A5 drawing paper

   2 drawing tables: 2m × 1m

   1 Sanchix camera: FB4x model

   1 QRM computer: portable TGs model

Before you prepare and invoice us for these goods, please inform us by telex or phone of the cost per item, in order to avoid any unexpectedly high sums in the final bill, as this is something which has occasionally happened in the past.

We thank you in anticipation of your prompt reply.

Yours faithfully

Herberto Baza
Studio Supervisor

16   Ordinazione di articoli tecnici specifici per ufficio

Spett.le Ditta Garzon Enzo & Figli
Via A. Rosso 239–41
32040 TAI DI CADORE
Belluno
Italia

Vs Rif
Ns. Rif. EB/LB

CA: Ufficio vendite

Venezia, .../...../199-

OGGETTO: ORDINE N. E183

Vogliate fornire con la massima sollecitudine[1] i seguenti articoli, ordine n. E183, al suddetto indirizzo; il pagamento seguirà entro 14 gg[2] dalla ricevuta della Vs fattura e della merce ordinataVi.

n. 6 sgabelli disegnatore (alluminio)

n. 20 set pennelli, in confezioni di 5

n. 10 risme di carta da disegno, formato A5

n. 2 tecnigrafi 2m × 1m

n. 1 macchina fotografica Sanchix: modello FB4X

n. 1 computer QRM: portatile, modello TGs

Prima di imballare ed addebitarci il costo degli articoli ordinatiVi, vogliate comunicarci i costi unitari, onde evitare l'addebito di prezzi inaspettatamente troppo alti nelle fatture, come avvenuto occasionalmente in passato.

Vi ringraziamo in anticipo del Vs cortese riscontro e Vi porgiamo distinti saluti.

ARTIMMAGINE
Umberto Bazza
Direttore Studio

1   Alternative: *il più presto possibile*.
2   Abbreviation for *giorni*.

17 Acknowledgement of an order

Mr Henry Putton
33 Flintway
West Ewell
Surrey
KT19 9ST

Dear Mr Putton

Thank you for your signed order given to our Advisor for a bed to be constructed to your specific requirements.

We shall now pass your order to our Design Department complete with your personal specification.

Delivery time will be approximately seven weeks and you will be advised of the exact date in due course.

Once again many thanks for your order.

Yours sincerely

Janet Craig
Customer Relations Manager

17 Accettazione di ordine

Egr.[1] Dott.[2] G. De Bellis
Via Cimarosa, 112
13011 BORGOSESIA (VC)

Cordenons, ... , 199-

Egregio Dott. De Bellis

OGGETTO: <u>LETTO SU MISURA</u>

La[3] ringraziamo dell'ordine firmato consegnato al ns Consulente per la fornitura di un letto che sarà fabbricato secondo le Sue esigenze specifiche.

Il Suo ordine ed i Suoi dati specifici saranno trasmessi al ns ufficio tecnico.

La consegna avverrà approssimativamente fra 7 settimane[4] e riceverà comunicazione della data precisa di consegna a tempo debito.

RingraziandoLa ancora dell'ordine assegnatoci Le porgiamo i ns migliori saluti.

Con distinti saluti

DORMIBEN Srl
Giovanni Crespi
Direttore Relazioni Clientela

1 Abbreviation for *Egregio* (eminent, distinguished, excellent).
2 Abbreviation for *Dottor* (male university graduate).
3 *Lei* form is used in this letter as it is addressed to a private individual.
4 Alternative: *fra 7 settimane circa*.

18   Payment of invoices

Letter accompanying payment

Dr V Meyer
Neue Marktforschung GmbH
Kastanienallee 14
D–45023 Osnabrück
Germany

Dear Dr Meyer

I enclose an international money order to the value of 450DM as payment for the three market research reports on dairy products published by your organization this year.

As agreed during our telephone conversation on 15.1.199-, the sum enclosed includes postage.

I look forward to receiving the reports as soon as possible.

Yours sincerely

Maria Meller

Enc.

18   Pagamento di fattura

Lettera allegata al versamento

Spett.le Ditta
Neue Marktforschung GmbH
Kastanienallee 14
D–45023 OSNABRÜCK
Germania

PER LA CORTESE ATTENZIONE DEL DOTTOR V. MEYER

Roma, li 28 . . . . , 199-

OGGETTO: PAGAMENTO – 3 RELAZIONI/LATTICINI

Vi rimettiamo in allegato un vaglia postale internazionale, importo 450 DM, a saldo del pagamento delle tre relazioni di ricerca del mercato sui latticini pubblicate quest'anno dalla Vs organizzazione.

Come convenuto[1] telefonicamente in data 15.1.199-, l'importo allegato include le spese postali relative.

Vogliate inviarci le suddette pubblicazioni con sollecitudine e vogliate gradire i nostri distinti saluti.

PELICANO s.n.c.
Maria Meller

All.

1   Alternatives: *concordato, stabilito*.

19   Payment of invoices

Request for deferral

South East Finance Ltd
Dovehouse Lane
Sutton
Surrey
SM2 6LY

Dear Sirs

RE: MAXITRUCK 2000

I refer to our recent agreement of 30 November 199- regarding payment for one 40-ton Maxitruck 2000.

As you will recall, we paid an initial instalment of £10,000 and agreed to 10 further monthly instalments of £3,000. The December and January instalments, as you will know, have been paid promptly.

However, owing to the serious economic situation we find ourselves in, we are at the moment unable to make payments as agreed. Because of our reduced cash flow we are unable to pay more than £2,000 a month. We would, therefore, appreciate the opportunity to discuss this matter with you and reach a mutually satisfactory arrangement.

Yours faithfully

Tom Page
Finance Manager

19 Pagamento di fatture

Richiesta di proroga

Spett.le Società FINANZA SUDEST SpA
IMMOBILIARI FINANZIARI
Via Palermo, 27
20105 Milano

Filago, ... / . . . . . /199-

ALLA CORTESE ATTENZIONE DELL'UFFICIO AMMINISTRAZIONE E FINANZA

OGGETTO: ACC.[1] PAGAMENTO MAXITRUCK 2000

In riferimento al ns recente accordo del 30.11.199- relativo al pagamento del Maxitruck 2000 di 40 tonnellate.

Come ricorderete, versammo[2] un acconto di L.[3] 20.000.000 e concordammo di versare 10 ulteriori rate mensili di L. 6.000.000 cad.[4] Come sapete, abbiamo effettuato puntualmente i versamenti relativi di dicembre e gennaio.

Purtroppo, a causa della difficile situazione economica in cui si trova attualmente la ns azienda, non siamo in grado di effettuare i versamenti nel modo e nei tempi convenuti. A causa del ridotto cash-flow non possiamo versare più di L. 4.000.000 al mese. Vogliate perciò accordarci un incontro per discutere quanto qui esposto e per raggiungere un accordo reciprocamente soddisfacente.

In attesa di una Vs risposta favorevole Vi porgiamo distinti saluti.

MECCANICA DI GIOVANNI Srl
Dott. Tito Paglia
Direttore Amministrazione e Finanza

1 Abbreviation for *accordo* (agreement).
2 Alternative: *pagammo*.
3 Abbreviation for *Lire*; also found as *Lit* (lire italiane) and £.
4 Abbreviation for *cadauna* (each).

20 Payment of invoices

Refusal to pay

Johnson (Builders) Ltd
Nugget Grove
Christchurch

Dear Sirs

RE: INVOICE NO. L28/4659

We refer to your invoice No. L28/4659 regarding repairs to the roof of workshop 17 at Heath End.

In spite of the repair work carried out by your employees the roof still leaked in a number of places during the recent rains, causing a shut-down of the workshop for safety reasons.

We look forward to a speedy response to resolve this problem and assure you that your invoice will be paid as soon as this matter has been resolved to our satisfaction.

Yours faithfully

20 Saldo di fatture

Rifiuto di effettuare il versamento

Spett.le Ditta EDIFICA Srl
CAPANNONI PREFABBRICATI[1]
Corso Carlo Alberto 124/A
73100 LECCE

Lecce, ... / . . . . . /199-

OGGETTO: <u>VS FATT.[2] L28/4659</u>

In riferimento alla Vs fattura n. L28/4659 relativa alle riparazioni del tetto della ns officina numero 17 dello stabilimento di Rodallo.

Nonostante le riparazioni effettuate dai Vs dipendenti diversi punti del tetto hanno subito recentemente l'infiltrazione dell'acqua piovana, con conseguente chiusura, per motivi di sicurezza, dell'officina interessata.

Confidiamo[3] di ricevere una Vs rapida risposta per risolvere il problema qui esposto e Vi assicuriamo che il saldo della Vs fattura Vi sarà rimesso non appena[4] il problema sarà stato opportunamente rettificato.

Con distinti saluti

INDUSTRIE MERIDIONALI

1 'Prefabricated factory buildings'.
2 Abbreviation for *fattura* (invoice).
3 Alternative: *contiamo, speriamo*.
4 *Non appena*: as soon as.

21 Apologies for non-payment

Mr I Sahani
Michigan Lake Trading Co.
974 South La Salle Street
Chicago
Illinois 60603
USA

Dear Mr Sahani

I refer to our telephone conversation yesterday.

I must once again apologize for the fact that you have not yet received payment for order No. 072230/5310.

Payment was duly authorized by me on the 10 July, but due to staff holidays the paperwork appears to have gone astray between our sales and finance departments.

We have now traced the relevant documentation and I can assure you that the matter is being attended to with the utmost urgency.

If you do not receive payment by Monday, 22 August, I would be grateful if you would contact me immediately.

I apologize once again for the inconvenience this has caused you and assure you of our best intentions.

Yours sincerely

21   Scuse per mancato pagamento

Spett.le Ditta COMCOMMERCIO ITA
Viale Gozzano 93
38100 TRENTO
Italy

Hong Kong, ... , 199-

ALLA CORTESE ATTENZIONE DEL SIG. E. SANI

OGGETTO: Ordine N. 072230/5310

In riferimento alla ns conversazione telefonica di ieri.

Siamo spiacenti[1] che ancora non Vi sia pervenuto il pagamento dell'ordine in oggetto.

Il pagamento fu autorizzato personalmente dal sottoscritto il 10 luglio u.s.,[2] ma a causa delle ferie del personale si è verificato un disguido e la pratica non è stata trasferita dal ns ufficio vendite al ns ufficio contabilità.

Abbiamo reperito i documenti relativi e Vi assicuriamo che la pratica sarà espletata[3] con la massima sollecitudine.

Vi preghiamo di contattare immediatamente il sottoscritto in caso di mancata ricevuta da parte Vs della rimessa entro lunedì 22 agosto.

Vi preghiamo di scusarci ancora per il ritardo nell'adempimento del ns impegno.

Vi ringraziamo e Vi porgiamo distinti saluti.

IMPORT–EXPORT INTERNATIONAL

1 Alternative: *ci dispiace*.
2 Abbreviation for *ultimo scorso* (last month).
3 *Espletare*: to carry out, fulfil.

22 Request for payment

Huron Motor Factors
6732 John Street
Markham
Ontario
Canada L3R 1B4

Dear Sir

RE: Invoice No. JE/17193

As per our invoice JE/17193 of 13.3.199-, we supplied your plant with 500 litres of AVC automotive base paint, payment due 60 days after receipt of our consignment.

This period of time has now elapsed and we request immediate settlement of the above invoice.

Yours faithfully

22   Richiesta di pagamento

Spett.le Ditta AUTOCARROZZERIA MODENA
Via Giulia, km 17,5
41100 MODENA
Italia

Monaco, .../...../199-

CA: Titolare

OGGETTO: Vs fattura JE/17193/13.3.199-

In conformità della suddetta fattura abbiamo fornito al Vs stabilimento 500 litri di vernice AVC per carrozzeria; scadenza pagamento a 60 gg dalla ricevuta della merce.

Essendo questo periodo ormai scaduto, restiamo in attesa del Vs pagamento quanto più sollecito possibile.

Distinti saluti

ROTHAUT-FARBEN GmbH

23   Overdue account

First letter

Lota (UK) Ltd
93 Armstrong Road
Dudley
West Midlands DY3 6EJ

Dear Sir

<u>Arrears on Finance Agreement No. 261079</u>

I am writing to advise you that your bankers have failed to remit the April instalment of £8,373 on the above agreement and as a result the account is now in arrears.

This has incurred an additional £460.50 in interest and administration charges.

Please advise your bank to transfer £8,833.50 to our account to bring your account up to date and enable us to remove it from our arrears listing.

Yours faithfully

23 Conto scoperto

Primo sollecito di pagamento

Spett. Impresa LOTA (ITALIA) Srl
Via Fortebraccio 93
12100 CUNEO

Milano, li . . . . , 199-

ALLA CORTESE ATTENZIONE DELL'UFFICIO CONTABILITÀ[1]

OGGETTO: Arretrati Accordo finanziario n. 261079

Ci permettiamo di richiamare alla Vs cortese attenzione[2] il mancato trasferimento da parte della Vs banca dell'importo di Lit. 16.500.000 della rata del mese di aprile in ottemperanza al suddetto accordo; di conseguenza il Vs conto risulta attualmente scoperto.

Al suddetto importo vanno[3] aggiunte Lit. 2.350.860 per interessi e spese amministrative.

Vogliate richiedere alla Vs banca il trasferimento immediato dell'importo di Lit. 18.850.860 al ns conto secondo le condizioni convenute.

Distinti saluti

EUROFIN INTERNAZIONALE SPA

1 'Accounts department'.
2 'We take this opportunity to bring to your attention'.
3 Literally, 'are to be', 'have to be'.

24 Overdue account

Final letter

Lota (UK) Ltd
93 Armstrong Road
Dudley
West Midlands DY3 6EJ

Dear Sir

Arrears on Finance Agreement No. 261079

Our records show that despite our previous reminders, your account remains overdue.

We now insist that you clear the outstanding arrears by close of business on Friday, 26 June 199-.

Failure to comply with this request by the date specified will result in the termination of the agreement. We will then take steps to recover our property.

Yours faithfully

24 Conto arretrato

Lettera finale

Spett.le Impresa LOTA (ITALIA) Srl
Via Fortebraccio 93
12100 CUNEO

Milano, li . . . . , 199-

ALLA CORTESE ATTENZIONE DELLA DIREZIONE AMMINISTRAZIONE E
FINANZA[1]

OGGETTO: Arretrati Accordo finanziario n. 261079

Notiamo con disappunto che, malgrado[2] i ns solleciti precedenti, il Vs conto è
tutt'oggi[3] scoperto.

Vi preghiamo di scusarci se insistiamo nel richiederVi il pagamento dell'importo
scoperto e ci vediamo costretti a fissarVi un termine entro, e non oltre, la fine
della giornata lavorativa di venerdì, 26 giugno 199-.

Non pervenendo, entro tale termine, il saldo, saremo costretti, ns malgrado,[4] ad
annullare il suddetto accordo ed a tutelare i ns interessi.

In tale attesa porgiamo distinti saluti.

EUROFIN INTERNAZIONALE SPA

1 'Financial director'.
2 Alternative: *nonostante*.
3 Alternative: *tuttora*.
4 Literally, 'against our will'.

25 Job advertisement

Letter to newspaper

H J Marketing Services
County House
53 Stukely Street
Twickenham TW1 7LA

Dear Sir

Please would you insert the attached job advertisement in the January issues of *East European Marketing Monthly* and *Food Industry Digest*.

As usual we require a quarter-page ad, set according to our house style.

Please invoice payment in the usual way.

Yours faithfully

Enc.

25 Inserzione

Lettera a giornale

Spett.le Società CREATIVE s.a.s.
Agenzia di Pubblicità & Marketing
Via Contea 53
34100 TRIESTE

Pordenone, .../...../199-

CA: Ufficio Pubblicità[1]

Vogliate pubblicare l'allegata inserzione nei numeri di gennaio del *Mensile Esteuropeo di Marketing* e del *Compendio dell'Industria Alimentare*.

Il formato richiesto per l'inserzione è di un quarto di pagina, con composizione grafica conforme al ns stile.

Fatturazione del pagamento da effettuare secondo le solite formalità.

Vi ringraziamo per la cortese collaborazione e cordialmente salutiamo.

EEF SRL

All.

1   'Advertising department'.

26 Newspaper advertisement

We are now expanding our operations in Eastern Europe and require experienced people within the food processing industry who are looking for an opportunity to sell in Hungary and Bulgaria products of leading food companies. The products are of good quality and already enjoy a substantial international reputation.

The salary for the above position is negotiable dependent upon experience and qualifications. A competitive benefits package is offered.

For further details and application form please write to the Personnel Manager, EEF Ltd, 34–40 Roman Road, Epsom, Surrey, KT72 7EF, quoting reference HB/127.

Closing date: 14 February 199-.

26 Inserzione su giornale

AZIENDA DI IMPORTANZA INTERNAZIONALE

Leader[1] nel settore dell'industria alimentare e attualmente impegnata nell'ampliamento delle operazioni nell'Europa orientale ricerca personale esperto addetto alle vendite di prodotti alimentari di altissima qualità e di fama internazionale in Ungheria e Bulgaria.

Le condizioni retributive saranno commisurate alle effettive dimensioni professionali ed alle capacità possedute. Si offre un competitivo pacchetto di fringe benefits.[2]

Per richiedere ulteriori informazioni ed un modulo di selezione scrivere a: Direttore Ufficio Personale, EEF Srl, Via Roma, 177, 33170 PORDENONE, citando il riferimento FB/127.

Data di scadenza: 14 febbraio 199-.

1 Frequently used in Italian to describe companies and individuals.
2 English version frequently used in Italian. Italian would be *benefici accessori*.

27 Asking for further details and application form

EEF Ltd
Roman Road
Epsom
Surrey KT72 7EF

Dear Sir

Ref. HB/127

I would be grateful if you could send me further details and an application form for the post of sales manager advertised in this month's *East European Marketing Monthly.*

Yours faithfully

27 Richiesta di ulteriori informazioni e del modulo di selezione

Spettabile EEF Srl
Via Roma, 177
33170 PORDENONE

ROMA, li . . . . ,199-

ALLA CORTESE ATTENZIONE DEL DIRETTORE UFFICIO PERSONALE[1]

OGGETTO: Vs Rif. HB/127 – Inserzione 'Mensile Esteuropeo di Marketing'/gennaio 199-

Desidero ricevere ulteriori informazioni ed un modulo di selezione per concorrere al posto di *Direttore delle vendite* pubblicizzato nella suddetta inserzione.

Nell'attesa di un Vs cortese riscontro Vi porgo distinti saluti.

Laura Rossi
Via Laburno 52
00199 ROMA
Tel. 06/8878546[2]

1 'Head of personnel department'.
2 Sender's address often included after the signature in personal letters and applications.

28   Job application

25 January 199-

Black's (Automotive) Ltd
18 Dawson Street
Birmingham
B24 4SU

Dear Sir

I am applying for the post of market research officer advertised in the *Guardian* on 21 January 199-.

I graduated from Chiltern University in June with an upper second class degree in European Business. The following January I was awarded the Diploma of the Chartered Institute of Marketing. On my degree course I specialized in market research and did a one-year work placement with Cox, Paton and Taylor in London.

Since leaving university I have been employed as a market research assistant in the Quantocks Tourist Agency. I am now seeking an opportunity to apply the knowledge and skills I have acquired in a larger, more market-orientated organization.

I enclose my CV and the names of two referees. I would be grateful if you would not contact my current employer without prior reference to me.

Yours faithfully

Michael Westwood

Enc.

28 Richiesta d'impiego

Spett.le Ditta AUTOMECCANICA Srl
Corso Risorgimento, 70
41014 CASTELVETRO
Modena

Castelvetro, .../...../199-

OGGETTO: Responsabile ricerca di mercato/ Inserzione sulla 'Stampa'[1] 21.9.199-

Mi permetto di presentarVi la mia domanda per il suddetto posto di responsabile di ricerca di mercato.

Nel giugno scorso ho conseguito la laurea[2] in Economia e Commercio presso l'Università di Catania con il voto di 108/110.[3] Nel mese di gennaio mi è stato conferito il diploma del Chartered Institute of Marketing britannico. Durante il mio corso di laurea mi sono specializzato nella ricerca di mercato e ho fatto uno stage[4] di un anno in Inghilterra presso la società Cox, Paton e Taylor di Londra.

Dal conseguimento del titolo di laurea ho svolto la mia attività come assistente di ricerca di mercato presso l'Ente di Turismo della Campania. Vorrei adesso utilizzare l'esperienza e la competenza acquisite svolgendo la mia attività in un'organizzazione più grande e caratterizzata da un più marcato approccio al mercato. Vi accludo il mio curriculum vitae ed i nominativi di due referenze. Vi pregherei di comunicarmi anticipatamente se desiderate contattare il mio datore di lavoro attuale.

Resto in attesa di una Vs risposta, che mi auguro positiva, e Vi porgo distinti saluti.

Michele Bosconovo

Via Abruzzi, 14
88030 MONTEFREDANE (AV)
Tel. Ab.[5] 0825/660707
Uff.[6] 0825/689452, int.[7]891

All.

1 National newspaper published in Turin.
2 University degree (5 year course), leading to the title of *dottore* (man)/*dottoressa* (woman) *in Economia e Commercio*.
3 Degree marks in Italy are determined by a board of 11 examiners during an interview with the candidate on the chosen topic of the final thesis. Each examiner can allocate up to a maximum of 10 points. For an exceptional performance they can also allocate a distinction, *lode*; for example *110/110 e lode*.
4 Italian for 'work placement' (usually undertaken by undergraduates).
The following abbreviations are used in Italian: 5 *abitazione* (home); 6 *ufficio* (office); 7 *interno* (telephone extension).

29 Curriculum vitae

Surname:	Cording
First names:	Donald Maurice
Date of Birth:	18 March 1959

QUALIFICATIONS: BA (Hons) Business Studies (Leeds, 1981)
                                   MBA (Warwick, 1985)

CURRENT EMPLOYMENT:
(Sept. 1988 to the present)   Marketing Manager, Cockpit Industries Ltd,
                                   8 Wendover Road, Accrington, Lancs. BB7 2RH

PREVIOUS EMPLOYMENT:
(a) Jan. 1986–Sept. 1988:   Marketing Assistant,
                                   Spurlands Ltd, 71 Misbourne Road,
                                   Northallerton, Yorks. DL5 7YL

(b) Oct. 1981–Dec. 1985:   Marketing Assistant,
                                   Tutton Enterprises Ltd, Wye House,
                                   Cores End, Wolverhampton WV6 8AE

(c) Sept. 1979–July 1980:   Sales Assistant,
                                   J V Ansell & Co., Greenaway Avenue,
                                   Leek, Staffs. ST15 4EH

29 Curriculum vitae

DATI PERSONALI

Cognome:	Cording
Nome:	Donald Maurice
Data di nascita:	18 marzo 1959

TITOLI DI STUDIO: BA (Hons) Business Studies (Università di Leeds, Inghilterra, 1981), MBA (Università di Warwick, Inghilterra, 1985)

IMPIEGO ATTUALE:
dal settembre 1988   Direttore Marketing
Cockpit Industries Ltd, 8 Wendover Road, ACCRINGTON, Lancs. BB7 2RH, Inghilterra

ESPERIENZA PROFESSIONALE
PRECEDENTE:

(a) genn. 1986–sett. 1988:   Assistente Marketing
Spurlands Ltd, 71 Misbourne Road, Northallerton, Yorks. DL5 7YL, Inghilterra

(b) ott. 1981–dic. 1985:   Assistente Marketing
Tutton Enterprises Ltd, Wye House, Cores End, Wolverhampton WV6 8AE, Inghilterra

(c) sett. 1979–luglio 1980:   Assistente Vendite
J.V. Ansell & Co., Greenaway Avenue, Leek, Staffs. ST15 4EH, Inghilterra

30 Unsolicited letter of application

Executive Agency plc
22 Ellison Place
London WC1B 1DP

Dear Sirs

I have recently returned to Britain after working in Canada and the Gulf States for the last 15 years.

During this period I spent five years in Canada as chief financial accountant of Bourges-Canada in Montreal, before moving to the Gulf. I have worked as financial director for Jenkins-Speller for the last ten years. During this period the company's number of clients and turnover have quadrupled.

My return to Britain was for family reasons and I am now seeking an appropriate position in a company that can capitalize on my expertise in financial management and strategy.

I enclose a detailed CV for your further information and look forward to hearing from you soon.

Yours faithfully

R Bennett

Enc.

30 Richiesta d'impiego con autocandidatura

Spett.le ESECAGENZIA
Ricerca & Selezione Personale
Piazza Edison, 22
00165 ROMA

ROMA, .../...../199-

OGGETTO: Richiesta d'impiego

Ho fatto recentemente rientro[1] in Italia dopo 15 anni trascorsi nel Canada e negli Stati del Golfo.

Di questi 15 anni ne ho trascorso 5 nel Canada quale ragioniere capo presso la società Bourges Canada, a Montréal, prima di trasferirmi nel Golfo. Ho prestato attività quale direttore amministrazione e finanza della Jenkins-Speller per dieci anni ed in questo periodo il numero dei clienti ed il volume d'affari dell'azienda sono stati quadruplicati.

Il mio rientro in Italia è dovuto a motivi familiari e attualmente cerco impiego presso un'azienda in cui possa essere impiegata in pieno la mia competenza nel campo della gestione e della strategia finanziaria.

Vi allego il mio curriculum vitae particolareggiato.

Con l'augurio[2] di avere[3] una Vs risposta affermativa Vi porgo distinti saluti.

R. Bennato
Via Santa Margherita, 26
00120 Roma
Tel. 06 837 38 89

All.

The following alternatives may be used:
1 *Sono recentemente rientrato*; 2 *Mi auguro*; 3 *ricevere*.

31   Interview invitation

Ms F Jones
23 Park View
Colchester
Essex CO4 3RN

Dear Ms Jones

Ref. PS/2021: Personnel assistant

Interviews for the above position will take place on Friday, 22 February 199-, beginning at 10 a.m.

We expect to conclude the interviews after lunch, at approximately 2.30 p.m.

Please confirm whether you will be able to attend the interview.

Yours sincerely

Mr C Smith
Personnel Officer

31 Invito a colloquio

Gent.ma[1] Sig.a[2] Angela Negri
Via Alcione, 16
35120 PADOVA

                                     Padova, li 10 febbraio, 199-

OGGETTO PS/2021: Assistente Ufficio Personale

I colloqui per la suddetta posizione avranno luogo venerdì, 22 febbraio 199-, a partire[3] dalle ore 10.

La conclusione dei colloqui è prevista nel primo pomeriggio, verso le 14,30.

La preghiamo di confermare la Sua partecipazione al colloquio.

Distinti saluti

VIAMIT Srl
Direttore Ufficio Personale
Dott. Paolo Bruno

1 Abbreviation for *Gentilissima*.
2 Abbreviation for *Signora* or *Signorina*; equivalent of Ms.
3 Alternative: *cominciando*.

32   Favourable reply to job application

Mrs L Flint
7 Fisherman's Way
Okehampton
Devon EX12 0YX

Dear Mrs Flint

I am writing to offer you formally the position of personal assistant to the operations director at Farnbury.

As discussed at the interview the normal working hours are 8.30 a.m.–5 p.m., Monday to Friday, although the position requires a flexible approach and on occasions you will be expected to work outside these times. The annual salary is £18,000.

You will receive further details if you accept the position.

Please confirm in writing by first post, Monday 3 April at the latest, whether you accept the offer of the position.

Yours sincerely

32   Risposta affermativa a richiesta d'impiego

Gent.ma Sig.a Gianna Pietra
Via Pescatori, 7
84100 SALERNO

DONGEN, ...

Gentile Sig.a Pietra

OGGETTO: <u>OFFERTA INCARICO</u>[1] <u>ASSISTENTE PERSONALE</u>

Con la presente[2] Le offriamo ufficialmente il posto di assistente personale al Direttore Operazioni a Farneti.

Come discusso nel corso del[3] ns colloquio, la giornata lavorativa normale ha inizio alle ore 8,30 e si conclude alle 17, dal lunedì al venerdì incluso. La posizione richiede un approccio flessibile e comporta occasionalmente la prestazione lavorativa in ore non incluse nelle suddette.[4] La retribuzione annua lorda è di 40 milioni di Lire.

Ulteriori informazioni seguiranno la Sua accettazione dell'incarico.

La preghiamo pertanto[5] di confermare per iscritto a strettissimo giro di posta, entro e non oltre, lunedì, 3 aprile prossimo la Sua accettazione della ns offerta di lavoro.

Distintamente

<u>MONTIV BV</u>

1 Alternative: *nomina*.
2 *Comunicazione* or *lettera* is understood.
3 Alternative to *nel corso del*: *durante il*.
4 *Ore di lavoro* is understood.
5 Alternatives: *perciò, quindi*.

33 Unfavourable reply to job application

Mr R Smith
15 Adams Way
Reading
Berks
RG23 6WD

Dear Mr Smith

RE: POSITION AS SALES DIRECTOR

I am writing to inform you that your application was unsuccessful on this occasion.

I thank you for your interest in our company and wish you every success with your career.

Yours sincerely

33 Risposta non favorevole alla domanda d'impiego

Egr. Sig. Enrico Scruti
Via Carso, 110
34100 TRIESTE

Dongen, ...

Egregio Signor Scruti

OGGETTO: <u>RIF. 39/99 DIRETTORE COMMERCIALE</u>

Siamo dolenti[1] doverLe comunicare che non possiamo prendere in considerazione la Sua offerta di servizio.

La ringraziamo del Suo interesse nella ns società e Le auguriamo successo nella Sua attività futura.

Distinti saluti

<u>MONTIV BV</u>

1 Alternative: *spiacenti.*

34   Requesting a reference for an applicant

2 February 199-

Your ref. AS/
Our ref. FG/JL

The Manager
First Class Bank
1–6, King's Square
BURY

Dear Mr Swift

RE: MISS STEPHANIE BOSSOM

This branch of the Safety First has recently received an application for employment as an accounts clerk from Ms Stephanie Bossom, who has quoted your name as a referee to whom we might address ourselves in the event of our wishing to interview her.

I believe that Ms Bossom has been working in your bank for several years and that her desire to change employment is prompted largely by her intention to marry and settle in this area. From her application it would seem that she would be a valuable asset to us; therefore we should be most grateful if you could confirm our impression in writing (by fax if possible) as soon as is convenient.

Please feel free to comment on any aspect of Ms Bossom's work that you deem to be of likely interest to us.

I thank you in advance for your cooperation.

Yours sincerely

Frank Graham
Branch Manager

34 Richiesta di attestato di datore di lavoro precedente

Spett.le BANCA NAZIONALE APPENNINA
Succ.[1] Piazza della Repubblica, 10
66100 CHIETI

Vs rif: AS/
Ns rif: FG/JL

L'Aquila, .../...../.....

CA: DOTTOR ANDREA VELOCI

OGGETTO: Stefania Bosso

La suddetta Stefania Bosso ha recentemente presentato domanda d'impiego presso questa filiale della Primassicura Spa ed ha fornito il nome della Vs azienda quale precedente datore di lavoro disposto a rilasciarci un attestato prima del colloquio preliminare.

Ci risulta che Stefania Bosso sia impiegata nella Vs banca da diversi anni e che il suo desiderio di cambiare impiego sia motivato in gran parte dal suo imminente matrimonio e trasferimento in questa zona. Dalla domanda presentataci sono evidenti per la ns azienda i vantaggi potenziali dell'assunzione della suddetta candidata. Saremmo lieti di ricevere Vs pronta conferma scritta a questo proposito (possibilmente tramite fax).

Vi preghiamo di comunicarci eventuali commenti su tutti gli aspetti dell'attività della candidata da Voi ritenuti degni di nota.

Vi ringraziamo anticipatamente della Vs cortese collaborazione e Vi porgiamo distinti saluti.

PRIMASSICURA Spa
Direttore Filiale L'Aquila
Dott. Franco Grezzi

1 Abbreviation for *succursale* (branch).

35 Providing a positive reference for an employee

4 February 199-

Your ref. FG/JL
Our ref. AS/MN

Mr F Graham
Safety First Assurance plc
12, Bright Street
Lancaster

Dear Mr Graham

MS STEPHANIE BOSSOM

I hasten to reply to your request for a reference for the above candidate. Please accept my apologies for not being able to fax my reply, but at present we are experiencing problems with the machine.

Yes, Stephanie has been an ideal employee who started with us as an office junior straight from school and has been promoted on several occasions in recognition of her work. I understand her reasons for wishing to leave and would very soon have been promoting her myself if she were staying with us.

You will see from her application that she has sat and passed a number of professional examinations over the last two years. In that time she has taken responsibility for supervising the progress of trainees and has been involved in new initiatives relating to our office systems.

You will find Stephanie a pleasant, willing and talented person who can be relied upon in the carrying out of her professional duties to the best of her ability at all times.

I hope you will be able to offer her the post, which you imply is likely in your initial letter.

Yours sincerely

Alan Swift
(Manager, Town Centre Branch)

35 Referenza positiva fornita da precedente datore di lavoro

Spettabile Ditta PRIMASSICURA SpA
Via Luce, 12
67100 L'AQUILA

<u>ALLA CORTESE ATTENZIONE DEL DOTT. GREZZI</u>

Chieti, 28 settembre 199-

<u>OGGETTO: Stefania Bosso</u>

In risposta alla Vs richiesta di attestato per la suddetta candidata. Vi preghiamo di scusare la mancata trasmissione della presente[1] tramite fax dovuta al guasto temporaneo del ns apparecchio.

Consideriamo la candidata in oggetto un'impiegata ideale; iniziò la sua attività presso la ns azienda al termine del corso di studi della scuola superiore[2] ed è stata promossa più volte per merito. Siamo consapevoli e comprendiamo i motivi dell'imminente[3] trasferimento di Stefania Bosso, che sarebbe presto promossa nuovamente se continuasse la sua attività presso questa sede.

Constaterete dalla domanda presentataVi che la candidata in oggetto ha sostenuto con successo diversi esami professionali nel corso degli ultimi due anni, e che, durante questo periodo, ha anche assunto la responsabilità del controllo delle attività dei tirocinanti ed ha partecipato a nuove iniziative nei ns sistemi d'ufficio.

Troverete Stefania Bosso simpatica, disponibile, ricca di talento, affidabile e abilissima nello svolgere la sua attività professionale.

Speriamo possiate assumerla come annunciato nella Vs lettera iniziale.

Lieti di poterVi essere utili Vi porgiamo distinti saluti.

BANCA NAZIONALE APPENNINA
Il Direttore

1 *Comunicazione* is understood.
2 Equivalent to secondary/high school; the candidate has taken the *maturità* exams, equivalent to 'A' levels.
3 Alternative: *del prossimo*.

36 Acceptance letter

Melton's Motor Factors Ltd
63 Station Road
Thirsk
N. Yorkshire
YO9 4YN

Dear Sir

Thank you for your letter of 17 July offering me the post of parts manager.

I am delighted to accept your offer.

Yours sincerely

Andrew Camp

36 Accettazione di impiego

Spett.le Ditta
AUTOMOBILI MELTONE S.p.A.
Concessionari Esclusivisti Auto
Direzione Commerciale
Via Stazione Vecchia, 63
30012 BURANO (VE)

Arzano, ... /. . . . . /199-

<u>ALLA CORTESE ATTENZIONE DEL DIRETTORE UFFICIO PERSONALE</u>

<u>OFFERTA D'IMPIEGO – ALESSANDRO BARRALE</u>

In riscontro[1] alla Vs del 17 luglio u.s. con cui mi comunicate la mia assunzione quale manager responsabile parti di ricambio.[2]

Sono molto lieto di accettare la Vs offerta di impiego.

Con distinti saluti

Alessandro Barrale
Via Guido Cavalcanti, 88
80022 ARZANO (Na)
Tel. 081 7315190

1 Alternative: *risposta.*
2 Alternative to *parti di ricambio*: *ricambi, pezzi di ricambio.*

37   Contract of employment

Dear

Following recent discussions we are pleased to offer you employment at our Company as Area Manager on the following terms and conditions:-

Remuneration
Your salary will be £15,000 per annum plus commission on the basis we have already discussed with you. As with all our staff your salary will be paid monthly on the last Thursday in each month, your first review being in July 199-.

Notice
As with all our staff, you will be employed for an initial trial period of six months, during which time either you or we may terminate your appointment at any time upon giving seven days' notice in writing to the other. Provided that we are satisfied with your performance during the trial period, we will thereafter immediately confirm your appointment as a permanent member of our staff and the seven days' period of notice referred to above will be increased to one month.

Sickness Pay
During any reasonable absence for illness the Company, at its discretion, will make up the amount of your National Insurance Benefit to the equivalent of your normal salary, although this will be essentially relative to your length of service.

Holidays
Your normal paid holiday entitlement will be 20 working days in a full year, the holiday year running from 1 January to 31 December.

Car
We will provide you with a suitable Company car (cost circa £14,000), which is to be mainly for your business use but also for your private use. The Company will meet all normal running expenses associated with the car such as road tax, insurance, repairs, servicing and petrol.

Pensions
The Company operates a Pension Plan. You can either decide to join the Company Scheme after six months' service at the Scheme's next anniversary date (July 199-), or alternatively choose a Personal Pension Plan to which the Company would contribute.

37   Contratto di lavoro

Gent.mo[1] .....

....

....

.........., 199-

CONTRATTO DI LAVORO

Seguendo le recenti comunicazioni intercorse siamo lieti di offrirLe l'incarico di Manager di zona presso la ns società in conformità delle seguenti condizioni:

Retribuzione
La retribuzione annua ammonterà a L. 30.000.000 esclusivi di provvigione calcolata secondo le norme precedentemente discusse. Come a tutti gli altri dipendenti dell'azienda lo stipendio Le sarà corrisposto con scadenza mensile, l'ultimo giovedì di ciascun mese. La retribuzione annua sarà riesaminata per la prima volta nel luglio 199-.

Risoluzione del contratto di lavoro
Come regola generale applicata a tutti i dipendenti dell'azienda, l'impiego prevede un periodo iniziale di prova di sei mesi, durante il quale Lei o la Società potrà terminare il contratto in qualsiasi momento, purché con preavviso relativo scritto di sette giorni. In caso di prestazione soddisfacente da parte Sua durante il suddetto periodo di prova, la Società confermerà il Suo incarico a tempo indeterminato e, invece del summenzionato periodo di sette giorni, sarà applicato il periodo di trenta giorni per la risoluzione del contratto.

Indennità di malattia
Se sarà costretto ad assentarsi dal lavoro a causa di malattia la Società avrà il potere discrezionale di versarLe la differenza fra l'indennità previdenziale di malattia e la retribuzione mensile normalmente corrispostaLe, ad un livello fondamentalmente dipendente dalla Sua anzianità di servizio.

Ferie
Avrà diritto a 20 giorni lavorativi annuali retribuiti di ferie, nel periodo compreso fra il 1° gennaio ed il 31 dicembre.

Autovettura
La Società metterà a Sua disposizione un'autovettura di proprietà dell'azienda (valore di circa L. 28.000.000), intesa per uso commerciale oltre che privato. La Società sarà responsabile di tutte le spese correnti concernenti la vettura, quali bollo di circolazione, assicurazione, riparazioni, manutenzione e carburante.

Trattamento pensionistico
La Società gestisce un piano pensionistico aziendale e quale dipendente Lei potrà iscriversi a questo piano dopo sei mesi di servizio, alla prossima data di scadenza del piano nel luglio 199-, o alternativamente potrà iscriversi ad un piano pensionistico personale a cui l'azienda contribuisce.

Hours
Normal office hours are from 9.00 a.m. to 5.15 p.m. from Monday to Friday with one hour for lunch. However, it is probable that additional calls will be made upon your time.

Grievance and Disciplinary Procedure
Should you wish to seek redress for any grievance relating to your employment, you should refer, as appropriate, either to the Company Secretary or to the Managing Director. Matters involving discipline will be dealt with by the Management in as fair and equitable a manner as possible.

Health & Safety at Work Act
A copy of the Staff Notice issued under the Health & Safety at Work etc. Act 1974 will be given to you on the first day of your employment. Your acceptance of the appointment will be deemed to constitute your willingness to comply with these regulations.

Start Date
The date on which your employment by the Company is to commence remains to be agreed and we look forward to establishing a mutually acceptable date as soon as possible.

Will you kindly provide us with your acceptance of this offer of employment by signing and returning to us the enclosed duplicate copy of this letter.

We trust that you will have a long, happy and successful association with our Company.

Yours sincerely

B. Foster
Managing Director

Enc.

Orario di lavoro
Normale orario d'ufficio dalle ore 9 alle ore 17,15, dal lunedì al venerdì incluso, con una sosta di un'ora per il pranzo. È prevista in certi casi la prestazione in ore non incluse nel suddetto orario.

Procedura di reclamo e di disciplina
Gli eventuali reclami relativi al Suo impiego dovranno essere presentati a seconda dei casi, al Segretario Amministrativo o all'Amministratore Delegato della Società. Le eventuali controversie disciplinari saranno considerate con la massima imparzialità dagli amministratori.

Normative antinfortunistiche
All'inizio della Sua attività presso questa società riceverà una copia della notifica al personale delle Normative antinfortunistiche a norma di legge. Accettando ufficialmente l'impiego offertoLe sottoscriverà legalmente la Sua adesione alle normative antinfortunistiche vigenti.

Decorrenza del contratto
La data d'inizio del contratto di lavoro resta ancora da stabilirsi ed una data reciprocamente accettabile sarà concordata al più presto possibile.

Per confermare la Sua accettazione della ns offerta La preghiamo di farci pervenire la copia allegata della presente debitamente firmata.

Con l'augurio di una lunga e propizia collaborazione ricca di successo con la ns società Le porgiamo distinti saluti.

AMMINISTRATORE DELEGATO
Bruno Fossero

All.

1 *Gent.mo* for a man, *Gent.ma* for a woman.

38 Enquiring about regulations for purchase of property abroad (memo)

Internal memorandum

From: Terry Baddison (Customer Services)
To: Guillermo Estuardos (Legal Department)

Date: 9 September 199-

Message: I urgently need some information on current rules and regulations concerning the purchase and renting of property in Spain. We have some clients interested in the new complex at Carboneras, but there seems to be doubt over whether they can sublet part of the premises without paying local tax on the rental.

P.S. I'm in the office every afternoon this week.

Terry

38 Richiesta di informazioni sulle regole relative all'acquisto di beni immobili all'estero (comunicazione di servizio)

LUJIPROP SA

Comunicazione di servizio

Da: Dott. Nicola Gabibbo (Assistenza clienti)

A: Avv.[1] Guido Stuardi (Rep.[2] Legale)

Data: 9 settembre 199-

Comunicazione

Abbiamo urgente bisogno di[3] dati sulle regole e normative vigenti sull'acquisto e sull'affitto di beni immobili in Spagna. Abbiamo alcuni clienti a cui interessa il nuovo complesso di Carboneras, ma abbiamo dubbi sulla possibilità di concessione in subaffitto di parte dei locali senza essere passibili di imposte locali sui contratti di locazione.

P.S. Sarò in ufficio ogni pomeriggio questa settimana.

Gabibbo

1 Abbreviation for *avvocato* (lawyer/solicitor).
2 Abbreviation for *reparto* (department).
3 Alternative: *Ci occorrono urgentemente*.

39 Advising of delay in delivery (telex)

TELEX: Expofrut (Almería, Spain) to Henshaw Bros. (Wolverhampton, England)

Subject: Delay in delivery

Sender: Pablo López
Addressee: Mary Henshaw
Date: 1 May 199-

Message: APOLOGIES FOR FAILING TO DELIVER USUAL ORDER THIS WEEK.

DOCKS STRIKE CALLED FROM TODAY THROUGHOUT SPAIN.

YOUR CONSIGNMENT OF FRUIT AND VEGETABLES ON QUAYSIDE. STILL POSSIBLE TO SEND GOODS BY ROAD, BUT COULD NOT GUARANTEE DELIVERY BY WEEKEND.

INFORM BY TELEPHONE (00 3451 947583) THIS P.M. IF TO PROCEED WITH ORDER BY ROAD.

REGARDS

Pablo López
(Export Manager)

39 Avviso di ritardo di consegna (telex)[1]

TELEX:	Expofrutta (Bari, Italia) alla Pučko-Import (Lubiana, Slovenia)
OGGETTO:	Ritardo della consegna
DA:	Paolo Dell'Anna
A:	Dott. Zarjan
DATA:	1° maggio 199-
COMUNICAZIONE:	CI SCUSIAMO PER LA MANCATA CONSEGNA DELLA MERCE QUESTA SETTIMANA.

SCIOPERO DEI PORTUALI INDETTO DA OGGI IN TUTTA ITALIA.

VS PARTITA DI FRUTTA E VERDURA FERMA IN BANCHINA.

TUTTORA POSSIBILE EFFETTUARE SPEDIZIONE VIA STRADA, MA IMPOSSIBILE GARANTIRE CONSEGNA ENTRO FINE SETTIMANA.

VOGLIATE COMUNICARCI PER TELEFONO (003980 947583) QUESTO POMERIGGIO SE POSSIAMO PROCEDERE CON LA SPEDIZIONE VIA STRADA.

DISTINTAMENTE

PAOLO DELL'ANNA
RESPONSABILE UFFICIO VENDITE ESTERE

1 Telegram style is usual for telexes.

40 Seeking clarification of financial position (fax)

To: Accounts Section, MULTIBANK,
         Prince's Square, Crewe

From: John Turket, PERLOANS
         High Street, Tamworth

Date: 4 November 199-
No. of pages, including this: 2

Dear Sir

This company has been approached today by a Mr Peter Andrews, who wishes to secure a loan in order to finance a family visit to relatives living overseas. He has given his approval to my contacting your branch of Multibank, where he holds two accounts, in order to verify and clarify information he has proffered about his financial position.

Once you have satisfied yourselves that Mr Andrews is willing that you divulge facts about his finances, can you please provide the following information?

1 Has Mr Andrews incurred major overdrafts since 1990?

2 Do both Mr Andrews and his wife have salary cheques paid directly each month into their current account?

3 Does your bank have any reason to believe that Mr Andrews will not be able to repay a £3,000 loan to Perloans over 3 years from July 199-?

We hope you feel able to respond to our request, and thank you for your assistance in this matter.

Yours faithfully

John Turket
Loans Manager

40 Richiesta di chiarimento concernente la situazione finanziaria (fax)

CA: Reparto Contabilità, MULTIBANCA,
          Piazzale Visconti 8, 41100 MODENA

DA: Giorgio Turchetti

Data: 4 novembre 199-
N. pagg.[1] **inclusa la presente: 2**

OGGETTO: Pietro Altobelli

Abbiamo ricevuto oggi la richiesta di un prestito per finanziare una visita familiare a parenti residenti all'estero dal suddetto sig. Pietro Altobelli, il quale ci ha autorizzato a contattare la Vs filiale della MULTIBANCA dove è titolare di due conti, allo scopo di verificare e chiarire ulteriormente le informazioni forniteci circa la sua situazione finanziaria attuale.

Quando avrete accertato il consenso fornito dal sig. Altobelli circa la comunicazione ai ns uffici delle informazioni concernenti la sua situazione finanziaria, Vi preghiamo di fornirci i seguenti dati:

1 Dal 1990 sono stati concessi al sig. Altobelli crediti allo scoperto di una certa entità?

2 Gli stipendi percepiti mensilmente dal sig. Altobelli e dalla consorte vengono[2] trasferiti direttamente nei conti correnti di cui sono titolari?

3 Secondo i dati a Vs disposizione esistono dei motivi per cui il sig. Altobelli non dovrebbe essere in grado di ripagare un prestito di L. 8.000.000 alla FAMFINANZIARIA entro 3 anni, con decorrenza dal luglio 199-?

Restiamo in attesa del Vs cortese riscontro e Vi ringraziamo anticipatamente della Vs collaborazione.

Gradite distinti saluti.

FAMFINANZIARIA
Direttore Ufficio Prestiti
Dott. Giorgio Turchetti

1 Abbreviation for *pagine* (pages).
2 Alternative: *sono*.

41 Reporting to client on availability of particular property (fax)

To: Ms L Topcopy
         Trendset Printers

From: Mrs D Russell
         Smith & Jones

Date: 6 September 199-

No. of pages, including this: 1

Re: Office for lease

Dear Ms Topcopy

I am faxing you urgently to let you know that office premises have just become available in the area of town you said you liked. The lease on a street-front shop with upstairs office has been cancelled early by another client who is moving south. If you would like to see the property, please get back to us this afternoon and we will arrange a visit.

Best wishes

Dorothy Russell

41 Informazioni inviate ad un cliente sulla disponibilità di una specifica proprietà immobiliare (fax)

DEST.:[1] Sig.a Laura Rossi
          TIPOGRAFIA TREND ROSSI LAURA & F.GLI[2]
N. FAX: 0833 666038
MITT:[3] Daria Genzi
Data: 6 novembre 199-

N. pagine inclusa la presente: 1

OGGETTO: Uffici in locazione

Le inviamo questo fax urgente per comunicarLe la disponibilità di locali adibiti ad uso ufficio nella parte della città da Lei prescelta. Il contratto di locazione di un locale adibito a negozio con vetrina sulla strada e uffici al 1° piano è stato rescisso[4] in anticipo da un altro ns cliente che ha deciso di trasferirsi al Sud. Se desidera prendere in visione i summenzionati locali La preghiamo di contattarci questo pomeriggio e provvederemo ad organizzare una visita.

Con distinti saluti

SCALIA & GUTTOSA
Rag.[5] Daria Genzi

The following abbreviations are used:
1 *destinatario* (addressee); 2 *figli* (sons and daughters); 3 *mittente* (sender).
4 Alternative: *annullato*.
5 Abbreviation for *ragioniere, ragioniera* (accountancy school 'A' level diploma holder).

42 Complaining about customs delay (fax)

To: HM Customs and Excise
            London

From: Ordenasa, Madrid

Date: 21/2/9-
No. of pages: 1

Dear Sirs

On behalf of my director colleagues of this computer software business I wish to lodge a complaint about customs clearance at British airports.

On several occasions since October 199- materials freighted from Madrid to retailers in Great Britain have been subject to unexplained and unjustifiable delays. This company depends for success on its ability to respond quickly to market demand; furthermore, at all times the requisite export licences have been in order.

This communication by fax is prompted by the latest and most frustrating hold-up, at Gatwick Airport yesterday, which has allowed a market competitor to secure a valuable contract ahead of us.

If the Single Market is to function effectively this is precisely the type of situation that must be avoided. We intend to contact the relevant Chamber of Commerce, but in the meantime we insist on an explanation from your officers of why consignment AT/463 was not permitted immediate entry on 20 February 199-.

Yours faithfully

Dr. Norberto Mateos
(Managing Director)

42   Reclamo per ritardo doganale (fax)

A: HM Customs and Excise
        Londra, Gran Bretagna
N. Fax: 0044 71 7048778
DA: SOFTWARE INFORMATICA S.n.c. Messina

Data: 21.2.199-

N. pagine inclusa la presente: 1

OGGETTO: Ritardi doganali

Per conto degli amministratori della SOFTWARE INFORMATICA S.n.c. presentiamo un reclamo ufficiale sulle procedure di sdoganamento adottate negli aeroporti britannici.

In svariate[1] occasioni dall'ottobre del 199- merci spedite da Messina a rivenditori in Gran Bretagna sono state soggette ad inspiegabili ed ingiustificabili ritardi. Il successo della ns società dipende dalla capacità di rispondere con celerità[2] alle domande del mercato. Sottolineiamo anche che le ns licenze d'esportazione sono state sempre presentate in regola.

Vi inviamo la presente per fax per comunicarVi le ns recriminazioni sul più recente e più frustrante ritardo, verificatosi ieri all'aeroporto londinese di Gatwick, ritardo che ha consentito ad una società ns concorrente di aggiudicarsi un validissimo contratto invece della ns azienda.

Perché il Mercato Unico funzioni in modo efficace, questo tipo di incidente deve essere assolutamente evitato. Abbiamo intenzione di contattare la pertinente Camera di Commercio, ma nel frattempo richiediamo ai Vs funzionari una spiegazione sulla mancata concessione[3] di bolla d'entrata alla ns partita AT/463, il 20 febbraio 199-.

In attesa di un Vs cenno Vi porgiamo i ns più distinti saluti.

SOFTWARE INFORMATICA S.n.c.
Dott. Norberto Matteo
(L'Amministratore Delegato)

The following alternatives may be used:
1 *numerose*; 2 *rapidità*; 3 *sul mancato rilascio*.

43 Stating delivery conditions

1 August 199-

Your Reference: AD/LR
Our Reference: TH/PA

Sr José Escalante
Managing Director
Escalante e Hijos
Avenida del Sol
San Sebastián
SPAIN

Dear Mr Escalante

Thank you for your fax communication of yesterday regarding the delivery of the chickens and other poultry ordered by you from this company in early July. As we indicated in our original quote to Mr Salas, who first contacted us, the delivery can only be guaranteed if your bank is able to confirm that debts owed to us will be cleared this week.

Please note that our drivers would much appreciate assistance with overnight accommodation and that any costs they incur should be charged directly to Bridge Farm on completion of the delivery next week.

We look forward to hearing from you on both matters.

Yours sincerely

Tom Holbrook
Transport Manager

43 Dichiarazione delle condizioni di consegna (Lettera)

Vs rif: AD/LR
Ns rif: TR/PA

Spett.le Ditta ESCALANTE Y HIJOS
Avenida del Sol
SAN SEBASTIÁN
Spagna

<u>ALLA CORTESE ATTENZIONE DEL SR. JOSÉ ESCALANTE</u>
<u>AMMINISTRATORE DELEGATO</u>

Guastalla, li . . . . , 199-

OGGETTO: <u>CONSEGNA DI POLLAME</u>

Facciamo seguito alla Vs gradita comunicazione inviataci tramite fax concernente la consegna del pollame e di altre carni avicunicole ordinatici all'inizio del mese di luglio. Come indicato nel ns preventivo originale inviato al sig. Salas, con cui avvenne il ns contatto iniziale, la consegna può essere garantita solo[1] se la Vs banca può confermare che le somme dovuteci saranno versate entro questa settimana.

Vi preghiamo di assistere i ns autisti nella ricerca della sistemazione in albergo per il pernottamento e di addebitare tutte le eventuali spese direttamente alla società I POLLAI al completamento della consegna della merce la settimana prossima.

In attesa del Vs cortese riscontro su entrambi[2] i suddetti punti Vi porgiamo distinti saluti.

I POLLAI®
Incaricato Ufficio Trasporti
Tommaso Rivoli

1 Alternative: *soltanto*.
2 Alternative: *ambedue*.

44   Confirming time/place of delivery

12 June 199-

Your Reference: RCG/LP
Our Reference: FG/JD

Dr Rosa Castro Giménez
Subdirectora
Departamento de Relaciones Exteriores
Ministerio de Industria
Quito
ECUADOR

Dear Madam

Further to our communication of 9 May in which we outlined to your department the likely oil needs of the companies we represent, it is with some concern that we have heard indirectly that your Ministry may be unable to fulfil its immediate responsibilities. We would be most obliged to hear, at your earliest convenience, that the draft agreement signed recently by our representatives remains valid.

In spite of our concern we are fully committed to the trading relations discussed and as such wish to confirm details of first delivery of manufactured goods being exchanged for the above-mentioned oil imports. Carlton Excavators plc have confirmed this week that the consignment of earthmovers, tractors and diggers bound for Constructores Velasco was loaded on Monday of this week. It should reach the port of Guayaquil by the end of the month. We will, of course, provide you with more precise details nearer the time.

Meanwhile, please accept our best wishes for the continuation of our collaborative venture as we await your confirmation regarding the deliveries of your oil to our terminal.

Yours faithfully

Frank Gardner
SENIOR PARTNER

44   Conferma di data/luogo di consegna

Vs Rif: RCG/LP
Ns Rif: FG/TD

Spett.le DEPARTMENTO DE RELACIONES EXTERIORES
MINISTERIO DE INDUSTRIA
QUITO
Ecuador

<u>ALLA CORTESE ATTENZIONE DELLA DOTT.SSA[1] CASTRO GIMÉNEZ</u>

ROMA, li . . . ., 199-

OGGETTO: <u>ACCORDO COMMERCIALE</u>

Facciamo seguito alla ns comunicazione del 9 maggio u.s. in cui indicammo al Vs reparto il potenziale fabbisogno di petrolio delle aziende che rappresentiamo. Abbiamo appreso indirettamente, e questo è per noi fonte di preoccupazione, la possibile difficoltà in cui si trova il Vs Ministero nell'adempimento delle proprie responsabilità. Vorremmo ricevere con la massima sollecitudine la Vs conferma della validità dell'accordo preliminare recentemente firmato dai ns rappresentanti.

Nonostante la ns preoccupazione intendiamo mantenere il ns impegno alle relazioni commerciali discusse e vorremmo pertanto confermare le specifiche della prima consegna di manufatti scambiati per le importazioni di petrolio di cui sopra. La Scavatrici Carli SA ha confermato questa settimana l'avvenuta partenza, questo lunedì, di macchine movimento terra, trattori e scavatrici destinati alla Constructores Velasco. L'arrivo della merce al porto di Guayaquil è previsto per la fine del mese. Informazioni più precise a proposito Vi saranno inviate più avanti.

Nel frattempo gradite i ns migliori auguri per la continuazione della ns collaborazione. Vi preghiamo inoltre di confermare la consegna del Vs petrolio e Vi porgiamo

Distinti saluti

<u>CENTRO COMMERCIO ESTERO</u>
Franco Giardini

1   Abbreviation for *Dottoressa* (female university graduate).

45 Checking on mode of transportation

19 February 199-

Your ref. SM/MB
Our ref. TS/PU

Mr Sebastián Morán
Sales Manager
Hermanos García SA
Carretera Luis Vargas, 24
CUENCA
Spain

Dear Mr Morán

Thank you for your letter sent on Tuesday last in which you refer to the kitchen equipment we ordered from García Brothers in December. As you know, our market has been rather depressed, but there are recent signs of improvement, and as a result we now need to receive the cupboard doors and worktops ordered from you.

Can you please confirm that where necessary you would be able to deliver some items by road, or even by air if very urgent, rather than by the sea route you currently use?

We have checked that from Valencia it would be possible to airfreight at a reasonable price to East Midlands Airport on a Monday afternoon and a Thursday evening.

I would be grateful if you could send us a reply once you have been able to ascertain whether our proposal is viable.

Yours sincerely

Trevor Sharp
Warehouse Manager

45 Verifica del tipo di trasporto

Spett.le Ditta Hermanos García SA
Carretera Luis Vargas, 24
CUENCA
Spagna

CA: Sig. Sebastián Morán, Direttore Commerciale

Vs rif: SM/MB
Ns rif: TS/PU

19/6/199-

OGGETTO: Spedizione apparecchiature cucina

In esito[1] alla gradita Vs[2] inviataci martedì ultimo scorso relativamente alle apparecchiature per cucina ordinate dalla Fratelli García nel dicembre scorso. Come sapete, da tempo il mercato è alquanto depresso, ma emergono alcuni segni di miglioramento, e di conseguenza abbiamo urgente bisogno delle ante e dei piani di lavoro ordinatiVi.

Vi preghiamo di confermare che potrete spedirci alcuni articoli con trasporto stradale, o addirittura aereo, data l'estrema urgenza, invece del consueto trasporto marittimo da Voi utilizzato.

Ci risulta che da Valencia all'aeroporto di Bologna la spedizione potrebbe essere effettuata in aereo a prezzi ragionevoli il lunedì pomeriggio e il giovedì sera.

Vi preghiamo di farci pervenire la Vs risposta appena avrete stabilito l'attuabilità della ns proposta.

Gradite distinti saluti

CUCINE RINALDI S.p.A.
Responsabile Magazzino
Tullio Sarpi

1 Alternative: *risposta*.
2 *Lettera* is understood.

46 Claiming for transportation damage

24 January 199-

Claims Department
Lifeguard Assurance plc
Safeside House
High Street
Bromsgove
Worcs.

Dear Sir/Madam

POLICY NO. AL 78/2139B

My letter concerns a claim I wish to make on behalf of this firm, Anchor Lighting. We have had a policy with your company for many years, and rarely have needed to call upon your services. This time, however, we have to inform you that we have suffered a serious financial loss due to damage incurred during the transit of goods.

Last week a whole consignment of lamps and other fittings was lost when our delivery truck ran off the road and turned over. The retail value of the merchandise ruined was in the region of £7,000, a sum equivalent to an entire quarter's profit.

I would be most grateful if you could send at your earliest convenience a major claim form and some general information on your settlement procedures.

I look forward to hearing from you soon.

Yours sincerely

Brian Tomkinson
(Proprietor)

46 Denuncia di danni

Spett.le Società
ASSICURAZIONE SALVAGUARDIA SpA
Via Principale, 73
35131 PADOVA

Pescara, .../...../199-

ALLA CORTESE ATTENZIONE DEL REPARTO INDENNIZZI

OGGETTO: POLIZZA n. IA 78/2139B

Con la presente Vi rimettiamo una domanda d'indennizzo a nome della società Ancora S.r.l. Abbiamo la suddetta polizza assicurativa con la Vs società da vari anni e solo in rare occasioni abbiamo presentato richieste di risarcimento. Ci rincresce comunicarVi che abbiamo subito una grave perdita finanziaria a causa di danni durante il trasporto di una partita di merce.

La settimana scorsa un'intera consegna di lampade e fissaggi è stata distrutta a causa di un incidente stradale in cui è stato coinvolto il ns furgone. Il valore della merce irreparabilmente danneggiata ammonta a circa 14 milioni di Lire, somma equivalente al ns profitto di un intero trimestre.

Vi preghiamo di inviarci con la massima sollecitudine[1] il pertinente modulo di richiesta di indennizzo ed informazioni generali sulle Vs procedure relative.

In attesa del Vs pronto riscontro porgiamo distinti saluti.

ANCORA S.r.l.
IL TITOLARE
Bruno Tomino

1 Alternative: *al più presto, quanto prima.*

47 Enquiring about customs clearance

5 November 199-

Your ref.
Our ref. TC/LJ

The Customs and Excise Branch
Chilean Trade Ministry
SANTIAGO
Chile
South America

Dear Sirs

I have been advised to write to you directly by the Commercial Section of the Chilean Embassy in London. My company produces high-tech toys for the world market; at a recent trade fair in Barcelona several Chilean retailers expressed interest in importing our products, but were unable to provide information on customs formalities in your country. Similarly, the London Embassy has recommended that I consult your Branch to seek up-to-date information.

The situation is as follows: our products include computer games, remote-control toy cars, mini-sized televisions etc. It seems that goods made in the EC are subject to a customs process rather more restrictive than those from Japan or the USA. As my company is a wholly-owned subsidiary of a US parent firm, would it be easier and cheaper to export to Chile from the USA rather than from Britain?

My intention is not merely to circumvent regulations but to optimize our operations at a time when such matters as customs clearance can result in costly delays.

I thank you for your attention and look forward to an early reply.

Yours sincerely,

Thomas Carty
MANAGING DIRECTOR

47 Domanda d'informazioni sul disbrigo delle pratiche di sdoganamento

Spett.le MINISTERO CILENO DEL COMMERCIO
SANTIAGO
Cile
Sud-America

CA: Direttore Ufficio Dazi e Dogane[1]

Vs Rif:
Ns Rif: TC/LJ

Lecce, 5.11.199-

OGGETTO: PRATICHE DI SDOGANAMENTO MERCI IMPORTATE

Il Dipartimento Commerciale dell'Ambasciata Cilena di Roma ci ha consigliato di rivolgerci al Vs ufficio per richiedere informazioni aggiornate sulle pratiche in oggetto. La ns società produce giocattoli high-tech destinati al mercato mondiale; nel corso di una mostra commerciale tenutasi recentemente a Barcellona numerosi dettaglianti cileni hanno mostrato interesse nell'importazione dei ns prodotti, ma non hanno potuto fornirci dati sulle pratiche di sdoganamento vigenti nel Vs paese.

I ns prodotti comprendono computer games, giocattoli radio-comandati, minitelevisori, ecc. Ci risulta che i prodotti provenienti dall'Unione Europea sono soggetti a procedure doganali più severe rispetto a quelli provenienti dal Giappone o dagli USA. Dato che la ns azienda è una sussidiaria totalmente appartenente ad un'azienda statunitense, vorremmo sapere se ritenete che l'esportazione in Cile direttamente dagli USA sarebbe più facile e meno costosa che dall'Italia.

Non vogliamo eludere i regolamenti vigenti, ma ottimizzare la ns operazione dati gli eventuali costosi ritardi dovuti alle operazioni di sdoganamento.

RingraziandoVi della Vs sollecitudine ed in attesa del Vs pronto riscontro Vi porgiamo distinti saluti.

BALOCCHI HIGH-TECH ITALIA S.r.l.
L'Amministratore Delegato
(Dott. Comm.[2] Tommaso Carli)

1 'Customs duties'.
2 Abbreviation for *commercialista* (graduate in economics and commerce; also chartered accountant or business consultant).

48 Undertaking customs formalities

27 November 199-

Your ref.
Our ref. RM/AP

HM Customs and Excise
Government Offices
LONDON WC2

Dear Sir/Madam

I write to inform you of a business operation in which my company is to be involved for the first time and to request your advice in the case of any misapprehension on my part.

As sole director of Leatherlux I have recently been able to conclude a deal with a firm of suppliers in Tunisia. I imagine that as a non-EC nation Tunisia cannot trade with complete freedom from import/export levies. I wish therefore to inform you that I intend to import from Nabeul in the next fortnight the following articles:

    150 men's leather jackets
     50 pairs of ladies' leather trousers
    250 leather belts
    100 pairs of leather sandals
     50 pairs of men's leather boots

I anticipate paying approximately £3,000 for the consignment. Can you please provide me with official documentation (if required) or confirm by fax that I shall be required to pay some form of duty on these imports?

I thank you in anticipation of your assistance.

Yours faithfully

Royston McAughey
Managing Director

48 Formalità doganali

Spett. ISTITUTO NAZIONALE PER IL COMMERCIO ESTERO
Via Liszt, 21
00144 ROMA

CA: DIRETTORE UFFICIO COMMERCIO UNIONE EUROPEA–AFRICA

Vs Rif:
Ns Rif: RM/AP

Ancona, li 27 novembre 199-

OGGETTO: Importazione dalla Tunisia

Vi informiamo con la presente[1] dell'operazione commerciale in cui sarà
impegnata per la prima volta la ns società e per richiederVi chiarimenti.

Quale amministratore unico della PELLELUSSO il sottoscritto ha concluso
recentemente un accordo con una ditta di fornitori tunisini. Ci risulta che, quale
stato extracomunitario, la Tunisia non possa commerciare con totale esenzione
da dazi d'importazione/esportazione. Nel corso dei prossimi quindici giorni la
PELLELUSSO ha in programma l'importazione dei seguenti articoli dalla Tunisia:

    150 giacche di pelle da uomo
     50 pantaloni di pelle da donna
    250 cinture di pelle
    100 paia di sandali di pelle
     50 paia di stivali di pelle da uomo

La spesa prevista si aggira sui 6.000.000 di Lire. Vi preghiamo di inviarci
l'eventuale documentazione ufficiale richiesta o di comunicarci per fax le
pertinenti imposte gravanti su importazioni di questo tipo.

Vi ringraziamo anticipatamente del Vs pronto riscontro e porgiamo distinti saluti.

PELLELUSSO MILANI EREDI S.d.f.
L'Amministratore Unico
(Renato Milani)

1 *Lettera* understood.

49 Informing of storage facilities

13 June 199-

Your ref. JG/TK
Our ref. JS/PI

Hurd's (International) Removals
34-36, Wesley Avenue
CROYDON
Surrey

Dear Mrs Gordon

I am pleased to inform you that the container of household goods your company contracted us to transport from Australia has now been delivered to our depot.

We will need by the end of this week to complete the official formalities, but you are welcome to pick up the unloaded contents for onward delivery to your customer from next Monday.

If you prefer to leave the goods here in store until further notice, please consult our price list (enclosed) for storage facilities and let us know your intention by fax.

As and when your driver does come to pick up the goods, he should enter the terminal by the side entrance which will lead him straight to the relevant loading area, marked DOMESTIC.

I trust these arrangements meet with your approval.

Yours sincerely

Jim Smith
Depot Manager

Enc.

49 Informazioni sul magazzinaggio

Spett.le Ditta TRAINT Srl
Corso Giovanni Verga, 34
29029 Rivergaro-Piacenza

Limana, li 13 giugno 199-

Vs Rif: GG/TC
Ns Rif: GS/PI

ALLA CORTESE ATTENZIONE DEL TITOLARE

OGGETTO: CONTAINER/AUSTRALIA/16/12/50

Siamo lieti di comunicarVi la giacenza nel nostro magazzino del container di
articoli casalinghi che la Vs società ci ha richiesto di trasportare dall'Australia.

Le formalità ufficiali saranno completate entro la fine della settimana e la merce
da inoltrare al Vs cliente sarà prelevabile[1] a partire da lunedì prossimo.

Nel caso vogliate lasciare la merce nel ns magazzino fino a nuovo avviso, Vi
preghiamo di consultare l'allegato listino prezzi di magazzinaggio e di informarci
opportunamente per fax.

Informate il Vs camionista che, per prelevare la merce in oggetto nell'apposita
zona di carico contrassegnata dall'insegna NAZIONALE, potrà accedere al
magazzino dall'ingresso laterale.

Confidiamo nella Vs approvazione e Vi porgiamo i ns migliori saluti.

CONTAINER CENTRALI sas
Addetto Deposito
Allegati: Listino prezzi

1 Alternative: *ritirabile.*

50 Assuring of confidentiality of information

1 November 199-

Your ref. EF/LJ
Our ref. HE/PI

Dr Ernesto Furillo
University Hospital
University of Managua
Managua
República de Nicaragua

Dear Dr Furillo

MISS ALICIA BARTOLOMÉ

Thank you for your letter of last month in which you sought confirmation that the reference you provided for Miss Alicia Bartolomé and her personal details would remain confidential.

It is the policy of the Government and of this Ministry to maintain total discretion when dealing with citizens from other countries who come here in order to develop their professional studies. Miss Bartolomé's course begins in three weeks time, when her curriculum vitae will have been duly stored on computer in this Ministry and will be accessible only to those with the due authorization.

The need for confidentiality in matters such as these is paramount, so you may rest assured that all proper measures will be taken to protect the interests of your hospital and of its employees.

Yours sincerely

Hortensia Enríquez Castro
Personnel Supervisor

50 Assicurazione della riservatezza delle informazioni

Spett.le OSPEDALE UNIVERSITARIO
Università Libera di Roma
00137 ROMA
Italia

CA: Dott. E. Furillo

Vs Rif: EF/LJ
Ns Rif: HE/PI

1.11.199-

OGGETTO: INFORMAZIONI RISERVATE / ATTESTATO – ALICIA BARTOLOMÉ

Ci riferiamo alla pregiata Vs del mese scorso in cui richiedete conferma della riservatezza dei dati in oggetto.

Il governo cubano e questo Ministero mantengono assolutamente riservate le informazioni concernenti i cittadini stranieri residenti nel nostro paese per avanzare nei propri studi professionali. L'inizio del corso a cui è iscritta Alicia Bartolomé è previsto fra tre settimane ed entro quella data il suo curriculum sarà stato memorizzato nel ns computer e sarà accessibile solo con la debita autorizzazione.

La massima riservatezza in questi casi è di capitale importanza. Le confermiamo perciò che tutte le misure necessarie saranno adottate per proteggere gli interessi della Vs organizzazione e dei Vs dipendenti.

Sicuri di trovare la Vostra approvazione, cogliamo l'occasione per porgerVi i nostri più cordiali saluti.

MINISTERO DE LA SANIDAD
Responsabile Ufficio Personale
(Hortensia Enríquez Castro)

51 Informing a client on conditions of loans/mortgages available

14 July 199-

Your ref. GB/LK
Our ref. PH/VE

Mr G Brookham
Managing Director
MultiCast
Floor 11
Forum House
Dukeries Avenue
Mansfield

Dear Mr Brookham

Since receiving your letter of 23 June we have been making enquiries on the matter of financing that you raised; please accept our apologies, nevertheless, for the delay. You will find enclosed three leaflets containing information about properties you may find interesting. We shall await your reaction to them.

As far as the question of finance is concerned, having consulted local banks as well as our own finance broker, we conclude that you would do best to arrange a meeting with the latter, Charles Element. He will be pleased to outline for you a variety of mortgage as well as short-term loan plans.

All four major banks in town offer facilities for loans, so you may prefer to try them before or after meeting Mr Element. However, it certainly appears that our broker can secure more favourable conditions if you are interested principally in a short-term loan.

Please see our broker's details below:

Element Financial Services, Star Chambers, High Street, Worksop, Nottinghamshire.

Yours sincerely

Percy Hartshorn
Customer Liaison

Encs

51   Informazioni inviate ad un cliente sulle condizioni di prestito/ipoteca

Spettabile Ditta MULTIVIDEO snc
Via Foro, 11
75100 MATERA

CA: Signor Giovanni Brocchi, Amministratore Delegato

Vs Rif: GB/LC
Ns Rif: PA/VE

Matera, li 14 luglio 199-

Ci scusiamo del ritardo con cui rispondiamo alla pregiata Vs del 23 giugno u.s. Vi facciamo noto che stiamo attualmente svolgendo delle indagini sul finanziamento da Voi richiesto. Vi rimettiamo in allegato[1] tre opuscoli informativi su locali disponibili in sede locale. Attendiamo i Vs commenti.

Per quanto concerne il finanziamento abbiamo contattato le banche locali ed il ns consulente finanziario, Dott. Carlo Eleme, Servizi Finanziari Eleme, via Roma 11, Matera, che è a Vs disposizione per illustrarVi varie opzioni di mutuo sia a lungo che a breve termine.

Prestiti sono disponibili presso le quattro principali banche di Matera, che potrete consultare prima o dopo un eventuale incontro con il dott. Eleme. Sottolineiamo però che quest'ultimo è in grado di offrirVi condizioni particolarmente vantaggiose se optate per un mutuo a breve termine.

Sempre a Vs disposizione distintamente Vi salutiamo.

UFFERSERCIZI
Responsabile Relazioni Clientela
(Geom.[2] Piero Artone)

Allegati: 3

1   Alternative: *Vi alleghiamo.*
2   *Geom*: abbreviation for *Geometra* (draughtsman, building surveyor).

52 Circulating local businesses with property services available

Our ref. CE/MB

To: Directors of all businesses in the Castilla-León region

Dear Colleague

I take the opportunity to write to you on behalf of myself and my partner, Ana Martiarena, in order to publicize as widely as possible the property services we can make available to businesses in the region.

Since establishing our company here in 1976 we have gradually expanded our range of activities and clients. Most recently we have opened a free advice centre in Puentenorte for any member of the public to obtain up-to-date information on the property market.

As regards the needs of business, we offer the following services:

- a weekly guide to premises for rent and sale
- a direct link to sources of finance
- rent-collection service
- legal and insurance consultancy
- assistance in securing mortgages
- technical support in planning space and furbishment
- computer database linked to the national property network

These and many more services are available from us, and all are on your doorstep. Don't hesitate – call us today on 234 56 71 or come in person to 69 Calle Balbita, Puentenorte, where you can be sure of a warm welcome.

Yours sincerely

Carlos Estévez

52 Circolare a società locali sui servizi immobiliari disponibili

CA: Amministratori delegati di tutte le società della regione Calabria

Ns. Rif: CE/MB

s.d.[1]

OGGETTO: SERVIZI ESTIVA & MARTIARENA

Abbiamo il piacere[2] di presentarVi la ns agenzia per pubblicizzare i servizi immobiliari che offriamo alle aziende della regione Calabria.

Dalla sua fondazione nel 1976, la ns agenzia ha gradualmente ampliato la sua gamma di attività e la sua base clienti. Recentemente abbiamo messo a disposizione del pubblico di Reggio Calabria un centro di informazioni sul mercato immobiliare.

Per soddisfare le esigenze del mondo d'affari, offriamo i seguenti servizi:

- guida settimanale ai locali in locazione e vendita
- collegamento diretto a fonti di finanziamento
- servizio di riscossione di affitti di locazione
- consulenza legale e assicurativa
- assistenza alla concessione di mutui
- supporto tecnico alla pianificazione e ammodernamento dei locali
- database computerizzata collegata alla rete immobiliare nazionale

Certi che i ns servizi incontreranno il Vs interessamento, restiamo a Vs disposizione per qualsiasi chiarimento. In attesa di una Vs gradita visita ai ns uffici o telefonata al numero sopraindicato Vi porgiamo i migliori saluti.

ESTIVA & MARTIARENA
Dott. Carlo Estiva
Contitolare

1 Abbreviation for *senza data* (no date).
2 Alternative: *Siamo lieti.*

53 Advertising maintenance services available for office equipment

30 January 199-

Your ref.
Our ref. TH/JY

To: Office Managers:
     Motor Sales businesses
     in South London area

Dear Colleague

You may be aware from press advertising that our firm offers a new service to the motor trade, particularly to maintain equipment used in processing stores supplies. Most large dealerships with service and accessories departments have installed a fully-integrated system that reduces drastically the need for large numbers of warehousemen.

The service charge is £350 per quarter, irrespective of visits made or problems solved; this figure also includes a component of insurance that covers both the dealership and ourselves against major breakdowns.

In recent months we have signed such service contracts with more than 40 dealerships whose names we are happy to supply if you are interested in checking our claims.

Thank you for your attention. Please do not hesitate to ring or fax us this week if the enclosed leaflet information is relevant to your needs.

Yours sincerely

Tom Henderson
Managing Director

Enc.

53 Pubblicità per servizi di manutenzione di forniture d'ufficio

CA: Direttori Concessionarie zona Bari

Vs Rif:
Ns Rif: TE/FN

30 gennaio 199-

OGGETTO: Manutenzione sistemi controllo scorte

Avrete notato dai recenti annunci pubblicitari sulla stampa che la ns società offre un nuovo servizio alle concessionarie automobilistiche, particolarmente per la manutenzione di apparecchiature usate per la gestione delle scorte. La maggior parte delle concessionarie hanno installato sistemi totalmente integrati in grado di ridurre notevolmente il numero dei magazzinieri impiegato.

Il costo trimestrale del servizio è di L. 800.000, a prescindere dal[1] numero di visite effettuate o dei problemi rettificati; detta cifra comprende[2] anche l'assicurazione che protegge sia le concessionarie che la MantenTecnica in caso di guasti di rilievo.

Negli ultimi mesi abbiamo stipulato simili contratti di servizio con oltre 40 concessionarie i cui nomi saremmo lieti di fornirVi per eventuale verifica da parte vostra di quanto sopra esposto. Vi preghiamo di prendere visione dell'allegato dépliant[3] e di contattarci questa settimana per telefono o fax se considerate pertinenti alla Vs società le informazioni contenute.

Vi ringraziamo dell'attenzione riservataci e Vi porgiamo distinti saluti.

MANTENTECNICA
(Tommaso Eridano)
L'Amministratore delegato

All.

The following alternatives may be used:
1 *indipendentemente dal, non considerando il*; 2 *include, è inclusiva anche della*;
3 *esaminare l'allegato opuscolo*.

54 Arranging a meeting for further discussions

28 August 199-

Our ref: TSS/EHK

Mr Angelo Ricasso
Cuscinetti SAS
Via Alessandro Manzoni, 32
20050 Triuggio (MI)
Italy

Dear Mr Ricasso

RE: THRUST BEARINGS

You may recall that in 1989 we had discussions regarding the addition of our thrust bearings to the Dudley range for sale in your country.

We regret that due to many changes which have occurred in this company and in our parent company no progress was made with our arrangements, and we understand that it must have been disappointing for you not to have heard from us for such a long time.

We are now willing to try again, if you have not made other arrangements and we would like to arrange a meeting with you in Cologne at the Hardware Fair next March.

We look forward to hearing from you,

Yours sincerely

Thomas Stone
SALES DIRECTOR

54 Appuntamento fissato per ulteriori discussioni

Ns Rif: TSS/EHK

Spett. Ditta CUSCINETTI s.a.s.
Via Alessandro Manzoni, 32
20050 TRIUGGIO (MI)
Italy

CA: SIGNOR ANGELO RICASSO

Dudley, 28 agosto 199-

OGGETTO: REGGISPINTA DUDLEY

Ricorderete i ns colloqui avuti nel 1989 sulla possibile inclusione dei ns reggispinta nella gamma Dudley in vendita nel Vs paese.

A suo tempo, a causa di vari cambiamenti avvenuti sia alla Dudley che alla ns società madre[1] nessuna decisione fu presa a riguardo e siamo sicuri che abbiate considerato con disappunto la ns mancata comunicazione.

Se, nel contempo,[2] non avete raggiunto accordi alternativi con altre società vorremmo riproporre l'inizio di nuove trattative ed un incontro durante la Fiera della Ferramenta che si terrà a Colonia nel marzo prossimo.

Restiamo in attesa di un Vs sollecito riscontro e Vi porgiamo distinti saluti.

DUDLEY THRUST BEARINGS LTD
Direttore Vendite
Thomas Stone

1 Alternative: *casa madre*.
2 Alternative: *frattempo*.

55 Reservations

Enquiry about hotel accommodation (fax)

Hotel Lucullus
Amadeusplatz 27
Hannover
Germany

Dear Sirs

I am attending the trade fair in Hanover in May with two colleagues from Millward plc, and we require rooms for three nights. Please could you confirm availability and price of the following:

three single rooms with bath/shower from 3 to 6 May.

Yours faithfully

Fred Garner

55 Prenotazioni di camere in albergo

Richiesta di informazioni (FAX)

Spettabile GRAND HOTEL CINQUE TORRI
Piazza Amedeo, 27
20185 MILANO
Italy

ALLA CORTESE ATTENZIONE DELL'UFFICIO PRENOTAZIONI[1]

Coventry, ... / . . . . . / . . . . .

OGGETTO: Prenotazione 3 camere singole con bagno/doccia, 3–6 maggio
prossimo – 3 notti

Vogliate confermare la disponibilità e le tariffe delle camere in oggetto per il
sottoscritto e due colleghi della Millward plc.

In attesa di una Vs sollecita risposta gradite i ns migliori saluti.

MILLWARD PLC
Federico Garneri

1 'Booking/reservation office'.

56 Reservations

Confirmation of reservation (fax)

Ms G Cole
Ledington Parker plc
Moreton Avenue
Birmingham
B37 9KH

Dear Ms Cole

Room reservation 15–18 November

We confirm that we are able to offer the following accommodation:

four single rooms with shower/WC @ £150 per night, inclusive of breakfast and service.

We should be grateful if you could confirm the booking in writing as soon as possible.

Yours sincerely

H Japer

56 Prenotazioni

Conferma di prenotazione (FAX)

Spett. Ditta LEDINGTON PARKER PLC
Moreton Avenue
BIRMINGHAM
B378 9KH
Gran Bretagna

CA: Sig.a Gloria Cole

Rimini, 28 novembre 199-

Prenotazione camere 15–18 novembre prossimo

Confermiamo la disponibilità di:

4 camere singole con doccia/servizi igienici[1] a L. 300.000 (trecento mila lire) per notte, prima colazione e servizio inclusi.

Vogliate confermarci la prenotazione per iscritto con la massima sollecitudine.

Nell'attesa Vi porgiamo distinti saluti.

HOTEL LUCINDIA RIMINI
UFFICIO PRENOTAZIONI

1 The Italian for WC is *gabinetto, water*; *servizi igienici* is more acceptable and as well as a toilet includes the use of a bidet.

57 Reservations

Change of arrival date

Ms J Hinton
Hotel Bonner
46 Southampton Way
London
SE39 8UH
England

Dear Madam

We have today received your confirmation of our booking of three single rooms from 18 to 23 March.

Unfortunately, we have had to change our plans, and shall not now arrive in London until the morning of 20 March. We would be grateful if you could change the reservation accordingly.

Yours faithfully

57 Prenotazioni

Cambio della data d'arrivo

Spettabile HOTEL LEONARDO DA VINCI
Via Avondo, 46
61100 PESARO
Italia

Bocholt, ... /. . . . . /199-

OGGETTO: 3 CAMERE SINGOLE – 18–23 MARZO PROSSIMO

Facciamo seguito[1] alla Vs conferma pervenutaci[2] oggi della summenzionata prenotazione.

Abbiamo purtroppo dovuto modificare il ns programma ed il ns arrivo a Pesaro è ora previsto nella mattinata del 20 marzo. Vi preghiamo di modificare la ns prenotazione opportunamente.

PregandoVi di favorirci un cenno di ricevuta della presente e di confermarci la modifica Vi porgiamo cordiali saluti.

HARALD KLEIN GmbH

1 Alternative: *In risposta, Rispondiamo.*
2 Alternative: *da noi ricevuta, che abbiamo ricevuto.*

58 Reservations

Request for confirmation of reservation

Ms J Petersen
45 Dorrington Terrace
Bradford
Yorkshire
England

Dear Ms Petersen

You made a telephone reservation one week ago for a single room for two nights (20–22 July). We indicated to you when you made the reservation that we would hold it for one week, but that we required written confirmation.

If you still wish to reserve the room, could you please confirm by fax within 24 hours, or we shall have to reserve the room for other clients.

Thank you for your cooperation.

Yours sincerely

58 Prenotazioni

Richiesta di conferma

Gent.ma Sig.a Julia Petersen
145 Dringthorpe Road
Dringhouses
YORK YO2 2LF
Inghilterra

Belgirate, 21 febbraio 199-

OGGETTO: Conferma prenotazione – 20–22 luglio 199- – camera singola

Nel corso della Sua telefonata di una settimana fa Le indicammo che, in attesa della Sua conferma scritta, la camera in oggetto sarebbe stata riservata per Lei per sette giorni.

La preghiamo di confermarci la prenotazione per fax nelle prossime 24 ore; in caso di mancato arrivo della Sua conferma[1] la camera sarà riservata per altri clienti dell'Hotel Fontana.

RingraziandoLa della Sua cortese collaborazione Le porgiamo distinti saluti.

HOTEL FONTANA
UFFICIO PRENOTAZIONI

1 Alternative: *se non riceveremo la Sua conferma.*

59 Insurance

Request for quotation for fleet car insurance

Hartson Insurance Services
24 Westbury Way
Sheffield
S12 9JF

Dear Sirs

We understand from colleagues that you specialize in insurance for company fleet cars. We have a large fleet of executive saloons, and are currently obtaining quotations for insurance cover.

If you are interested in giving us a quotation, could you please contact Ms Helen Bridges, our fleet manager, who will give you the appropriate details.

Yours faithfully

D J Spratt

59 Assicurazione

Richiesta di preventivo per l'assicurazione di parco auto

Spett.le Ditta AZZONE ASSICURAZIONI
Via Borgovecchio, 24
20150 MILANO

Villasanta, li . . . .

OGGETTO: Preventivo/Assicurazione parco auto[1] Meccanica Orto

Ci risulta[2] che la Vs società sia specializzata nell'assicurazione di parchi automobili aziendali. La Meccanica Orto cerca attualmente preventivi di copertura assicurativa per il suo numeroso parco vetture.

Vorremmo richiederVi[3] di presentarci un preventivo ed a questo scopo Vi preghiamo di contattare la ns responsabile parco auto, Elena Ponti, che Vi fornirà i dati relativi pertinenti.

RingraziandoVi della Vs cortese attenzione Vi porgiamo distinti saluti.

MECCANICA ORTO SRL

The following alternatives may be used:
1 *parco vetture, parco macchine*; 2 *Abbiamo appreso*; 3 *Vi preghiamo.*

60 Insurance

Reminder of overdue premium

Mr R Collins
45 Delta Road
Stoke-on-Trent

Dear Mr Collins

Your vehicle, registration no H351 AWL, is currently insured by us. We sent you several days ago a reminder that the insurance renewal premium was due. We have still not received this from you. We have to write to inform you that unless we receive payment within 72 hours, the insurance cover will lapse. Please send payment directly to our office in Gower Street, London.

Yours sincerely

60   Assicurazione

Mancato versamento di premio – Polizza decaduta

Egr. Sig. Colli Riccardo
Via Delta, 45
32030 SERENA DEL GRAPPA (BL)

Belluno, 31 luglio 199-

Egregio Signor Colli

OGGETTO: Polizza 281978/Z9/Versamento premio

In data 18 luglio 199- La informammo dell'imminente scadenza del premio assicurativo per l'autovettura, targata BL 473893,[1] di Sua proprietà. Ci rincresce comunicarLe che, in caso di mancato versamento dell'importo del premio, entro e non oltre 3 giorni a partire dalla data della presente, direttamente ai ns uffici di Via Carnia 101, Milano, i benefici e i diritti della suddetta polizza verranno a decadere.

Nell'attesa Le porgiamo distinti saluti.

AUTOASSICURAZIONI LORIMER
Belluno

1   The first two letters of Italian number plates are the abbreviation of the province in which the vehicle owner is resident, e.g. FI for Firenze, CA for Cagliari, TS for Trieste, PG for Perugia. A new type of number plate is being phased in in 54 out of the 94 Italian provinces which does not contain the province indication and is similar to the British one.

61 Insurance

Submission of documents to support claim

Darton Insurance Services
59 Tristan Road
Uttoxeter
Staffordshire

Dear Sirs

I submitted to you several days ago a claim form under the terms of my motor vehicle insurance (policy number CDF 9486756 UY 94766). Your head office has since requested from me the original policy document. I regret that this is no longer in my possession, and I enclose herewith a photocopy. I trust that this will meet your requirements.

Yours faithfully

A Lightowlers

Enc.

61 Assicurazione

Inoltro di documenti per corredare una richiesta di indennizzo

Spettabile Ditta
DARTOME SERVIZI ASSICURATIVI
Via Tristano, 59
21047 SARONNO (VA)

Barolo, 18 marzo 199-

ALLA CORTESE ATTENZIONE DELL'UFFICIO ASSICURAZIONI AUTO

OGGETTO: Polizza n. CDF 9486756 IE 94766

In riferimento al modulo di domanda in conformità della suddetta polizza assicurativa presentatoVi in data . . . . La Vs sede centrale ha richiesto la presentazione della polizza originale. Non essendo il documento della polizza originale più in mio possesso[1] Vi rimetto[2] una fotocopia sicuro della sua validità ai fini della presentazione della domanda di indennizzo.

Distinti saluti

Giorgio Baudetti
Via Marcanti, 48
12060 BAROLO (CN)

All.

1 Alternative: *Poiché il documento della polizza originale non si trova più in mio possesso.*
2 Alternative: *invio, allego.*

62   Insurance

Taking out third party vehicle insurance

Uxbridge Insurance
Grosvenor House
12b Weston Terrace
Bournemouth
Hants

Dear Sirs

RE: QUOTATION RC28FO

With reference to the above quotation, I confirm that I wish to take out Third Party car insurance, and enclose the appropriate fee in the form of a cheque.

I should be grateful if you could send me confirmation and the policy certificate as soon as possible.

Yours faithfully

Penny Simpkin

62 Assicurazione

Sulla responsabilità civile per proprietari di autoveicoli

Spett. Ditta LAGO ASSICURAZIONI
Sede Centrale
Via dell'Occidente, 12
20052 MONZA

CORTESE ATTENZIONE: UFFICIO ASSICURAZIONE RESPONSABILITÀ CIVILE

28/12/199-

OGGETTO: VS PREVENTIVO RC28FO/POLIZZA RESPONSABILITÀ CIVILE

In riferimento al Vs suddetto preventivo Vi comunico[1] che accetto la polizza da Voi proposta e Vi trasmetto[2] in allegato il versamento dell'importo del premio tramite assegno bancario.

Vogliate[3] inviarmi con la massima sollecitudine la conferma della suddetta copertura assicurativa ed il relativo certificato di polizza.

In attesa del Vs prontissimo riscontro Vi porgo distinti saluti.

Giovanni Maria Rossi
Corso Mare, 88
47040 CERASOLA AUSA DI CORIANO (FO)

All.

The following alternatives may be used:
1 *informo*; 2 *invio*; 3 *Vi prego di*.

63 Insurance

Refusal to meet claim

Ms D Leach
29 Janison Avenue
York

Dear Ms Leach

RE: CLAIM NO. JH 8576/HY

We acknowledge receipt of your claim form (reference JH 8576/HY) for water damage to your stock on the night of 27 March. We regret, however, that our company is unable to meet your claim, as our policy (section 3, paragraph 5) specifically excludes this form of damage, particularly since the premises were unoccupied for a period of two weeks before the damage occurred.

Yours sincerely

P Hartwell

63 Assicurazione

Mancata accettazione di richiesta d'indennizzo

Spett. Ditta LECCE ALIMENTARI
Corso Ianicolo, 29
35020 LEGNARO

<u>CA: Sig.a Maura Perria</u>

LEGNARO, 11 aprile 199-

OGGETTO: Polizza 151260/AB8576/CD

Accusiamo[1] ricevuta del Vs modulo di richiesta d'indennizzo per danni causati da allagamento alle Vs scorte nel corso della[2] notte del 27 marzo c.m. Ci rincresce comunicarVi che la Guisti Assicurazioni non può accettare la Vs richiesta in quanto la summenzionata polizza (sezione 3, paragrafo 5) esclude espressamente[3] danni di questo tipo, particolarmente perché i locali in questione erano vuoti per le due settimane precedenti il sinistro.

Distinti saluti

<u>GUISTI ASSICURAZIONI</u>
Legnaro

The following alternatives may be used:
1 *confermiamo*; 2 *nel corso della*: *durante la*; 3 *categoricamente, esplicitamente*.

64 Considering legal action

24 May 199-

Cabinet Rossignol
4 rue des Glaïeuls
75009 Paris
France

<u>For the attention of Maître Patelin</u>

Dear Maître Patelin

Your name was given to us by Robert Mackenzie of Canine Crunch Ltd for whom you acted last year.

We have a complaint against the French newspaper *Le Satellite* who have, in our opinion, seriously defamed us in the enclosed article dealing with the closure of our plant at Roissy-en-France.

We would wish to take legal action against the said journal but first would like to have your professional advice on the strength of our case. Could you also let us know how long such a case might run and the likely scale of our legal costs.

Yours sincerely

Lionel E Bone
Managing Director

Enc.

64 Possibilità di azione legale intentata per diffamazione

Spett. le Società CABINET ROSSIGNOL
4 rue des Glaïeuls
75009 PARIS
Francia

Per la cortese attenzione di Maître Patelin

ROMA, 24 maggio 199-

Il nome del Vs studio ci è stato indicato da Robert Mackenzie della Ferrolegno Srl per conto della quale avete agito l'anno scorso.

La ns società vorrebbe presentare un ricorso contro il quotidiano francese *Le Satellite*, che, riteniamo, abbia[1] gravemente diffamato[2] la ns impresa nell'allegato articolo concernente la chiusura del ns stabilimento a Roissy-en-France.

Vorremmo intentare causa contro il suddetto quotidiano, ma vorremmo prima consultarVi nella Vs capacità professionale sulla validità di una possibile azione legale. Vorremmo inoltre informarci sull'eventuale durata di una causa di questo tipo e sull'ammontare[3] previsto delle spese legali relative.

In attesa di Vs risposta Vi salutiamo distintamente.

SISTEMI ECOLOGICI TUFFER
(Leonida Franceschi)
L'amministratore delegato

All.

The following alternatives may be used:
1 *riteniamo, abbia a ns parere, ha*; 2 *denigrato, screditato*; 3 *sul totale complessivo*.

65 Requesting information on setting up a plant abroad

23 May 199-

Office Notarial
84 rue du Grand Pineau
85000 Olonnes sur Mer
France

Dear Sirs

Our company is proposing to set up a dairy produce processing plant in western France and we would like you to find us a suitable site.

We need either freehold or leasehold premises of 2,000 square metres on a plot with easy access for large vehicles.

Can you help us in finding the site and act for us in its acquisition? This is our first venture into France so we would appreciate all additional information about property purchase or leasing.

Yours faithfully

Arthur Sturrock
Managing Director

65   Richiesta d'informazioni – apertura di stabilimento all'estero

Spett.le OFFICE NOTARIAL
84 rue du Grand Pineau
85000 OLONNES SUR MER
Francia

SIRANE, 23 maggio 199-

Stabilimento per caseificio Cibibon

Con la presente Vi richiediamo di indicarci uno stabilimento nella Francia occidentale in cui la ns società potrebbe approntare un caseificio.

Lo stabilimento richiesto, con diritto di proprietà assoluta o in locazione, con superficie totale di 2.000 m^2, deve anche comprendere un terreno di facile accesso per veicoli di grandi dimensioni.

Vi preghiamo di assisterci, di fornirci ulteriori informazioni sull'acquisto e sulla locazione di immobili di questo tipo e di agire per conto della Casearia Cibibon nella ns prima operazione in Francia.

RingraziandoVi in anticipo distintamente Vi salutiamo.

CASEARIA CIBIBON Srl
(**L'amministratore delegato**)

66 Complaint about delay in administering an account

18 September 199-

Société Bancaire Générale
4 boulevard Leclerc
76200 Dieppe
France

For the attention of the Manager

Dear Sir

RE: ACCOUNT NO. 654231

We have received the July statement of our above account no. 654231 and are surprised that the balance shown is so low.

We have been assured by two of our major customers, Alligand SA and Berthaud Etains, that they settled large outstanding invoices by bank transfer to that account four weeks and five weeks ago respectively.

Will you please check very carefully and let us know by fax the exact balance of our account. If as we think, work is being processed by you in a dilatory fashion, please could you let us know the reason for this.

Yours sincerely

Eric Smith
Finance Director

66 Reclamo per il ritardo nell'accreditamento di un versamento in un conto

Spett. SOCIÉTÉ BANCAIRE GÉNÉRALE
4 boulevard Leclerc
76200 DIEPPE
Francia

Per la cortese attenzione del Direttore

18 settembre 199-

OGGETTO: Conto n. 654321 – E/C[1] mese luglio 199-

Accusiamo ricevuta[2] del suddetto estratto conto e siamo stupiti[3] dal saldo in banca.

La Alligand S.A. e la Berthaud Etains, due fra i ns maggiori clienti, ci hanno assicurato di aver accreditato sul ns conto, tramite bonifico bancario, rispettivamente quattro e cinque settimane fa, i pagamenti di alcune fatture scoperte per importi elevati.

Vi preghiamo di verificare con la massima cura e sollecitudine e di comunicarci per fax l'esatto saldo del ns conto. Se il disguido[4] è dovuto a ritardo da parte Vs vi preghiamo di indicarcene il motivo.

Ci permettiamo di fare affidamento sulla Vs cortesia e nell'attesa del Vs riscontro Vi porgiamo distinti saluti.

TECNICA Srl
Il Direttore Finanziario

1 Abbreviation for *estratto conto* (bank statement).
The following alternatives may be used:
2 *abbiamo ricevuto*; 3 *sorpresi*; 4 *l'errore*.

67 Complaint about mail delivery

19 November 199-

The Central Post Office
Place Centrale
53000 Laval
France

Dear Sirs

As a result of enquiries we have made in England it appears that delays we have
experienced in the delivery of our mail to our subsidiary in Cossé le Vivien are
being caused at the Laval sorting office.

Since our business is being seriously inconvenienced by postal delays we would
be most grateful if you could look into the matter.

It should not take 10 days for orders and invoices to get from us to our colleagues
in Cossé. Enclosed is a sample mailing sent by us, with dates clearly marked.

Yours faithfully

Jeremy P Johnson
Director

Enc.

67 Reclamo sulla distribuzione della corrispondenza

Spett.le Bureau de Poste
Place Centrale
53000 LAVAL
Francia

ALLA CORTESE ATTENZIONE DEL DIRETTORE GENERALE

SIRONE, 19 novembre 199-

OGGETTO: RITARDI DISTRIBUZIONE POSTA DA SIRONE A COSSÉ – CENTRO DI SMISTAMENTO DELLA CORRISPONDENZA DI LAVAL

Dalle informazioni da noi raccolte in Italia ci risulta che i ritardi verificatisi nella distribuzione della ns corrispondenza destinata alla ns consociata di Cossé le Vivien sono dovuti a disguidi al centro di smistamento di Laval.

Il disguido causatoci da questi ritardi postali è considerevole e Vi preghiamo perciò di prendere in esame[1] la situazione. Non consideriamo accettabile il periodo di 10 giorni richiesto per la consegna di ordinativi e fatture ai ns uffici di Cossé. Vi alleghiamo una lista, corredata di relative date di spedizione e consegna, della corrispondenza da noi inviata.

Restiamo in attesa del Vs pronto riscontro e Vi porgiamo distinti saluti.

CARTOLIBRERIE INTERNAZIONALI SRL
Giacomo Dell'Elia
Amministratore

All.

1 Alternatives: *vagliare, considerare.*

68   Complaint about wrong consignment of goods

1 September 199-

Dessous Dessus
14 rue Legrand
80000 Amiens
France

For the attention of Mr A Malraux

Dear Mr Malraux

RE: INVOICE NO. 13322/08/92

We regret to inform you that the garments you sent us in your consignment of 25 August were not what we had ordered.

Please refer to our order (copy enclosed) and to your invoice (N.13322/08/92). You will see that the briefs, slips and bras are mostly the wrong sizes, colours and materials.

We are at a loss to explain this departure from your normally reliable service. Will you please contact us immediately so that we can put matters right?

Yours sincerely

Fred Smith
Manager

Enc.

68 Reclamo per merce non corrispondente a quella ordinata

Spett.le Ditta DESSOUS DESSUS
14 rue Legrand
80000 AMIENS
Francia

Per la cortese attenzione del Sig. A. Malraux

1º settembre 199-

OGGETTO: Vs fattura – n. 13322/08/92

Ci rincresce informarVi che i capi inclusi nella Vs consegna del 25 agosto u.s. non corrispondono a quelli da noi ordinati.

Dal confronto fra la copia allegata del ns buono d'ordine e la Vs fattura è chiaro che quasi tutte le taglie,[1] i colori e i tessuti degli slip,[2] delle sottovesti e dei reggiseni non corrispondono a quelli ordinati.

Data la consueta[3] affidabilità del Vs servizio questo Vs errore ci sorprende alquanto. Vi preghiamo di contattarci con la massima sollecitudine per rettificare[4] l'errore.

In attesa del Vs riscontro Vi ringraziamo per la Vs collaborazione e porgiamo distinti saluti.

ELENA ABBIGLIAMENTO S.a.s.
Federica Giusti
Direttore

All.

1   Alternative: *misure*.
2   Italian for *high cut briefs*; traditional cut briefs are called *mutande*.
3   Alternatives: *abituale, solita*.
4   Alternative: *correggere*.

69   Complaint about damage to goods

3 April 199-

Transports Transmanche SA
Quai des Brumes
14000 Caen
France

For the attention of Mr Gérard Dispendieux

Dear Monsieur Dispendieux

We have received a complaint from John Ferguson of Amex Insurance concerning the company's removal to Beauvais three weeks ago. You will remember that we subcontracted this removal to your company.

Mr Ferguson claims that several of the items of furniture and office equipment were damaged on arrival at the premises in Beauvais.

Although he immediately complained to your deliverymen, he has still not heard from you. In the interests of our future business relations I would be grateful if you could clarify this situation.

Yours sincerely

Gerald Wagstaffe
French Area Manager

69   Notifica di arrivo di merce danneggiata

Spett.le Ditta TRANSPORTS TRANSMANCHE S.A.
Quai des Brumes
14000 CAEN
Francia

Alla cortese attenzione di M. Gérard Dispendieux

Montagnana, 3 aprile 199-

Amex Assicurazioni – Trasloco a Beauvais

John Ferguson, dell'Amex Assicurazioni, ha inoltrato[1] un reclamo concernente il trasloco, da noi concesso in subappalto alla Vs agenzia, della detta società a Beauvais, tre settimane fa.

John Ferguson riferisce che, all'arrivo ai locali di Beauvais, diversi mobili e varie apparecchiature d'ufficio sono risultati danneggiati.

Nonostante i reclami presentati immediatamente ai Vs addetti, nessuna Vs comunicazione è finora pervenuta[2] all'Amex Assicurazioni. Nell'interesse della ns collaborazione futura, Vi preghiamo di voler cortesemente chiarire quanto sopra esposto.

Gradite distinti saluti.

AGENZIA TRASLOCHI E AUTOTRASPORTI INT. SRL
Resp.[3] Traslochi Francia
Giangiacomo Staffa

1   Alternative: *inviato*.
2   Alternative: *giunta*.
3   Abbreviation for *responsabile* ('person in charge', 'manager').

70 Informing customers that a company has been taken over

24 July 199-

Produits Chimiques SA
89 rue Jules Barni
80330 Longueau
France

Dear Sirs

Thank you for your order dated 17 July. We have to inform you, however, that our company has recently been taken over by a larger concern, INTERNATIONAL CHEMICALS Inc.

As a result of this, we no longer produce the polymers that you request at this site. We have, however, passed on your order to our parent company and are confident that you will be contacted soon.

In the interests of our future business relations we enclose the latest catalogue of our total range of products, indicating which subsidiary manufactures which product.

Yours faithfully

Frederick Herriot
Plant Director

Enc.

70 Comunicazione ai clienti del rilevamento della ditta

Spettabile Ditta
Produits Chimiques S.A.
89 rue Jules Barni
80330 LONGUEAU
Francia

ALLA CORTESE ATTENZIONE DELL'UFFICIO ACQUISTI

Cologno Milanese, 24 luglio 199-

OGGETTO: Recente acquisizione dell'ARTESIA CHIMICA

Ci riferiamo al gradito ordine Vs inviatoci in data 17 luglio u.s. Inviamo la presente per informarVi dell'avvenuto rilevamento[1] dell'Artesia Chimica da parte dell'INTERNATIONAL CHEMICALS Inc., un'azienda di maggiori dimensioni.

A seguito della detta acquisizione la Artesia Chimica non produce più i polimeri da Voi richiesti in questo stabilimento; abbiamo perciò inoltrato[2] il Vs ordine alla ns casa madre che provvederà a contattarVi con la massima sollecitudine.[3]

Ai fini della ns collaborazione futura Vi rimettiamo[4] in allegato il più recente catalogo della ns gamma completa di prodotti, completo di guida sui prodotti di ciascuna consociata.

Vi preghiamo di prendere nota di quanto sopra esposto. Ricevete i ns migliori saluti.

ARTESIA CHIMICA
Direttore Stabilimento Cologno Milanese
(Ing. Federico Errio)

The following alternatives may be used:
1 *dell'avvenuta acquisizione*; 2 *trasmesso*; 3 *il più presto possibile, non appena possibile*;
4 *inviamo, trasmettiamo*.

71 Informing customers of change of name and address

EUROPEAN COMMERCIAL INSURANCE Ltd
47 Broad Walk
Preston
Lancashire United Kingdom

(Formerly PRESTON INSURERS Inkerman Street, Preston)

1 June 199-

The Export Manager
Nouveaux Textiles
342 chaussée Baron
59100 Roubaix
France

Dear Sir

RE: CHANGE OF COMPANY NAME AND ADDRESS

We are writing to all our valued customers to inform them that Preston Insurers has changed both its registered name and its address.

We are still located in Preston and operating as commercial insurers as before. However, we have acquired new partners who have invested fresh capital in the business.

It is our intention to increase our European business, hence the new name. Enclosed is our brochure setting out our range of services and tariffs. Do not hesitate to contact us if you have any queries about these changes.

Yours faithfully

Nancy Wilton
Customer Liaison Manager

Enc.

71 Notifica ai clienti di nuova ragione sociale e di trasferimento di sede

EURO-ASSICURAZIONI COMMERCIALI Srl
V. Ferdinando Magellano, 49–51
90139 PALERMO

(Già Assicurazioni Palermo, Piazzetta Resuttana, Palermo)

Spett.le Ditta NOUVEAUX TEXTILES
342 chaussée Baron
59100 ROUBAIX
Francia

CA: DIRETTORE VENDITE ESTERE

Palermo, 1° giugno 199-

OGGETTO: Nuova ragione sociale e trasferimento di sede

Portiamo a conoscenza dei[1] ns stimati clienti che la Palermo Assicurazioni ha assunto la ragione sociale Euro-Assicurazioni Commerciali Srl e si è trasferita alla nuova sede sopra indicata.

La ns azienda, rivitalizzata dal capitale investito dai nuovi soci, continua a svolgere la propria attività a Palermo, nel campo delle assicurazioni commerciali.

La ns nuova ragione sociale è dovuta al previsto incremento[2] delle ns attività in campo europeo. Vi rimettiamo in allegato il ns dépliant[3] in cui è delineata[4] la ns gamma di servizi e le relative tariffe.

Restiamo a Vs disposizione per fornirVi ulteriori chlarimenti su quanto sopra esposto e distintamente Vi salutiamo.

EURO-ASSICURAZIONI COMMERCIALI SRL
Responsabile Relazioni Clientela
(Franca Gitto)

All.

The following alternatives may be used:
1 *Informiamo i*; 2 *aumento*; 3 *la nostra brochure*; 4 *presentata*.

72 Informing customers of increased prices

2 November 199-

Epicerie Fine
9 rue Dutour
72100 Le Mans
France

Dear Monsieur Olivier

In reply to your letter of the 5th I am sending you a new price list.

You will note that all of our prices have increased by some 6.3 per cent. This was unfortunately made necessary by our continuing inflation as well as the British Chancellor's recent decision to increase the general rate of VAT to 17.5 per cent.

I hope that the quality of our produce will continue to engage your loyalty.

Yours sincerely

Michael McDermott
Marketing Manager

Enc.

72   Notifica ai clienti di aumento dei prezzi

Spett.le Ditta SALUMERIA MAMMA ANGELA
Strada dei Loggi, 9
41100 MODENA
Italy

PER LA CORTESE ATTENZIONE DELLA TITOLARE

Birmingham, li 2 novembre 199-

OGGETTO: Nuovo listino prezzi SELECT

In risposta alla gradita Vs[1] del 5 ottobre u.s. ci premuriamo allegarVi[2] il ns nuovo listino prezzi.

I ns prezzi hanno subìto[3] un aumento del 6,3% circa, resosi necessario a causa della continua inflazione nel ns paese, dell'aumento dell'aliquota IVA imponibile al tasso del 17,5%, deciso recentemente dal Cancelliere dello Scacchiere del Regno Unito, e del valore in ribasso della sterlina.

Nell'attesa di essere favoriti dalla[4] Vs continua fiducia nei ns prodotti, Vi porgiamo distinti saluti.

SELECT DELICATESSEN LTD
Direttore Marketing
Michael McDermott

All.

1 *Lettera* is understood.
2 Alternative to *ci premuriamo allegarVi*: *vi inviamo.*
3 Note the accent on the 2nd syllable: *subito*, past participle of the verb *subire.*
4 Alternative: *poter contare sulla.*

73 Requesting information about opening a business account

23 October 199-

The Manager
Crédit Mercantile
89 rue Béranger
69631 VÉNISSIEUX
France

Dear Sir

We are proposing to open an office and refrigerated storage facility at Vénissieux in the new year and would appreciate some information about opening a bank account at your branch.

Initially we would be transferring funds to finance the setting up of our new business premises. Thereafter we would expect to use the account to receive payments from French customers and to pay local suppliers etc.

We would be most grateful if you could inform us of all the formalities that we need to observe, both public and particular, to Crédit Mercantile. Could you also inform us of your charges on business accounts?

Yours faithfully

Eric Wise
Commercial Manager

73 Richiesta d'informazioni sull'apertura di un conto commerciale

Spett.le CRÉDIT MERCANTILE
89 rue Béranger
69631 VÉNISSIEUX
Francia

CA: DIRETTORE

Padova, 23 ottobre 199-

OGGETTO: Apertura conto commerciale

L'anno prossimo[1] la società Melito prevede la messa a punto di uffici e di un impianto di refrigerazione a Vénissieux e vorrebbe ricevere informazioni sull'apertura di un conto presso la Vs filiale.

Detto conto sarebbe usato, inizialmente, per il trasferimento di fondi per il finanziamento della messa a punto del nuovo impianto e, successivamente, per l'accreditamento dei versamenti dei clienti francesi, il pagamento dei fornitori locali, ecc.

Vogliate comunicarci[2] tutte le formalità necessarie, sia generali che pertinenti solo alla Crédit Mercantile, oltre alle Vs competenze bancarie per conti di questo tipo.

RingraziandoVi per la Vs cortese collaborazione cogliamo l'occasione per porgerVi distinti saluti.

MELITO FORNI S.a.s.
Direttore Commerciale
(Egidio Savio Carlini)

1 Alternative: *venturo*.
2 Alternative: *notificarci, trasmetterci*.

74 Requesting information about opening a personal bank account

4 November 199-

The Manager
Banque Nationale
146 boulevard Haussmann
75016 Paris
France

Dear Sir

My British employers are posting me to their French subsidiary as of the beginning of January. I will therefore be moving to Paris with my family and I expect to be resident in France for two years.

Will you please inform me about opening a personal current account at your bank. My salary would be paid into the account and both my wife and myself would wish to draw money from it and to pay bills by cheque etc. We may also wish to transfer money to a bank account in England.

Please send me any documentation you have. (I can read French though I am not very good at writing it.)

Yours faithfully

Stuart Smith

74 Richiesta d'informazioni sull'apertura di conto corrente personale

Spettabile Banque Nationale
146 boulevard Haussmann
75016 PARIS
Francia

ALLA CORTESE ATTENZIONE DEL DIRETTORE

Bari, 4 novembre 199-

Apertura CC[1] personale

All'inizio del prossimo mese di gennaio mi trasferirò per motivi di lavoro alla consociata francese della società presso cui sono attualmente impiegato. Mi trasferirò a Parigi con la mia famiglia ed il mio soggiorno[2] in Francia è previsto per un periodo di due anni.

Vogliate inviarmi informazioni sull'apertura di un conto corrente personale presso la Vs banca. Il mio stipendio sarà versato sul conto direttamente dalla mia società e, con mia moglie, vorrei utilizzare il conto, tra l'altro, per prelievi di contanti, per pagare conti e bollette tramite emissione di assegni, e per il trasferimento di somme di denaro al ns conto bancario in Italia.

In attesa di ricevere il Vs riscontro[3] e le informazioni di cui disponete (sono in grado di leggere il francese anche se non di scriverlo correttamente), ringraziandoVi per la cortesia accordatami Vi porgo distinti saluti.

Caccia Antonio
Corso Francia, 22
70123 BARI

1 Abbreviation for *conto corrente*.
2 Alternative: *il mio servizio, la mia trasferta*.
3 Alternative: *la Vs risposta, la Vs comunicazione*.

75 Letter re overdrawn account

9 March 199-

Mr J H Jameson
47 Narrow Bank
Lichfield
Staffordshire

Dear Mr Jameson

We regret to inform you that your account, number 62467840, is overdrawn by £21.09.

We would appreciate your rectifying this situation as soon as possible since you have no overdraft arrangement with us.

Yours sincerely

F E Jones
Manager

75 Notifica di conto scoperto

Egr. Sig. Giandomenico Franchi
Via Stretta, 47
13040 BURONZO (VC)

Buronzo, 9 marzo 199-

OGGETTO: CC N° 62467840

Ci rincresce comunicarLe che il suddetto conto è scoperto per un ammontare di
L.45.000 (quarantacinque mila lire).

La preghiamo di rettificare quanto prima[1] lo scoperto di cui sopra, non
concessoLe dalla ns banca.

Distintamente

CASSA PROVINCIALE DI CREDITO
Il Direttore
Dott. Filippo Spiga

1   Alternatives: *con la massima sollecitudine, al più presto possibile.*

76 Bank's letter to customer

2 May 199-

Mr Bernard J Mann
4 Beauchamp Mews
London
England

Dear Mr Mann

We are writing to inform you that we have today received a cheque payable to you for the sum of $124,035.00 and sent by J et P Barraud Notaires, 307 rue du Château, Luxembourg.

Can you please confirm as soon as possible that you were expecting this deposit and let us know your instructions concerning it?

Enclosed is a photocopy of this cheque and its accompanying letter.

Yours sincerely

Amélie Dupont
Head Cashier

Encs

76 Lettera dalla banca al cliente

Egr. Sig. Giuseppe Mannoia
Via Ludovico Ariosto, 4
42015 CORREGGIO (RE)

S. Ilario d'Enza, 2 maggio 199-

OGGETTO: Assegno - Importo di $124.035 (centoventiquattromila e trentacinque dollari) pagabile a Mannoia Giuseppe, Via Ludovico Ariosto 4, 42015 Correggio (RE) – inviato dalla J et P Barraud Notaires, 307 rue du Château, Lussemburgo

In riferimento all'assegno in oggetto pervenutoci in data odierna,[1] vogliate confermarci a stretto giro di posta che anticipavate il versamento di tale somma e fornirci le Vs istruzioni a questo riguardo.

Vi rimettiamo[2] una fotocopia del suddetto assegno e della lettera ad esso allegata.

Restiamo in attesa di una Vs risposta e Vi salutiamo distintamente.

CREDITO RURALE – CASSA REGIONALE
Responsabile Cassa

All. 2

1 Commercialese for *oggi*.
2 Alternatives: *inviamo, alleghiamo, trasmettiamo.*

77 General query about banking

Monsieur J. Delor
Président-Directeur Général
Mouton-Poulenc
7 rue du Trocadéro
Paris 3 Cedex
France

Dear Sir

In response to your general query about banking in England there are two main types of bank, merchant banks and commercial banks. The former are very numerous and deal with companies generally. The latter are mainly the four big groups, Lloyds, National Westminster, Barclays and Midland.

The enclosed leaflet will give you further details, including information about banking in Scotland. The Ombudsman's office is mainly concerned with complaints about banks.

You should note that The Post Office in England also has some banking and money transfer facilities.

Yours faithfully

C D Prettyman
For the Ombudsman

Enc.

77 Richiesta di informazioni generali sul sistema bancario britannico

Spett.le Società MONTONE CALCESTRUZZI S.r.l.
Loc.[1] Tenacirillo
80045 POMPEI (NA)
Italia

CA: Sig. Agostino Dell'Ora, Amministratore Delegato

Londra, .../. . . . ./199-

SISTEMA BANCARIO BRITANNICO

In riferimento alla Vs richiesta di informazioni sul sistema bancario inglese. Le banche principali appartengono a due categorie principali: le banche mercantili e quelle di credito ordinario, di cui le prime, numerosissime, trattano per lo più con imprese e le seconde sono composte dagli[2] istituti di credito Lloyds, National Westminster, Barclays e Midlands.

Ulteriori informazioni e dati sul sistema bancario scozzese sono inclusi nell'opuscolo allegato. L'ufficio dell'Ombudsman è preposto all'esame[3] dei reclami presentati contro il cattivo funzionamento delle banche.

Prendete inoltre nota che anche le Poste Britanniche offrono alcuni servizi bancari e di trasferimento di denaro.

Distintamente

C D Prettyman
A nome dell'Ombudsman

All.

1 Abbreviation for *Località* (geographical area).
2 Alternative: *comprendono gli*.
3 Alternative: *è responsabile dell'esame, sovrintende l'esame*.

78 Enquiry about post office banking facilities

2 February 199-

La Poste Centrale
Place Général De Gaulle
16000 Angoulême
France

Dear Sirs

I am intending to open a second business in Angoulême and would like to enquire what services you offer to small businesses.

I have in mind giro banking; can you tell me how your post office bank accounts work? Secondly, is it to you that I should apply to have a telephone? Thirdly, do you have special rates for business mail?

I would be most grateful for any information you can send me.

Yours faithfully

Mostyn Evans
Proprietor

78 Richiesta d'informazioni sui servizi bancari offerti dalle Poste Italiane

Spett.le AMMINISTRAZIONE POSTALE
Ufficio Piazza Martiri d'Italia
15100 VOGHERA (AL)
Italia

ALLA CORTESE ATTENZIONE DEL DIRETTORE GENERALE

Pontypridd, 2 febbraio 199-

OGGETTO: Servizi bancari postali italiani

La Evans Ltd intende[1] avviare[2] una seconda attività commerciale a Voghera e vorremmo perciò ricevere informazioni sui servizi offerti dall'Amministrazione Postale italiana alle piccole imprese ed in particolare sul sistema del postagiro.

Vorremmo sapere come operano i servizi offerti dall'amministrazione delle Poste Italiane, se dobbiamo rivolgerci ai Vs uffici per richiedere l'allaccio di una rete telefonica e se sono disponibili tariffe speciali per la corrispondenza di tipo commerciale.

Restiamo in attesa di una Vs comunicazione e ringraziamo anticipatamente per le informazioni cortesemente forniteci.

Distinti saluti

EVANS LTD
Mostyn Evans
(Il Titolare)

1 Alternatives: *ha intenzione di, vorrebbe.*
2 Alternatives: *installare, impiantare.*

79 Enquiry about opening a post office account

8 March 199-

Bureau Central
Postes et Télécommunications
Paris
France

Dear Sirs

I do not know exactly who to write to and hope that this letter will reach the right service.

I wish to obtain information about opening a Post Office account to enable my French customers to settle my invoices in France and permit me to pay certain of my French suppliers by cheque.

Will you please inform me of your formalities and send me the necessary forms?

Yours faithfully

Eric Clifford
Managing Director

79 Richiesta d'informazioni sull'apertura di conto postale

Spett.le UFFICIO CENTRALE
AMMINISTRAZIONE POSTALE
00163 ROMA
Italia

CA: DIRETTORE GENERALE

8 marzo 199-

OGGETTO: APERTURA CONTO POSTALE

Non conoscendo l'ufficio responsabile a cui rivolgerci ci permettiamo di inviarVi la presente nella speranza che essa venga inoltrata[1] all'ufficio competente.

Vorremmo ricevere informazioni sull'apertura di un conto corrente postale per facilitare[2] il pagamento delle ns fatture da parte dei ns clienti italiani e per consentirci[3] il pagamento ad alcuni dei ns fornitori tramite assegno.

Vogliate notificarci le formalità necessarie e inviarci i pertinenti moduli.

Ringraziamo per la Vs sollecitudine e porgiamo distinti saluti.

CLIFFORD'S HAULAGE LTD
L'amministratore delegato
Eric Clifford

The following alternatives may be used:
1 *trasmessa*; 2 *agevolare*; 3 *permetterci*.

80 Opening poste restante

18 April 199-

La Poste Centrale
Place Bellecour
69001 Lyon
France

Gentlemen

We are in the process of moving our French subsidiary from Villeurbanne to Saint Priest; the move should be completed at some time in the next month.

Could we ask you on receipt of this letter, and until further notice, to retain all mail addressed to us poste restante at your central office?

Please inform us if there are any other formalities to observe. Enclosed is an addressed envelope and international reply coupon for your reply.

Thank you in advance.

Arthur T Goldberg
On behalf of Software Supplies Inc.

Enc.

80 Apertura di fermo posta

Spettabile Ufficio Postale Centrale
Piazza Belcuore
16125 GENOVA
Italia

New York, li 18 aprile 199-

OGGETTO: FERMO POSTA UFFICIO POSTALE CENTRALE GENOVA

La ns consociata italiana, SOFTWARE SUPPLIES ITALIA, sarà trasferita il mese
entrante[1] da Asti a Sampierdarena.

Vi preghiamo, a partire dalla data di ricevuta della presente e fino a nuovo avviso,
di trattenere tutta la corrispondenza indirizzata alla suddetta società presso
l'apposito sportello[2] nel Vs ufficio centrale.

Vogliate inoltre comunicarci eventuali altre formalità. Vi rimettiamo[3] in allegato
una busta indirizzata ed un buono internazionale per risposta pagata.

RingraziandoVi anticipatamente cogliamo l'occasione per porgerVi i ns migliori
saluti.

Per conto della Software Supplies Inc.
Arthur T. Goldberg

All.

1 Alternative: *prossimo*.
2 Literally, 'at the appropriate post office desk'.
3 Alternative: *inviamo*.

Business Practice

1 Addressing people

In business the standard form of address is *Lei* combined with the corresponding verb form. *Voi* is generally used as the plural form. *Tu* is reserved for social use in the family and among friends, although it is increasingly being used by younger people amongst themselves.

If a person has a professional title, it is generally used when addressing him or her. Note, however, that there are probably more titles in Italy than in the UK or USA. Common titles are *dottore* and *dottoressa*. All graduates are entitled to use this title although some disciplines have their own title, e.g. law (*avvocato*) and engineering (*ingegnere*). Non-graduate titles include *geometra* (abbreviated as *geom.*) – draughtsman; *ragioniere* (abbreviated as *rag.*) – accountant; and *perito industriale* – engineer. Other common titles are *professore, onorevole* (MP) and titles awarded in recognition of civic and political deeds (e.g. *cavaliere, commendatore*). Titles deriving from the nobility also exist but generally are not considered to carry much significance.

In the working environment it is common practice for men to address their male colleagues by their surname. You should also state your surname when you are introduced to someone. In official usage the surname always precedes first names, e.g., on forms and in formal announcements. It is also customary to shake hands when being introduced or meeting people generally or for the first time.

2 Communicating with people

Speech is the preferred form of communication. Speaking on the telephone in Italy, however, can often be a frustrating experience because of the present system, but privatization and increased competition should soon improve this situation.

The postal system is renowned for its inefficiency in spite of efforts to upgrade it – not that Italians like replying to letters anyway. A majority of letters simply end up in the waste-paper bin. Faxes, because of their immediacy, seem to have more impact and receive a more positive response.

In the final analysis, you need to **talk** to people in Italy to get things done – although reference to a fax or letter or common acquaintance may help you to get a foot in the door.

3 Appointments and punctuality

The notion that Italians have little respect for punctuality and fail to treat appointments seriously does not correspond to reality. Italy is one of the world's leading industrial and commercial nations and business is taken very seriously. Standards of punctuality are little different from those in other leading industrial nations.

4 Business cards and gifts

It is common practice to exchange business cards at the beginning of a business meeting.

Attitudes to giving and receiving have been affected by recent scandals involving bribery. In particular, there has been a popular reaction to the widespread practice of taking bribes by those involved in public contracts (especially the representatives of political parties).

This should not discourage you however from offering gifts where appropriate. But the gifts themselves should not be disproportionate. They should also be of good quality – Italians are not impressed by shoddy gifts.

5 Office and shop hours

These are increasingly conforming to West European practice, although afternoon siestas may lengthen as one goes further south during hot weather. However, this is compensated for by later closing times in the evening. Many small family-owned shops open early and close late. Shopping malls are open from 9 a.m. to 9 p.m.

August remains the preferred month for shop and factory closures and it may prove more difficult to get in touch with business contacts during this month, though no more difficult than tracking British business contacts over the summer months.

6 Business entertainment

Italians tend to draw a clear line between work and leisure. Business entertainment generally consists of an invitation to dinner at a restaurant. It is not usual to meet people not associated with work (e.g. family members) on such occasions.

Italians like to eat well, drink very moderately and impress visitors with the quality of the cuisine and ambiance of the restaurant.

7 Business organizations

There are a number of categories of organizations supporting the activities of individual companies:

Chambers of Commerce

There are provincial as well as regional chambers of commerce and all companies must be registered with their local chamber.

The main purposes of the chambers are to represent the interests of business to government and to provide an advisory service for companies.

There are also overseas branches of chambers of commerce based in Italy, such as the British Chamber of Commerce in Milan.

Unione Industriale

The Unione Industriale is a mutual association of local business people which also offers training courses.

Associazione delle Piccole e Medie Imprese (API)

API or the Small and Medium Business Association represents the interests of its members and runs courses which seek to raise the business knowledge and skills of employees of small and medium enterprises.

Local associations are organized in regional federations and there is also a national confederation.

Employers' Federations

The main employers' federation is Confindustria (Confederazione generale dell'industria italiana) representing the interests of private sector industrialists. Confindustria is a major force in Italian industry and politics and has a national network of associations comprising over 100 local associations and about 100 national trade federations.

Analogous federations are Confagricoltura (for the agricultural sector), Confartigianato (for craftsmen and -women), Confcommercio (for commerce and tourism) and Confesercenti (shopkeepers/-owners).

Industry Associations

These represent and promote the interests of specific industries. Examples are ACIMALL (Associazione Costruttori Italiani Macchine e Accessori per la Lavorazione del Legno – Italian Woodworking Machinery and Tool Manufacturers' Association), Assopiastrelle (Associazione nazionale dei produttori di piastrelle di ceramica e di materiali refrattari), the Italian ceramic tile association, and ATEFI (Associazione tecnica società finanziarie di leasing e di factoring), the association of leasing and factoring companies.

Enti Fiera

There are numerous *enti fiera* throughout Italy, which are the organizations which administer and promote trade fairs. The leading organization in this area is the Ente Fiera di Milano which is responsible for the Milan Fair Ground.

8 Banks and other financial institutions

Banca d'Italia

The Banca d'Italia (Bank of Italy) is the Italian central bank and one of Italy's most respected institutions. It issues banknotes and practically controls and manages all state funds. Since 1992 The Bank of Italy has been free to set interest rates independently of government.

Commercial banks

The major commercial banks include: Istituto Bancario San Paolo di Torino, Monte de' Paschi di Siena, Cariplo, Banca Nazionale Lavoro and Banca Commerciale Italiana. Former so-called banks of national interest (Banca Commerciale Italiana, Credito Italiano and the Banco di Roma) were controlled by the state through the state holding company IRI. However, the government has now decided to relinquish state control and the Banca Commerciale Italiana, for example, was privatized towards the end of 1993.

Although there are more individual banks in Italy than in other major European countries, the ratio of tills to head of population has been lower. In general the standard of service in Italian banks has lagged behind quality levels in other European countries. However, increasing competition – particularly from foreign banks – is helping to change the climate of Italian banking.

Merchant banks

In addition to the commercial banks there are merchant banks such as Mediobanca and special credit institutes (*istituti di credito speciale*) which offer medium- and long-term credit to companies operating in construction, agriculture and industry.

The Stock Exchange

The Italian Stock Exchange (Borsa Valori) is expanding, although overall activity is low compared to the UK and other EU countries. This is because family members and institutional investors control the vast majority of shares in publicly quoted companies. Over 90 per cent of transactions are effected by the Milan Stock Exchange (Borsa di Milano).

The activities of the Stock Exchange are regulated by the Commission for companies and the stock exchange (Commissione per le società e la borsa – CONSOB), established in 1974.

The Ministry of Finance

Another regulatory body is the Ministry of Finance which is responsible for taxation and the collection of taxes and customs duties. The Ministry has its own paramilitary force, the Finance Guard (Guardia di Finanza). Members of the force act as customs officers and are responsible for conducting investigations into financial and VAT irregularities.

9 Legal practitioners

The legal profession in Italy is regulated by law. Each tribunal has a law list made up of lawyers (*procuratori*) and solicitors (*avvocati*) who practise in each jurisdiction; the distinction of the roles of *procuratori* and *avvocati* in Italy is similar to, but not as marked as in, England. *Procuratori* and *avvocati* elect the Law Council (Consiglio dell'ordine degli avvocati e procuratori) which regulates and disciplines the activity of its members.

In Italy the so called *pactum de quota litis*, the agreement according to which the client pays the solicitor some of the proceeds or the compensation received as a result of the judicial action, is forbidden.

Notaries (*notai*) are law graduates with two years' experience in a notarial practice and they are appointed by presidential decree after certain examinations. *Notai* administer oaths, attest and certify documents, acknowledge deeds and other conveyances, release certificates, handle wills, etc.

10 Accountants and auditors

Ragionieri (abbreviated to *Rag.* in front of surnames) are accountancy diploma holders, who receive their qualification around the age of 18–19 after the *Maturità* exams (equivalent to 'A' levels).

Chartered accountants (*dottori commercialisti*) are normally graduates in economics and commerce who can practise their profession only if they are on the register of the association. They deal with the administration and liquidation of companies, technical surveys and consultancy, company inspection and review, auditing company annual accounts, etc.

Revisori contabili or *sindaci* – auditors, control the activities of company directors on behalf of the shareholders. By law the *collegio sindacale* (board of auditors) of a company consists of 3–5 auditors, who may or may not be shareholders, elected for three years. The *collegio sindacale* is compulsory in companies and partnerships limited by shares, while in the case of limited liability companies it is only compulsory if the share capital exceeds 100 million lire.

11 Advertising media

The main advertising media are TV (RAI television, national private television stations, local private television stations) and the press (newspapers and magazines). The main business dailies are *Il Sole 24 Ore* and *Il Corriere della Sera*. Business weeklies include *Espansione* and *Mondo Economico*. Other media include RAI radio stations, private radio stations, cinemas and external media.

The automotive, food and drink, toiletries and clothing industries are the major advertisers in Italy.

For up-to-date information on advertising in Italy you should contact Upa (Utenti pubblicità associata) and Spi (Società per la pubblicità in Italia).

12 Holidays

Public holidays

25 April (Liberation Day – Second World War), 1 May (Labour Day), 2 June (Anniversary of the Italian Republic), 4 November (Victory Day – First World War).

Religious holidays

1 January (New Year's Day), 6 January (Epiphany), Easter Monday (Monday of the Angel), 15 August (Assumption), 1 November (All Saints), 8 December (Immaculate Conception), Christmas Day, 26 December (St Stephen's Day).
    Every town/village also celebrates its patron saint once a year.

13 Trade unions

Three major trade unions (*associazioni sindacali e di categoria*) are active in Italy:

    CGIL – Confederazione Generale Italiana del Lavoro
    CISL – Confederazione Italiana Sindacati Lavoratori
    UIL – Unione Italiana del Lavoro

In 1972 these three unions formed the Federazione Sindacale Unitaria; this level of unification became particularly strong in the metal and mechanical, building and chemical industries.
    All three unions are members of the European Trade Union Federation.

14 Business taxes

All companies with share capital (companies and partnerships limited by shares, cooperatives, mutual insurance companies), public and private bodies registered in Italy are liable to pay the IRPEG – *imposta sul reddito delle persone giuridiche* (corporation tax).
    Companies, including those which do not pay the IRPEG, pay the ILOR – *imposta locale sui redditi* (local income tax).

15 Types of company

The following are some of the types of companies in Italy:

* *società affiliata* (affiliated company, franchisee)
* *società anonima* (joint-stock company)
* *società a partecipazione statale* (government-controlled company)
* *società a responsabilità limitata (Srl)* (limited liability company)
* *società capogruppo, holding* (holding company)
* *società collegata* (associated company)
* *società commerciale* (trading company)
* *società consociata, società controllata,* (subsidiary)
* *società consortile* (consortium company)
* *società cooperativa* (cooperative society)
* *società di capitali* (joint-stock company)
* *società di fatto (Sdf)* (unregistered corporation)
* *società di persone* (partnership)
* *società estera* (foreign company)
* *società in accomandita per azioni (Sapa)* (limited partnership with share capital)

- *società in accomandita semplice (Sas)* limited partnership
- *società in compartecipazione, joint-venture* (joint venture)
- *società in nome collettivo (Snc)* (co-partnership)
- *multinazionale* (multinational)
- *società per azioni (SpA)* (limited company)
- *società semplice* (informal partnership)

16 Red tape

Italy's public service institutions and public sector companies have been renowned for their inefficiency and obstructionism. Byzantine practices and procedures bogged down applications for permits and licences, which consequently were often helped along by 'friends' and palm-greasing.

General attitudes to bureaucracy, inefficiency and corruption have started to change, through a combination of external and internal pressures. These include greater European integration, increased foreign competition, privatization of public sector companies and a desire to establish a more efficient and transparent system of government which supports the activities of citizens and companies.

Reference Grammar

Brief notes on Italian Grammar

Days and Months

Note that these are written with small not capital letters

lunedì	Monday
martedì	Tuesday
mercoledì	Wednesday
giovedì	Thursday
venerdì	Friday
sabato	Saturday
domenica	Sunday
gennaio	January
febbraio	February
marzo	March
aprile	April
maggio	May
giugno	June
luglio	July
agosto	August
settembre	September
ottobre	October
novembre	November
dicembre	December

Some typical dates:

il 1° (primo) settembre
il 2 (due) marzo (not secondo)
il 12 (dodici) maggio
il 24 (ventiquattro) agosto

martedì 3 dicembre
sabato 8 febbraio

Numbers

un, uno, una	one	**undici**	eleven
due	two	**dodici**	twelve
tre	three	**tredici**	thirteen
quattro	four	**quattordici**	fourteen
cinque	five	**quindici**	fifteen
sei	six	**sedici**	sixteen
sette	seven	**diciassette**	seventeen
otto	eight	**diciotto**	eighteen
nove	nine	**diciannove**	nineteen
dieci	ten	**venti**	twenty
zero (0)			

ventuno twenty-one; **ventidue** twenty-two; **ventitre** twenty-three, etc.
trenta thirty; **trentuno** thirty-one; etc.
quaranta forty; **quarantuno** forty-one; etc.
cinquanta fifty
sessanta sixty
settanta seventy
ottanta eighty
novanta ninety
cento one hundred; **centouno** one hundred and one, etc
duecento two hundred; **duecentotre** two hundred and three
mille (1,000), **duemila** (2,000)
un milione (1,000,000); in Italian this is written as 1.000.000
un miliardo (1,000,000,000) (a billion); in Italian this is written as 1.000.000.000

Note that the comma (**virgola**) is strictly used as a decimal point in numbers, with full stops used to separate 'thousands' e.g. 250.000

primo (first)	**secondo** (second)	**terzo** (third)
quarto (fourth)	**quinto** (fifth)	**sesto** (sixth)
settimo (seventh)	**ottavo** (eighth)	**nono** (ninth)
decimo (tenth)	**undicesimo** (eleventh)	**dodicesimo** (twelfth)
ventiquattresimo (24th)	**cinquantesimo** (50th)	**centesimo** (100th)

Fractions

half	**la metà***
quarter	**il quarto**
third	**il terzo**
three quarters	**tre quarti**
fifth	**il quinto**

*Note that 'half a litre' is **mezzo litro**

Gender

All nouns are either masculine or feminine and the accompanying 'the' or 'a' will consequently be:

masculine nouns –   **il**   (**l'** before nouns starting with 'a', 'e', 'i', 'o', 'u', 'j' [except **il jet**] and mute 'h' [e.g. **l'hotel**] or **lo** if the word begins with a 'z', 'ps', 'gn' or 's' plus another consonant)

and **un**   (or **uno** for nouns taking '**lo**')

feminine nouns –   **la** or **una**; these are normally contracted to **l'** and **un'** in front of nouns starting with a vowel.

Examples

il direttore, un direttore
l'agente, un agente
lo specialista, uno specialista
lo zolfo
la ditta, una ditta
l'agenzia, un'agenzia

Singular and plural

The plural forms are as follows:

	singular	plural
masculine	**il**	**i**
	l'	**gli**
	lo	**gli**
feminine	**la**	**le**
	l'	**le**

In general the plural of masculine words ends in '-i':

i direttori, gli agenti, gli specialisti, i prodotti

But note words such as **il parco** (plural: **i parchi**) where the 'h' is needed to keep the 'c' hard.

The plural of feminine words ending in 'a' is '-e', of those ending in 'e' in the singular it is '-i'.

singular	plural
la ditta	**le ditte**
l'agenzia	**le agenzie**
la banca	**le banche**
la nave	**le navi**

Nouns ending with a final stressed vowel do not change in the plural:

la società	**le società**
il martedì	**i martedì**

Verb forms

Present tense

Regular verbs

parlare	vendere	finire	servire
(io) parlo	vendo	finisco	servo
(tu) parli	vendi	finisci	servi
(lui/lei) parla	vende	finisce	serve
(noi) parliamo	vendiamo	finiamo	serviamo
(voi) parlate	vendete	finite	servite
(loro) parlono	vendono	finiscono	servono

The conjugation of many verbs can be judged from the form of their infinitive: e.g. **parlare**, **vendere**; most verbs in '-ire' are conjugated like **finire**.

Irregular verbs

Among common irregular verbs are: **essere** (to be), **avere** (to have), **andare** (to go), **aprire** (to open), **cogliere** (to take, seize), **condurre** (to lead), **conoscere** (to know a person), **dare** (to give), **dire** (to say), **dovere** (to have to), **fare** (to make, to do), **piacere** (to please), **potere** (to be able), **prendere** (to take), **sapere** (to know something), **stare** (to stay, be), **tenere** (to hold), **venire** (to come), **volere** (to want). Here are the present tenses of **avere**, **essere** and **venire**:

essere	avere	venire
sono	ho	vengo
sei	hai	vieni
è	ha	viene
siamo	abbiamo	veniamo
siete	avete	venite
sono	hanno	vengono

Note that **sono** means both 'I am' and 'they are'.

There is also a continuous form of the present tense (e.g. 'I am working') formed by **stare** and the gerund (**parlando**, **vendendo**, **finendo**, etc).

Examples:

Cosa state discutendo?
Questo mese stiamo vendendo molte automobili sportive.
Stavano aspettando la consegna.

The perfect tense

The perfect tense is used to refer to the past. With transitive verbs this is formed using the verb **avere** and the past participle of the other verb e.g. **ho mangiato**, 'I have eaten'/'I ate'. Intransitive verbs use **essere** e.g. **sono andato**, 'I have gone'/ 'I went'. All reflexive verbs use essere e.g. **mi sono lavata**, 'I have washed'/ 'I washed' (myself):

Here are some examples of the perfect tense

ho parlato (I have spoken, I spoke)
hai scelto (you have chosen)
ha venduto (he/she has sold)
abbiamo mangiato (we have eaten)
avete risposto (you (pl.) have answered)

sono venuto (I have come)
sei arrivato (you have arrived)
è partito (he/she has left)
siamo entrati (we have entered)
si sono dimessi (they handed in their notice)

Here are most of the verbs (not counting reflexive verbs) that form their tense with essere:

essere	to be	sono stato/a, etc
andare	to go	sono andato/a
arrivare	to arrive	sono arrivato/a
partire	to depart	sono partito/a
entrare	to enter	sono entrato/a
uscire	to go out, leave	è uscita
salire	to go/come up	sono salita
scendere	to go/come down	è sceso
(ri)tornare	to come back, return	sono tornati
cadere	to fall	sei caduto
rimanere	to remain	siamo rimaste
diventare	to become	è diventato
nascere	to be born	sono nato
morire	to die	è morta

(N.B. the past participle will agree with the subject: **le signore sono uscite**).

Past definite

The past definite is used to refer to events that happened at a specific time in the past and is found mainly in written documents:

parlai	vendei, vendetti	servii	finii
parlasti	vendesti	servisti	finisti
parlò	vendé, vendette	servì	finì
parlammo	vendemmo	servimmo	finimmo
parlaste	vendeste	serviste	finiste
parlarono	venderono, vendettero	servirono	finirono

Examples:

L'anno scorso la società vendette più di trecento macchine.
La multinazionale tedesca rilevò l'azienda italiana nel 1992.
Parlai con Rossi per l'ultima volta due anni fa.

The imperfect tense

This is used to describe continuous or habitual past action, e.g.: 'it was difficult to obtain spare parts from Eastern Europe'; 'we used to sell many machines in South America'.

The forms of the imperfect are as follows:

parlavo	vendevo	servivo	finivo
parlavi	vendevi	servivi	finivi
parlava	vendeva	serviva	finiva
parlavamo	vendevamo	servivamo	finivamo
parlavate	vendevate	servivate	finivate
parlavano	vendevano	servivano	finivano

The imperfect of **essere** is: **ero, eri, era, eravamo, eravate, erano**.
The imperfect of **avere** is: **avevo, avevi, aveva, avevamo, avevate, avevano**.

The future tense

The forms of the future are as follows:

parlerò	venderò	servirò	finirò
parlerai	venderai	servirai	finirai
parlerà	venderà	servirà	finirà
parleremo	venderemo	serviremo	finiremo
parlerete	venderete	servirete	finirete
parleranno	venderanno	serviranno	finiranno

The form of **essere** is **sarò**, etc.
The form of **avere** is **avrò**, etc.

Italians frequently use the present to denote future intention (**vengo domani**), while the future often emphasizes a particular action e.g. **Sì, lo farò** ('yes, I will do it').

The conditional tense

The forms of the conditional are:

parlerei	venderei	servirei	finirei
parleresti	venderesti	serviresti	finiresti
parlerebbe	venderebbe	servirebbe	finirebbe
parleremmo	venderemmo	serviremmo	finiremmo
parlereste	vendereste	servireste	finireste
parlerebbero	venderebbero	servirebbero	finirebbero

Examples:

'I would like to see the workshops': **Vorrei** (from **volere**) **vedere le officine.**
'I could complete the project tomorrow': **Potrei concludere il progetto domani.**

There is also a past form of the conditional, e.g. **avrei fatto, sarei andato** (see note on perfect tense for verbs taking **avere** or **essere**).

'I would have done it yesterday but the copier was broken': **L'avrei fatto ieri ma la fotocopiatrice era guasta.**

The subjunctive

Note the forms of the subjunctive:

Present Subjunctive

parli	venda	serva	finisca
parli	venda	serva	finisca
parli	venda	serva	finisca
parliamo	vendiamo	serviamo	finiamo
parliate	vendiate	serviate	finiate
parlino	vendano	servano	finiscano

Imperfect Subjunctive

parlassi	vendessi	servissi	finissi
parlassi	vendessi	servissi	finissi
parlasse	vendesse	servisse	finisse
parlasslmo	vendessimo	servissimo	finissimo
parlaste	vendeste	serviste	finiste
parlassero	vendessero	servissero	finissero

The use of the subjunctive is a distinctive feature of Italian. The most common uses are as follows:

1 Freestanding, to express a (polite) command, or wish, e.g.: **Scusi** ('excuse me'); **mi dica** ('go on, yes'); **s'accomodi** ('please take a seat').
2 Following certain conjunctions such as **benché, perché** (= 'in order that'), **prima che, purché, sebbene,** e.g.

   Il direttore delle vendite ha inviato il suo rappresentante migliore in Slovenia perché esplori le possibilità di nuove vendite.

   Se non vendessimo bene il nuovo prodotto, saremmo in crisi.

   Se avessimo più clienti, dovremmo comprare un impianto nuovo.

3 Following certain verbs such as **volere, credere, pensare, sperare, desiderare, avere paura che,** e.g.

   Vorrei che il suo tecnico venisse il più presto possible.

Many verbs taking the subjunctive are impersonal, such as **sembrare, parere, bisognare, essere necessario, essere inutile.**

The passive

The passive is formed by combining **essere** or **venire** with the past participle, e.g.

La fabbrica è stata venduta a una società giapponese.

La nuova gamma fu (or venne) accolta dal pubblico con grande entusiasmo.

Note the use of **andare** plus the participle to indicate obligation:

Le norme vigenti vanno rispettate.

Adjectives

Descriptive adjectives agree in gender and number with the nouns they modify and usually, but not always, have distinct masculine, feminine, singular and plural forms, eg.:

caro   cara   cari   care
duro   dura   duri   dure

or else

utile   utile   utili   utili

Adjectives often follow the noun they modify, for example:

una campagna disastrosa
un prodotto innovativo
dei clienti importanti
delle fabbriche nuove

They can in some cases precede the noun, e.g.:

una disastrosa campagna
un nuovo prodotto

Comparatives are formed using **più**, e.g.:

più grande, più costoso, etc.
Questa macchina è più veloce della nostra.

'More and more' is **sempre più**:

I consumatori esigono prodotti alimentari sempre più genuini.

Superlatives are frequently formed using the ending **-issimo**, with the meaning 'very'. For example:

Questa macchina è bellissima!
Un incontro importantissimo.

If you want to be specific, then you use the definite article plus **più**, e.g.:

Questa macchina è la più bella di tutte!
Quest'incontro è il più importante che abbiamo mai tenuto.

Note that **buono** and **cattivo** form the comparative **migliore** and **peggiore** respectively.

Possessive adjectives

'His', 'her', 'my', 'your', 'our' etc. Like other adjectives they agree with the nouns they are attached to, e.g.: **La segretaria è nel suo ufficio** ('the secretary is in her office').

English	Singular (m/f)	Plural (m/f)
my	mio/mia	miei/mie
your (fam.)	tuo/tua	tuoi/tue
his/her/its	suo/sua	suoi/sue
your (formal)	Suo/Sua	Suoi/Sue
our	nostro/nostra	nostri/nostre
your	vostro/vostra	vostri/vostre
their	loro/loro	loro/loro

Note that in Italian the possessive adjective is used less frequently than in English, e.g.:

He got into his car.   **È salito in macchina.**

Demonstrative adjectives

Questo (this); **quello** (that); **stesso** (same).

Note the forms of **quello** in front of nouns, e.g.:

**quel macchinario   quello specialista   quell'azienda
quei prodotti   quegli specchi**

Adverbs

Adverbs do not agree. They modify verbs, adjectives or other adverbs, e.g.:

Lavora rapidamente (from **rapido**)

Most adverbs are formed by adding **-mente** to the adjective:

**sicuro   sicuramente
probabile   probabilmente
generale   generalmente**

There are other common adverbs like:

anche   bene   ancora   male ('badly')   **poco
prima   sempre   spesso   troppo   volentieri**

The comparative and superlative are formed by **più** and **il più** (or **meno** and **il meno**) e.g.:

presto   **più presto**   **il più presto**

Pronouns

1 The subject pronouns **io, tu, lui, lei, noi, voi, loro** are generally subsumed in the verb form and are used only for emphasis or clarity:

> **Lui andò in Francia mentre io rimasi a Torino.**
> (He went to France while I stayed in Turin).

2 The object pronouns **mi, ti, lo, la, l', gli, le, ci, vi, gli** come before the verb or are added to the infinitive:

> **Mi ha detto di darle questa lettera.**

Loro follows the verb, but in conversation is commonly replaced by **gli**:

> **Ho già mandato loro l'ordinazione (Gli ho già mandato l'ordinazione).**

3 The emphatic forms are the same as the subject pronouns except for **me** and **te**:

> **Ha incontrato me e la mia segretaria alla Fiera di Varsavia.**

4 The reflexive pronouns **mi, ti, si, ci, vi, si** and **sé** are used in the same way as object pronouns:

> **Quando ci parliamo? È già ora di salutarsi.**
> **Ha comprato una macchina per sé.**

5 **Ne** means 'of it', 'of them':

> **Quanti macchinari intendete ordinare?**
> **Ne vogliamo due.**

6 In pronoun combinations indirect object pronouns come before direct object pronouns and **ne** with the former becoming **me, te, glie** (both **gli** and **le**), **ce, ve** and **se**:

> **Non me l'aveva detto.**
> **Glielo spedirò la settimana prossima.**
> **Adesso se ne vanno.**
> **Non voleva regalarmelo.**

7 Pronouns with **dovere, potere** and **volere** plus the infinitive can come before the main verb or be added to the infinitive:

> **Potrebbero dirglielo.**

Or

> **Glielo potrebbero dire.**

8 Relative pronouns: the most frequent form is **che**; after prepositions **cui** is used. There is an alternative form with **il quale**, etc.

Examples:

> **Hai visto il macchinario nuovo che è stato comprato dalla Insi?**
> **Ecco il cliente di cui parlammo ieri.**
> **Sono andata dal titolare il quale mi ha confermato l'ordinazione.**

9 Interrogative pronouns: **chi?** (for people), **che** or **che cosa?** (for things), **quanto?** etc. (how much, how many), **qual, quale, quali?** (which [one]):

Examples:

> **Chi ha comprato la zona industriale?**
> **Che cosa state facendo?**
> **Qual è la risposta?**
> **Qual è il mio incarico?**
> **Quanto ne vuole?**
> **Quali conosce?**

Prepositions

Preposition literally means 'placed before'; it is a word placed before a noun or with a verb to indicate a particular function. The following are the main prepositions in Italian:

di, a, da, in, con, su, per, tra, fra.

Some of them can be combined with the definite article. For example:

**del, dello, della, dell', degli, all', alle, dal, dalle,
nel, nella, nell', nei, sul, sulle, sull', sui**, etc.

There are also adverbial prepositions:

circa (about)	**contro** (against)	**davanti** (in front of)
dentro (inside)	**dietro** (behind)	**dopo** (after)
fino (until)	**fuori** (outside)	**insieme** (with)
lontano (far)	**oltre** (beyond)	**presso** (by)
prima (before)	**senza** (without)	**sopra** (on)
sotto (under)	**verso** (towards)	**vicino** (near)

There are also many 'combined' prepositions, e.g.: **a favore di, per mezzo di, alla presenza di, per opera di.**

A last word about grammar

There are many more points of grammar than we have room for in this short section. It is hoped that this introduction will enable readers, with the help of the dual-language versions of letters and situations and the footnotes in the Letters section, to understand all the text.

Business Glossary

Key to glossary

Grammatical abbreviations

abbr	abbreviation
adj	adjective
adv	adverb
conj	conjunction
det	determiner
n	noun
nf	feminine noun
nfpl	plural feminine noun
nm	masculine noun
nmpl	plural masculine noun
pp	past participle
pref	prefix
prep	preposition
vb	verb

Symbols

* denotes slang term
(US) term particular to USA
(GB) term particular to Great Britain

NB: Contexts are given in parentheses after term and part of speech
or before multiple translations

Parts of speech are provided for all headwords and for translations
where appropriate. Subterms are only supplied with parts of speech
where it is considered necessary to indicate gender or to avoid
ambiguity

Italian–English

abbandonare *vb* abandon *vb* **abbandonare un impiego** quit *vb*
abbandono *nm* waiver *n*
abbassare *vb* (price, interest rate) bring down *vb*, lower *vb*
abbonamento *nm* season ticket *n*
abbondanza *nf* abundance *n*
abbreviare *vb* abbreviate *vb*
abbreviato *adj* abbreviated *adj*
abbreviazione *nf* abbreviation *n*
abbuono *nm* allowance *n*
abile *adj* **abile nell'uso dei computer** computer literate *adj*
abilità *nf* ability *n*, skill *n*
abitudine *nf* **abitudini del consumatore** consumer habits *npl*
abolire *vb* abolish *vb*
abolizione *nf* abolition *n* **abolizione delle tariffe** elimination of tariffs
abrogare *vb* (offer) revoke *vb*
abusare di *vb* abuse *vb*
abuso *nm* **abuso di autorità/ di fiducia** abuse of power/confidence
accaparramento *nm* takeup *n*
accaparrare *vb* forestall *vb*
accedere a *vb* access *vb*
accelerare *vb* accelerate *vb*, expedite *vb*
accelerazione *nf* acceleration *n*
accendere *vb* (machine) turn on *vb*
accentramento *nm* centralization *n*
accentrare *vb* centralize *vb*
accertamento *nm* assessment *n*
accertare *vb* assess *vb*
accessibilità *nf* accessibility *n*
accesso *nm* access *n*
accessorio *adj* auxiliary *adj*
accettazione *nf* **accettazione condizionata** qualified acceptance **accettazione del consumatore** consumer acceptance **accettazione da parte del mercato** market acceptance **mancata accettazione** non-acceptance **presentarsi al banco di accettazione** (airport) check in *vb*
accludere *vb* enclose *vb*
accomiatarsi *vb* take leave of sb *vb*
accompagnatore *nm* **accompagnatore turistico** courier *n*
acconsentire a *vb* consent *vb*
acconto *nm* down payment, part payment
accordo *nm* (agreement) arrangement *n* treaty *n*, understanding *n* **accordo com-** merciale trade agreement **accordo di compensazione di cambio** exchange clearing agreement **accordo di contingente** quota agreement **accordo formale** formal agreement **accordo tra gentiluomini** gentleman's agreement **accordo internazionale** international agreement **accordo di mantenimento dei prezzi** fair-trade agreement **Accordo Monetario Europeo (AME)** European Monetary Agreement (EMA) **accordo operativo** working agreement **accordo di prezzo imposto** fair-trade agreement **accordo salariale** wage agreement **accordo di scambio** barter agreement **accordo verbale** verbal agreement **mettersi d'accordo** agree *vb* **raggiungere un accordo** make a treaty **per tacito accordo** by tacit agreement **venir meno ad un accordo** break an agreement **violare un accordo** break an agreement
accreditare *vb* accredit *vb* **accreditare un conto di una somma** credit sth to an account
accredito *nm* credit *n* **nota di accredito** credit note
accrescere *vb* (value) enhance *vb*
accumulare *vb* accumulate *vb*, hoard *vb*
accumularsi *vb* accumulate *vb*
accumulato *adj* accumulated *adj*
accumulazione *nf* accrual *n* **saggio di accumulazione** rate of accrual
accusare *vb* charge sb with sth *vb*
acquirente *nmf* vendee *n*
acquisire *vb* acquire *vb* **acquisire il controllo** (company) take over *vb*
acquisitivo *adj* acquisitive *adj*
acquisizione *nf* acquisition *n* **acquisizione di controllo** takeover *n*
acquistare *vb* acquire *vb*, purchase *vb* **acquistare in blocco** buy in bulk **acquistare all'ingrosso** buy sth wholesale, buy in bulk **acquistare di seconda mano** buy sth second hand
acquisto *nm* acquisition *n*, purchase *n* **acquisto in blocco** buy-out *n* **acquisto fittizio** fictitious purchase **acquisto di terreni** land purchase
acume *nm* **acume in affari** business acumen
adattare *vb* (adapt) tailor *vb*
addebitamento *nm* **addebitamento diretto** direct debiting
addebitare *vb* (account) debit *vb* **addebitare**

un onorario/ una tassa/ un compenso
charge a fee **addebitare in più**
overcharge *vb* **addebitare la provvigione**
charge commission **addebitare una somma
su un conto** charge sth to an account
addebito *nm* debit *n* **nota di addebito** debit
note
addestramento *nm* training *n* **addestramento avanzato** advanced training **addestramento di base** basic training
addestramento del personale employee
training **centro di addestramento** training
centre **corso di addestramento** training
course
addestrare *vb* (staff) train *vb*
addetto *nm* **addetto agli acquisti** buyer *n*
addetto all'ufficio spedizioni dispatcher *n*
addizionale *adj* extra *adj*
adeguamento *nm* adjustment *n*
aeroporto *nm* airport *n*
affare *nm* bargain *n* **affare a condizioni poco
vantaggiose** hard bargain **affari** *npl*
business *n* **è un buon affare** it's a bargain
fare affari con trade with sb **Affare fatto!** it's
a deal! **i grossi affari** big business **nuovi
affari** new business **parlare d'affari** talk
business
affarista *nm* profiteer *vb*
affidabile *adj* reliable *adj*
affidabilità *nf* reliability *n*
affidare *vb* commit *vb*
affiliante *nm* franchisor *n*, franchise outlet *n*
affiliato *nm* franchisee *n*
affiliazione *nf* **affiliazione commerciale**
franchise *n*
affittare *vb* (house, office) let *vb*, rent *vb*
affitto *nm* **dare in affitto** let *vb*, rent *vb*
prendere in affitto rent *vb*, hire *vb*
affittuario *nm* occupant *n*, occupier *n*
affrancare *vb* frank *vb*
agente *nm* agent *n* **agente di assicurazioni**
insurance agent, insurance salesperson
agente del credere del credere agent
agente finanziario fiscal agent **agente generale** free agent, general agent **agente
immobiliare** estate agent, realtor (US)
agente importatore import agent
agenzia *nf* **agenzia di cambiavalute** bureau
de change **agenzia di collocamento** employment agency **agenzia di compravendita** brokerage firm **agenzia immobiliare**
estate agency, real estate agency (US)
agenzia di informazioni commerciali credit
agency **agenzia d'intermediazione** brokerage firme **agenzia di pubblicità** advertising
agency **agenzia di spedizioni** forwarding
agency **agenzia di spedizioni per espresso**
express agency **agenzia di stampa** news
agency **agenzia per la vendita di biglietti**
ticket agency **agenzia di viaggi** travel
agency **agenzie di assicurazioni generali,**
general agencies (US)

aggiornare *vb* (records) update *vb*
aggiornato *adj* up to date **tenersi aggiornato**
(events) keep up with *vb*
aggirare *vb* bypass *vb*
aggravarsi *vb* escalate *vb*
agribusiness *nm* agribusiness *n*
agricolo *adj* agrarian *adj*
agricoltura *nf* agriculture *n*, farming *n*
agronomo *nm* agronomist *n*
aiuto *nm* **aiuto all'estero** foreign aid
albergo *nm* hotel *n* **albergo cinque stelle**
five-star hotel
alfanumerico *adj* alpha-numeric *adj*
aliquota *nf* **aliquota fiscale** tax threshold
aliquota fissa flat rate **aliquota d'imposta**
tax rate
allegare *vb* enclose *vb*
allegato *nm* enclosure *n*, schedule *n*
alloggio *nm* accommodation *n* **alloggio in
albergo** hotel accommodation **assegno integrativo d'alloggio** accommodation allowance
alternativa *nf* option *n*
alto *adj* **alto reddito** high-income **verso
l'alto** upward
altolocato *adj* high-ranking *adj*
alzare *vb* **alzare il prezzo di** mark up *vb*
ambasciata *nf* embassy *n*
ammanco *nm* (accounts) shortage *n*
ammenda *nf* forfeit *n* **fare ammenda** make
amends
amministrare *vb* administer *vb*, govern *vb*,
manage *vb*
amministratore *nm* administrator *n*,
director *n* **amministratore delegato** managing director **amministratore fiduciario**
trustee **amministratore giudiziale** (bankruptcy) receiver, administrator (US) **amministratore rappresentante i lavoratori**
worker-director **ufficio amministratori fiduciari** (bank) trustee department
amministrazione *nf* administration *n*,
management *n* **amministrazione fiduciaria**
trusteeship **amministrazione pubblica** civil
service **avere l'amministrazione di fudu-
ciaria** hold sth in trust **cattiva amministrazione** misconduct **proprietà tenuta in
amministrazione fiduciaria** trust estate
studi di amministrazione aziendale business studies
ammodernamento *nm* modernization *n*,
refurbishment *n*
ammontare *nm* amount *n* **ammontare in
arretrato** outstanding amount **ammontare
della copertura** extent of cover **ammontare
lordo** gross amount **ammontare netto** net,
nett amount
ammortamento *nm* depreciation *n*,
amortization *n*, redemption fund *n*
ammortare *vb* amortize *vb*, redeem *vb*
ammortizzare *vb* amortize *vb*
ampliamento *nm* (of contract) extension *n*

ampliare *vb* enlarge *vb* **ampliare la capacità** expand capacity **ampliare la gamma** extend the range

analisi *nf* analysis *n* **analisi dei costi e dei benefici** cost-benefit analysis **analisi economica** economic analysis **analisi funzionale** functional analysis **analisi delle mansioni** job analysis **analisi numerica** numerical analysis **analisi orizzontale** horizontal analysis **analisi dei sistemi** systems analysis **analisi stratificata delle cifre** breakdown of figures **analisi di tendenza** trend analysis

analista *nm* **analista di sistemi** systems analyst

analizzare *vb* analyze *vb*

anno *nm* year *n* **all'anno** per annum **anno commerciale** trading year **anno contabile** financial year **anno finanziario** financial year, fiscal year **anno fiscale** tax year

annotare *vb* make a note of sth *vb*, write down *vb*

annullamento *nm* annulment *n*, cancellation *n*

annullare *vb* **annullare un ordine** cancel an order

annunciare *vb* give notice of sth

annuncio *nm* **annuncio economico** classified advertisement **annuncio pubblicitario** advertisement

anticipare *vb* (salary) advance *vb*

anticipo *nm* (on salary) advance *n* **anticipo in contanti** cash advance

antifortunistica *nm* **responsabile dell'antifortunistica** safety officer

anzianità *nf* **anzianità di servizio** seniority *n*

anziano *adj* senior *adj*

appaltatore *nm* contractor *n* **appaltatore edile** building contractor

appalto *nm* **dare in appalto** farm out **offerta di appalto** tender *n*

appello *nm* appeal *n* **fare appello a** appeal to *vb*

appianare *vb* **appianare una lite** (dispute) settle *vb*

applicare *vb* (policy) enforce *vb*

applicazione *nf* enforcement *n*

appoggiare *vb* **appoggiare un'impresa rischiosa** back a venture

appoggio *nm* backing *n*

apprendere *vb* come to the notice of sb *vb*

apprendista *nmf* apprentice *n*, trainee *n*

apprendistato *nm* apprenticeship *n*

appropriarsi *vb* **appropriarsi indebitamente di** embezzle *vb*

appropriazione *nf* appropriation *n* **appropriazione indebita** embezzlement *n*, misappropriation *n*

approssimativamente *adv* approximately *adv*

approssimativo *adj* approximate *adj*

approvare *vb* approve *vb*

approvazione *nf* approval *n*

approvvigionamento *nm* supply *n*

appuntamento *nm* appointment **prendere un appuntamento** make an appointment **tenere un appuntamento** keep an appointment

appunto *nm* note *n* **prendere appunti su** make a note of sth

aprire *vb* open *vb* **aprire un conto** open an account **aprire il mercato** (market) open up *vb*

arbitraggio *nm* arbitrage *n*, arbitration *n*

arbitrare *vb* arbitrate *vb*

arbitrario *adj* arbitrary *adj*

arbitrato *nm* arbitration *n* **arbitrato industriale** industrial arbitration

arbitro *nm* arbitrator *n*, referee *n*

archiviare *vb* file *vb*

archivio *nm* file *n*

area *nf* **area commerciale** trading area **area fabbricabile** building site **area di libero scambio** free trade area **area valutaria** currency zone

aria *nf* **ad aria condizionata** air-conditioned *adj*

aritmetica *nf* arithmetic *n*

arrestare *vb* (inflation) halt *vb*

arresto *nm* holdup *n*

arretrato 1. *adj* accumulated *adj* 2. *nm* **arretrati** *nmpl* arrears *npl* **arretrati di paga** back pay *n* **in arretrato** in arrears *adv* **essere in arretrato** fall/get into arrears *vb*

articolo *nm* item *n* **articoli** *nmpl* wares *npl* **articoli casalinghi** household goods, housewares (US) **articoli d'importazione** imports **articoli di rapida vendita** fast-selling goods **articolo civetta** loss leader **articolo in omaggio** giveaway, free gift

artificiale *adj* synthetic *adj*

aspettativa *nf* expectation *n*, leave (of absence) *n* **aspettative dei consumatori** consumer expectations

assediare *vb* blockade *vb*

assedio *nm* blockade *n*

assegnare *vb* assign *vb*

assegnatario *nm* assignee *n*

assegnazione *nf* (patent) grant *n*

assegno *nm* cheque *n*, check (US) **assegno annuale** annuity **assegno aperto** open cheque **assegno in bianco** blank cheque **assegno circolare** bank draft, treasurer check (US) **assegno di comodo** exchange cheque **assegni familiari** family allowance **assegno non incassato** uncleared cheque **assegno incrociato** exchange cheque **assegno non onorato** unpaid cheque **assegno non passato alla stanza di compensazione** uncleared cheque **assegno al portatore** bearer cheque, open cheque **assegno sbarrato** crossed cheque **assegno scoperto** bad cheque, dud cheque **assegno per la somma di 100 sterline** a cheque for the amount of £100

assegno trasferibile negotiable cheque **assegno turistico** traveller's cheque, traveler's check (US) **assegno a vuoto** dud cheque **bloccare un assegno** stop a cheque **compensare un assegno** clear a cheque **firmare un assegno** sign a cheque **incassare un assegno** cash a cheque **mettere un fermo ad un assegno** stop a cheque **pagare con assegno** pay by cheque **restituire un assegno all'emittente** refer a cheque to drawer **scrivere un assegno** make out a cheque
assemblea *nf* (shareholders) meeting *n* **assemblea generale degli azionisti** annual general meeting (AGM) **assemblea generale ordinaria** ordinary general meeting **assemblea straordinaria** extraordinary meeting
assente 1. *adj* absent *adj* **2.** *nmf* absentee *n*
assenteismo *nm* absenteeism *n*
assenza *nf* non-attendance *n*
assicurabile *adj* **non assicurabile** uninsurable *adj*
assicurare *vb* insure *vb*
assicurato *nm* policy holder
assicuratore *nm* insurance underwriter, underwriter
assicurazione *nf* insurance *n* **assicurazione auto** car insurance **assicurazione per il bagaglio personale** luggage insurance **assicurazione per il caso di sopravvivenza** endowment insurance **assicurazione collettiva** group insurance **assicurazione-credito nel commercio estero** export credit insurance **assicurazione contro i danni** indemnity insurance **assicurazione contro la disoccupazione** unemploment insurance **assicurazione di fedeltà** fidelity insurance **assicurazione contro l'incendio** fire insurance **assicurazione malattie** medical insurance **assicurazione contro le malattie** health insurance, medical insurance **assicurazione marittima** marine insurance **assicurazione mista** endowment insurance **assicurazione contro la responsabilità civile** third party insurance **assicurazione sulla responsabilità civile** third-party insurance **assicurazione contro la responsabilità civile del datore di lavoro** employer's liability insurance **assicurazione sullo scafo** hull insurance **assicurazione contro tutti i rischi** all-risks insurance, comprehensive insurance **assicurazione viaggi** travel insurance **assicurazione sulla vita** life assurance/insurance **assicurazioni sociali** national insurance (NI) (GB)
assistenza *nf* **assistenza alla clientela** after-sales service **assistenza finanziaria** financial aid
associazione *nf* **associazione dei datori di lavoro** employer's federation
assoluto *adj* absolute *adj*
assorbire *vb* **assorbire le rimanenze** absorb surplus stock
assumere *vb* recruit *vb*, undertake *vb*
assumersi *vb* **assumersi l'impegno di** undertake *vb*
assunzione *nf* **campagna di assunzione** recruitment campaign **domanda d'assunzione** letter of application
asta *nf* auction *n* **vendere all'asta** auction *vb*, sell sth at auction *vb*
attendere *vb* (on phone) hang on *vb*, hold on *vb*, be on hold *vb*
attendibile *adj* reliable *adj*
attendibilità *nf* reliability *n*
attenersi *vb* **attenersi alle regole** comply with the rules
Attenzione! *nf* handle with care
attestare *vb* certificate *vb*, certify *vb*
attestato *nm* attestation *n*, certificate *n*, reference *n* **attestato di buona condotta** testimonial *n* **attestato di posizione creditizia** credit reference
attestazione *nf* attestation *n*
attitudinale *adj* vocational *adj*
attività *nf* asset *n* **attività congelate** frozen assets **attività di consulenza** consultancy work, consulting work (US) **attività correnti** floating assets **attività fisse** fixed assets **attività fittizie** fictitious assets **attività illegali per estorcere denaro** racketeering **attività immateriali** intangible assets **attività di non immediato realizzo** frozen assets **attività liquide** liquid assets **attività materiali** tangible assets **attività mineraria** mining **attività nette** net, nett assets **attività nominali** nominal assets **attività occulta** hidden assets **attività di pronto realizzo** quick assets **sospendere ogni attività** (informal) shut up shop **svolgere attività commerciale come** trade as
attivo *nm* asset *n* **attivi finanziari** financial assets
atto *nm* certificate of ownership **atto di cessione** bill of sale, deed of transfer **atto di compravendita** deed of sale **atto di procura** power of attorney **atto scritto** (law) deed *n* **atto di vendita** bill of sale
attore *nm* claimant *n*
attraccare *vb* moor *vb*
attrattive *nfpl* amenities *npl*
attrezzatura *nf* equipment *n* **attrezzature portuali** harbour facilities
attribuzione *nf* accrual *n*
attuabilità *nf* viability *n*
attualità *nf* topicality *n* **d'attualità** up to date
attuario *nm* actuary *n*
aumentare *vb* escalate *vb*, rise *vb* **aumentare i prezzi** bump up prices **aumentare di prezzo** (rise in value) appreciate **aumentare la produzione** boost production **aumentare le vendite** boost sales
aumento *nm* rise *n* **aumento del capitale** expansion of capital **aumento del carovita**

increase in the cost of living **aumento di paga** pay rise **aumento dei prezzi** price increase **aumento salariale** wage increase **aumento di valore** (in value) appreciation **aumento delle vendite** sales growth **richiesta di aumento salariale** wage demand

ausiliare adj auxiliary adj

autenticare vb certify vb

autenticazione nf attestation n

autofinanziamento nm self-financing adj

autogestione nf self-management n

automatico adj automatic adj, built-in adj

automazione nf automation n

autonomo adj autonomous adj, self-employed adj

autorità nf (official) authority n

autorizzare vb authorize vb, license vb

autorizzazione nf licence n, permit n

autostazione nf bus station

autosufficienza adj self-sufficient adj

autotassazione nf self-assessment n

avallante nm backer n

avanzare vb (research, project) progress vb

avanzo nm **avanzo di bilancio** budget surplus

avaria nf average n, damage n **avaria generale** general average

avente nm **avente causa** assignee n

avere nm credit n

avveduto adj well-advised adj

avvertire vb **avvertire qualcuno di non fare qualcosa** warn sb against doing sth

avviamento nm goodwill n, start-up n **codice di avviamento postale statunitense**, zip code (US)

avviare vb (company) set up vb **avviare un'azienda** set up in business

avvisare vb notify vb

avviso nm advice note **debito avviso** due warning **fino a nuovo avviso** until further notice **ultimo avviso** final notice

avvocato nm barrister n, solicitor n, lawyer (US)

azienda nf company n **azienda affiliata** affiliated company **azienda che assume lavoratori indipendenti** open shop **azienda in attività** going concern **azienda avviata** going concern **aziende statali** state-owned enterprises **nuova azienda** new business

aziendale adj corporate adj

azionariato nm **azionariato di maggioranza** majority holding **azionariato di minoranza** minority holding

azione nf (stock exchange) share n **azione industriale** industrial action **azione nominativa** registered share **azione ordinaria** equity share, ordinary share, ordinary stock (US) **azione al portatore** bearer share **azioni quotate in borsa** quoted shares, quoted stocks (US)

azionista nm shareholder n, stockholder n **azionista intestatario** nominee shareholder

azionista prestanome nominee shareholder

bacheca nf bulletin board

bacino nm (for berthing) dock n **entrare in bacino** dock vb **mettere in bacino** dock vb

baco nm (listening device) bug n

bagaglio nm luggage n **bagaglio depositato** left luggage **bagaglio in eccedenza** excess luggage **deposito bagagli** left-luggage locker **ufficio deposito bagagli** left-luggage office

balla nf bundle n

ballotaggio nm strike ballot n

banca nf bank n **banca affiliata alla stanza di compensazione** clearing bank **banca centrale** central bank **banca commerciale** commercial bank **banca di credito ordinario** commercial bank **banca dati** data bank **banca di emissione** bank of issue **banca emittente** issuing bank **banca estera** foreign bank **Banca europea degli investimenti (BEI)** European Investment Bank (EIB) **banca mercantile** merchant bank **Banca Mondiale** World Bank **banca di risparmio** savings bank

bancaria nf **rete bancaria** banking network

bancario nm **il mondo bancario** banking circles

banchiere nm banker n

banchina nf quay n **diritti di banchina** quayage

banco nm **banco informazioni** information desk

banconota nf banknote n

banditore nm auctioneer n

baracca nf **mandare avanti la baracca** keep the business running

barattare vb barter vb

baratto nm barter n

barone nm **barone della stampa** press baron

barriera nf **barriera commerciale** trade barrier **barriera doganale sull'importazione** import barrier **barriera al libero scambio** trade barrier **barriera tariffaria** tariff barrier, tariff wall

base nf **base dati** database **base operaia** shopfloor **base razionale** rationale

basilare adj basic adj

basso adj (price) low adj

battuta nm **errore di battuta** typing error

bene nm asset n **bene economico basilare** basic commodity **bene d'esportazione** export **bene informato** knowledgeable

benefattore nm benefactor n

beneficenza nf charity n

beneficiare vb benefit vb

beneficiario nm payee n

beneficio nm benefit n **benefici accessori** fringe benefits **benefici aggiuntivi** fringe benefits

benessere nm welfare n

benestare nm approval n, consent n

beni nmpl goods npl **beni abbandonati**

abandoned goods **beni capitali** capital goods **beni deperibili** perishable goods **beni non deperibili** durable goods **beni indiretti** capital goods **beni mobili** chattels **beni strumentali** capital goods **beni a termine** future goods

benservito nm testimonial n

biennale adj biennial adj

biglietteria nf ticket office

biglietto nm ticket n **biglietto di andata e ritorno** return ticket, round-trip ticket (US) **biglietto di sola andata** (rail/flight) single/one-way ticket **biglietto da visita** business card **prezzo del biglietto** price ticket

bilancia nf **bilancia commerciale** balance of trade, trade balance **bilancia commerciale attiva** favourable balance of trade **bilancia commerciale passiva** adverse balance of trade **bilancia dei pagamenti** balance of payments

bilancio nm **bilancio finanziario** financial balance, fiscal balance **bilancio fiscale** fiscal balance **bilancio patrimoniale** balance sheet **bilancio preventivo** budget **fare il bilancio dei libri contabili** balance the books

bimensile adj biweekly adj, bimonthly adj

bimestrale adj bimonthly adj

bisogno nm **avere bisogno di** call for vb **bisogni materiali** material needs

bloccare vb (prices, wages) freeze vb

blocco nm (on prices, wages) freeze n

bocciare vb **bocciare un progetto** kill a project

boicottaggio nm boycott n

boicottare vb boycott vb

bolla nf **bolla di consegna** delivery note **bolla di merce esente** free entry, entry for free goods

bollettino nm bulletin n, newsletter n **bollettino di spedizione** forwarding note

bonifica nf **bonifica urbana** urban renewal

bonifico nm credit transfer **bonifico bancario** bank transfer

boom nm **boom della domanda** boom in demand

borsa nf **borsa dei contratti a termine** futures exchange **borsa nera** black market **borsa valori** Stock Exchange **Borsa Valori di New York** NYSE (New York Stock Exchange) **intensa attività di borsa** heavy trading

bottega nf **chiudere bottega** (informal) shut up shop

botteghino nm (ticket office) box office

bracciante nm labourer n

breve adj **breve distanza** short-haul adj

brevettato adj patented adj

brevetto nm patent n

britanniche adj **le Isole Britanniche** British Isles

broker nm broker, money trader **broker di assicurazioni** insurance broker

brokeraggio nm brokerage n

budget nm budget n **avere un budget limitato** be on a tight budget **budget fisso** fixed budget **budget flessibile** flexible budget **budget degli investimenti di capitale** capital budget **budget promozionale** promotional budget **budget pubblicitario** advertising budget **budget rigido** fixed budget

buono nm coupon n, voucher n **buono frazionario** scrip n **buono d'ordine** order form **buono del tesoro (BOT)** Treasury bill

buonuscita nf golden handshake

burocrate nm bureaucrat n

burocratico adj bureaucratic adj

burocrazia nf bureaucracy n, red tape n

business nm **business ad alto livello** big business

busta nf **busta paga** wage packet, salary package (US)

bustarella nf backhander* n

cabina nf booth n **cabina telefonica** telephone box, phone booth (US)

CAD (Design assistito da calcolatore) nm CAD (computer-aided or assisted design) abbr

calare vb (reduce) cut vb

calce nm **in calce** at the bottom

calcolare vb calculate vb, tally up vb

calcolatrice nf calculator n

calcolo nm calculation n

calmiere nm (on prices) ceiling n

calo nm decrease n

CAM (produzione assistita dal calcolatore) nf CAM (computer-aided manufacture)

cambiale nf bill of exchange **cambiale di comodo** accommodation bill **cambiale di credito** finance bill **cambiale finanziaria** finance bill **cambiale insoluta** unpaid bill **cambiale trasferibile** negotiable bill **prima copia di cambiale** first bill of exchange

cambiamento nm **cambiamento repentino** turnabout n

cambiare vb (market) turn vb

cambiavalute nm foreign exchange dealer n

cambio nm exchange rate, rate of exchange **in cambio di** in return for **cambio di acquisto** buying rate **cambio estero** foreign exchange **cambio favorevole** favourable exchange **corso del cambio** rate of exchange

camera nf **camera di commercio** Chamber of Commerce **camere d'albergo** hotel accommodation

campagna nf **campagna indirizzata a un settore specifico** targeted campaign **campagna pubblicitaria** advertising campaign, publicity campaign **campagna di vendita** sales campaign **fare una compagna** run a campaign **intraprendere una campagna** wage a campaign

campionamento nm sampling n **campionamento proporzionale** quota sampling

campionare vb sample vb

campionatura *nf* sampling *n*

campione *nm* sample *n*

cancellare *vb* (debts) write off *vb*

cancellazione *nf* cancellation *n*

cancelliere *nm* **Cancelliere dello Scacchiere** chancellor of the exchequer (GB)

candidato,a *nm,f* candidate *n*

canone *nm* **canone di affitto** rental *n* **canoni di fitto** hire charges **canoni di nolo** hire charges

cantiere *nm* **cantiere edilizio** building site **cantiere navale** dockyard, shipyard

CAP - **codice di avviamento postale** *nm* post code, zip code (US)

capacità *nf* ability *n*, power *n*, skill *n* **capacità contributiva** ability to pay **capacità di credito** creditworthiness **capacità industriale** industrial capacity, manufacturing capacity **capacità inutilizzata** idle capacity **capacità di magazzinaggio** storage capacity **capacità di pagare** ability to pay **capacità di reddito** earning power, earning capacity

capitale *nm* capital *n* **capitale annacquato** watered capital **capitale azionario** risk capital **capitale azionario annacquato** watered stock **capitale di esercizio** trading capital **capitale fisso** capital assets, fixed capital **capitale d'impianto** initial capital **capitale iniziale** start-up capital **capitale interamente versato** paid-up capital **capitale investito** fixed capital, invested capital **capitale limitato** limited capital **capitale liquido** liquid capital **capitale a lunga scadenza** long capital **capitale netto** equity, equity capital **capitale netto di esercizio** working capital **capitale obbligazionario** debenture capital, debenture stock (US) **capitale di rischio** venture capital **capitale di risparmio** earned surplus **capitale sociale in circolazione** outstanding stock **capitale sociale nominale** registered capital **capitali vaganti** hot money **trasferimento di capitale** capital transfer **ad uso intensivo di capitale** capital-intensive

capitalismo *nm* capitalism *n*

capitalista *nm* capitalist *n*

capitalizzare *vb* capitalize *vb*

capitano *nm* **capitano d'industria** tycoon *n*

capite **pro capite** per head

capitolato *nm* (bid) specification *n*

capo *nm* boss *n* **a capo di** at the head of **capo di governo** head of government **capo reparto** foreman/forewoman *n* **essere a capo di** be head of

capofamiglia *nmf* householder *n*

capufficio *nm* head of department *n*

carattere *nm* **carattere corsivo** italic type **carattere numerico** numeric character **caratteri grandi** large type **caratteri piccoli** small type

carenza *nf* shortage *n*

carica *nf* (position) office *n* **carica di grande responsabilità** hot seat **essere in carica** hold office **ricoprente una carica** office holder

caricare *vb* load *vb*

caricatore *nm* shipper *n*

carico *nm* cargo *n*, load *n* **carico a massa** bulk cargo **carico pagante** (of vehicle) payload **carico remunerativo** (of vehicle) payload **carico alla rinfusa** bulk cargo

caro *adj* expensive *adj* **far pagare troppo caro** overcharge *vb*

carovita *nm* cost of living *n*

carriera *nf* career *n*

carta *nf* **carta di addebito** charge card **carta assegni** cheque card **carta commerciale** commercial paper **carta di credito** bank card, credit card **carta d'identità** identity card **carta intelligente** smart card **carta intestata** headed notepaper **carta-moneta inconvertibile** forced currency **carta di prim'ordine** first-class paper **carta verde** green card

cartamoneta *nf* paper currency *n*

cartellino *nm* ticket *n* **cartellino del prezzo** price ticket

cartello *nm* cartel *n*

casa *nf* **casa editrice** publishing house **casa madre** parent company **casa di vendita per corrispondenza** mail-order house

casaccio *nm* **a casaccio** at random

casella *nf* **casella postale** PO box

casellario *nm* filing cabinet *n*

cash flow cash flow **cash flow attualizzato** discounted cash flow (DCF) **cash flow negativo** negative cash flow

cassa *nf* cash desk **cassa automatica** automatic cash machine/dispenser **cassa di risparmio** savings bank

cassiere, -a *nm,f* cashier *n*, teller *n* **cassiere capo** chief cashier

casuale *adj* hit-or-miss

catasto *nm* land register *n*

categoria *nf* **categoria fiscale** tax bracket **categorie socioeconomiche** socio-economic categories

catena *nf* **catena alberghiera** hotel chain **catena di montaggio** assembly line **catena di negozi** chain of shops **catena di negozi al dettaglio** retail chain

causa *nf* lawsuit *n*, litigation *n* **causa legale che serve a creare un precedente** test case **intentare una causa** take legal action **parte in causa** litigant **le parti in causa** the contracting parties

causare *vb* **causare danni ingenti** cause extensive damage

cauzione *nf* bail, caution money

CE (**Comunità Europea**) *abbr* EC (European Community) *abbr*

CECA (**Comunità europea del carbone e dell'acciaio**) *abbr* ECSC (European Coal and Steel Community) *abbr*

cedere *vb* assign *vb* **cedere la proprietà**

(ownership) transfer *vb*

cedibile *adj* transferable *adj*

cento *nm* hundred *n* **per cento** per cent **cento per cento** one hundred per cent

centralinista *nmf* switchboard operator

centralino *nm* switchboard *n*

centralizzare *vb* centralize *vb*

centralizzazione *nf* centralization *n*

centro *nm* centre *n*, center (US) **centro di calcolo** computer centre **centro cittadino** town centre **centro commerciale** business centre, shopping centre, shopping mall **centro di costi** cost centre **centro informatico** computer centre

certificare *vb* certificate *vb*, certify *vb*

certificato *nm* certificate *n* **certificato di assicurazione** insurance certificate **certificato azionario** share certificate, stock certificate (US) **certificato di lavoro** certificate of employment **certificato di matrimonio** marriage certificate **certificato di nazionalità** certificate of ownership **certificato obbligazionario** bond certificate **certificato di origine** certificate of origin **certificato di servizio** testimonial

cessare *vb* quit *vb* **cessare l'attività** break up *vb*

cessionario *nm* assignee *n*

cessione *nf* assignment *n*

chiamare *vb* call *vb*

chiamata *nf* telephone call

chiarire *vb* (agreement, policy) thrash out *vb*

chilowatt *nm* kilowatt *n*

chilowattora *nm* kWh *abbr*

chiudere *vb* **chiudere un'azienda** close a business **chiudere la cassa** cash up *vb* **chiudere un conto** close an account

chiuso *adj* closed *adj*

chiusura *nf* **chiusura di un'azienda** closure of a company

ciclo *nm* **ciclo economico** economic cycle, trade cycle

cif (costo, assicurazione e nolo) *abbr* cif (cost, insurance and freight) *abbr*

cifra *nf* numeric character **cifre consolidate** consolidated figures

circa *adv* approximately *adv*

circolante *nm* hard cash *n*

circolare **1.** *nf* (letter) circular *n* **2.** *vb* (document) circulate *vb* **far circolare** (document) circulate *vb*

circolazione *nf* **in circolazione** in circulation **circolazione stradale** road traffic

circostanza *nf* circumstance *n* **a causa di circostanze impreviste** due to unforeseen circumstances **circostanze al di fuori del nostro controllo** circumstances beyond our control **circostanze impreviste** unforeseen circumstances

circuito *nm* **circuito integrato molto miniaturizzato** microchip *n*

citazione *nf* **citazione in giudizio** writ *n*

emettere una citazione in giudizio issue a writ

classe *nf* **classe business** (plane) business class **classe di merci** product line **prima classe** first class

clausola *nf* (in contract) clause *n* **clausola d'esclusione** exclusion clause **clausola di opzione** option clause **clausola di protezione**, hedge clause (US) **clausola di storno** escape clause **clausole del contratto** the terms of the contract

cliente *nm* client *n*, customer *n* **cattivarsi dei clienti** win customers **cliente abituale** regular customer **cliente regolare** regular customer **essere clienti di** trade with sb **guadagnarsi dei clienti** win customers **perdere clienti** lose custom **primo cliente** first customer

clientela *nf* clientele *n*, patronage *n*

coda *nf* queue *n*

codice *nm* **codice di avviamento postale** postcode, zip code (US) **codice fiscale** tax code

coerente *adj* **essere coerente** (argument) hang together *vb*

cofirmatario *nm* cosignatory *n*

cogliere *vb* **cogliere l'occasione** seize an opportunity

collaborare *vb* collaborate *vb*

collaboratore *nm* **collaboratore in affari** associate *n*

collega *nmf* colleague *n*, workmate *n*

collettivamente *adv* jointly *adv*

collettivo *nm* collective *n* **collettivo operaio** workers' collective

colletto *nm* **colletti bianchi** white-collar worker **colletto blu** blue-collar worker

collo *nm* package *n*

collocamento *nm* **ufficio di collocamento** Jobcentre (GB) *n*

colloquio *nm* interview *n* **fare un colloquio** hold an interview **presentarsi ad un colloquio** attend for interview

colpa *nf* fault *n* **colpa grave** gross negligence **concorso di colpa** contributory negligence

colpito *pp* **colpito duramente** hard-hit **essere duramente colpiti da** be hard hit by

comandare *vb* be in charge *vb*

comando *nm* **prendere il comando** take the lead

comitato *nm* committee *n* **comitato consultivo** advisory committee **comitato esecutivo** executive committee

comma *nm* (in contract) clause *n*

commento *nm* comment *n*

commerciabile *adj* marketable *adj* **non commerciabile** unmarketable *adj*

commerciale *adj* commercial *adj*

commercialista *nmf* chartered accountant

commercializzazione *nf* **commercializzazione globale** global marketing

commerciante *nmf* merchant *n*, trader *n*

commerciare *vb* merchandise *vb*, trade *vb*
commercio *nm* commerce *n*, trade *n* **commercio bilaterale** bilateral trade **commercio al dettaglio** retail trade **commercio di esportazione** export trade **commercio con l'estero** overseas trade **commercio estero** foreign trade **commercio internazionale** international trade
commessa *nf* order *n* **commessa permanente** standing order **stabilire i costi di commessa** cost a job
commesso *nm* shop assistant **commesso viaggiatore** commercial traveller, commercial traveler (US)
commettere *vb* commit *vb*
commissionario *nm* (buyer of debts) factor *n* **commissionario di borsa valori** commission broker
commissione *nf* commission *n*, committee *n* **Commissione delle comunità europee** European Commission **commissioni bancarie** bank charges
comodo *nm* (banking) accommodation *n*
compagnia *nf* company *n* **compagnia di assicurazione** insurance company **compagnia commerciale** trading company
comparato *adj* comparative *adj*
compartecipazione *nf* **piano di compartecipazione agli utili** profit-sharing scheme
compatibile *adj* compatible *adj*
compensare *vb* compensate for *vb*
compensazione *nf* compensation *n*
compenso *nm* compensation *n*
compera *nf* purchase *n*
competente *adj* experienced *adj*, expert *adj*
competenza *nf* expertise *n* **competenza di commissione** commission fee **competenze bancarie** bank charges
competere *vb* compete *vb*
competitività *nf* competitiveness *n*
competitivo *adj* competitive *adj*
compilare *vb* complete *vb*
compimento *nm* accomplishment *n*
compito *nm* assignment *n*, task *n*
complessivo *adj* total *adj*
complesso 1. *adj* complex *adj* 2. *n* complex *n* **complesso urbano** housing complex, housing estate, housing tenement (US)
completare *vb* complete *vb*
completo 1. *adj* comprehensive *adj* 2. *nm* business suit
comprare *vb* bribe *vb*, purchase *vb* **comprare a credito** buy sth on credit **comprare a prezzo alto** buy sth at a high price
compratore *nm* buyer *n* **compratore nazionale** home buyer **mercato del compratore** buyer's market
compravendita *nf* buying and selling *n & n*
compromesso *nm* compromise *n* **raggiungere un compromesso** come to an accommodation **venire a un compromesso**

reach a compromise
comproprietà *nf* joint ownership *n*
computer *nm* **computer portatile** portable computer
comunicare *vb* give notice of sth **riuscire a comunicare con qualcuno** (phone) get through to sb
comunicato *nm* bulletin *n*
comunicazione *nf* communication *n* **mettere in comunicazione** (phone) put sb through (to sb)
comunità *nf* community *n* **Comunità Europea (CE)** European Community (EC)
concedere *vb* grant *vb*
concernente *adj* regarding *prep*
concernere *vb* (be of importance to) concern *vb*
concessionario *nm* **concessionario di licenza** licensee *n*
concessione *nf* (patent) grant *n*
concessore *nm* **concessore di licenza** licensor *n*
concludere *vb* **concludere un affare** clinch a deal, close a deal
concordare *vb* concur *vb* agree *vb*
concordato 1. *adj* agreed *adj* 2. *nm* agreement *n*, arrangement *n*
concorrente *nm* competitor *n*, competing company
concorrenza *nf* competition *n* **concorrenza estera** foreign competition **concorrenza internazionale** international competition **concorrenza leale** fair competition **concorrenza del mercato** market competition **concorrenza sleale** unfair competition **concorrenza spietata** cut-throat competition, tough competition **fare concorrenza a** compete with
concorrenziale *adj* competitive *adj*
concorrere *vb* compete *vb* **concorrere ad un appalto** tender for a contract
condirettore *nm* associate director
condizione *nf* condition *n*, term *n* **condizioni di acquisto** conditions of purchase **condizioni del contratto** the terms of the contract **condizioni di credito** credit terms **condizioni finanziarie** financial position **condizioni di lavoro** working conditions **condizioni di pagamento rigorosamente nette** terms strictly net(t) **condizioni vantaggiose** favourable terms **condizioni di vendita** conditions of sale **condizioni di vita** living conditions **senza condizioni** unconditional *adj*
condotta *nf* **cattiva condotta** misconduct *n*
condurre *vb* manage *vb*, run *vb*
conduzione *nf* (of business) operation *n* **cattiva conduzione** mishandling *n*
conferenza *nf* conference *n* **conferenza del personale addetto alle vendite** sales conference **conferenza stampa** press conference

conferire *vb* **conferire la laurea** graduate *vb*

conferma *nf* confirmation *n*

confermato *adj & pp* **non confermato** unconfirmed *adj*

confezione *nf* packaging *n*

confidenziale *adj* **in via strettamente confidenziale** in strictest confidence

confisca *nf* forfeit *n*, forfeiture *n* **confisca di azioni** forfeit of shares

confiscare *vb* impound *vb*

conflitto *nm* **conflitto industriale** industrial dispute

conformemente *adv* **conformemente alle vostre esigenze** in accordance with your requirements

conformità *nf* **in conformità con** in accordance with

conforts *nmpl* amenities *npl*

congedo *nm* leave, leave of absence, furlough (US) **concedere il congedo a** furlough (US) *vb* **congedo per malattia** sick leave **prendere congedo** take leave

congegnato *pp* **essere ben congegnato** (argument) hang together *vb* ·

congelamento *nm* (on prices, wages) freeze *n*

congelare *vb* (prices, wages) freeze *vb*

congiunto *adj* joint *adj*

congiuntura *nf* **congiuntura bassa** slump *n*

conglomerata *nf* conglomerate *n*

conglomerato *nm* **conglomerato di aziende** conglomerate *n*

congresso *nm* congress *n*

conguaglio *nm* adjustment *n*

coniare *vb* mint *vb*

conoscenza *nf* knowledge *n* **conoscenza di base** knowledge base **conoscenza discreta** working knowledge **fare la conoscenza di** make the acquaintance of sb

conoscere *vb* **conoscere in profondità** have a thorough knowledge of sth

conquista *nf* breakthrough *n*

consegna *nf* delivery *n* **consegna a domicilio** home delivery **consegna per espresso** express delivery **consegna franco spese** free delivery **consegna futura** future delivery **consegna il giorno dopo** overnight delivery **consegna gratuita** free delivery **consegna registrata con ricevuta di ritorno** recorded delivery **mancata consegna** non-delivery **ricevere in consegna** accept delivery

consegnare *vb* hand over *vb*, turn over *vb*

consegnatario *nm* consignee *n*

conseguenza *nf* consequence *n*

conseguimento *nm* achievement *n* **conseguimenti** *nmpl* track record *n*

conseguire *vb* achieve *vb*

consenso *nm* consent *n* **per mutuo consenso** by mutual agreement

conservarsi *vb* (goods) keep *vb*

conservazione *nf* **conservazione del titolo** retention of title

considerazione *nf* (for contract) consideration *n* **prendere in considerazione** take sth into account

consigliare *vb* **consigliare qualcosa a qualcuno** advise sb on sth

consigliere *nm* adviser/advisor *n* **consigliere economico** economic adviser

consiglio *nm* advice *n* **consiglio di amministrazione** board of directors **consiglio comunale** town council **consiglio direttivo** supervisory board **Consiglio europeo** European Council **consiglio di fabbrica** factory board, workers' council **consiglio di gestione** works council **consiglio di supervisione** supervisory board

consociata *nf* **consociata controllata nella misura del 100 per cento** wholly-owned subsidiary

consolato *nm* consulate *n*

console *nm* consul *n*

consolidamento *nm* funding *n*

consolidare *vb* consolidate *vb*

consorella *nf* sister company

consorzio *nm* cartel *n*, consortium *n* **consorzio industriale** syndicate *n*

consulente *nm* adviser/advisor *n*, business consultant *n*, consultant *n* **consulente di direzione e organizzazione** management consultant **consulente finanziario** investment adviser, financial consultant

consulenza *nf* consultancy *n*, consulting (US) **consulenza finanziaria** financial consultancy

consultare *vb* consult *vb* **vogliate consultare il nostro ufficio centrale** we refer you to our head office

consultivo *adj* advisory *adj*

consumarsi *vb* **da consumarsi entro** best-before date

consumatore *nm* consumer *n* **consumatore finale** end consumer **gran consumatore** heavy user

consumerismo *nm* consumerism *n*

consumo *nm* **consumo globale** world consumption

contabile *nm* accountant *n*, book-keeper *n*

contabilità *nf* book-keeping *n* **contabilità finanziaria** financial accounting **contabilità generale** general accounting **contabilità gestionale** management accounting **tenere la contabilità** keep the books

contante *nm* cash *n* **in contanti** for cash **contanti all'ordinazione** cash with order

contare *vb* tally up *vb*

contatore *nm* meter *n*

contattare *vb* contact *vb*

contatto *nm* **contatti di affari** business contacts **contatto nel mondo degli affari** business acquaintance **mettersi in contatto con** get in contact with sb

contenere *vb* retain *vb*

contenitore *nm* container *n*

contestare *vb* litigate *vb*

contingente *nm* quota *n* **contingente d'importazione** import quota **contingente tariffario d'importazione** tariff quota

conto *nm* account *n* **aprire un conto** open an account **conguagliare i conti** adjust the figures **conti bloccati** blocked account **conto bancario** bank account **conto congiunto** joint account **conto corrente** current account **conto di credito** charge account **conto creditori diversi** accounts payable **conto debitori diversi** accounts receivable **conto economico operativo** operating statement **conto esercizio commerciale** trading account **conto merci** trading account **conto a più firme** joint account **conto profitti e perdite** profit and loss account **conto profitti e perdite operativo** operating statement **conto di risparmio** savings account **conto scoperto** overdraft, overdrawn account **conto spese** expense account **numero di conto** account number **nuovo conto** new account **rettificare i conti** adjust the figures **che sa far di conto** numerate *adj* **saldare un conto** settle an account **saper far di conto** numeracy *n* **tenere in conto** take sth into account **tenuto a rendere conto** accountable *adj*

contrabbandare *vb* smuggle *vb*

contraente *adj* **le parti contraenti** the contracting parties

contraffare *vb* counterfeit *vb*

contraffazione *nf* counterfeit *n*, forgery *n*

contrarre *vb* (stock) shrink *vb*

contrassegno *nm* COD (cash on delivery) *abbr.*, (collect on delivery) (US)

contrattare *vb* bargain *vb*, negotiate *vb*

contrattazione *nf* dealing *n*, trading (US) **abilità di contrattazione** negotiating skills **contrattazione collettiva** collective bargaining **contrattazione a termine** futures marketing **contrattazioni tariffarie** tariff negotiations **volume delle contrattazioni** trading volume

contratto *nm* contract *n* **contratti a termine** futures *npl* **contratto di assicurazione** insurance contract **contratto di assicurazione di fedeltà** fidelity bond **contratto di cambio per consegna differita** forward contract **contratto collettivo di lavoro** collective agreement **contratto formale** formal contract **contratto di lavoro** employment contract **contratto di nolo** hire contract **contratto preliminare** draft contract **contratto a premio** share option, stock option (US) **contratto a termine** futures contract **contratto tipo** standard agreement

contravvenire *vb* **contravvenire a** contravene *vb*

contravvenzione *nf* contravention *n*

contrazione *nf* (economic) downturn *n*

contribuente *nm* taxpayer *n*

contribuire *vb* contribute *vb*

contributivo *adj* contributory *adj* **non-contributivo** non-contributory *adj*

contributo *nm* contribution *n* **contributi previdenziali** social security contributions

controfirmare *vb* countersign *vb*

controllare *vb* check *vb*, inspect *vb*, tally *vb*

controllo *nm* **controllo dei cambi** exchange control **controllo dei conti** audit **controllo del credito** credit control **controllo doganale** customs check **controllo finanziario** financial control **controllo sulle importazioni** import control **controllo del livello delle scorte** inventory control, stock control **controllo della produzione** production control **controllo della qualità** quality control **controllo delle spese** expense control

controllore *nm* **controllore di volo** air traffic controller

controversia *nf* **controversia sindacale** labour dispute

convalidare *vb* validate *vb*

conveniente *adj* (price) keen *adj*

convenire *vb* agree *vb*

convenuto *adj* agreed *adj*

convenzione *nf* covenant *n*

convertibile *adj* **non convertibile** non-convertible *adj*

convocare *vb* **convocare un'assemblea** call a meeting, convene a meeting **convocare una riunione** call a meeting

copertura *nf* backing *n* **copertura assicurativa** insurance cover **nota di copertura** cover note

copia *nf* copy *n* **copia autenticata di testamento** probate **copia della fattura** duplicate invoice **copia fotostatica** photocopy **in triplice copia** in triplicate

copiare *vb* copy *vb*, photocopy *vb*

corona *nf* **corona danese** (Danish) krone *n* **corona norvegese** (Norwegian) krone *n* **corona svedese** (Swedish) krona *n*

corrente *adj* current *adj* **al corrente** well-informed *adj*

correttezza *nf* **correttezza commerciale** fair trade practice, fair trading

corriere *nm* courier *n* **tramite servizio di corrieri** by courier service

corrispondente *nmf* opposite number

corrispondenza *nf* correspondence *n* **ordinazione per corrispondenza** mail order *n*

corrispondere *vb* **corrispondere a** tally with *vb*

corrompere *vb* bribe *vb*

corruzione *nf* bribery *n*, corruption *n*

corso *nm* course *n* **in corso** in hand **corso di acquisto** buying rate **corso del cambio** exchange rate **corso a termine** futures price

corte *nf* court *n* **Corte d'Appello** Court of Appeal, Court of Appeals (US) **Corte di giustizia europea** European Court of Justice (ECJ) **Corte Internazionale di Guistizia**

World Court
costituire *vb* amount to *vb*
costituzione *nf* (of company) formation *n*
costo *nm* cost *n* **costi comuni** overheads, overhead costs **costi correnti** running costs **costi di esercizio** operating cost, operating expenses **costi di fabbricazione** factory costs **costi fissi** fixed costs **costi di funzionamento** variable costs **costi generali** overhead costs **costi di trasporto** carriage costs **costi variabili** variable costs **costo aggiuntivo** extra cost **costo di capitale** capital cost **costo indiretto** indirect cost **costo marginale** marginal cost **costo netto** net, nett cost **costo originario** original cost **costo pieno** full cost **costo di rescissione** cancellation charge **costo di trasporto** haulage, freight (US) **costo unitario** unit cost **costo di utilizzazione** carrying cost
costruttore *nm* builder *n*
costruzione *nf* building *n*, construction *n* **construzioni navali** shipbuilding *n*
cottimo *nm* piecework *n*
credenziale *nf*, treasurer check (US)
credito *nm* credit *n* **crediti congelati** frozen credits **in credito** in credit **credito aperto in conto corrente**, open note (US) **credito in bianco** open credit, unsecured credit **credito al consumo** consumer credit **credito all'esportazione** export credit **credito finanziario** financial loan **credito fisso** fixed credit **credito non garantito** unsecured credit **credito illimitato** unlimited credit **credito inesigibile** bad debt **credito a lunga scadenza** long credit **credito passivo** borrowing **credito scoperto** open credit **credito allo scoperto** bank overdraft **essere in credito** be in the black **fornire a credito** supply sth on trust **ottenere credit** obtain credit **vendere a credito** sell sth on credit
creditore *nm* covenantee *n*, creditor *n*
crescere *vb* thrive *vb*
crescita *nf* growth *n* **crescita economica** economic growth **crescita indotta dalle esportazioni** export-led growth **crescita del mercato** market growth **tasso di crescita** rate of growth
crisi *nf* **crisi economica** economic crisis **crisi finanziaria** financial crisis **entrare in crisi** (economic) slump *vb*
criterio *nm* **criterio basilare di accertamento** basis of assessment
criticare *vb* find fault with *vb*
crollare *vb* slump *vb*
crollo *nm* **crollo del mercato finanziario** collapse on stock market
cronaca *nf* news coverage
crumiro *nm* scab* *n*, strikebreaker *n*
cura *nf* **prendersi cura di** take charge of sth
curatore *nm* (bankruptcy) receiver *n*, administrator (US)
curricolo *nm* curriculum vitae (CV) *n*, resumé

(US)
curva *nf* **curva di esperienza** experience curve
danneggiare *vb* damage *vb*
danno *nm* damage *n* **chiedere il risarcimento dei danni** claim compensation **danni alle merci in transito** damage to goods in transit **danni nominali** nominal damages **danni a proprietà** damage to property **danno accidentale** accidental damage **pretendere il risarcimento dei danni** claim for damages **risarcire i danni** pay compensation **stabilire l'entità del danno** adjust claim **tenuto a risarcire i danni** liable for damages
darsena *nf* dockyard *n*
data *nf* **data di consegna** delivery date **data obiettivo** target date **data di scadenza** expiry date, expiration date (US) **data di spedizione** date of dispatch **data traguardo** target date
datato *adj* dated *adj*
dati *nmpl* data *npl* **dati di prova** test data **dati riservati** classified information **dati tabulati** tabulated data
datore *nm* **datore di lavoro** employer *n*
dattilografa *nf* typist *n*
dattilografare *vb* type *vb*
dattilografo *nm* typist *n*
dazio *nm* (customs) duty *n* **dazio d'esportazione** export tax **dazio d'importazione** import duty **esente da dazio** duty free
debito *nm* debt *n* **debiti insoluti** outstanding debt **debito aziendale** corporate debt **debito fondato** funded debt **debito nazionale** national debt **essere in debito di** owe *vb* **riconoscimento di un debito** acknowledgement of debt
debitore *nm* covenantor *n*, debtor *n*
decidere *vb* resolve *vb*, establish *vb* **decidere di fare qualcosa** resolve to do sth
decisione *nf* **prendere una decisione** make a resolution, decision
declino *nm* decline *n* **declino economico** economic decline
decrescere *vb* decrease *vb*
dedurre *vb* deduct *vb*
deficit *nm* deficit *n* **deficit della bilancia commerciale** adverse balance of trade, trade gap **deficit della bilancia dei pagamenti** balance of payments deficit **deficit di bilancio** budgetary deficit **essere in deficit** be in the red
deflatorio *adj* deflationary *adj*
deflazione *nf* deflation *n*
deflazionistico *adj* deflationary *adj*
defraudare *vb* defraud *vb*
degno *adj* **degno di nota** noteworthy *adj*
degradare *vb* (employee) demote *vb*
delega *nf* (power) proxy *n*
delegare *vb* delegate *vb*
delegato, -a *nm,f* delegate *n* **delegato di**

fabbrica shop steward
delibera *nf* decision *n*, resolution *n* **adottare una delibera** make a resolution
democrazia *nf* **democrazia industriale** industrial democracy
demografia *nf* demography *n*
demolizione *nf* breakup *n*
denaro *nm* money *n* **denaro caro** dear money **denaro liquido** cash **denaro pubblico** public money **denaro a richiesta** call money **denaro scottante** hot money **ottenere denaro liquido** raise money **spendere bene il proprio denaro** get value for one's money
denigrare *vb* disparage *vb*, knock *vb*
depositare *vb* deposit *vb*
depositario *nm* depository *n*
deposito *nm* deposit *n* **deposito per container** container depot **deposito franco** bonded warehouse, customs warehouse, entrepôt **deposito a lunga scadenza** long deposit **deposito a risparmio** deposit account
deposizione *nf* **deposizione giurata** affidavit *n*
depressione *nf* (economic) depression *n*
deprezzamento *nm* depreciation *n*
deprezzare *vb* depreciate *vb*, undervalue *vb*
deputato *nm* Member of Parliament (MP) (GB) **deputato del Parlamento Europeo** Member of the European Parliament (MEP)
desideroso *adj* **desideroso di acquisire** acquisitive *adj*
designare *vb* nominate sb to a board/committee
designato *pp* **designato di recente** newly-appointed
destinataria *nf* addressee *n*
destinatario *nm* addressee *n*, consignee *n*, offeree *n*, recipient *n*
destino *nm* **f.o.b. destino** ex ship
detentore *nm* holder *n* **detentore di polizza** policy holder
deterioramento *nm* spoilage *n*
determinazione *nf* assessment *n*
detraibile *adj* deductible *adj*, tax deductible *adj*
detrarre *vb* abate *vb*
detrazione *nf* allowance *n*, deduction *n* **detrazione d'imposta** tax allowance
dettaglio *nm* resale *n* **commercio al dettaglio** retail trade **mercato al dettaglio** retail market **vendere al dettaglio** (sell) retail *vb*
diagramma *nm* **diagramma a colonne** bar chart **diagramma a settori** pie chart
dicastero *nm* ministry *n*
dichiarare *vb* **dichiarare non assicurabile** (vehicle) write off *vb*
dichiarato *pp* **non dichiarato** undeclared *adj*
dichiarazione *nf* **dichiarazione doganale** customs declaration
dicitura *nf* wording *n*
difensore *nm* **difensore civico** ombudsman *n*

difetto *nm* defect *n* **assenza di difetti** zero defect **senza difetti** zero defect
difettoso *adj* defective *adj*, deficient *adj*
diffalcare *vb* abate *vb*
diffalco *nm* abatement *n*
diffamazione *nf* libel *n*
differire *vb* defer *vb*
differito *adj* deferred *adj*
difficoltà *nf* **difficoltà finanziaria** financial difficulty
diffondere *vb* broadcast *vb*
diffusione *nf* broadcast *n*
digitale *adj* digital *adj*
dilazionare *vb* extend a contract *vb*
dimensione *nf* size *n*
dimettersi *vb* **dimettersi da** resign from office
dimezzare *vb* halve *vb*, reduce sth by half *vb*
diminuire *vb* cut *vb*, reduce *vb*
dimissioni *nfpl* resignation *n* **dare le dimissioni** hand in one's resignation **rassegnare le dimissioni** resign *vb*
dinamica *nf* dynamics *npl*
dinamico *adj* booming *adj*, dynamic *adj*, high-powered *adj*
dipartimento *nm* department *n*
dipendente *nm* employee *n*
direttiva *nf* regulation *n*
direttore *nm* director *n* **direttore di banca** bank manager **direttore esecutivo** chief executive **direttore di filiale** branch manager **direttore finanziario generale** chief financial officer **direttore generale** general manager, chief executive **direttore di medio livello** middle manager **direttore di reparto** head of department **direttore tecnico** technical director **direttore di zona** area manager, field manager
direzione *nf* management *n* **addestramento alla direzione** management training **alta direzione** top management **direzione aziendale** business management **direzione dell'albergo** hotel management **direzione generale** general management **direzione a medio livello** middle management **direzione per obiettivi** management by objectives **direzione di reparto** line management
dirigente *nm* boss *n*, executive *n* **dirigenti di primo grado** senior management
dirigenziale *adj* **a livello dirigenziale** top-level *adj*
dirigere *vb* run *vb*, manage *vb*
dirigersi *vb* **dirigersi a** head for *vb*
diritto *nm* fee *n*, right *n*, law *n* **certificato di diritto di opzione** warrant **diritti acquisiti** vested rights **diritti di consulenza** consultancy fees, consulting fees (US) **diritti esclusivi** sole rights **diritti di porto** harbour dues, harbour fees **diritti speciali di prelievo** SDRs (special drawing rights) **diritto di autore** copyright **diritto civile** civil law

diritto commerciale business law **diritto consuetudinario** common law **diritto contrattuale** law of contract **il diritto di fare qualcosa** the right to do sth **diritto internazionale** international law **diritto sull'occupazione** employment law **diritto penale** criminal law **diritto pubblico** public law **il diritto a qualcosa** the right to sth **diritto di rivalsa** right of recourse

disavanzo *nm* deficit *n*, budgetary deficit

discendente *adj* downward *adj*

disco *nm* disk *n* **disco magnetico** magnetic disk

discrezionale *adj* arbitrary *adj*

discriminatorio *adj* **non discriminatorio** non-discriminatory *adj*

disdire *vb* **disdire un appuntamento** cancel an appointment

disegnare *vb* design *vb*

disimballare *vb* unpack *vb*

disoccupato *adj* jobless *adj* **i disoccupati** the jobless **essere disoccupato** be out of work

disoccupazione *nf* unemployment *n* **assicurazione contro la disoccupazione** unemployment insurance **disoccupazione di massa** mass unemployment **livello della disoccupazione** level of unemployment **sussidio di disoccupazione** unemployment benefit **tasso di disoccupazione** rate of unemployment

disonesto *adj* (dealings) shady* *adj*

disponibile *adj* available *adj* **non disponibile** not available

disporre *vb* **disporre in tabelle** (data) tabulate *vb*

disposizione *nf* (stipulation) provision *n*

disputa *nf* **disputa industriale** industrial dispute

dissipazione *nf* depletion *n*

distaccamento *nm* secondment *n*

distanza *nf* **distanza lunga** long-haul

distinta *nf* **distinta di accompagnamento** remittance advice

distribuire *vb* (document) circulate *vb*

distributore *nm* distributor *n* **distributore automatico** vending machine

distribuzione *nf* distribution *n* **rete di distribuzione** distribution network

distruggere *vb* **distruggere completamente** (vehicle) write off *vb*

diversificare *vb* diversify *vb*

diversificazione *nf* diversification *n*

dividendo *nm* dividend *n* **dividendo extra** bonus **dividendo di fine anno** year-end dividend

dividere *vb* split *vb*

divisa *nf* currency *n* **divisa estera** foreign currency, foreign exchange

divisione *nf* (of company) division *n* **divisione del lavoro** division of labour **divisione in tre parti** three-way split

documentazione *nf* record *n*

documento *nm* document *n* **documenti** *nmpl* paperwork *n* **nascondere un documento** withhold a document **rifiutare di dare un documento** withhold a document

dogana *nf* customs *npl*, customs office *n*

doganiere *nm* customs inspector *n*

dollaro *nm* dollar *n*, buck* (US)

doloso *adj* fraudulent *adj*

domanda *nf* demand *n*, letter of application **domanda dei consumatori** consumer demand **domanda determinante** key question **domanda finale** final demand **domanda e offerta** supply and demand **fare domanda di** apply for *vb*

domandare *vb* demand *vb*

doppio *adj* double *adj*, two-tier *adj*

dotare *vb* equip *vb*

dotazione *nf* endowment *n* **dotazione di personale** staffing *n*

dovere *vb* (debt) owe *vb*

due *adj* two *adj* **a due direzioni** two-way **a due livelli** two-tier **a due sensi** two-way **a due vie** two-way

duplice *adj* two-tier

durata *nf* timescale *n*

eccedenza *nf* surplus *n* **eccedenza delle esportazioni** export surplus **eccedenza di finanziamento** financing surplus **eccedenza delle importazioni** import surplus **eccedenza di stanziamento** funds surplus

eccedere *vb* exceed *vb*

eccessivo *adj* exorbitant *adj*

eccesso *nm* **eccesso di capacità produttiva** excess capacity **con eccesso di lavoro** overworked *adj* **eccesso di riserve bancarie** excess reserves

econometria *nf* econometrics *n*

economia *nf* economy *n* **economia avanzata** advanced economy **economia giovane** young economy **economia globale** global economy **economia liberale** free economy **economia liberista** free economy **economia di mercato** market economy **economia di mercato libero** free market economy **economia mista** mixed economy **economia nazionale** national economy **economia nera** black economy **economia pianificata** planned economy **economia a pianificazione centrale** centrally planned economy **economia progredita** advanced economy **economia sottosviluppata** underdeveloped economy **economia in via di sviluppo** developing economy **economie di scala** economies of scale

economico *adj* economical *adj*

economista *nmf* economist *n*

economo *nm* bursar *n*

ECU (Unità monetaria europea) *abbr* ECU (European Currency Unit) *abbr*

edicolante *nmf*, newsdealer (US)

edilizia *nf* building industry/trade *n*

editoria *nf* publishing *n*

effettivo *adj* actual *adj*

effetto *nm* effect *n* **effetti scontati** bills discounted

effettuare *vb* carry out *vb* **effettuare un controllo di** make a check on sth

efficiente *adj* businesslike *adj*, efficient *adj*

efficienza *nf* efficiency *n*

EFTA (Associazione europea di libero scambio) *abbr* EFTA (European Free Trade Association) *abbr*

EFTS (sistema elettronico di trasferimento fondi) *abbr* EFT (electronic funds transfer) *abbr*

elaboratore *nm* **elaboratore elettronico** computer *n*

elaborazione *nf* **elaborazione dati** data processing **elaborazione dati elettronica (EDP)** electronic data processing **elaborazione a distanza** teleprocessing **elaborazione di informazioni** information processing **elaborazione di testi** word processing

elasticità *nf* elasticity *n* **elasticità della domanda** elasticity of demand **elasticità della produzione** elasticity of production **elasticità del reddito** income elasticity

elenco *nm* list *n* **elenco telefonico** telephone directory

elettronico *adj* electronic *adj*

elezione *nf* election *n* **elezioni amministrative** local election **elezioni politiche** general election

elusione *nf* **elusione fiscale** tax avoidance

emendamento *nm* amendment *n*

emergenza *nf* emergency *n*

emettere *vb* issue *vb* **emettere una fattura** issue an invoice

emigrazione *nf* emigration *n*

emissione *nf* **emissione azionaria** share issue, stock issue (US) **emissione fiduciaria** fiduciary issue **emissione riservata agli azionisti** rights issue

energia *nf* **energia idroelettrica** hydroelectricity *n*

ente *nm* (official) authority *n* **ente portuale** harbour authorities **ente statale** government body

entrata *nf* **entrata in vigore** entry into force

entrate *nfpl* earnings *npl*, revenue *n*

equilibrio *nm* equilibrium *n*

equipaggiare *vb* equip *vb*

équipe *nf* **équipe di ricerca** research team

equità *nf* equity *n*

equivalente *nmf* opposite number *n*

equivalere *vb* **equivalere a** amount to *vb*

equivoco *adj* (dealings) shady* *adj*

equo *adj* fair *adj*

eredità *nf* inheritance *n*

ereditare *vb* inherit *vb*

ergonomia *nf* ergonomics *n*

erogare *vb* disburse *vb*

errore *nm* mistake *n* **commettere un errore** make a mistake **errore di calcolo** miscalculation **errore grave** serious fault **errore di lieve entità** minor fault **errore di scrittura** clerical error

esame *nm* examination *n* **in esame** on approval

esaminare *vb* examine *vb*

esattezza *nf* accuracy *n*

esatto *adj* accurate *adj*

esaurimento *nm* depletion *n*

esaurire *vb* (reserves) exhaust *vb*

esazione *nf* **esazione di crediti** debt collection

esborsi *nmpl* outgoings *npl*

escludere *vb* exclude *vb*, foreclose *vb*

esclusivista *nm* franchisee *n*

esclusivo *adj* (product) up-market

esecutivo *nm* executive *n*

esecutore *nm* administrator *n*

esecuzione *nf* enforcement *n* **esecuzione non autorizzata di copie di software** software piracy

eseguire *vb* carry out *vb*

esentasse *adj* tax-free *adj*

esente *adj* exempt *adj* **esente da imposte** tax-free

esenzione *nf* exemption *n*

esercente *nmf* trader *n*

esercenti *nmpl* trade *n*

esercizio *nm* accounting period **costi di esercizio** operating expenditure **esercizio finanziario** financial year, fiscal year, tax year **perdita di esercizio** trading loss

esibire *vb* display *vb*, exhibit *vb*

esigenze *nfpl* requirement *n* **esigenze dell'industria** needs of industry

esigere *vb* demand *vb*

esito *nm* outcome *n*

esonero *nm* exemption *n*

espandere *vb* expand *vb* boom *vb*

espansione *nf* expansion *n* **espansione economica** economic expansion **espansione industriale** industrial expansion **espansione urbana incontrollata** urban sprawl **tasso di espansione** rate of expansion

esperienza *nf* **fare esperienza di** experience *vb*

esperto 1. *adj* experienced *adj*, expert *adj* 2. *nm* expert *n*

esporre *vb* display *vb*, exhibit *vb*

esportare *vb* export *vb*

esportatore *nm* exporter *n*

esportazione *nf* export *n* **esportazione di capitale** export of capital **esportazione sottocosto** dumping **esportazioni di capitale** capital exports **esportazioni globali** world exports **esportazioni invisibili** invisible exports **esportazioni visibili** visible exports **vendite per esportazione** export sales

esposizione *nf* exhibition *n*

espropriare *vb* expropriate *vb*

esproprio *nm* expropriation *n*

essenziale *adj* **non essenziale** non-essential *adj*

estendere *vb* extend *vb* **estendere il credito** extend credit

esterno *adj* external *adj*

estero *adj* foreign *adj*, overseas *adj* **andare all'estero** go abroad

estinzione *nf* cancellation *n*, termination *n*

estorsione *nf* extortion *n*

estratto *nm* abstract *n* **estratti conto trimestrali** quarterly trade accounts **estratto conto** statement of account, bank statement

esuberante *adj* redundant *adj* **dichiarare esuberante** make sb redundant

esuberanza *nf* **esuberanza di personale** redundancy *n*

etichetta *nf* label *n*

etichettare *vb* label *vb*

euro-obbligazione *nf* eurobond *n*

eurocapitale *nm* eurocapital *n*

eurocrate *nm* eurocrat *n*

eurocrazia *nf* eurocracy *n*

eurocredito *nm* eurocredit *n*

eurodeputato *nm* Member of the European Parliament (MEP) *n*

eurodivisa *nf* eurocurrency *n*

eurodollaro *nm* eurodollar *n*

eurofondi *nmpl* eurofunds *npl*

eurofusione *nf* euromerger *n*

euromercato *nm* euromarket *n*

euromoneta *nf* eurocurrency *n*, euromoney *n*

europeo *adj* European *adj*

euroscettico *nm* eurosceptic *n*

eurovaluta *nf* eurocurrency *n*, euromoney *n*

evadere *vb* evade *vb*

evasione *nf* **evasione fiscale** tax evasion *n*

evitare *vb* avoid *vb*, evade *vb*

extraprofitto *nm* extra profit *n*

fabbisogno *nm* requirement *n*

fabbrica *nf* factory *n*, works *npl* **consiglio di fabbrica** works committee

fabbricante *nm* manufacturer *n*

fabbricare *vb* manufacture *vb*

fabbricato *adj* **fabbricato in Francia** made in France

fabbricazione *nf* manufacture *n*

faccenda *nf* **una faccenda urgentissima** a matter of urgency

facente *adj* **facente funzione** deputy *n*

facoltà *nf* power *n*

facoltativo *adj* optional *adj*

facsimile *nm* telecopier *n*, telefax *n*

fallimento *nm* bankruptcy *n*, failure *n*

fallire *vb* be bankrupt *vb*, go out of business *vb*, go to the wall *vb*

fallito *adj* bankrupt *adj* **fallito non riabilitato** undischarged bankrupt

falsificare *vb* counterfeit *vb*

falsificazione *nf* counterfeit *n*, falsification *n*

falso *adj* **falso contabile** falsification of accounts

fare *vb* **fare concorrenza** compete *vb* **fare da**

mediatore mediate *vb* **fare un'offerta** bid *vb* **fare pubblicità** advertise *vb* **far fiasco** go to the wall *vb* **far fronte** tide over *vb*

FAS (franco lungo bordo) *abbr* FAS (free alongside ship) *abbr*

fascicolo *nm* file *n*

fatti *nmpl* **fatti incontrovertibili** the hard facts **fatti noti** known facts

fattibile *adj* feasible *adj*, workable *adj*

fattibilità *nf* feasibility *n*

fatto *adj* **ben fatto** well-made *adj* **fatto dall'uomo** man-made *adj*

fattore *nm* factor *n* **fattore limitante** limiting factor **fattore della produzione** factor of production **mercato dei fattori della produzione** factor market **prezzo del fattore della produzione** factor price

fattura *nf* invoice *n* **fattura definitiva** final invoice

fatturare *vb* (informal) invoice *vb*, bill *vb*

fatturato *nm* turnover *n* **fatturato lordo** gross sales **fatturato netto** net, nett sales

favore *nm* favour *n* **fare un favore a qualcuno** do sb a favour

fede *nf* **in buona fede** bona fide *adj*

fedeltà *nf* **fedeltà del consumatore** customer loyalty

federale *adj* federal *adj*

federazione *nf* federation *n*

ferie *nfpl* holidays *npl*, vacation (US) **in ferie** on holiday **ferie pagate** paid holiday

fermata *nf* **fermata temporanea** (factory) shutdown *n*

ferrovia *nf* railway *n*, railroad (US) **per ferrovia** by rail

festa *nf* **festa civile** bank holiday

fideiussione *nf* fiduciary bond

fiduciario *nm* trustee *n*

fiera *nf* **fiera commerciale** trade fair

filiale *nf* branch, branch company

finale *adj* terminal *adj*

finanza *nf* finance *n* **alta finanza** high finance

finanziamento *nm* financing *n*, funding *n* **finanziamento in disavanzo** deficit financing

finanziare *vb* capitalize *vb*, finance *vb*, fund *vb*

finanziario *adj* financial *adj*

finanziatore *nm* backer *n*, financier *n*, underwriter *n*

finanziere *nm* financier *n*

fine *nf* end *n* **fine anno finanziario** fye (fiscal year end) *abbr*

fiorente *adj* booming *adj*

fiorino *nm* **fiorino olandese** guilder *n*

firma *nf* signature *n* **sottoscrivere l'apposizione di una firma come testimone** witness a signature

firmare *vb* sign *vb* **firmare un contratto** sign a contract

firmatario *nm* signatory *n* **i firmatari del contratto** the signatories to the contract

fisco *nm* the Inland Revenue, The Internal

Revenue Service (IRS) (US)
fissare *vb* fix *vb* **fissare il prezzo** fix the price
flessibilità *nf* flexibility *n*
flessione *nf* decrease *n*
fluido *adj* fluid *adj*
flusso *nm* **flusso di cassa** cash flow, funds flow **flusso di cassa attualizzato** discounted cash flow (DCF) **flusso del reddito** flow of income **flusso di tesoreria** funds flow
flussogramma *nm* flow chart
flussoschema *nm* flow chart
fluttuare *vb* fluctuate *vb* (currency) float *vb*
fluttuazione *nf* fluctuation *n* **fluttuazione delle vendite** fluctuation in sales
FOB (franco a bordo) *abbr* FOB (free on board) *abbr*
foglio *nm* ticket *n* **foglio elettronico** spreadsheet *n*
fondamentale *adj* basic *adj*
fondare *vb* establish *vb* **fondare una società** found a company
fondatore *nm* founder *n*
fondazione *nf* establishment *n*
fondere *vb* amalgamate *vb*
fondersi *vb* merge *vb*
fondo *nm* fund *n*, bottom *n* **fondi di capitale** capital funds **fondi pubblici** public funds **in fondo** at the bottom **fondo aperto** unit trust **fondo di autoassicurazione** insurance fund **fondo comune d'investimento** trust fund, unit trust, mutual fund (US) **fondo comune d'investimento mobiliare** investment trust **fondo di emergenza** emergency fund **Fondo europeo di cooperazione monetaria (FECOM)** European Monetary Cooperation Fund (EMCF) **Fondo europeo per lo sviluppo (FES)** European Development Fund (EDF) **Fondo europeo di sviluppo regionale** European Regional Development Fund (ERDF) **fondo fiduciario** trust fund **Fondo monetario internazionale (FMI)** International Monetary Fund (IMF) **Fondo sociale europeo** European Socal Fund (ESF) **istituire un fondo comune d'investimento** set up a trust **ottenere fondi** raise money **prelievo di fondi** withdrawal of funds **toccare il fondo** bottom out
fonte *nf* source *n*
formale *adj* formal *adj*
formalità *nf* **formalità doganali/legali** customs/legal formalities
formare *vb* (staff) train *vb* **formare campioni** sample *vb*
formazione *nf* training *n* **centro di formazione professionale** training centre **formazione di capitale** capital formation **formazione professionale** vocational training **formazione professionale avanzata** advanced training
formulazione *nf* wording *n*
fornire *vb* supply *vb*, provide *vb*
fornitore *nm* supplier *n*, vendor *n* **fornitore**

principale main supplier
fornitura *nf* supply *n* **offerta di fornitura** tender *n*
fortuna *nf* fortune *n*, destiny *n*, luck *n* **colpo di fortuna** windfall *n* **far fortuna** make a fortune *vb*
forza *nf* **forza lavoro** manpower *n*
fotocopia *nf* photocopy *n*
fotocopiare *vb* photocopy *vb*, xerox *vb*
fotocopiatrice *nf* photocopier *n*
franco 1. *adj* **franco banchina** ex quay, ex wharf **franco banchina partenza** free on quay **franco bordo** free on board (FOB) **franco bordo nave a destino** ex ship **franco deposito** ex store/warehouse **franco domicilio** franco domicile **franco fabbrica** ex factory/works **franco di nolo** free of freight **franco sottobordo** free alongside ship (FAS) **2.** *nm* franc *n* **franco belga** Belgian franc **franco francese** French franc **franco svizzero** Swiss franc
fraudolento *adj* fraudulent *adj*
frazionario *adj* fractional *adj*
frazione *nf* fraction *n*
frequenza *nf* frequency *n*
frode *nf* false representation *n*, fraud *n*
frontiera *nf* frontier *n*
fruttifero *adj* interest-bearing *adj*
fuga *nf* **fuga di capitali** flight of capital
funzionamento *nm* working *n*, functioning *n*
funzionare *vb* work *vb*, function *vb*
funzionario *nm* executive *n* **funzionario di dogana** customs officer **funzionario statale** civil servant
funzione *nf* function *n*, position *n*, task *n* **direzione per funzioni** task management
fusione *nf* amalgamation *n*
fuso *nm* **fuso orario** time zone
gamma *nf* (of products) range *n*
gara *nf* **indire una gara d'appalto per** put sth out for tender **vendita con gara di appalto** sale by tender
garante *nm* backer *n*, guarantor *n*
garantire *vb* warrant *vb*
garantito *adj* secure *adj*
garanzia *nf* bail *n*, guarantee *n*, pledge *n*, security *n* **garanzia collaterale** collateral, collateral security **garanzia di qualità** quality guarantee **garanzia reale** collateral, collateral security **sotto garanzia** under warranty
gas *nm* **gas naturale** natural gas
gasdotto *nm* pipeline *n*
GATT (Accordo generale sulle tariffe e il commercio) *abbr* GATT (General Agreement on Tariffs and Trade) *abbr*
generale *adj* comprehensive *adj*
generare *vb* **generare reddito** generate income
generazione *nf* **generazione di reddito** income generation
generosità *nf* generosity *n*
geografia *nf* **geografia economica** economic

geography

gerarchia *nf* hierarchy *n* **gerarchia dei bisogni** hierarchy of needs **gerarchia dei dati** data hierarchy **gerarchia direttiva** executive hierarchy

gestione *nf* administration *n*, management *n* **cattiva gestione** mismanagement **gestione alberghiera** hotel management **gestione dei dati** data handling **gestione finanziaria** financial management **gestione delle informazioni** information management **gestione del personale** personnel management **gestione della qualità totale** TQM (Total Quality Management) *abbr* **gestione delle risorse umane** human resource management (HRM) **gestione delle transazioni** transaction management **spese di gestione** operating expenditure

gestire *vb* handle *vb* **gestire un albergo** run a hotel **gestire un'impresa** operate a business

giacenze *nfpl* (goods) stock *n*, inventory (US)

giacimento *nm* **giacimento petrolifero** oilfield *n*

gilda *nf* guild *n*

giornale *nm* journal *n*, newspaper *n* **giornale aziendale** house journal/magazine **giornale formato normale** broadsheet **giornale radio** news bulletin

giornalismo *nm* journalism *n*

giornata *nf* **giornata lavorativa** working day *n*, workday (US) **giornata libera** day off work

giovane *adj* **più giovane** junior *adj*

giovare *vb* **giovare a** benefit *vb*

girare *vb* **girare un assegno** (cheque) endorse *vb*

girata *nf* endorsement *n*

giro *nm* **giro d'affari** turnover *n*

giudiziale *adj* judicial *adj*

giurato *nm* juror *n*

giuria *nf* jury *n*

giurisdizione *nf* jurisdiction *n*

giustificazione *nf* **giustificazione logica** rationale

globale *adj* global *adj*

globalizzazione *nf* globalization *n*

gnomi *nmpl* **gnomi di Zurigo** the Gnomes of Zurich

governare *vb* govern *vb*

governo *nm* government *n*

grafica *nf* **grafica computerizzata** computer graphics

gran *adj* **Gran Bretagna** Britain, British Isles

grassetto *nm* bold type

gratifica *nf* perk (perquisite) *n*

grato *adj* indebted *adj*

gratuito *adj* free of charge **a titolo gratuito** free of charge

grave *adj* weighty *adj*

greggio *adj* raw *adj*

grossista *nm* wholesaler *n*

gruppo *nm* **gruppo di nazioni** group of countries

guadagnare *vb* earn *vb*, gain *vb*, make a profit *vb* **guadagnarsi da vivere** make a living

guadagnato *adj* **guadagnato col sudore della fronte** hard-earned **guadagnato con fatica** hard-earned

guadagno *nm* earnings *npl* **per guadagno finanziario** for pecuniary gain **guadagno inaspettato** windfall

guasto 1. *adj* out of action 2. *nm* fault *n*

guerra *nf* war *n* **guerra commerciale** trade war

guida *nf* guide *n* **guida commerciale** trade directory

holding *nf* holding company

igiene *nf* hygiene *n* **igiene del lavoro** industrial health

illecito *adj* illegal *adj*

illegale *adj* illegal *adj*

imballaggio *nm* packaging *n*

imballare *vb* bundle up *vb*, pack *vb*

imbarcarsi *vb* go aboard *vb*

imboscato *nm* shirker* *n*

imbroglio *nm* swindle* *n*

imbroglione *nm* shark* *n*, swindler* *n*

imbucare *vb* post *vb*

immagazzinamento *nm* warehousing *n*

immagine *nf* image *n* **immagine aziendale** corporate image **immagine della marca** brand image

immediato *adj* prompt *adj*

immobili *nmpl* **immobili e impianti** fixtures and fittings

immobiliare *nm* property *n* **mercato immobiliare** property market, real estate market (US)

immobilizzare *vb* (capital) tie up *vb*

immobilizzazioni *nfpl* fixed assets *npl*

impegnato *adj* busy *adj*

impegno *nm* commitment *n*, obligation *n*, undertaking *n* **far fronte ai propri impegni** meet one's obligations

imperfetto *adj* defective *adj*

impianto *nm* plant *n*, installation *n*, facility *n* **direttore degli impianti** plant manager **impianti fissi** fixtures and fittings **impianto pilota** pilot plant **leasing di impianti** equipment leasing

impiegare *vb* employ *vb* **impiegare personale in soprannumero** overman *vb*

impiegato, -a *nm,f* clerk *n*, clerical worker *n* **impiegato di banca** bank clerk **impiegato statale** civil servant

impiego *nm* post *n*, job *n* **cessazione di impiego** termination of employment **impiego permanente** permanent employment **impiego precedente** employment/work history **impiego remunerativo** gainful employment

implicito *adj* tacit *adj*

imponibile adj chargeable adj
imponibilità nf tax liability n
imporre vb (tax) levy vb **imporre un calmiere su** put a ceiling on sth **imporre un dazio** impose a tax **imporre un'imposta** impose a tax **imporre restrizioni** impose restrictions
importante adj weighty adj
importare vb import vb **importare di nuovo** reimport vb
importatore nm importer n
importazione nf import n, importation n **importazioni invisibili** invisible imports
importuno adj inconvenient adj
imposizione nf imposition n, taxation n **imposizione dell'onere fiscale** tax liability **stabilire imposizioni** levy taxes
imposta nf tax n, duty n **esente da imposte** tax-exempt **imposta addizionale** surtax **imposta sugli affari** turnover tax **imposta sui beni di lusso** luxury tax **imposta di bollo sui trasferimenti di titoli azionari** (shares) transfer duty **imposta sui consumi** excise duty **imposta diretta** direct tax **imposta fondiaria** land tax **imposta sugli immobili** real estate tax, house duty (US) **imposta indiretta** indirect tax **imposta sulle plusvalenza** capital gains tax **imposta sui redditi di capitale** capital gains tax **imposta sul reddito** income tax **imposta sul reddito addizionale** supertax **imposta sul reddito a aliquota fissa** flat-rate income tax **imposta sulle società** corporate taxation, corporation tax **imposta sui sopraprofitti** excess profit(s) tax **imposta sul trasferimento di titoli** transfer tax **imposta valore aggiunto (IVA)** value-added tax, sales tax (US) **imposta sulle vendite al dettaglio** retail sales tax **imposte locali** local taxes, rates **imposte sulle spese** expenditure taxes **al lordo di imposte** before tax **al netto di imposte** after tax **soggetto a imposta** liable for tax
imprenditore nm entrepreneur n **imprenditore edile** builder n
imprenditoriale adj entrepreneurial adj
impresa nf enterprise n, firm n **impresa di confezionamento**, packing house (US) **impresa familiare** family business **impresa in partecipazione** joint venture **impresa privata** private enterprise **impresa statale** government enterprise **media impresa** medium-sized firm
imprevisto adj unexpected adj
imputare vb charge sb with sth
inadeguato adj inadequate adj
inadempiente adj defaulting adj **essere inadempiente** default vb
inadempienza nf default n
inadempimento nm non-fulfilment n **inadempimento di contratto** breach of contract
inattività nf slackness n, laxity n
inattivo adj idle adj
incanto nm auction n

incaricare vb assign vb, appoint sb to a position vb
incarico nm assignment n
incassare vb box sth up **incassare un assegno** cash a cheque
incassato adj built-in adj
incasso nm takings npl
incentivo nm incentive n **incentivo finanziario** financial incentive **salario a incentivo** merit payment
inchiesta nf inquiry n **inchiesta di mercato** market research survey
incidente nm accident n
incidere vb affect vb, bear upon vb **incidere su** account for vb
incluso adj & pp **dazi e costi di consegna inclusi** inclusive of tax and delivery costs
incondizionato adj unconditional adj
incontestabile adj absolute adj
incontrare vb meet vb
incontro nm meeting n
inconveniente nm inconvenience n
incorporare vb amalgamate vb
incorporarsi vb merge vb
incorporato adj built-in adj
incorporazione nf amalgamation n, merger n
incrementare vb **incrementare la domanda** boost demand
incriminare vb charge sb with sth
indaffarato adj busy adj
Indagine nf **indagine sui consumatori** consumer survey **indagine esterna** field investigation **indagine sui nuclei familiari** household survey
indebitamento nm borrowing n
indebitarsi vb get into debt vb
indebitato adj indebted adj
indebolire vb (market) weaken vb
indennità nf allowance n, benefit n, indemnity n **indennità di disoccupazione** unemployment benefit, unemployment pay **indennità di licenziamento** severance pay **indennità di percorso** mileage
indennizzare vb indemnify vb
indennizzo nm compensation n **respingere una richiesta d'indennizzo** refuse a claim
indicare vb indicate vb
indicazione nf indication n
indice nm index n **indice azionario** share index **indice delle azioni ordinarie del Financial Times** Thirty-Share Index (UK) **indice del costo della vita** cost of living index **indice di crescita** growth index **indice ponderato** weighted index **indice dei prezzi** price index **indice di rotazione delle attività fisse** fixed asset turnover **indice di rotazione del capitale** capital turnover
indicizzato adj indexed adj **salario minimo indicizzato** index-linked minimum wage
indipendente adj self-employed adj, freelance adj
indiretto adj indirect adj

indirizzare *vb* address *vb*
indirizzario *nm* mailing list *n*
indirizzo *nm* address *n* **cambiere indirizzo** change address **senza indirizzo** zero address
individuazione *nf* sourcing *n*
indugio *nm* **senza indugio** without delay
industria *nf* industry *n* **industria aerospaziale** aerospace industry **industria alberghiera** hotel industry/trade **industria assistenziale medica** health care industry **industria automobilistica** automobile industry, motor industry **industria chiave** key industry **industria chimica** chemical industry **industria dell'abbigliamento** (informal) the rag trade **industria dell'acciaio** steel industry **industria dell'edilizia abitativa** housing industry **industria domestica** family industry **industria edile** construction industry **industria farmaceutica** pharmaceutical industry **industria delle materie plastiche** plastics industry **industria mineraria** mining industry **industria nazionale** home industry **industria pesante** heavy industry **industria petrolifera** oil industry, petroleum industry **industria secondaria** secondary industry **industria terziaria** service industry **industria tessile** textile industry
industriale *adj* industrial *adj*
industrializzato *adj* industrialised *adj* **recentemente industrializzato** newly-industrialised
inefficiente *adj* inefficient *adj*
inerzia *nf* slackness *n*, laxity *n*
inflazione *nf* inflation *n* **inflazione da eccesso di domanda** excess demand inflation **inflazione galoppante** galloping inflation **inflazione nominale** nominal inflation **inflazione da strozzatura** bottleneck inflation **livello dell'inflazione** level of inflation
inflazionistico *adj* inflationary *adj* **tasso inflazionistico** rate of inflation
informare *vb* inform *vb*
informarsi *vb* enquire *vb*
informatica *nf* information technology (IT) **rete informatica** computer network
informato *adj* **bene informato** well-informed *adj*
informazione *nf* information *n* **dare informazioni** give feedback **informazioni di ritorno** feedback *n*
infortunio *nm* accident *n* **infortunio sul lavoro** industrial accident
infrastruttura *nf* infrastructure *n* **infrastruttura economica** economic infrastructure
infrazione *nf* contravention *n*
infruttifero *adj* non-interest-bearing *adj*
ingegneria *nf* engineering *n* **ingegneria civile** civil engineering **ingegneria elettrica** electrical engineering **ingegneria meccanica** mechanical engineering **ingegneria**

marittima marine engineering **ingegneria di precisione** precision engineering
ingiunzione *nf* injunction *n* **richiedere l'emissione di un'ingiunzione** take out an injunction
ingrosso *adv* wholesale **commercio all'ingrosso** wholesale trade **all'ingrosso** at/by wholesale **mercato all'ingrosso** wholesale market **prezzo all'ingrosso** wholesale price **vendere all'ingrosso** sell sth in bulk, sell sth wholesale
ininterrotto *adj* non-stop *adj*
inizializzare *vb* (computer) boot *vb*
iniziativa *nf* enterprise *n*, undertaking *n*, initiative *n* **iniziativa in collaborazione** collaborative venture **iniziativa privata** private enterprise
inoltrare *vb* forward *vb*, turn over *vb*
inoltro *nm* forwarding *n*
inquilino *nm* tenant *n*
inscatolare *vb* box sth up *vb*
insediare *vb* instal(l) *vb*
inserzione *nf* advertisement *n* **inserzione pubblicitaria** classified advertisement
insistere *vb* **insistere su** insist on *vb*
insoddisfacente *adj* unsatisfactory *adj*
insolvente *adj* insolvent *adj*
insolvenza *nf* insolvency *n*
instabilità *nf* instability *n*
installare *vb* instal(l) *vb*
installazione *nf* installation *n*, facility *n*
insufficiente *adj* inadequate *adj*
integrativo *adj* supplementary *adj*
integrazione *nf* **integrazione economica** economic integration **integrazione orizzontale** horizontal integration **integrazione verticale** vertical integration
intendersi *vb* **intendersi di** have a working knowledge of sth
intensificarsi *vb* escalate *vb*
intensivo *adj* intensive *adj*
interesse *nm* interest *n* **caricare interessi** charge interest **dare interesse** bear interest **ex interessi** ex interest **fruttare interesse** bear interest **generare interesse** bear interest **interesse composto** compound interest **interesse fisso** fixed interest **interesse lordo** gross interest **interesse nazionale** national interest **interesse netto** net, nett interest **interessi acquisiti** vested interests **interessi maturati** accrued interest **interessi trimestrali** quarterly interest **pagare gli interessi** pay interest **periodo d'interesse** interest period **produrre interesse** bear interest **senza interessi** interest-free **tasso d'interesse** rate of interest
interfaccia *nf* interface *n*
interinale *adj* interim *adj*
intermediario 1. *adj* intermediary *adj* 2. *nm* broker *n*, middleman *n* **intermediario di borsa** floor broker
intermediazione *nf* brokerage *n*

internazionale *adj* international *adj*
interno *adj* inland *adj*
interruzione *nf* holdup *n*
interurbano *adj* (telephone) long-distance *adj*
intervallo *nm* intervallo fra ordinazione e consegna lead time **intervallo fra progettazione e produzione** lead time
intervenire *vb* intervene *vb*
intervento *nm* intervention *n*, action *n* **non intervento** non-intervention **intervento statale** state intervention
intervista *nf* interview *n*
intervistare *vb* interview *vb*, hold an interview *vb*
intesa *nf* understanding *n*
intestare *vb* address *vb*, register in sb's name *vb* **intestare un conto** open an account in sb's name **intestare una fattura** make out an invoice to sb
intestata *adj* headed *adj* **foglio di carta intestata** letterhead *n*
intestatario *nm* nominee *n*
intestazione *nf* heading *n*, letterhead *n*
introdurre *vb* (product) introduce *vb*
invendibile *adj* unmarketable *adj*, unsaleable *adj*
invenduto *adj* unsold *adj*
inventario *nm* inventory *n*, stocktaking *n* **inventario di fine anno** year-end inventory
inversione *nf* **inversione di tendenza** turnabout *n*
invertire *vb* reverse *vb*
investimento *nm* investment *n* **investimento aziendale** corporate investment **investimento estero** foreign investment **investimento finanziario** financial investment **investimento lordo** gross investment **investimento mobiliare** financial investment **investimento netto** net, nett investment **investimento in valori mobiliari** quoted investment **mancanza di investimenti** lack of investment **tasso di investimento** rate of investment
investire *vb* (money) invest *vb*
investitore *nm* investor *n*
inviare *vb* send *vb*
invitare *vb* invite *vb*
invito *nm* invitation *n*
iperinflazione *nf* hyperinflation *n*
ipermercato *nm* hypermarket *n*
ipoteca *nf* mortgage *n* **ipoteca legale** legal charge **ipoteca di primo grado** first mortgage **prima ipoteca** first mortgage
ipotecario *adj* **contratto ipotecario** mortgage deed **creditore ipotecario** mortgagee **debitore ipotecario** mortgagor **prestito ipotecario** mortgage loan
ipotesi *nf* hypothesis *n*
irrecuperabile *adj* (loss) irrecoverable *adj*
irrevocabile *adj* irrevocable *adj*
iscritto *nm* member *n* **iscritto a vita** life member

iscriversi *vb* (magazine) subscribe *vb*
ispettore *nm* inspector *n* **ispettore di fabbrica** factory inspector
ispezionare *vb* inspect *vb*
ispezione *nf* inspection *n*
istituto *nm* institute *n* **istituto di accettazione bancaria** acceptance house **istituto di credito** bank, credit institution
istituzione *nm* institution *n* **istituzione finanziaria** financial institution
istruire *vb* (staff) train *vb*
istrumento *nm* title deed
istruzione *nf* instruction *n* **dare istruzioni a** brief *vb* **istruzioni** *nfpl* briefing *n*, instructions *npl*
itinerario *nm* itinerary *n*
IVA (imposta valore aggiunto) *abbr nf* VAT (value added tax) *abbr* **essere esenti dall'IVA** be zero-rated for VAT
kW (chilowatt) *abbr* kW (kilowatt) *abbr*
laborioso *adj* hard-working *adj*
lagnarsi *vb* **lagnarsi di** find fault with
lamentarsi *vb* complain *vb* **lamentarsi di** complain about sth
lanciare *vb* (product) bring out *vb*, launch *vb*
lanciato *pp* launched *pp* **essere lanciato sul mercato** hit the market
lancio *nm* boost *n*, flotation *n* **lancio di un nuovo prodotto** product launch
lasciare *vb* leave *vb* **lasciare in eredità** bequeath *vb*
lasciarsi *vb* **lasciarsi sfuggire** overlook *vb*
lascito *nm* bequest *n*, legacy *n*
laurearsi *vb* graduate *vb*
laureato, -a *nm,f* (of university) graduate *n*
lavarsi *vb* **lavarsi le mani di** pass the buck* *vb*
lavorare *vb* process *vb* **lavorare in orari scomodi** work unsocial hours
lavoratore, -trice *nm,f* worker *n* **lavoratore avventizio** casual worker **lavoratore migratore** migrant worker **lavoratore ospite** guest worker **lavoratore specializzato** skilled worker **lavoratore non specializzato** unskilled worker **lavoratore a tempo pieno** full-time worker **lavoratori organizzati in sindacati** organized labour **lavoratori retribuiti a ore** hourly workers
lavorazione *nf* manufacture *n* **lavorazione difettosa** faulty workmanship **lavorazione per lotti** (DP) batch processing **linea di lavorazione** production line
lavoro *nm* work *n*, labour *n*, labor (US) **ambiente di lavoro** working environment **area di lavoro** working area **a uso intensivo di lavoro** labour-intensive **avere un lavoro** be in work **carico di lavoro** workload **cercare lavoro** look for work **condizioni di lavoro** working conditions **creazione di posti di lavoro** job creation **esperienza di lavoro** work experience **foglio di lavoro** working paper **forza lavoro** workforce **giornata di lavoro** day's work **gruppo di lavoro**

working party **lavoro in appalto** contract work **lavoro avventizio** casual work **lavoro a cottimo** piecework **lavoro a distanza** teleworking **lavoro esterno** field work **lavoro di fabbrica** factory work **lavoro impiegatizio** clerical work **lavoro retribuito con paga oraria** hourly-paid work **lavoro d'ufficio** office work, paperwork **lavoro urgente** rush job **legislazione del lavoro** labour law **linguaggio di lavoro** working language **lingua di lavoro** working language **luogo di lavoro** workplace **maniaco del lavoro** workaholic **mercato del lavoro** labour market **offerta di lavoro** job offer **permesso di lavoro** work permit **programma di lavori pubblici** public works programme (GB) **programma di lavoro** work schedule **ripartizione del lavoro** work sharing **studio del lavoro** work study
lavorodipendente *nm* workaholic *n*
leale *adj* aboveboard *adj*, fair *adj*
legale *adj* legal *adj*
legalmente *adv* **legalmente vincolante** legally binding
legato *nm* bequest *n*
legge *nf* law *n*, statute *n* **legge sui diritti d'autore** copyright law **legge finanziaria** Finance Act **legge dei rendimenti decrescenti** law of diminishing returns **leggi sulle successioni** inheritance laws **presentare un progetto di legge** introduce legislation
legislazione *nf* legislation *n* **legislazione societaria** company law
lettera *nf* **lettera di credito** letter of credit **lettera di credito irrevocabile** irrevocable letter of credit **lettera di presentazione** letter of introduction **lettera raccomandata** registered letter **lettera di richiesta di impiego** letter of application **lettera di sollecito** reminder
letteralmente *adv* verbatim *adv*
libbra *nf* (weight) pound *n*
libero *adj* free *adj*, vacant *adj*, for hire **libera concorrenza** free competition **libero scambio** free trade
libertà *nf* **libertà di scelta** freedom of choice
libraio *nm* bookseller *n*
libreria *nf* bookshop *n*, bookstore (US)
libretto *nm* **libretto di assegni** cheque book, checkbook (US)
libro *nm* book *n* **libri contabili** the books **libro giornale** (accounting) journal **libro mastro** ledger **libro ordinazioni** order book
licenza *nf* leave *n*, licence *n* **dar licenza a** license *vb* **licenza edilizia** building permit **licenza di esportazione** export licence **licenza d'importazione** import licence
licenziamento *nm* dismissal *n*, sacking *n*, firing* *n* **indennità di licenziamento** severance pay **licenziamento illecito** wrongful dismissal **licenziamento iniquo** unfair dismissal **preavviso di licenziamento** term of notice
licenziare *vb* sack *vb*, fire* *vb*
licenziatario *nm* licence holder *n*
licitare *vb* bid *vb*
licitazione *nf* bid *n*, tendering *n*
limitare *vb* restrict *vb* **limitare il tasso d'interese** cap the interest rate
limitato *adj* limited *adj*
limitazione *nf* restriction *n* **imporre limitazioni a** impose restrictions on
limite *nm* limit *n* **limite di credito** credit limit
linea *nf* line *n* **essere in linea** (phone) on hold **linea aerea** airline **linea calda** hot line **linea del cambiamento di data** International Date Line **linea diretta** hot line **linea dura** hardline **linea di navigazione** shipping line **linea di prodotti** product line **mettere in linea** (phone) put sb through (to sb)
lingotto *nm* **lingotti d'oro** gold bullion
lingua *nf* language *n*
linguaggio *nm* language *n* **linguaggio di programmazione** computer language
liquidare *vb* liquidate *vb*, sell off *vb*, wind up *vb*
liquidazione *nf* settlement *n*, liquidation *n*, golden handshake *n*, winding-up *n* **giorno di liquidazione** (stock exchange) Account Day **liquidazione di un'azienda** closure of a company **mettere in liquidazione** sell up *vb* **mettersi in liquidazione volontaria** go into voluntary liquidation **ordine di liquidazione** winding-up order **procedure di liquidazione** winding-up arrangements **valore di liquidazione** liquidation value
liquidità *nf* liquidity *n*
lira *nf* (currency) lira *n* **lira sterlina** sterling, pound sterling
lista *nf* list *n* **lista d'attesa** waiting list
listino *nm* (prices) list *n* **prezzo di listino** list price
lite *nf* litigation *n* **comporre una lite** settle a claim
livellare *vb* equalize *vb*
livello *nm* **ad alto livello** high-level
locali *nmpl* premises *npl* **locali adibiti a uffici** office premises **locali aziendali** business premises
locatario *nm* leaseholder *n*, lessee *n*, occupant *n*, occupier *n*
locatore *nm* landlord *n*, lessor *n*
locazione *nf* renting *n*, letting *n* **dare in locazione** lease *vb* **locazione di impianto** plant hire
logistica *nf* logistics *npl*
lordo *adj* gross *adj*
lottizzazione *nf* **lottizzazione fiscale** fiscal zoning
lotto *nm* (at auction) lot *n*
lucrativo *adj* lucrative *adj*
lucro *nm* profit *n*, gain *n* **senza scopo di lucro** non-profitmaking *adj*
luogo *nm* place *n* **luogo del convegno**

conference venue
lusso *nm* luxury *n* **beni di lusso** luxury goods
macchina *nf* machine *n* **battere a macchina** type *vb* **macchina affrancatrice** franking machine **macchina distruggi documenti** shredder *n* **macchina da scrivere** typewriter *n* **macchina dello Stato** machinery of government
macchinario *nm* machinery *n*
macroeconomia *nf* macroeconomics *n*
madre *nf* counterfoil *n*
magazzinaggio *nm* storage *n*, warehousing *n* **capacità di magazzinaggio** storage capacity
magazzino *nm* warehouse *n* **grande magazzino** multiple store **grande magazzino a filiali multiple** chain store **da magazzino** ex stock **magazzino doganale** bonded warehouse, customs warehouse **in magazzino doganale** in bond **magazzino refrigerato** cold storage plant
maggioranza *nf* majority *n*
maggioranza effettiva *nf* working majority
maggiore *adj* greater *adj*, bigger *adj*, better *adj*, major *adj* **nella maggior parte** in the majority
magnate *nm* magnate *n*, tycoon *n*
malattia *nf* illness *n* **congedo per malattia** sick leave **malattia professionale** occupational disease **sussidio di malattia** sickness benefit
mallevadore *nm* guarantor *n*
malversatore *nm* embezzler *n*
manager *nmf* **manager di zona** area manager
mancanza *nf* deficiency *n*, lack *n* **in mancanza di informazioni** in the absence of information
manchevole *adj* deficient *adj*
mancia *nf* gratuity *n*, tip *n*
mandare *vb* send *vb*
mandatario *nm* agent *n*
mandato *nm* warrant *n*
manifesto *nm* (advertising) poster *n*
mano *nf* hand *n* **fatto a mano** handmade *adj* **a portata di mano** convenient *adj*, handy *adj* **di prima mano** first-hand **scritto a mano** handwritten *adj*
manodopera *nf* labour *n*, manpower *n* **costi della manodopera** labour costs **con eccesso di manodopera** overmanned *adj* **manodopera contrattuale** contract labour **manodopera temporanea** contract labour
manovale *nm* labourer *n*, manual worker *n*
mansione *nf* task *n*, duty *n* **descrizione delle mansioni** job description **mansioni dirigenziali** executive duties **rotazione delle mansioni** job rotation
mantenere *vb* **mantenere scorte** carry stock *vb*
manto *nm* bond certificate, share certificate, stock certificate (US)
manuale *nm* handbook *n* **manuale d'istru-**
zioni instruction book
manutenzione *nf* maintenance *n* **costi di manutenzione** maintenance costs
marca *nf* brand *n* **marca esclusiva** proprietary brand **marca leader** brand leader
marchio *nm* **marchio di commercio** trade name **marchio deposito** registered trademark, registered trade name **marchio di fabbrica** brand, brand name, trademark **marchio di garanzia** hallmark **marchio ufficiale di saggio** hallmark
marco *nm* **marco tedesco** German Mark
marginale *adj* marginal *adj*
margine *nm* margin *n* **margine lordo** gross margin **margine di profitto** profit margin **margine di utile** trading margin
marina *nf* **marina mercantile** merchant navy, merchant marine (US)
marittimo *adj* marine *adj*
marketing *nm* **consulente di marketing** marketing consultant **direttore dell'ufficio marketing** marketing director **marketing delle esportazioni** export marketing **marketing di massa** mass marketing **ufficio marketing** marketing department
massa *nf* bulk *n*
massimizzare *vb* maximise *vb*
mastro *nm* **mastro di contabilità di fabbrica** factory ledger
materia *nf* **materie prime** raw materials
materiale *nm* material *n* **materiali edili** building materials
maternità *nf* **congedo per maternità** maternity leave
matrice *nf* counterfoil *n*, matrix *n*
maturare *vb* mature *vb*
meccanico *adj* mechanical *adj*
meccanismo *nm* **Meccanismo di regolazione dei cambi** exchange rate mechanism (ERM)
media *nf* average *n*, mean *n* **media aritmetica** arithmetical mean **media ponderata** weighted average
mediano *adj* median *adj*
mediatore *nm* mediator *n* **mediatore di borsa** stockbroker *n*
mediazione *nf* mediation *n* **raggiungere un accordo tramite mediazone** mediate *vb*
medico *adj* medical *adj*
medio *adj* medium *adj* **medio circolante** hard cash **a medio termine** medium term
membro *nm* insider *n*, member *n* **membro a vita** life member
memoria *nf* (DP) memory *n* **capacità di memoria** memory capacity
memorizzazione *nf* **memorizzazione di informazioni** information storage
meno *adv* less **addebitare in meno** undercharge *vb* **consegna in meno** short delivery **far pagare meno** undercharge *vb*
mensile *adj* monthly *adj*
mercanteggiare *vb* bargain *vb*
mercantile 1. *adj* mercantile *adj* 2. *nm* cargo

ship, merchant ship

mercato *nm* market *n*, mart *n* **analisi di mercato** market analysis **forze di mercato** market forces **informazione riservata sul mercato** market tip **mercato ampio** broad market **mercato aperto** open market **mercato azionario** stock market **mercato dei cambi** foreign exchange market **mercato dei capitali** financial market **Mercato Comune** Common Market **mercato dell'oro** gold market **mercato estero** foreign market, overseas market **mercato delle eurovalute** eurocurrency market **mercato fiacco** flat market **mercato finanziario** capital market **mercato globale** global market **mercato instabile** fluid market **mercato interno** domestic market, home market **mercato languido** narrow market **mercato del lavoro** labour market **mercato libero** free market **mercato marginale** fringe market **mercato monetario** money market **mercato nazionale** domestic market **mercato nero** black market **mercato obiettivo** target market **mercato delle operazioni per consegna differita** forward market **mercato al rialzo** bull market, buoyant market, seller's market **mercato al ribasso** bear market, buyer's market **mercato secondario** secondary market **mercato sostenuto** firm market **mercato stabile** firm market **mercato tendente al ribasso** falling market **mercato con tendenza al ribasso** bear market **mercato a termine** futures market, options market, terminal market **mercato dei titoli di stato** gilt-edged market **mercato tranquillo** quiet market **mercato valutario** exchange market **mercato del venditore** seller's market **sfruttare un mercato** tap a market **utilizzare un mercato** tap a market

merce *nf* goods *npl* **merce a termine** future commodity **merci in conto deposito** goods on consignment **merci difettose** faulty goods **merci esenti** free goods **merci d'esportazione** export goods **merci d'importazione** import goods **merci in massa** bulk goods **merci nazionali** domestic goods **merci alla rinfusa** bulk goods **merci secche** dry goods **merci soggette a verifica** goods on approval

meritevole *adj* **meritevole di credito** creditworthy *adj*

messaggero *nm* messenger *n*

messaggio *nm* message *n* **messaggio pubblicitario** advertisement *n*

mestiere *nm* job *n*, profession *n* **essere del mestiere** (informal) be in the trade **di mestiere** by trade

metà *nf* half *n*

metallo *nm* metal *n* **metallo prezioso** bullion *n*

metodico *adj* businesslike *adj*

metodo *nm* system *n*

metrico *adj* metric *adj*

metro *nm* metre *n*, meter (US) **metro cubo** cubic metre **metro quadro** square metre

metropoli *nf* metropolis *n*

mettere *vb* **mettere in commercio** market *vb* **mettere in conto** charge *vb* **mettere un embargo** impose an embargo *vb* **mettere a nuovo** refurbish *vb*

mezzo 1. *adj* half *adj* **mezz'ora** half-an-hour **mezza paga** half-pay **mezza pensione** half-board 2. *nm* means *npl*, medium *n* **mezzi finanziari** financial means, financial resources **mezzi pubblicitari** media *npl* **mezzo pubblicitario** advertising medium

microeconomia *nf* microeconomics *n*

microfono *nm* **microfono spia** (listening device) bug *n*

microprocessore *nm* microprocessor *n*

microscheda *nf* **microscheda trasparente** microfiche *n*

miglio *nm* mile *n* **miglio marino** nautical mile

migliorare *vb* improve *vb*, upgrade *vb*

milionario *nm* millionaire *n*

milione *nm* million *n*

minerale *nm* mineral *n*

miniera *nf* mine *n* **miniera di carbone** coal mine

minimizzare *vb* **minimizzare i danni** minimise losses

minimizzazione *nf* **minimizzazione dell'onere fiscale** tax avoidance

minimo *adj* minimal *adj*

ministero *nm* ministry *n*, government department **Ministero della Sanità** Ministry of Health **Ministero dei Trasporti** Ministry of Transport

ministro *nm* minister *n*

minoranza *nf* minority *n* **in minoranza** in the minority

minore *adj* minor *adj*

misura *nf* measure *n* **misure antinflazionistiche** anti-inflationary measures **misure finanziarie** financial measures **misure fiscali** fiscal measures

misurare *vb* measure *vb*

mitigare *vb* water down *vb*

mittente *nm* consigner/or *n*, sender *n*

mix *nm* **mix dei prodotti** product mix

mobilità *nf* **a mobilità verso l'alto** fast track

moda *nf* fashion *n* **fuori moda** out of date

modello 1. *adj* standard *adj* 2. *nm* (person) model *n* **modello funzionante** working model

moderare *vb* moderate *vb*

moderato *adj* moderate *adj*

moderazione *nf* moderation *n*

modernizzare *vb* modernize *vb*

moderno *adj* modern *adj*

modo *nm* mode *n*

modulo *nm* module *n* **modulo di domanda** application form **modulo di ordinazione**

order form **modulo di sottoscrizione** application form

molo *nm* quay *n*

moltiplicare *vb* multiply *vb*

moltiplicarsi *vb* **moltiplicarsi degli scambi** expansion of trade

mondiale *adj* **su scala mondiale** worldwide *adj*

mondo *nm* world *n* **mondo commerciale** the commercial world

moneta *nf* **moneta calda** hot money **moneta a corso forzoso** fiat money **moneta a corso legale** legal tender **moneta debole** soft currency **moneta divisionaria** fractional money **moneta forte** hard currency **moneta frazionaria** fractional money **moneta d'oro** gold coin

monetario *adj* monetary *adj*

monetarismo *nm* monetarism *n*

monopolio *nm* monopoly *n* **Commissione per i monopoli e le fusioni** Monopolies and Mergers Commission

montaggio *nm* **scatola di montaggio** assembly kit *n*

monte *nm* **monte premi** jackpot *n*

mora *nf* delay *n*

moroso *adj* **essere moroso** fall/get into arrears *vb*

mostra *nf* exhibition *n* **mostra commerciale** trade fair **mostra mondiale** world fair

mostrarsi *vb* **mostrarsi valido** hold up *vb*, withstand scrutiny *vb*

motto *nm* **motto pubblicitario** slogan *n*

movimento *nm* **movimento libero della merce** free movement of goods

multilaterale *adj* multilateral *adj*

multinazionale 1. *adj* multinational *adj* 2. *nf* multinational corporation

municipio *nm* town hall

mutevole *adj* (prices) volatile *adj*

mutuante *nm* lender *n*

mutuare *vb* borrow *vb*, lend *vb*

mutuo 1. *adj* mutual *adj* 2. *nm* loan *n* **mutuo edilizio** home loan **mutuo garantito** secured loan

nastro *nm* **nastro magnetico** (DP) magnetic tape

natura *nf* kind *n*

nave *nf* **nave cargo** freighter *n* **nave da carico** freighter *n*, cargo ship **nave mercantile** merchant ship **nave portacontainer** container ship

navetta *nf* shuttle *n*

nazionale *adj* national *adj*, domestic *adj* **a carattere nazionale** nationwide *adj*

nazionalità *nf* nationality *n*

nazionalizzare *vb* nationalize *vb*

nazionalizzazione *nf* nationalization *n*

nazione *nf* nation *n* **nazione commerciale** trading nation **nazione ospitante** host country **nazione progredita** advanced country **nazione in via di sviluppo** developing country **Nazioni Unite (ONU)** United Nations

necessità *nf* necessity *n* **accertamento delle necessità** needs assessment

negligente *adj* negligent *adj*

negligenza *nf* negligence *n* **clausola di negligenza** neglect clause, negligence clause **negligenza nell'esercizio professionale** malpractice **negligenza grave** gross negligence

negoziabile *adj* negotiable *adj* **non negoziabile** non-negotiable

negoziare *vb* negotiate *vb*

negoziato *nm* negotiation *n* **negoziati commerciali** trade talks **negoziati tariffari** tariff negotiations

negoziatore *nm* negotiator *n*

negoziazione *nf* negotiation *n* **seduta di negoziazione** negotiating session **tramite negoziazione** by negotiation

negozio *nm* (shop) shop *n*, store *n* **negozio a catena** chain store **negozio fiduciario** charitable trust, trust agreement

neretto *nm* bold type *n*

netto *adj* net, nett *adj*

neutrale *adj* neutral *adj*

noleggiare *vb* hire *vb*

noleggiatore *nm* freighter *n*

nolo *nm* freight *n*, hire *n* **da nolo** for hire **nolo aereo** air freight

nome *nm* **avere un buon nome** enjoy a good reputation **farsi un buon nome** build a reputation **in nome di** in the name of **di nome** by name **nome e cognome** full name **nome commerciale** trade name

nomina *nf* assignment *n*, nomination *n* **nuova nomina** reappointment *n*

nominale *adj* nominal *adj*

nominare *vb* nominate *vb*, appoint sb to a position

norma *nf* provision *n*, stipulation *n*

normativa *nf* code of practice **normative commerciali** trading standards

nota *nf* **nota di accredito** credit note **nota di copertura** cover note

notaio *nm* notary *n*

notare *vb* take notice *vb*

notifica *nf* notification *n*

notificare *vb* notify *vb*

notizia *nf* (piece of) news *n* **brutte notizie** bad news **buone notizie** goods news **fare notizia** hit the headlines **notizie** *nfpl* news *n* **notizie finanziarie** financial news **notizie di prima pagina** hard news/information **trattazione delle notizie** news coverage

notiziario *nm* news bulletin *n*

noto *adj* (well-) known *adj* **fatto noto a tutti** it is common knowledge

nucleo *nm* **nucleo familiare** household *n*

nullo *adj* null *adj* **nullo e di nessun effetto** null and void

numero *nm* number *n* **avente un numero**

legale quorate *adj* **numero di casella postale** box number **numero legale** quorum **numero di ordine** order number **numero di riferimento** reference number **numero sbagliato** (phone) wrong number **numero di serie** serial number **numero telefonico** telephone number **numero di telefono** telephone number

obbligato *adj* **essere obbligato a** be obliged to do sth

obbligatorio *adj* obligatory *adj*

obbligazione *nf* bond *n*, debenture *n*, obligation *n* **mercato delle obbligazioni** bond market **obbligazione non garantita** debenture bond **obbligazione municipale** municipal bonds **obbligazione al portatore** bearer bond **obbligazione redimibile** redeemable bond **obbligazione di rischio** junk bond **obbligazione senza garanzia** unsecured bond **obbligazione senza interessi** flat bond **obbligazione solidale** joint obligation **obbligazioni contrattuali** contractual obligations

obbligazionista *nm* bondholder *n*

obiettivo *nm* objective *n*, target *n* **obiettivo economico** economic objective **obiettivo della produzione** production target **obiettivo delle vendite** sales target **raggiungere uno obiettivo** reach an objective **stabilire un obiettivo** set a target

obiezione *nf* objection *n* **sollevare un'obiezione** make/raise an objection

obsolescenza *nf* obsolescence *n* **obsolescenza automatica** built-in obsolescence **obsolescenza programmata** planned obsolescence

obsoleto *adj* obsolete *adj*

occasione *nf* opportunity *n*

occupare *vb* (premises) occupy *vb*

occuparsi *vb* **occuparsi di** (deal) handle *vb*

occupato *adj* busy *adj*

occupazione *nf* employment *n*, occupation *n* **livello dell'occupazione** level of employment **occupazione precedente** employment/work history **occupazione remunerativa** gainful employment **occupazione temporanea** temporary employment **piena occupazione** full employment

offerente *nm* tenderer *n*

offerta *nf* offer *n*, bid *n*, tender *n*, supply *n* **declinare un'offerta** (offer) turn down *vb* **fare un'offerta per un appalto** tender for a contract **offerta d'appalto** bid **offerta in contanti** cash offer **offerta definitiva** final offer **offerta ferma** firm offer **offerta finale** closing bid **offerta di moneta** money supply **offerta più alta** higher bid **offerta proposta per iscritto** offer in writing **offerta provvisoria** tentative offer **offerta pubblica di acquisizione** tender offer **offerta salvo conferma** offer subject to confirmation **offerta non sollecitata** unsolicited offer

offerta speciale bargain offer **offerta valida fino a...** offer valid until... **presentare un'offerta** lodge a tender **prezzo d'offerta di appalto** tender price **rifiutare un'offerta** turn down an offer **ritirare un'offerta** withdraw an offer

officina *nf* workshop *n*

offrire *vb* offer *vb*, bid *vb*, supply *vb* **offrire di più di** (auction) outbid *vb*

oggetto *nm* re *prep*

oleodotto *nm* pipeline *n*

oligopolio *nm* oligopoly *n*

oligopolistico *adj* **mercato oligopolistico** oligopoly *n*

omaggio *nm* giveaway *n*, free gift *n* **in omaggio** complimentary *adj*

omissione *nf* oversight *n*

omologare *vb* approve *vb*, validate *vb*

omologazione *nf* approval *n*, consent *n*

ondata *nf* (of mergers, takeovers) wave *n*

onere *nm* **oneri fiscali** fiscal charges **oneri fissi** fixed charges, standing charges

onorario 1. *adj* honorary *adj* 2. *nm* fee *n*

operaio *nm* blue-collar worker, manual worker **operaio specializzato** skilled worker **operaio non specializzato** unskilled worker

operare *vb* **operare con capitale di prestito** equity trading **operare a piena capacità** work to full capacity

operativo *adj* workable *adj*

operatore *nm* operator *n* **operatore autorizzato** authorized dealer **operatore di borsa** jobber **operatore di cambio** exchange broker **operatore commerciale** dealer **operatore informatico** computer operator

operazione *nf* (of machine) operation *n* **operazione di capitale** equity transaction **operazione commerciale** business transaction, deal, transaction **operazione in compravendita** bargain **operazione per consegna differita** forward transaction **operazione finanziaria** financial operation **operazione a pronti** cash transaction **operazione di scambio** barter transaction **operazioni bancarie elettroniche** electronic banking **operazioni commerciali a termine** futures trading **operazioni di copertura per consegna differita** forward cover **operazioni d'esportazione** export operations **operazioni in valuta estera** foreign exchange dealings, foreign exchange tradings (US)

operoso *adj* hard-working

opporsi *vb* **opporsi a** object *vb*, withstand *vb*

opportunità *nf* opportunity *n* **opportunità di mercato** market opportunity **spiraglio di opportunità** window of opportunity

opuscolo *nm* brochure *n*

opzionale *adj* optional *adj*

opzione *nf* option *n* **opzione di acquisto** option to buy **opzione di annullamento**

option to cancel
ora *nf* hour *n* **per ogni ora** per hour **ad ora**
per hour **ora di punta** rush hour **l'ora zero**
zero hour **ore di attività intensa**, busy hours
(US) **ore fisse** fixed hours **ore lavorative**
working hours **ore d'ufficio** business hours
orario *nm* timetable *n* **dopo l'orario di
chiusura** after hours **lavorare a orario
ridotto** be on short time **orario d'apertura**
opening times **orario d'apertura dei negozi**
normal trading hours **orario di chiusura**
closing time **orario flessibile** flexitime, flextime (US) **orario di sportello** banking hours
orario d'ufficio normal trading hours, office
hours **pagamento orario doppio** double
time
ordinare *vb* place an order *vb*
ordinazione *nf* order *n* **dare un'ordinazione**
place an order **ordinazione ripetuta** repeat
order **ordinazioni inevase** backlog
ordine *nm* **ordine di banca** banker's order
ordine del giorno agenda **ordine di pagamento** banker's order **ordine urgente** rush
order **pagare all'ordine di** pay to the order
of... **di prim'ordine** high-class
organizzare *vb* organize *vb* **organizzare
razionalmente** rationalize *vb*
organizzazione *nf* organization *n* **organizzazione funzionale** functional organization
organizzazione per funzioni functional
organization **organizzazione internazionale**
international organization
origine *nf* origin *n* **dichiarazione di origine**
statement of origin **paese d'origine** country
of origin
ormeggio *nm* mooring *n* **diritti di ormeggio**
mooring rights
oro *nm* gold *n*
oscillare *vb* fluctuate *vb*
ospitante *nm* host *n*
ospitare *vb* **ospitare un cliente** entertain a
client
ospite *nm* host *n*
osservare *vb* take notice **osservare le regole**
observe the rules
osservazione *nf* **sotto osservazione** under
observation
ostacolare *vb* hold up *vb*, delay *vb*
ostruire *vb* hold up *vb*, delay *vb*
ottenere *vb* obtain *vb*
p/m (parole al minuto) *abbr* wpm (words per
minute) *abbr*
pacchetto *nm* block *n*, packet *n*, package deal
pacchetto azionario stake *n*, block of
shares *n*
pacco *nm* package *n*, packet *n*
padrone *nm* boss *n*
paese *nm* country *n* **paese importatore**
importing country **paese d'origine** home
country **paese produttore di petrolio** oil
state **paese sottosviluppato** underdeveloped country **paese del terzo mondo** third-

world country
paga *nf* pay *n* **paga oraria** hourly rate **paga
settimanale** weekly wages
pagabile *adj* **pagabile in anticipo** payable in
advance
pagamento *nm* payment *n* **mancato pagamento** non-payment **mandato di pagamento** warrant for payment **metodo di
pagamento** method of payment **pagamenti
scaglionati** staged payments **pagamento in
acconto** payment on account **pagamento
anticipato** advance payment, prepayment
pagamento di compensazione clearing
payment **pagamento in contanti** cash
payment **pagamento in contanti prima della
consegna** cash before delivery **pagamento
in contanti alla ricevuta della merce** cash on
receipt of goods **pagamento contrassegno**
cash on delivery (COD) **pagamento eccessivo** overpayment **pagamento forfettario**
lump sum settlement **pagamento parziale**
part payment **pagamento a pronti** cash
payment **pagamento a saldo** full payment
pagamento simbolico token payment **pagamento a titolo transativo** ex gratia
payment **pagamento totale** full payment
pagamento in unica soluzione lump sum
settlement
pagare *vb* pay *vb* **far pagare qualcosa** charge
for sth **pagare in anticipo** pay in advance
pagare in contanti pay in cash **pagare il
conto** pay a bill **pagare una fattura** pay an
invoice, settle an invoice **pagare un onorario**
pay a fee **pagare un servizio** pay for a
service
pagato *adj* & *pp* paid *adj* **ben pagato** well-
paid *adj*
pagherò *nm* (informal) IOU *n* **pagherò cambiario** promissory note
pagina *nf* page *n* **le Pagine Gialle** the Yellow
pages (R) (GB)
paniere *nm* **paniere valutario** basket of
currencies
paracadute *nm* **paracadute d'oro** golden
parachute
pareggiare *vb* **pareggiare il bilancio** balance
the budget
parere *nm* advice *n*
pari *adj* **sopra la pari** above par, at a premium
sotto la pari below par
parità *nf* parity *n* **parità salariale** equal pay
parlamento *nm* **parlamento europeo** European Parliament
parlare *vb* **parlare a** (person) address *vb*
parola *nf* **dare la propria parola** give one's
word **essere di parola** keep one's word
parola chiave keyword **parola per parola**
verbatim
parte *nf* part *n* **la maggior parte di** the bulk of
parte di ricambio spare part
partecipante *nm* stakeholder *n*
partecipare *vb* **partecipare a** take part in

partecipazione *nf* holding *n* partecipazione di maggioranza/ di minoranza majority/ minority holding partecipazione operaia worker participation partecipazione ai profitti a share in the profits partecipazione agli utili gain sharing partecipazioni azionarie equity interests

partita *nf* consignment *n* partita doppia (bookkeeping) double-entry

partitario *nm* partitario fornitori bought ledger partitario vendite sales ledger

partner *nm* partner commerciale trading partner

passare *vb* hand *vb*

passeggero *nm* passenger *n* passeggero in transito (transport) transit passenger treno passeggeri passenger train

passibile *adj* liable *adj*

passività *nf* (taxes) liability *n* passività correnti current liabilities passività fisse fixed liabilities

passo *nm* fare un importante passo avanti make a breakthrough *vb* segnare il passo tick over *vb*

patria *nf* home country

patrimonio *nm* property *n*, wealth *n* imposta sul patrimonio wealth tax patrimonio nazionale national wealth

patrocinatore *nm* sponsor *n*

patrocinio *nm* patronage *n*, sponsorship *n*

patto *nm* covenant *n*

pattuito *adj* agreed *adj*

pausa *nf* fare una pausa take a break

peculato *nm* embezzlement *n*

pedaggio *nm* toll *n*

peggio *nf* worst part *n* avere la peggio go to the wall

pegno *nm* pledge *n* nota di pegno warrant *n*

penalità *nf* forfeit *n*

penetrazione *nf* penetrazione del mercato market penetration

pensionamento *nm* retirement *n* pensionamento anticipato early retirement piano di pensionamento pension scheme

pensione *nf* pension *n* andare in pensione retire andare in pensione anticipatamente take early retirement fondo pensioni pension fund pensione calcolata in funzione del reddito earnings-related pension pensione di vecchiaia retirement pension

penuria *nf* scarcity *n*

percentuale *nf* percentage *n* percentuale di profitto percentage of profit

perdere *vb* waste *vb* perdere un diritto a forfeit *vb*

perdita *nf* loss *n* perdita di capitale capital loss perdita completa write-off perdita finanziaria financial loss perdita del lavoro loss of job perdita lorda gross loss perdita netta clear loss, net loss perdita netta di esercizio net, nett loss perdita nominale paper loss perdita per piccolo furto

pilferage perdita di reddito loss of earnings

perequare *vb* equalize *vb*

perequazione *nf* perequazione dei carichi tributari equalization of burdens

perfetto *adj* (fig.) watertight *adj*

perfezionamento *nm* mancato perfezionamento non-completion *n*

pericolo *nm* hazard *n* pericolo naturale natural hazard pericolo per la salute health hazard segnale di pericolo warning sign

pericoloso *adj* hazardous *adj*

periferia *nf* suburbs *npl*

periferica *nf* computer terminal *n*

periferico *adj* peripheral *adj*

periodico *nm* (journal) magazine *n*

periodo *nm* periodo contabile accounting period periodo di esenzione fiscale tax holiday periodo di grazia period of grace periodo di permanenza in carica term of office periodo di raffreddamento cooling-off period

perito *nm* expert *n*, technician *n*

permesso *nm* permit *n* permesso di partenza clearance certificate

perorare *vb* advocate *vb*

persona *nf* persona chiave key person persona designata named person persona giuridica corporation

personale 1. *adj* personal *adj* 2. *nm* staff *n*, personnel *n* eccesso di personale overmanning *n* gestione del personale personnel management personale direttivo executive personnel personale esterno field personnel personale qualificato qualified personnel ufficio del personale personnel department valutazione del personale performance appraisal

personalizzare *vb* adapt *vb*, tailor *vb*

pertinente *adj* relevant *adj* non pertinente not applicable (N/A)

peso *nm* weight *n* eccedenza di peso excess weight pesi e misure weights and measures peso lordo gross weight peso netto net, nett weight

petrodollaro *nm* petrodollar *n*

pezzo *nm* (of a machine) part *n*

pianificare *vb* plan *vb*

pianificazione *nf* planning *n* pianificazione centrale central planning pianificazione economica economic planning pianificazione finanziaria financial planning pianificazione a lungo termine long-term planning pianificazione regionale regional planning pianificazione delle strutture facility planning

piano *nm* schedule *n* piano della campagna (advertising) plan of campaign piano economico economic plan piano edilizio housing scheme piano degli investimenti capital budget piano pilota pilot scheme piano provvisorio tentative plan

picchetto *nm* picket *n*

pignoramento *nm* foreclosure *n*
pignorare *vb* foreclose *vb*
PIL (Prodotto Interno Lordo) *abbr* GDP (Gross Domestic Product) *abbr*
pirataggio *nm* software piracy
pirateria *nf* (at sea) piracy *n*
plenario *adj* (assembly, session) plenary *adj*
pluriuso *adj* multipurpose *adj*
plusvalenza *nf* capital gain *n*
PNL (Prodotto Nazionale Lordo) *abbr* GNP (Gross National Product) *abbr*
politica *nf* politics *n* **Politica Agricola Comunitaria** CAP (Common Agricultural Policy) **politica aziendale** company policy **politica di bilancio** budgetary policy **politica del denaro facile** easy-money policy **politica economica** economic policy **politica finanziaria** financial policy **politica fiscale** fiscal policy **politica monetaria** monetary policy **politica nazionale** domestic policy **politica dei prezzi** pricing policy **politica di reciprocità** fair-trade policy **politica del rischio calcolato** brinkmanship **politica statale** government policy **politica di vendita basata sulla persuasione** soft sell **politica di vendite estremamente aggressiva** hard sell
politico *adj* political *adj*
polizza *nf* **polizza assicurativa** insurance policy **polizza di assicurazione** insurance policy **polizza di assicurazione contro tutti i danni** comprehensive insurance policy **polizza di carico** bill of lading **polizza di carico per l'estero** export bill of lading **polizza mista** endowment policy
ponderazione *nf* weighting *n*
popolazione *nf* **popolazione attiva** working population
portafoglio *nm* **portafoglio titoli** investment portfolio
portare *vb* **portare a termine** accomplish *vb*
portarinfuse *nf* bulk carrier *n*
portata *nf* **portata lorda** dead weight
portatile *adj* portable *adj*
portatore *nm* bearer *n*
portavoce *nmf* spokesperson *n*
porto *nm* harbour *n*, port *n* **porto di arrivo** port of entry **porto assegnato** carriage forward **porto franco** free port **porto pagato** carriage paid
posizione *nf* **posizione creditizia** credit rating **posizione finanziaria** credit rating, financial status
possedere *vb* own *vb* **possedere pacchetti azionari** have holdings **possedere titoli** have holdings
possesso *nm* tenure *n* **possesso immobiliare** leasehold *n* **riprendere possesso di** repossess *vb* **ripresa di possesso** repossession *n*
possessore *nm* holder *n*
possibilità *nf* **possibilità di manovra** room for manoeuvre

posta *nf* **fermo posta** poste restante, general delivery (US) **posta aerea** airmail **posta elettronica** email, electronic mail **posta raccomandata** registered mail
postdatare *vb* postdate *vb*
posticipare *vb* postpone *vb*
posto *nm* post *n*, job *n* **posto vacante** (job) vacancy
potente *adj* high-powered *adj*
potenza *nf* power *n*
potenziale *nm* **potenziale di vendita** sales potential
potere *nm* power *n* **potere di acquisto** buying power, purchasing power
pratica *nf* practice *n*, experience *n*, file *n*, dossier *n*, practise (US) **pratica spregiudicata** sharp practice **pratiche restrittive** restrictive practices
praticabilità *nf* feasibility *n* **studio della praticabilità** feasibility study
pratico *adj* businesslike *adj* **essere pratico di** have a working knowledge of sth
preavviso *nm* advance notice **con breve preavviso** at short notice **senza preavviso** without warning **termine di preavviso** notice period
precedere *vb* forestall *vb*
prede *nfpl* **prede di guerra** spoils (of war) *npl*
preferenza *nf* **preferenza comunitaria** community preference
preferenziale *adj* preferential *adj*
prefisso *nm* STD code *n*
pregiudizio *nm* **clausola di non pregiudizio** waiver clause
prelievo *nm* withdrawal *n*
premio *nm* bonus *n*, premium *n* **premio di assicurazione** insurance premium **premio in funzione della performance** performance-related bonus **premio d'ingaggio** golden hello
prendere *vb* **prendere in prestito** borrow *vb*
prenotare *vb* reserve *vb* **prenotare in anticipo** book in advance **prenotare un biglietto aereo** book a flight **prenotare una camera d'albergo** book a hotel room
prenotazione *nf* reservation *n* **fare una prenotazione** make a reservation
presentare *vb* (product) introduce *vb*
presidente *nm* president *n*
presiedere *vb* take the chair **presiedere a una riunione** chair a meeting
prestare *vb* lend *vb*
prestazione *nf* performance *n*, track record *n* **prestazione economica** economic performance
prestigio *nm* kudos *n*
prestito *nm* loan *n* **concedere un prestito** lend *vb*, grant a loan **contratto di prestito** loan agreement **prestito bancario** bank loan **prestito compensativo** bridging loan, bridge loan (US) **prestito estero** foreign loan **prestito obbligazionario** debenture loan

prestito personale personal loan **prestito pubblico** government loan **prestito in valuta forte** hard loan **prestito vincolato** tied loan **richiedere un prestito** request a loan
presto *adv* **il più presto possibile** a.s.a.p. (as soon as possible) *abbr,* at your earliest convenience
prevedere *vb* forecast *vb*
preventivare *vb* estimate *vb*
preventivo *nm* estimate *n*
previdenza *nf* **previdenza sociale** Social Security (GB)
previsione *nf* calculation *n,* forcast *n,* forecasting *n* **previsioni economiche** economic forecast
prezzo *nm* price *n* **fare prezzi troppo alti** overcharge *vb* **guerra dei prezzi** price war **livello dei prezzi** level of prices **a metà prezzo** half-price **politica di determinazione dei prezzi** pricing policy **prezzi di borsa** stock exchange prices **prezzi delle case** house prices **prezzi degli immobili** house prices **prezzi più alti** top prices **prezzi al ribasso** falling prices **prezzi di soglia** threshold price **prezzo d'acquisto** purchase price **prezzo di affare** bargain price **a prezzo alto** high-priced **prezzo alto** hard price **prezzo di apertura** opening price **prezzo di chiusura** closing price **prezzo di costo** cost price **prezzo al dettaglio** retail price **prezzo di fabbrica** factory price **prezzo fermo** firm price **prezzo fisso** fixed price **prezzo flessibile** flexible price **prezzo franco** franco price **prezzo limite** limit price **prezzo di liquidazione** knockdown price **prezzo massimo** maximum price **prezzo di mercato** market price **prezzo minimo** bottom price, knockdown price **prezzo al minuto** retail price **ad un prezzo nettamente ridotto** at a greatly reduced price **prezzo netto** net, nett price **prezzo nominale** nominal price **prezzo di occasione** bargain price **prezzo reale** real price **prezzo al rivenditore** trade price **prezzo a termine** futures price **prezzo unitario** unit price **prezzo vantaggioso** favourable price **sotto prezzo** at a discount **tener bassi i prezzi** (prices) keep prices down *vb* **tirare sul prezzo** bargain *vb* **vendere a un prezzo inferiore** undersell *vb* **vendere a prezzo inferiore a quello di mercato** undercut *vb*
primo *adj* **prima di cambio** first bill of exchange **di primo grado** senior *adj*
principale 1. *adj* main *adj,* major *adj* 2. *nm* boss *n,* employer *n*
principio *nm* **principi contabili** accounting conventions
priorità *nf* priority *n* **priorità assoluta** top priority
privatizzare *vb* denationalize *vb,* privatize *vb*
privatizzazione *nf* privatization *n*
privilegiato *adj* preferential *adj*

pro *nm* **pro e contro** pros and cons **pro capite** per capita **soppesare il pro e il contro** weigh the pros and cons
procedere *vb* (research, project) progress *vb*
processo *nm* process *n* **processo operativo** process *n*
procura *nf* power of attorney **atto di procura** power of attorney
procurarsi *vb* **procurarsi il capitale** raise capital
procuratore *nm* **procuratore legale** solicitor *n,* lawyer (US)
prodotto *nm* produce *n,* product *n* **nuovo prodotto** new product **prodotti chimici** chemical products **prodotti finiti** final products, finished goods, finished stock **prodotti principali** staple commodities **prodotto interno lordo (PIL)** gross domestic product (GDP) **prodotto lordo** gross output **prodotto nazionale lordo (PNL)** gross national product (GNP) **prodotto primario** primary product **prodotto principale** leading product **sostituire con un prodotto migliore** upgrade *vb*
produrre *vb* produce *vb*
produttività *nf* productivity *n* **incrementi della produttività** productivity gains
produttivo *adj* productive *adj*
produttore *nm* manufacturer *n,* producer *n*
produzione *nf* manufacture *n,* output *n,* production *n* **incrementare la produzione** increase output **linea di produzione** production line **metodo di produzione** production method **produzione a flusso continuo** flow line production, flow production **produzione di massa** mass production **produzione oraria** per hour output **produzione in serie** mass production
professionale *adj* vocational *adj* **non professionale** unprofessional *adj*
professione *nf* career *n,* profession *n* **le libere professioni** the professions **svolgere contemporaneamente due professioni** moonlight* *vb*
professionista *nmf* **professionista freelance** freelancer *n* **professionista indipendente** freelancer *n* **professionista libero** freelancer *n*
profitto *nm* profit *n* **margine di profitto** profit margin **profitti e perdite** profit and loss **profitto netto** net profit **profitto nominale** paper profit **registrare un profitto** make a profit **senza profitto** nil profit
progettare *vb* design *vb*
progettato *adj* planned *adj,* designed *adj* **una macchina progettata bene/male** a machine of good/bad design
progettista *nmf* (commercial) designer *n*
progetto *nm* design *n,* project *n* **fare progetti** make plans **progetto edilizio** housing project

programma *nm* prospectus *n*, schedule *n* (DP) program *n* **programma di aiuti all'estero** foreign aid programme **programma degli investimenti** investment programme, investment program (US) **programma per la ripresa economica europea** European Recovery Plan

programmare *vb* budget for *vb*, schedule *vb*

programmatore *nm* (DP) programmer *n*

programmazione *nf* (DP) programming *n*

progresso *nm* headway *n*, progress *n* **fare progressi** make headway

proibito *adj* out of bounds *adj*, forbidden *adj*

promozionale *adj* promotional *adj*

promozione *nf* promotion *n*

promulgare *vb* **promulgare leggi** legislate *vb*

promuovere *vb* (product) promote *vb*

pronti *nmpl* spot cash **mercato a pronti** spot market **prezzo a pronti** spot price **a pronti** for cash **tasso di cambio a pronti** spot rate

pronto *adj* ready *adj*, quick *adj* **pronto per la consegna** ready for despatch

propaganda *nf* (advertising) publicity *n*

proponente *nmf* offeror *n*

proporre *vb* (motion, paper) table *vb* **proporre la candidatura di qualcuno ad un comitato** nominate sb to a board/committe

proporzionale *adj* proportional *adj*, pro rata *adj*

proposta *nf* **proposta di legge finanziaria** finance bill

proprietà *nf* ownership *n*, property *n* **proprietà all'estero** foreign holdings **proprietà immobiliare** real estate **proprietà privata** private property

proprietario *nm* owner *n*, proprietor *n* **proprietario d'abitazione** home owner **proprietario di immobile** landlord **proprietario-occupante** owner-occupier **proprietario non residente** absentee landlord **proprietario terriero** landowner

proroga *nf* (of contract) extension *n*

prorogare *vb* delay *vb*, extend a contract *vb*

prosperare *vb* thrive *vb*

prosperità *nf* boom *n*, prosperity *n* **periodo di prosperità** upswing *n*

prospero *adj* prosperous *adj*

prospettiva *nf* **prospettive commerciali** business outlook **prospettive future** future prospects

prospetto *nm* prospectus *n*

protesta *nf* **raduno di protesta** (strike) sit-in *n*

protezione *nf* **protezione antinflazionistica** hedge against inflation

protezionismo *nm* protectionism *n*

protezionista *adj* protectionist *adj*

protezionistico *adj* protectionist *adj*

prova *nf* **effettuare prove** carry out trials **mettere a prova** put sth to the test **offerta di prova** trial offer **periodo di prova** trial period **prova preliminare** field test **reggere alla prova** stand the test

provare *vb* try out *vb*

provato *adj* well-tried *adj*

proventi *nmpl* proceeds *npl*

provvedere *vb* provide *vb* **provvedere qualcuno di** issue sb with sth

provvigione *nf* commission *n* **far pagare la provvigione** charge commission

provvisorio *adj* interim *adj*, temporary *adj*

psicotecnica *nf* careers advice *n*

pubblicazione *nf* **pubblicazione diffamatoria** libel *n*

pubblicità *nf* publicity *n* **piccola pubblicità** small ads **pubblicità a mezzo stampa** newspaper advertisement **pubblicità sensazionalistica** hype **pubblicità stravagante** hype

pubblicitario *adj* **veicolo pubblicitario** advertising medium

pubblicizzare *vb* advertise *vb*

pubblico *adj* public *adj* **impresa di pubblici servizi** public utility

punta *nf* peak *n* **domanda di punta** peak demand **periodo di punta** peak period

punto *nm* point *n* **punto di equilibrio** break-even point **punto franco** entrepôt **punto morto** stalemate **punto di pareggio** break-even point **punto di vendita** market outlet, point of sale **punto di vendita al dettaglio** retail outlet

qualifica *nf* qualification *n* **qualifica professionale** professional qualification **qualifiche necessarie** necessary qualifications

qualità *nf* quality *n* **d'altissima qualità** top-of-the-range **controllo della qualità** quality control **di qualità superiore** high-grade **relazione sulla qualità** quality report **standard di qualità** quality standard

qualitativo *adj* qualitative *adj*

quantità *nf* quantity *n*

quantitativo 1. *adj* quantitative *adj* 2. *nm* quantity *n*

quanto *adj* **in quanto** with regard to...

quartiere *nm* housing estate, housing tenement (US) **quartiere generale** headquarters

quasi *adv* **quasi-contratto** quasi-contract **quasi-rendita** quasi-income

quattrino *nm* **far quattrini** make money

querela *nf* lawsuit *n*, legal action *n*, writ *n* **emettere una querela** issue a writ

questionario *nm* questionnaire *n* **formulazione del questionario** questionnaire design **questionario di ricerca di mercato** market research questionnaire

quindicinale *adj* biweekly *adj*

quorum *nm* quorum *n* **avente un quorum** quorate *adj* **quorum di creditori** quorum of creditors

quota *nf* amount *n*, quota *n* **criterio del riordino per quote** quota buying **quota di mercato** market share **quota di vendite** sales quota

quotazione *nf* (price) quotation *n*

quotidiano *nm* daily newspaper *n*
raccolta *nf* **raccolta dei dati** data capture
raccolto *nm* **raccolto per la vendita** cash crop
raccomandare *vb* recommend *vb*
raccomandazione *nf* recommendation *n*
racket *nm* racket *n*
raffrontare *vb* **raffrontare idee con** compare notes
raggio *nm* **ad ampio raggio** wide-ranging *adj*
raggiungere *vb* achieve *vb*
ragioneria *nf* accountancy *n*
ragionevole *adj* reasonable *adj*
ragioniere *nm* accountant *n* **ragioniere capo** chief accountant, head accountant
rallentamento *nm* **rallentamento economico** economic slowdown
rallentare *vb* slow down *vb*
rapporto *nm* ratio *n*, report *n* **rapporti d'affari** business connections **rapporti con la clientela** customer relations **rapporto finanziario** financial report **rapporto di lavoro** working relationship
rappresentante *nm* agent *n*, representative *n* **rappresentante di commercio** sales representative **rappresentante sindacale** shop steward **rappresentante di vendite** sales representative **rappresentante di zona** area representative
rappresentare *vb* account for *vb*
rata *nf* instalment *n*, installment (US)
rateo *nm* accrual *n*
ratifica *nf* approval *n*, ratification *n*
ratificare *vb* approve *vb*, ratify *vb*
razionalizzare *vb* rationalize *vb*
razionalizzazione *nf* rationalization *n* **misure di razionalizzazione** rationalization measures
reale *adj* actual *adj*
realizzare *vb* (profit) realize *vb*
realizzo *nm* return *n*, proceeds *npl* **realizzo di attività** realization of assets
realtà *nf* reality *n* **la realtà nuda e cruda** the hard facts
reato *nm* offence *n*, offense (US)
recapito *nm* address *n* **recapito personale** home address
reception *nf* **presentarsi alla reception dell'albergo** check in a hotel *vb*
recessione *nf* **recessione economica** recession *n*
reciprocamente *adv* mutually *adv*
reciprocità *nf* **reciprocità commerciale** fair trade
reciproco *adj* mutual *adj*, reciprocal *adj*
reclamare *vb* complain about sth *vb*, make a complaint *vb*
reclamizzare *vb* advertise *vb*
reclamo *nm* complaint *n* **modulo di reclamo** claim form **procedura di reclamo** claims procedure **reparto reclami** complaints department

reclutamento *nm* recruitment *n* **campagna di reclutamento** recruitment campaign **reclutamento del personale** employee recruitment
reclutare *vb* recruit *vb*
recuperabile *adj* (materials) reclaimable *adj*
recupero *nm* **recupero di un documento** document retrieval
redditività *nf* profitability *n*
redditizio *adj* profitable *adj* **non redditizio** unprofitable *adj*
reddito *nm* earnings *npl*, income *n* **reddito annuo** yearly income **reddito di capitale** capital gain, unearned income **reddito del capitale** capital gains **reddito disponibile** disposable income **reddito familiare** family income **reddito dei fattori** factor income **reddito fisso** fixed income **reddito franco da imposta** franked income **reddito imponibile** taxable income **reddito lordo** gross income **reddito minimo** basic income **reddito nazionale** national income **reddito netto** net, nett income **reddito personale** private income **reddito pubblicitario** advertising revenue
redenzione *nf* redemption fund *n*
redigere *vb* **redigere il bilancio** draw up a budget **redigere un contratto** draw up a contract
referendum *nm* referendum *n*
referenza *nf* reference *n* **richiedere una referenza** take up a reference
reflazione *nf* reflation *n*
reflazionistico *adj* reflationary *adj*
reggere *vb* hold up *vb*, withstand scrutiny *vb*
regione *nf* **regione industriale** industrial region
registrazione *nf* record *n*
registro *nm* register *n*
regola *nf* norm *n* **secondo le regole** according to the regulations
regolamento *nm* regulation *n* **regolamenti doganali** customs regulations
reimportare *vb* reimport *vb*
reimportazione *nf* reimportation *n*
reinvestire *vb* (profits) plough back *vb*, plow back (US)
relazione *nf* report *n* **presentare una relazione** submit/present a report **redigere una relazione** draw up a report **in relazione a** re **relazione annuale** annual report **relazione annuale di bilancio** annual report **relazione sullo stato dell'economia** economic survey **relazioni industriali** industrial relations, labour relations **relazioni pubbliche** public relations **relazioni umane** human relations
remunerare *vb* remunerate *vb* **remunerare eccessivamente** overpay *vb*
remunerativo *adj* profitable *adj* **molto remunerativo** moneymaking *adj* **non remunerativo** unprofitable *adj*
remunerazione *nf* remuneration *n* **remune-**

razione eccessiva overpayment n
rendere vb yield vb non a rendere non-
returnable adj rendere conto di account
for vb rendere esecutivo (policy) enforce vb
rendiconto nm bank statement n rendiconti
finali final accounts rendiconto finanziario
financial statement
rendimento nm curva di rendimento yield
curve rendimenti decrescenti diminishing
returns rendimento del capitale netto return
on equity rendimento complessivo earnings
yield rendimento uniforme flat rate tasso di
rendimento rate of return
rendita nf annuity n, unearned income
rendita derivante da titoli azionari yield on
shares
reparto nm department n reparto importazione import department
reperimento nm reperimento dei dati data
capture reperimento di informazioni information retrieval
reputazione nf reputation n
rescindere vb rescind vb rescindere un
contratto cancel a contract
rescissione nf annulment n, termination n
residuale adj residual adj
residuo 1. adj residual adj 2. nm balance n
resistere vb resistere a withstand vb
respingere vb negative (US) vb respingere
un assegno (cheque) bounce* respingere
un progetto kill a project
responsabile 1. adj accountable adj,
liable adj, responsible adj considerare
qualcuno responsabile di qualcosa hold sb
responsible 2. nmf manager n, person in
charge n
responsabilità nf accountability n, liability n
abbiamo la responsabilità di the onus is on
us to... assumersi la responsabilità take
responsibility for sth avere la responsabilità
be in charge condividere le responsabilità
share the responsibilities piena responsabilità full responsability responsabilità
collettiva joint responsibility responsabilità
illimitata unlimited liability responsabilità
limitata limited liability
restituibile adj (deposit) returnable adj
restituzione nf restituzione di un prestito
repayment of a loan
resto nm (from purchase) change n
restringere vb (spending) squeeze vb
restrittivo adj restrictive adj
restrizione nf restrizioni commerciali trade
restrictions restrizioni delle importazioni
import restrictions restrizioni valutarie exchange restrictions
rete nf rete di comunicazione communication network
retribuire vb retribuire inadeguatamente
underpay vb
retribuzione nf salary n retribuzione dei
dirigenti executive compensation retribu-

zione per le ferie holiday pay retribuzione
inadeguata underpayment
retroazione nf feedback n retroazione negativa negative feedback
retrodatare vb retrodatare un assegno
backdate a cheque
rettifica nf adjustment n, amendment n
rettificare vb amend vb
revisionare vb revise vb
revisione nf revisione contabile audit n
revisione contabile esterna external audit
revisione contabile interna internal audit
revisore nm revisore contabile interno internal auditor revisore dei conti auditor
revoca nf annulment n
revocare vb (licence) revoke vb
rialzista nm (stock exchange) bull n
rialzo nm (in inflation) rise n mercato al rialzo
bull market
riassetto nm riassetto delle spese cost trimming
riassicurare vb reinsure vb
riassicurazione nf reinsurance n
riattaccare vb (telephone) hang up vb
ribassamento nm abatement n
ribassare vb (price) knock down vb, mark
down vb
ribassista nm (stock exchange) bear n
ribasso nm rebate n, markdown n mercato al
ribasso buyer's market al ribasso downward
ricambio nm (for machine) spare part
ricavare vb net, nett vb
ricavo nm proceeds npl, revenue n ricavo
marginale marginal revenue
ricchezza nf wealth n
ricerca nf research n ricerca sui consumatori
consumer research ricerca esterna field
research ricerca di mercato market research
ricerca e sviluppo (R&S) research and development (R&D)
ricevere vb receive vb
ricevuta nf receipt n accusare ricevuta di
acknowledge receipt of sth, confirm receipt
of sth emettere una ricevuta issue a receipt
ricevuta fiscale fiscal receipt rilasciare una
ricevuta issue a receipt
richiamare vb (on phone) call back vb
richiamo nm appeal n
richiedere vb apply for vb, call for vb richiedere un prestito call in a loan richiedere il
risarcimento dei danni (legal) claim damages
richiesta nf request n richiesta d'aumento
salariale wage claim richiesta finale final
demand richiesta d'informazioni enquiry
richiesta di informazioni commerciali credit
enquiry richiesta di pagamento request for
payment
richiestissimo adj essere richiestissimi be in
hot demand
riciclabile adj recyclable adj
riciclare vb recycle vb

ricompensa *nf* recompense *n*
ricorrente *nm* claimant *n*
ricorrere *vb* ricorrere a (have recourse) resort to *vb* ricorrere ad un prestito take out a loan ricorrere a vie legali resort to legal proceedings
ricorso *nm* appeal *n* ricorso per rimborso di imposte tax claim
ricuperare *vb* salvage *vb* ricuperare una somma di denaro da recover money from sb
ricupero *nm* (of debt) recovery *n*
ridistribuire *vb* (funds) reallocate *vb*
ridistribuzione *nf* (of funds) reallocation
ridurre *vb* (stocks) run down *vb* (prices, taxes) lower *vb*, reduce *vb* ridurre drasticamente i costi axe* expenditure
riduzione *nf* reduction *n* riduzione dei costi cost-cutting
rieleggere *vb* reappoint *vb*, re-elect *vb*
rielezione *nf* re-election *n*
riferimento *nm* bench mark *n*, reference *n* in riferimento a re, with reference to in riferimento alla nostra lettera del... we refer to our letter of...
rifiutare *vb* rifiutare merci refuse goods rifiutare pagamento refuse payment
rifiuto *nm* refusal *n* rifiuti waste products rifiuti industriali industrial waste
riforma *nf* amendment *n*, reform *n* riforma fondiaria land reform riforma monetaria currency reform riforma tariffaria tariff reform
riformare *vb* amend *vb*
rifornire *vb* supply *vb* rifornire eccessivamente oversupply *vb*
riguardare *vb* (be of importance to) concern *vb*
riguardo *nm* riguardo a in respect of..., with regard to...
rilasciare *vb* (tickets) issue *vb*
rilassare *vb* (restrictions) relax *vb*
rilevamento *nm* buy-out *n* rilevamento di un'azienda con leverage LBO (leveraged buy-out)
rilevare *vb* (company) take over *vb* rilevare il pacchetto di azioni (business) buy out *vb*
rimandare *vb* adjourn *vb*, postpone *vb*
rimanente *adj* remaining *adj*
rimborsabile *adj* refundable *adj* non rimborsabile non-returnable *adj*
rimborsare *vb* refund *vb*, reimburse *vb*, repay *vb*
rimborso *nm* rebate *n*, refund *n*, reimbursement *n* concedere un rimborso grant a rebate senza rimborso ex repayment
rimessa *nf* remittance *n*
rimpatrio *nm* repatriation *n*
rincrescere *vb* regret *vb*, be sorry *vb* ci rincresce informarvi che we regret to inform you that...

rinegoziare *vb* rinegoziare un debito reschedule a debt
ringraziamento *nm* ringraziamento pubblico vote of thanks
rinnovabile *adj* renewable *adj*
rinnovare *vb* (policy, contract) renew *vb*
rinomato *adj* well-known *adj*
rinominare *vb* reappoint *vb*
rinuncia *nf* waiver *n* clausola di rinuncia waiver clause
rinunciare *vb* rinunciare a resign *vb*, waive *vb*
rinviare *vb* hold over (to next period) *vb*, adjourn *vb*, send back *vb* adjourn *vb*, send back *vb*
rinvio *nm* adjournment *n*
riparare *vb* repair *vb*
riparazione *nf* reparation *n*, repair *n* costi di riparazione costs of repair
ripartire *vb* (funds) reallocate *vb*, allocate *vb*
ripartizione *nf* (of funds) reallocation *n*, appropriation *n* ripartizione dei costi cost breakdown
ripercussione *nf* ripercussioni finanziarie financial effects
riportare *vb* (to next month) carry over *vb*, bring forward *vb*, carry forward *vb*
riporto *nm* riporto valutario swap *n*
riprendere *vb* riprendere vigore (improve) pick up *vb*
ripresa *nf* (economy) upturn *n* ripresa economica (economic) recovery *n*
ripudiare *vb* (contract) repudiate *vb*
riqualificare *vb* retrain *vb*
riqualificazione *nf* retraining *n* programma di riqualificazione retraining programme, retraining program (US)
risanamento *nm* programma di risanamento recovery scheme
risanare *vb* (company) turn round *vb*, turn around (US)
risarcibile *adj* refundable *adj*
risarcimento *nm* compensation *n*, indemnity *n*, reimbursement *n* presentare una richiesta di risarcimento put in a claim reparto risarcimenti claims department
risarcire *vb* indemnify *vb*
riscattabile *adj* redeemable *adj*
riscattare *vb* redeem *vb*
riscatto *nm* redemption *n*
rischio *nm* risk *n* ad alto rischio high-risk analisi del rischio risk analysis assumere un rischio (risk) underwrite *vb* capitale di rischio risk capital gestione del rischio risk management perizia del rischio risk assessment la polizza copre i seguenti rischi the policy covers the following risks rischio di cambio exchange risk a rischio dell'acquirente at the buyer's risk rischio finanziario financial exposure, financial risk rischio professionale occupational hazard
risconto *nm* deferment *n* risconto passivo

unearned income

riscontro *nm* answer *n*, tally *n*

riscuotere *vb* (tax) levy *vb* **riscuotere un credito** collect a debt

riserva *nf* reservation *n* **riserva valutaria** currency reserve **riserve auree** gold reserves **riserve proporzionali** fractional reserves **riserve valuterie** foreign exchange holdings **tenere in riserva** hold sth in reserve

riservare *vb* reserve *vb*

riservato *adj* confidential *adj*

risorsa *nf* source *n* **risorse** resources *npl* **risorse naturali** natural resources **risorse umane** human resources **sfruttare le risorse** tap resources

risparmi *nmpl* savings *npl*

risparmiatore *nm* investor *n*

risparmio *nm* **risparmio netto** net, nett saving

rispedire *vb* send back *vb* **rispedire ad un nuovo indirizzo** (mail) redirect *vb*

rispettare *vb* **rispettare le formalità** observe formalities **rispettare la legge** comply with legislation

rispondere *vb* answer *vb* **rispondere a** answer *vb*

risposta *nf* answer *n* **in risposta a** in response to... **in risposta alla vostra lettera del...** in reply to your letter of...

ristagnare *vb* tick over *vb*

ristagno *nm* stagnation *n*

ristrutturare *vb* restructure *vb*

risultare *vb* (end) turn out *vb* **per quanto mi risulta** to my knowledge **risulta dai dati a nostra disposizione** according to our records

risultato *nm* accomplishment *n*, achievement *n*, outcome *n* **risultato netto** net, nett result

ritardare *vb* delay *vb*

ritardo *nm* delay *n*

ritirarsi *vb* **ritirarsi dall'attività** break up *vb*

ritoccare *vb* revise *vb*

riunione *nf* colloquium *n*, meeting *n* **riunione chiusa** closed session/meeting **riunione di comitato** committee meeting **riunione del consiglio di amministrazione** board meeting **riunione di lavoro** business meeting **tenere una riunione** hold a meeting

riuscire *vb* succeed *vb*, be successful *vb* **non riuscire** (attempts, negotiations) fail *vb*

rivalutare *vb* revalue *vb*

rivalutazione *nf* revaluation *n*

rivendita *nf* resale *n*

rivista *nf* magazine *n*

rosso *adj* **andare in rosso** (banking) overdraw *vb*, overdraw on an account *vb*

rotazione *nf* **indice di rotazione** turnover rate, turnover ratio **indice di rotazione del capitale** capital turnover **rotazione delle giacenze** turnover **rotazione dei prodotti finiti** finished turnover

rottame *nm* **rottami di ferro** (metal) scrap *n*

rovina *nf* (of economy) collapse *n* **mandare in rovina** wreck *vb*

ruolo *nm* **essere compreso nel ruolo paga** be on the payroll **ruolo paga** payroll *n*

saggio *nm* **saggio base** base rate

sala *nf* **sala d'esposizione** exhibition hall **sala riunioni del consiglio di amministrazione** board room

salariale *adj* **accordo salariale** wage(s) agreement, wage(s) settlement **aumento salariale** wage rise **categoria salariale** wage zone **conto degli aumenti salariali** wage(s) bill **minimo salariale** minimum wage **pausa salariale** wage restraint **politica salariale** wage policy **richiesta d'aumento salariale** wage(s) claim **trattative salariali** wage negotiations **tregua salariale** wage restraint **zona salariale** wage zone

salariato *nm* wage earner *n*

salario *nm* salary *n*, wage *n* **aumento di salario** wage rise **blocco dei salari** wage(s) freeze **salario base** basic rate **salario equo** fair wage **salario iniziale** starting wage **salario medio** average wage **salario minimo** minimum wage **salario netto** net, nett wage **salario reale** real wage **scala dei salari** wage scale

saldare *vb* (account) settle *vb* **saldare il conto in albergo** check out of a hotel **saldare un debito** pay off a debt

saldo *nm* sale *n*, balance *n*, clearance offer *n*, quittance *n* **avere un saldo attivo** be in the black **saldo attivo** trade surplus **saldo attivo della bilancia dei pagamenti** favourable balance of payments **saldo in cassa** balance in hand **saldo di conto bancario** bank balance **saldo a debito** debit balance **saldo demografico** population gap **saldo finale** final balance, final settlement **saldo insoluto** unpaid balance **saldo passivo** debit balance **saldo in sofferenza** unpaid balance

salire *vb* escalate *vb*

salone *nm* **salone da esposizione** showroom *n*

salvare *vb* salvage *vb*

sanzione *nf* **sanzione economica** economic sanction **sanzioni commerciali** trade sanctions

sbaglio *nm* mistake *n* **faro uno sbaglio** make a mistake **per sbaglio** due to an oversight

sbocco *nm* **sbocco di vendita** sales outlet

sborsare *vb* disburse *vb*

sbrigare *vb* expedite *vb*

scadente *adj* (goods) inferior *adj*, shoddy* *adj*

scadenza *nf* expiry *n*, termination date, expiration (US) **a scadenza** at term

scadere *vb* (business, economy) mature *vb* expire *vb*, fall due *vb*

scaduto *adj* overdue *adj*, out of date *adj*

scafo *nm* hull *n*

scaglionare (payments) space out *vb*, spread out *vb*

scaglione *nm* **scaglione fiscale** tax threshold

scala *nf* scale *n* **scala mobile** escalator, sliding scale **scala retributiva** salary scale, wage scale **su vasta scala** large-scale

scambiare *vb* swap *vb*

scambio *nm* **scambi bilaterali** bilateral trade

scansafatiche *nm* shirker* *n*

scaricabarili *nm* **fare a scaricabarili** pass the buck*

scaricare *vb* unload *vb*

scaricho *nm* **scarichi industriali** industrial waste

scarsità *nf* scarcity *n*, shortage *n*

scartare *vb* (goods) reject *vb*

scarto *nm* **prodotti di scarto** waste products **scarto inflazionistico** inflationary gap **tasso di scarto** wastage rate

scheda *nf* **scheda d'istruzioni** instruction sheet

schedario *nm* filing cabinet *n*

scialacquatore *adj* spendthrift *adj*

scioperante *nm* striker *n*

scioperare *vb* strike *vb*

sciopero *nm* stoppage *n*, strike *n* **azione di sciopero** strike action **sciopero bianco** go-slow strike, work to rule **sciopero di non collaborazione** slowdown **sciopero dimostrativo** token strike **sciopero generale** general strike **sciopero selvaggio** wildcat strike **sciopero spontaneo** unofficial strike **sciopero ufficiale** official strike

scontare *vb* deduct *vb*

sconto *nm* discount *n* **sconto di cassa** cash discount **sconto condizionato** no-claims bonus **sconto di quantità** quantity discount **sconto per volume** volume discount

scontrino *nm* ticket *n*

sconveniente *adj* inconvenient *adj*

scoperto *nm* bank overdraft **andare allo scoperto** overdraw, overdraw on an account **essere allo scoperto** be in the red **richiedere uno scoperto di conto** request an overdraft **scoperto di conto** overdraft *n*

scoprire *vb* (agreement, policy) thrash out *vb*

scorretto *adj* unprofessional *adj*

scorta *nf* supply *n*, provision *n* **contrazione delle scorte** stock shrinkage **controllo del livello delle scorte** stock control, inventory control (US) **diminuire la scorte** (stocks) run low **scorta di riserva** reserve stock **scorte** (goods) stock *n*, inventory (US)

screditare *vb* (disparage) knock *vb*

sdoganamento *nm* customs clearance *n*

sdoganare *vb* clear sth through customs *vb*

sdoganato *adj & pp* **non sdoganato** (customs) uncleared *adj*

secco *adj* ex interest

secondo 1. *adj* second *adj* **avere un secondo lavoro** moonlight* *vb* **di secondo grado** junior *adj* **2.** *prep* in accordance with **secondo le clausole del contratto** under the terms of the contract **secondo le disposi-** **zioni del contratto...** it is a requirement of the contract that... **secondo i piani** according to plan

sede *nf* branch *n*, residence *n*, seat (of government) *n*, business premises *n* **sede centrale** HO (head office) **sede legale** business address, registered address, registered office **sede sociale** registered office

segmentazione *nf* **segmentazione di un mercato** market segmentation

segnale *nm* **segnale acustico di linea libera** (phone) dialling tone, dial tone (US) **segnale di occupato** (phone) engaged tone, busy signal (US)

segretario, -ria *nm* secretary *n* **segretario dirigenziale** executive secretary **segretario esecutivo** executive secretary **segretario di una società** company secretary

segreteria *nf* **segreteria telefonica** Ansaphone (R), answering machine

segreto *nm* **segreto commerciale** trade secret

seguire *vb* **seguire le istruzioni** follow instructions

selettivo *adj* (product) up-market

selezione *nf* **selezione casuale** random selection

semestrale *adj* biannual *adj*

semestre *nm* half-year *n*

semilavorati *nmpl* goods in process

semispecializzato *adj* semi-skilled *adj*

sequestrare *vb* impound *vb*

serrata *nf* (of strikers) lockout *n*

servitù *nf* **servitù di passaggio** right of way

servizio *nm* **servizio di assistenza** after-sales service **servizio compreso** service included **servizio continuo** twenty-four-hour service **servizio del debito pubblico** debt service **servizio a domicilio** home service **servizio per espresso** express service **servizio giornalistico sulla stampa** newspaper report **servizio ininterrotto** twenty-four-hour service **per servizio pesante** heavy-duty **servizio di un prestito** debt service **servizio pubblico** public service **Servizio sanitario nazionale** National Health Service (GB) **servizi postali** postal services

settimana *nf* **settimana lavorativa** working week, workweek (US)

settore *nm* sector *n* **settore di attività** line of business **settore primario** primary sector **settore privato** private sector **settore pubblico** government sector, public sector **settore secondario** secondary sector **settore terziario** tertiary sector

sfitto *adj* (lodgings, flat) vacant *adj*

sfratto *nm* eviction *n*

sgravio *nm* **sgravio fiscale** tax cut **sgravio d'imposta** tax allowance

sicurezza *nf* security *n* **misura di sicurezza** safety measure **provvedimento di sicurezza** safety measure

sicuro *adj* safe *adj*, secure *adj* (product, procedure) well-tried *adj*
sigillare *vb* seal *vb*
sigillo *nm* seal *n*
sigla *nf* abbreviation *n*, initials *npl* **sigla musicale** advertising jingle
sindacalista *nmf* union representative
sindacato *nm* trade union **iscritti al sindacato** union membership **iscrizione al sindacato** union membership **sindacato industriale** industrial union, syndicate
sindaco *nm* **sindaco revisore dei conti** auditor *n*
sinergia *nf* synergy *n*
sintesi *nf* synthesis *n*
sintetico *adj* synthetic *adj*
sintonia *nf* **essere in sintonia con qualcuno** be on the same wavelength
sistema *nm* establishment *n*, system *n* **conversione nel sistema metrico decimale** metrication **sistema di archiviazione** filing system **sistema del contingentamento** quota system **sistema a due livelli** two-tier system **sistema esperto** expert system **sistema informativo** information systems **sistema monetario aureo** gold standard **Sistema monetario europeo (SME)** European Monetary System (EMS) **sistema monetario standard** gold standard **sistema di partecipazione piramidale** pyramid scheme
situazione *nf* **situazione finanziaria** financial situation
slittamento *nm* **slittamento salariale** earnings drift
smercio *nm* sale *n*
smontare *vb* **smontare dal lavoro** (finish work) knock off* *vb*
sobborgo *nf* **sobborghi e zone limitrofe** outer suburbs
soccorso *nm* **soccorso stradale** breakdown service
sociale *adj* corporate *adj*
società *nf* company *n*, society *n* **società in accomandita** limited partnership **società affiliata** subsidiary, subsidiary company **società per azioni** joint-stock company, limited company, public company, public limited company **società del benessere** affluent society **società di capitali** joint-stock company **società a carattere familiare** family corporation **società commerciale** trading partnership **società competitiva** competing company **società consociata** subsidiary, subsidiary company **società di controllo** parent company **società cooperativa di consumatori** consumer society **società costituita mediante registrazione** registered company **società di credito edilizio** building society **società creditrice** credit company **società distributrice** distributor *n* **società edilizia** building firm

società estera foreign company **società fiduciaria** trust company **società finanziaria** finance comapny, financial company, holding company **società fittizia** phoney* company **società garante** underwriter **società di gestione del portafoglio** trust company **società immobiliare** property company **società industriale di prim'ordine** blue-chip company **società d'investimento** investment trust **società d'investimento a capitale variabile** unit trust **società legalmente costituita (US)** corporation **società madre** parent company **società di mutuo soccorso** Friendly Society **società in nome collettivo** general partnership, unlimited company **società offshore** offshore company **società di persone** partnership **società privata a responsabilità limitata** private limited company **società pubblica** public company, public limited company **società quotata in borsa** quoted company **società registrata** registered company, incorporated company (US) **società regolare**, incorporated company (US) **società a responsabilità illimitata** unlimited company **società a responsabilità limitata** limited company **società semplice** general partnership, partnership **società di trasporti** transport company
societario *adj* corporate *adj*
socio *nm* member *n*, partner *n*, stockholder *n*, shareholder *n* **socio accomandatario** general partner **socio in affari** business associate **socio non amministratore** silent partner, sleeping partner
soddisfazione *nf* **soddisfazione dei consumatori** consumer satisfaction **soddisfazione nel lavoro** job satisfaction
sofferenza *nf* **pagamento in sofferenza** unpaid bill
sollecito *adj* prompt *adj*
solvibile *adj* solvent *adj*
solvibilità *nf* solvency *n*
somma *nf* amount *n* **somma complessiva** the grand total **somma lorda** gross amount **somma nominale** nominal amount **somma scoperta** outstanding amount
sommario *nm* abstract *n*
somministrare *vb* administer *vb*
sopraindicato *adj* above-mentioned *adj*
sopravvalutare *vb* overvalue *vb*
sopravvenienza *nf* contingency *n* **sopravvenienza attiva** windfall profit
sorveglianza *nf* **comitato di sorveglianza** (figurative) watchdog committee **organo di sorveglianza** (figurative) watchdog
sospendere *vb* **sospendere i lavori** adjourn *vb* **sospendere temporaneamente dal lavoro** (workers) lay off *vb*
sospensione *nm* (strike) stoppage *n*
sospensiva *nf* **essere in sospensiva** fall into abeyance

sospeso *adj* in sospeso overdue *adj*
sosta *nf* fare una sosta take a break
sostegno *nm* ottenere il sostegno win
support
sostenere *vb* (prices) peg *vb* (expenses)
incur *vb* advocate *vb* il dollaro di Hong
Kong sostenuto rispetto al dollaro americano the HK dollar is pegged to the US
dollar sostenere il morale boost morale
sostituire *vb* replace *vb*
sostituto 1. *adj* deputy *adj* 2. *nm* deputy *n*
sostituzione *nf* replacement *n*
sottoassicurato *adj* underinsured *adj*
sottocapitalizzato *adj* undercapitalized *adj*
sottoccupato *adj* underemployed *adj*
sottocosto *adj* vendere sottocosto
undersell *vb*
sottoprodotto *nm* by-product *n*
sottoscrittore *nm* underwriter *n*
sottoscrivere *vb* (shares) subscribe *vb* non
completamente sottoscritto
undersubscribed *adj* sottoscritto in eccesso oversubscribed *adj* sottoscrivere una
polizza assicurativa take out insurance
sottoscrizione *nf* domanda di sottoscrizione
(shares) letter of application
sottovalutare *vb* undervalue *vb*
sottrarsi *vb* sottrarsi a evade *vb*
sovraccaricare *vb* overload *vb*
sovrappopolazione *nf* overpopulation *n*
sovrapprodurre *vb* overproduce *vb*
sovrapproduzione *nf* overproduction *n*
sovvenzionare *vb* subsidize *vb*
sovvenzione *nf* sovvenzione regionale regional grant sovvenzione statale government subsidy, state subsidy sovvenzioni all
esportazioni export subsidies
spaccarsi *vb* split *vb*
spacciare *vb* peddle *vb*
specialista *nmf* specialist *n* specialista linguistico language specialist
specialità *nf* speciality *n*
specializzarsi *vb* specialize *vb*
specifica *nf* specification *n*
specificare *vb* itemize *vb*, specify *vb*
speculare *vb* speculate *vb* speculare in
borsa play the market speculare al rialzo
(stock exchange) bull
speculatore *nm* profiteer *n*, speculator *n*
spedire *vb* (goods) dispatch *vb*, send *vb*,
forward *vb* spedire con corriere courier *vb*
spedire per fax fax *vb*
spedizione *nf* dispatch *n*, shipment *n* bollettino di spedizione dispatch note spedizione parziale part shipment
spedizioniere *nm* freighter, freight forwarder, forwarder, forwarding agent, transport
agent (US) spedizioniere marittimo shipping agent
spendaccione *nm* spendthrift *n*
spendere *vb* spend *vb*
sperperare *vb* squander *vb*

spesa *nf* expenditure *n*, expense *n*,
spending *n* franco di spese free of charge
spesa in conto capitale capital outlay spesa
del nucleo familiare household expenditure
spesa statale state expenditure spese amministrative administrative costs spese di
annullamento cancellation charge spese di
approntamento handling charges spese
bancarie bank charges spese di capitale
capital expenditure spese da casa home
shopping spese comuni overheads spese
di consegna delivery charges spese in
conto capitale capital expenditure spese
doganali customs charges spese generali di
fabbricazione factory overheads spese di
gestione operating cost, operating
expenses spese indirette indirect expenses
spese di missione travelling expenses, travel expenses (US) spese occasionali incidental expenses spese di rappresentanza
entertainment expenses spese di spedizione forwarding charges spese di trasferta
travelling expenses, travel expenses (US)
spese di trasporto carriage charge spese di
trasporto incluse carriage included spese di
viaggio travelling expenses, travel expenses
(US)
spettatore *nm* viewer *n*
spiccioli *nmpl* (coins) loose/small change *n*
spiegare *vb* account for *vb*
spiegarsi *vb* make oneself clear *vb*
spinta *nf* boost *n*, incentive *n*, spur *n*
spirale *nf* spirale inflazionistica inflationary
spiral
sponsor *nm* sponsor *n*
sponsorizzazione *nf* sponsorship *n*
sprecare *vb* waste *vb* andare sprecato go to
waste
spreco *nm* wastage *n*
stabile *adj* stable *adj*
stabilimento *nm* factory *n*, works *npl*,
workshop *n* direttore di stabilimento works
manager
stabilire *vb* assess *vb*
stabilità *nf* stabilità finanziaria financial
stability
stabilizzare *vb* (prices) peg *vb*
stacanovista *nm* workaholic *n*
stagionale *adj* seasonal *adj*
stagione *nf* season *n* alta stagione high
season bassa stagione low season
stallo *nm* stalemate *n*
standard *adj* standard *adj*
standardizzare *vb* standardize *vb*
standardizzazione *nf* standardization *n*
stanza *nf* stanza di compensazione clearing
house
stanziamento *nm* appropriation *n*, fund *n*,
sum set aside *n* stanziamenti di capitale
capital funds
stanziare *vb* allocate *vb*, budget for *vb*
statistica *nf* statistics *npl* statistiche com-

merciali trade figures

stato *nm* **stato patrimoniale** statement of assets and liabilities **stato assistenziale** welfare state **in buono stato** in good condition **stato d'emergenza** state of emergency **stato fallimentare** bankruptcy **stato d'insolvenza** failure

statuto *nm* statute *n*

stazione *nf* **stazione degli autobus** bus station

stazza *nf* tonnage *n* **polizza di stazza** bill of tonnage **stazza lordo** gross tonnage **stazza netta** net, nett tonnage

sterlina *nf* pound sterling *n*, sterling *n* **area della sterlina** sterling area **lira sterlina** pound sterling **saldi in sterline** sterling balance **sterlina verde** green pound

stima *nf* appraisal *n*, assessment *n*, estimate *n* **stima dei costi** estimate of costs

stimare *vb* assess *vb*, estimate *vb*

stipendio *nm* salary *n*, wages *npl*

stiva *nf* hold area *n*

stivaggio *nm* stowage *n*

stoccaggio *nm* (goods) stock *n*, inventory (US)

stock *nm* (goods) stock *n*, inventory (US) **in stock** in stock **non in stock** out of stock

stornare *vb* (debts) write off *vb*

strada *nf* **essere sulla strada giusta** be on the right track **su strada** by road **trasporto su strada** road haulage, road transport

straordinario *nm* (working hours) overtime *n*

strategia *nf* strategy *n* **strategia economica** economic strategy **strategia delle esportazioni** export strategy **strategia finanziaria** financial strategy **strategia degli investimenti** investment strategy **strategia di sviluppo** growth strategy

strategico *adj* strategic *adj*

stretta *nf* **stretta creditizia** credit squeeze **stretta di mano** handshake

stringere *vb* (spending) squeeze *vb*

strozzatura *nf* bottleneck *n*, obstacle *n*

strumentale *adj* auxiliary *adj*

struttura *nf* facility *n*, framework *n*, structure *n* **struttura finanziaria** financial structure

subalterno 1. *adj* junior *adj* 2. *nm* subordinate *n*

subappaltare *vb* subcontract *vb*

subappaltatore *nm* subcontractor *n*

subire *vb* (expenses) incur *vb*

subordinato *nm* subordinate *n*

successo *nm* **successo strabiliante** jackpot

succursale *nf* branch company *n*

suddetto *adj* above-mentioned *adj*

suddivisione *nf* **suddivisione in zone fiscali** fiscal zoning

suggerimento *nm* (suggestion) tip *n*

summenzionato *adj* above-mentioned *adj*

superare *vb* tide over *vb*

superiore *adj* senior *adj*

supermercato *nm* supermarket *n*

superpetroliera *nf* supertanker *n*

superpotenza *nf* **superpotenza economica** economic superpower

supertassa *nf* supertax *n*

supervenduto *pp* oversold *adj*

supervisore *nm* supervisor *n*

supplementare *adj* additional *adj*, extra *adj*, supplementary *adj*

supplemento *nm* **supplemento di prezzo** additional charge

surplus *nm* surplus *n* **surplus della bilancia dei pagamenti** balance of payments surplus

surriscaldamento *nm* (of economy) overheating *n*

sussidio *nm* benefit *n* **sussidi agricoli** farming subsidies **sussidio di malattia** health benefits **sussidio statale** state subsidy **sussidi statali** welfare benefits

svalutare *vb* depreciate *vb*, undervalue *vb*, write down *vb*

svalutazione *nf* devaluation *n*

svantaggio *nm* inconvenience *n*

svendere *vb* sell off *vb*, undersell *vb*

svendita *nf* breakup *n*, clearance *n* **svendita per cessazione di esercizio** closing-down sale, closing-out sale (US) **svendita per liquidazione** winding-up sale **prezzo di svendita** knockdown price

sviluppatore *nm* **sviluppatore di proprietà immobiliare** property developer

sviluppo *nm* **sviluppo alimentato dalle esportazioni** export-led growth **sviluppo economico** economic development, economic expansion **sviluppo zero** zero growth

svista *nf* oversight *n* **a causa di una svista** due to an oversight

tacito *adj* tacit *adj*

tagliando *nm* coupon *n*

tagliare *vb* (workforce) trim *vb*

taglio *nm* **apportare tagli a** (investment) trim *vb* **taglio delle spese** cost trimming

tangente *nf* backhander* *n*, bribe *n*, payola (US)

tariffa *nf* tariff *n* **aumentare le tariffe** raise tariffs **riscuotere le tariffe** raise tariffs **tariffa ad aliquota unica** flat-rate tariff **tariffa doganale** (customs) tariff **tariffa forfettaria** flat rate

tassa *nf* tax *n* **esente da tasse** free of tax **a netto di tasse** after tax **tassa di licenza** licence fee **tassa di transito** toll

tassare *vb* levy a tax *vb* **tassare di** (customs) charge sb with sth

tassazione *nf* taxation *n*

tasso *nm* rate *n*, percentage *n* **tassazione a tasso zero** zero-rate taxation **tasso annuo di crescita** annual growth rate **tasso di cambio** exchange rate **tasso di cambio flessibile** flexible exchange rate **tasso di cambio fluttuante** floating exchange rate **tasso di crescita** growth rate **tasso decrescente del profitto** falling rate of profit **tasso d'infla-**

zione rate of inflation **tasso d'interesse** interest rate **tasso di interesse fluttuante** floating interest rate **tasso d'interesse ufficiale di base** base lending rate **tasso minimo di sconto** minimum lending rate **tasso primario d'interesse** fine rate of interest **tasso primario d'interesse ufficiale** prime lending rate **tasso di remunerazione equo** fair rate of return **tasso di sconto** discount rate **tasso ufficiale di sconto** bank rate **tasso variabile** variable rate **tasso zero** zero rate/rating

tastiera *nf* keyboard *n* **inserire per mezzo di tastiera** key in *vb*

tattica *nf* tactic *n* **tattiche dilazionatorie** delaying tactics **tattiche di vendita** selling tactics

tecnica *nf* **tecnica di vendita** sales technique

tecnico *nm* technician *n*

tecnologia *nf* technology *n* **nuova tecnologia** new technology **tecnologia avanzata** advanced technology, hi-tech **tecnologia dell'informazione** information technology (IT) **trasferimento di tecnologia** technology transfer

telecomunicazioni *nfpl* telecommunications *npl*

telecopiatrice *nf* telecopier *n*

teleelaborazione *nf* teleprocessing *n*

telefonare *vb* call *vb*

telefonata *nf* telephone call *n* **registrare abusivamente una telefonata** bug a call **telefonata a carico del destinatario** reverse-charge call, collect call (US) **telefonata con preavviso** person-to-person call

telefono *nm* telephone *n* **numero di telefono** telephone number **telefono interno** house telephone

telematica *nf* **operazione telematica** teleprocessing

telespettatore *nm* viewer *n*

teletrasmettere *vb* televise *vb*

televendite *nfpl* telesales *npl*

televisione *nf* **trasmettere per televisione** televise *vb*

telex *nm* telex *n* **inviare un telex** (message) telex *vb* **trasmettere un messaggio a mezzo telex** (message) telex *vb*

tempestività *nf* timing *n*

tempo *nm* **comportante una considerevole quantità di tempo** time-consuming **gestione del tempo** time management **limite di tempo** time limit **misurazione dei tempi** timing **richiedere tempo** take one's time **con risparmio di tempo** time-saving **spreco di tempo** waste of time **tempo di consegna** delivery time **a tempo parziale** part-time **a tempo pieno** full-time **tempo reale** real time

temporaneo *adj* temporary *adj*

tendenza *nf* tendency *n*, trend *n* **tendenze del mercato** market tendencies

tendere *vb* tend *vb*, aim *vb* **tendere a** tend

toward

tenere *vb* **tener duro** (wait) hang on *vb* **tenere come garanzia** hold sth as security **tenere responsabile** hold sb liable **tenere una riunione** hold a meeting

tenore *nm* **seguire un tenore di vita non conforme alle proprie possibilità** live beyond one's means **tenore di vita** standard of living

tentativi *nmpl* trial and error

tenuta *nf* **tenuta dei libri** book-keeping *n*

teoria *nf* **teoria quantitativa della moneta** quantity theory of money

teoricamente *adv* in theory

terminal *nm* air terminal *n*

terminale *nm* computer terminal *n*

terminazione *nf* termination *n*

termine *nm* expiry *n*, expiration (US) **a breve termine** short term **a lungo termine** long-range, long-term **a medio termine** medium term **a termine** at term **termini di riferimento** terms of reference **termini di scambio** terms of trade

territorio *nm* **territorio estero** overseas territory

terzo *nm* third person **terzi** *nmpl* third party *n* **il terzo mondo** the Third World

tesoriere *nm* bursar *n* **tesoriere di impresa** company treasurer

tesoro *nm* **Ministero del tesoro** the Treasury **il Tesoro** the Treasury

tessera *nf* season ticket *n*

testa *nf* **alla testa di** at the head of

testamento *nm* will *n*

testare *vb* **testare il mercato** test-market *vb*

testimone *nm* witness *n*

testimoniare *vb* witness *vb*

tetto *nm* **tetto di spesa** expenditure rate

timbrare *vb* **timbrare il cartellino in entrata** clock in *vb* **timbrare il cartellino in uscita** clock out *vb*

tirata *nf* long-haul

tirocinante *nmf* apprentice *n*, trainee *n* **manager tirocinante** trainee manager

tirocinio *nm* apprenticeship *n*

titolare *nmf* holder *n*, owner *n*, proprietor *n* **titolare congiunto** joint holder

titolo *nm* item *n*, qualification *n*, (shares) bond *n*, claim *n* **mercato dei titoli** market share, market stock **titoli Blue Chip** blue-chip securities **titoli di consolidamento** funding bonds **titoli del debito consolidato** funds **titoli necessari** necessary qualifications **titoli quotati in borsa** listed securities, listed share, listed stock (US) **titoli non quotati in borsa** unlisted securities **titoli di stato** gilt-edged securities, gilts **titolo azionario** share **titolo nominativo** registered bond **titolo al portatore** bearer bond **titolo di prim'ordine** gilt-edged security **titolo di proprietà** title deed **titolo di stato** gilt-edged security,

government bond, government security
titolo di studio academic qualification, educational qualification

togliere *vb* **togliere un embargo** lift an embargo **togliere la seduta** close a meeting

tonnellaggio *nm* tonnage *n* **tonnellaggio lordo** gross tonnage **tonnellaggio netto** net, nett tonnage

tonnellata *nf* ton *n* **tonnellata metrica** metric ton

topografo *nm* chartered surveyor *n*

tornare *vb* revert *vb*, return *vb*

totale 1. *adj* comprehensive *adj*, total *adj* 2. *nm* total *n* **totale generale** the grand total

traffico *nm* **traffico aereo** air traffic **traffico d'armi** arms trade **traffico ferroviario** rail traffic **traffico marittimo** sea traffic **traffico merci** freight traffic **traffico stradale** road traffic

traguardo *nm* target *n* **stabilire un traguardo** set a target

transazione *nf* transaction *n*

transito *nm* transit *n* **banco transiti** (transport) transfer desk **merci in transito** transit goods **sala transiti** (transport) transit lounge **in transito** in transit

transnazionale *adj* transnational *adj*

trarre *vb* **trarre profitto** benefit *vb*

trasbordare *vb* transship *vb*

trasbordo *nm* **fare un trasbordo** (transport) transfer *vb* **sala trasbordi** (transport) transfer lounge

trascrivere *vb* transcribe *vb*

trascrizione *nf* record *n*

trasferibile *adj* transferable *adj* **non trasferibile** non-transferable *adj*

trasferimento *nm* relocation *n* **prezzo di trasferimento** transfer price **trasferimenti** transfer payments **trasferimento di tecnologie** technology transfer **trasferimento di valuta** currency transfer

trasferire *vb* relocate *vb*

trasgredire *vb* contravene *vb*

trasgressione *nf* offence *n*, offense (US)

trasmettere *vb* broadcast *vb*, network *vb*, transcribe *vb*, transmit *vb*

trasmissione *nf* broadcast *n*

trasporto *nm* freight *n*, transportation *n* **trasporti pubblici** public transport **trasporto aereo** air freight, air transport **trasporto ferroviario** rail transport **trasporto merci** goods transport **trasporto pallettizzato** palletized freight **trasporto stradale** road transport

tratta *nf* (financial) draft *n* **tratta a vista** sight draft

trattare *vb* handle *vb*

trattativa *nf* deal *n* **in fase di trattativa** under negotiation **iniziare le trattative** begin negotiations **intavolare trattative** begin negotiations **trattativa salariale** wage negotiations **trattative di vendita** sales talk

trattato *nm* treaty *n* **trattato commerciale** commercial treaty **Trattato di Roma** the Treaty of Rome

trattenere *vb* retain *vb* **trattenere soldi** (money) keep back *vb*

trattenuta *nf* deduction *n*, retention *n*

tregua *nf* **tregua salariale volontaria** voluntary wage restraint

trend *nm* trend *n* **creare un trend** set a trend **opporsi ad un trend** buck a trend **trend attuale** current trend **trend dei consumatori** consumer trends **trend dell'economia** economic trend **trend economico** economic trend **trend del mercato** market trend **trend dei prezzi** price trend **trend della spesa** spending patterns

treno *nm* **in treno** by rail **treno merci** goods train, freight train (US)

tribunale *nm* **in tribunale** in court **tribunale con giurisdizione in materia di espropri** land tribunal **tribunale industriale** industrial tribunal **tribunale penale** criminal court

tributo *nm* **esigere tributi** levy taxes **riscuotere tributi** levy taxes

trimestrale *adj* quarterly *adj*

trimestre *nm* quarter *n*

truffa *nf* racket *n*, swindle* *n*

truffare *vb* defraud *vb*

truffatore *nm* racketeer *n*

trust *nm* **istituire un trust** set up a trust

turismo *nm* tourism *n*, the tourist trade *n*

turista *nm* tourist *n*

turno *nm* (working hours) shift *n* **lavoro a turni** shift work **sistema a turni continui** the three-shift system

ubicazione *nf* location *n*

UEO (Unione dell'Europa occidentale) *abbr nf* WEU (Western European Union) *abbr*

ufficiale *adj* official *n* **ufficiale giudiziario** bailiff *n*

ufficio *nm* office *n* **attrezzatura di ufficio** office equipment **direzione di ufficio** office management **orario di ufficio** office hours **personale di ufficio** office staff **ufficio centrale** main office **ufficio di collocamento** Job centre **ufficio distaccato** branch office **ufficio doganale** customs **ufficio esportazioni** export department **ufficio importazioni** import department **ufficio del personale** personnel department **ufficio postale** post office **ufficio regionale** regional office

ultimo *adj* last *adj* **ultimo scorso (u.s.)** ultimo *adj*

umano *adj* human *adj*

unanime *adj* unanimous *adj*

unificazione *nf* unification *n*

unilaterale *adj* unilateral *adj*

unione *nf* **unione doganale** customs union **unione economica** economic union **unione industriale** employer's federation **Unione monetaria ed economica** Economic and Monetary Union unità *nf* unità centrale (CPU) (DP) central processing unit (CPU) unità di conto europea (UCE) European Unit of Account (EUA) Unità monetaria europea (UME) European Monetary Union (EMU) unità di produzione unit of production

urbanistica *nf* town planning *n*

urgente *adj* urgent *adj*

urgentemente *adv* urgently *adv*

uso *nm* uso intenso intensive usage

usura *nf* usury *n*

utente *nmf* amichevole per l'utente user-friendly utente finale end user

utile 1. *adj* advantageous *adj*, handy *adj* 2. *nm* dare un utile netto di net, nett *vb* utile sul capitale return on capital utile sul capitale investito return on investment utile contabile book profit utile di esercizio net, nett profit utile d'esercizio inatteso windfall profit utile di gestione operating income, operating profit utile netto di esercizio net, nett earnings utile sulle vendite return on sales utili earnings utili non distribuiti earned surplus

utilità *nf* utilità finale final utility utilità marginale marginal utility

utilizzare *vb* make use of sth *vb*, utilize *vb*

utilizzo *nm* utilization *n*

vacanza *nf* vacanza pagata paid holiday

vaglia *nm* vaglia postale money order

valere *vb* be worth *vb*

validità *nf* validity *n*

valido *adj* valid *adj*

valore *nm* value *n* acquisire valore gain value aumentare di valore gain value determinazione del valore valuation diminuire di valore lose value oggetto senza valore write-off privo di valore legale null and void senza valore commerciale no commercial value di valore valuable valore contabile book value valore equo di mercato fair market value valore facciale nominal value valore massimo peak valore di mercato market value valore nominale face value, nominal value valore reale real value valore straordinario extraordinary value valori mobiliari stocks and shares

valuta *nf* currency *n* valuta chiave key currency valuta convertibile convertible currency valuta debole soft currency valuta estera foreign currency valuta forte hard currency valuta legale legal currency valuta di riserva reserve currency valuta verde green currency

valutare *vb* assess *vb*

valutazione *nf* appraisal *n*, assessment *n*, valuation *n*

vantaggio *nm* advantage *n*, benefit *n* vantaggio comparato comparative advantage vantaggio competitivo competitive advantage, competitive edge vantaggio relativo comparative advantage

vantaggioso *adj* advantageous *adj*

varco *nm* breakthrough *n*

variabile *adj* variable *adj*

veicolo *nm* veicolo industriale commercial vehicle veicolo per merci pesanti heavy goods vehicle

velocità *nf* a due velocità two-speed

vendere *vb* market *vb*, sell *vb* vendere più di quanto si ha a disposizione oversell *vb*

vendita *nf* sale *n* ammontare delle vendite sales figures gestione delle vendite sales management management delle vendite sales management previsione delle vendite sales forecast in vendita for sale vendita di capitale azionario equity financing vendita di una casa house sale vendita per contanti cash sale vendita fittizia fictitious sale vendita di liquidazione clearance sale vendita con pagamento rateale hire purchase vendita piramidale pyramid selling vendita porta a porta door-to-door selling vendite sul mercato interno home sales vendite sul mercato nazionale home sales vendite totali total sales

venditore *nm* dealer *n*, salesperson *n*, seller *n*, vendor *n* capitale del venditore vendor capital fare il venditore ambulante peddle *vb* venditore congiunto joint vendor venditore in partecipazione joint vendor

verbale *nm* il verbale dell'assemblea the minutes of the meeting verbali della conferenza conference proceedings

verghe *nfpl* verghe auree gold bullion

verifica *nf* tally *n*

verificare *vb* check *vb*, examine *vb*

veritiero *adj* accurate *adj*

versamento *nm* deposit *n* versamento anticipato advance payment

versare *vb* deposit *vb*

vertenza *nf* dispute *n*, grievance *n*

vertice *nm* (peak) zenith *n*

veto *nm* veto *n* mettere il veto veto *vb*

vettore *nm* carrier, haulage company, freight company (US) vettore a contratto haulage contractor, haulier vettore per espresso express carrier vettore stradale road haulage company

viaggiatore *nm* traveller *n*, traveler (US)

viaggio *nm* perso in viaggio lost in transit viaggi all'estero foreign travel in viaggio in transit viaggio aereo air travel viaggio di affari business trip viaggio d'affari business travel, business trip viaggio d'andata e ritorno round trip viaggio di dovere tour of duty viaggio in gruppo group travel viaggio tutto compreso package tour

vice *adj* deputy *adj*

vicedirettore *nm* deputy director *n*, assistant manager *n*

video *nm* video *n* attrezzature video video facilities impianti video video facilities mezzi video video facilities

videotelefono *nm* visual telephone *n*
vietato *adj* out of bounds, forbidden
vigore *nm* effect *n*
vincolante *adj* binding *adj*
vincolo *nm* obligation *n*, commitment *n*
  soggetto a vincolo doganale in bond
violare *vb* contravene *vb*
visita *nf* visit *n*
visitare *vb* visit *vb*
visitatore *nm* visitor *n*
visto *nm* (customs) visa *n* **visto d'ingresso**
  entry visa
visualizzatore *nm* visual display unit (VDU) *n*
vita *nf* life *n* **periodo di vita lavorativa** working life
vitalità *nf* viability *n*
vivace *adj* (competition) keen *adj*
vizio *nm* defect *n* **vizio occulto** hidden defect
vocazionale *adj* vocational *adj*
voce *nf* item *n* **voce contabile** ledger entry

volo *nm* (in plane) flight *n* **volo charter**
  charter flight
volubile *adj* (prices) volatile *adj*
volume *nm* bulk *n* **avere un volume d'affari**
  di turn over *vb*
votare *vb* vote *vb*
voto *nm* vote *n* **dare il voto** vote *vb* **diritto di**
  voto voting right **voto di sfiducia** vote of no
  confidence
yen *nm* (currency) yen *n* **obbligazione in yen**
  yen bond
zecca *nf* mint *n*
zenit *nm* zenith *n*
zero *nm* nil *n*, zero *n* **sotto zero** below zero
zona *nf* zone *n* **suddividere in zone** zone *vb*
  suddivisione in zone zoning **zona di esclu-**
  sione exclusion zone **zona del franco** franco
  zone **zona industriale** trading estate **zona**
  postale postal zone

English–Italian

abandon *vb* abbandonare *vb*, desistere da *vb*
abandoned *adj* **abandoned goods** beni
abbandonati *nmpl*
abate *vb* ribassare *vb*, diffalcare *vb*, detrarre
vb
abatement *n* ribassamento *nm*, diffalco *nm*
abbreviate *vb* abbreviare *vb*
abbreviated abbreviato *adj*
abbreviation *n* abbreviazione *nf*
abeyance *n* **to fall into abeyance** essere in
sospensiva
ability *n* abilità *nf*, capacità *nf* **ability to pay**
capacità di pagare, capacità contributiva
aboard *adv* **to go aboard** imbarcarsi *vb*
abolish *vb* abolire *vb*
abolition *n* abolizione *nf*
above-mentioned *adj* summenzionato *adj*,
suddetto *adj*, sopraindicato *adj*
aboveboard *adj/adv* leale *adj*, lealmente *adv*
abroad *adv* **to go abroad** andare all'estero
vb
absence *n* **in the absence of information** in
mancanza di informazioni
absent *adj* assente *adj*
absentee *adj* assente *nm* **absentee landlord**
proprietario non residente *nm*
absenteeism *n* assenteismo *nm*
absolute *adj* assoluto *adj*, incontestabile *adj*
absorb *vb* **to absorb surplus stock** assorbire
le rimanenze
abstract *n* estratto *nm*, sommario *nm*
abundance *n* abbondanza *nf*
abuse **1.** *n* (misuse) abuso *nm* **abuse of
power/trust** abuso di autorità/di fiducia
2. *vb* abusare di *vb*, prevaricare da *vb*
accelerate *vb* accelerare *vb*
acceleration *n* accelerazione *nf*
accept *vb* **accept delivery** ricevere in consegna
acceptance *n* **consumer acceptance** accettazione del consumatore *nf* **acceptance
house** istituto di accettazione bancaria *nm*
market acceptance accettazione da parte del
mercato *nf*
access **1.** *n* accesso *nm* **2.** *vb* accedere a *vb*
accessibility *n* accessibilità *nf*
accident *n* incidente *nm*, infortunio *nm*
industrial accident infortunio sul lavoro
accidental *adj* **accidental damage** danno
accidentale
accommodation *n* alloggio *nm*, comodo *nm*

accommodation allowance assegno integrativo d'alloggio **accommodation bill**
cambiale di comodo **to come to an accommodation** raggiungere un compromesso
accomplish *vb* portare a termine *vb*
accomplishment *n* compimento *nm*,
risultato *nm*
accordance *n* **in accordance with** in conformità con *prep*, secondo *prep*
according to *prep* **according to plan** secondo i piani **according to the minister**
secondo il ministro
account *n* (at shop, bank) conto *nm* **bank
account** conto bancario **Account Day** (stock
exchange) giorno di liquidazione **expense
account** conto spese **payment on account**
pagamento in acconto **profit and loss
account** conto profitti e perdite **savings
account** conto di risparmio **accounts receivable** conto debitori diversi **statement of
account** estratto conto **to open an account**
aprire un conto **to overdraw on an account**
andare allo scoperto, andare in rosso **to
settle an account** saldare un conto **to take
sth into account** prendere in considerazione, tenere in conto **trading account**
conto merci, conto esercizio commerciale
account for *vb* rendere conto di *vb*,
rappresentare *vb*, spiegare *vb*, incidere su
vb
accountability *n* responsabilità *nf*
accountable *adj* responsabile *adj*, tenuto a
rendere conto *adj*
accountancy *n* ragioneria *nf*
accountant *n* ragioniere *nm*, contabile *nmf*
chartered accountant commercialista *nmf*
accounting *n* **accounting conventions** principi contabili *nmpl* **financial accounting**
contabilità finanziaria *nf* **management accounting** contabilità gestionale *nf* **accounting period** periodo contabile *nm*, esercizio
nm
accredit *vb* accreditare *vb*
accrual *n* accumulazione *nf*, attribuzione *nf*,
rateo *nm* **rate of accrual** saggio di accumulazione
accrued *adj* **accrued interest** interessi
maturati *nmpl*
accumulate *vb* accumulare *vb*, accumularsi
vb

accumulated *adj* accumulato *adj*, arretrato *adj*

accuracy *n* esattezza *nf*

accurate *adj* esatto *adj*, veritiero *adj*

achieve *vb* raggiungere *vb*, conseguire *vb*

achievement *n* risultato *nm*, conseguimento *nm*

acknowledge *vb* **to acknowledge receipt of sth** accusare ricevuta di

acknowledgement *n* **acknowledgement of debt** riconoscimento di un debito

acquaintance *n* **business acquaintance** contatto nel mondo degli affari *nm* **to make the acquaintance of sb** fare la conoscenza di *vb*

acquire *vb* acquisire *vb*, acquistare *vb*

acquisition *n* acquisizione *nf*, acquisto *nm*

acquisitive *adj* desideroso di acquisire *adj*, acquisitivo *adj*

action *n* **industrial action** azione industriale *nf* **legal action** querela *nf* **out of action** guasto *nm*

actual *adj* effettivo *adj*, reale *adj*

actuality *n* realtà *nf*

actuary *n* attuario *nm*

acumen *n* **business acumen** acume in affari *nm*

additional *adj* supplementare *adj* **additional charge** supplemento di prezzo *nm*

address 1. *n* indirizzo *nm* **home address** recapito personale *nm* **registered address** sede legale *nf* **to change address** cambiare indirizzo **2.** *vb* indirizzare *vb*, parlare a *vb*

addressee *n* destinatario *nm*, destinataria *nf*

adjourn *vb* rimandare *vb*, rinviare *vb* sospendere i lavori *vb*

adjournment *n* rinvio *nm*

adjust *vb* **to adjust a claim** stabilire l'entità del danno **to adjust the figures** rettificare i conti, conguagliare i conti

adjustment *n* rettifica *nf*, adeguamento *nm*, conguaglio *nm*

administer *vb* amministrare *vb*, somministrare *vb*

administration *n* amministrazione *nf*, gestione *nf*

administrative *adj* **administrative costs** spese amministrative *nfpl*

administrator *n* amministratore *nm*, curatore *nm*, esecutore *nm*

advance 1. *adj* **advance notice** preavviso *nm* **advance payment** pagamento anticipato *nm*, versamento anticipato *nm* **2.** *n* (on salary) anticipo *nm*, prestito *nm*, rialzo *nm* **cash advance** anticipo in contanti **payable in advance** pagabile in anticipo **3.** *vb* (salary) anticipare *vb*

advanced *adj* **advanced country** nazione progredita *nf* **advanced technology** tecnologia avanzata *nf*

advantage *n* vantaggio *nm*, beneficio *nm* **comparative advantage** vantaggio comparato *nm*, vantaggio relativo *nm*

competitive advantage vantaggio competitivo *nm*

advantageous *adj* vantaggioso *adj*, utile *adj*

adverse *adj* **adverse balance of trade** bilancia commerciale passiva *nf*, deficit della bilancia commerciale *nm*

advertise *vb* fare pubblicità *vb*, pubblicizzare *vb*, reclamizzare *vb*

advertisement *n* annuncio pubblicitario *nm*, messaggio pubblicitario *nm*, inserzione *nf*

advertising *n* **advertising agency** agenzia di pubblicità *nf* **advertising budget** budget pubblicitario *nm* **advertising campaign** campagna pubblicitaria *nf* **advertising medium** mezzo pubblicitario *nm* **advertising revenue** reddito pubblicitario *nm*

advice *n* consiglio *nm*, consigli *nmpl*, parere *nm*

advise *vb* **to advise sb about sth** consigliare qualcosa a qualcuno

adviser/advisor *n* consulente *nm*, consigliere *nm*

advisory *adj* consultivo *adj*

advocate *vb* difendere *vb*, sostenere *vb*, perorare *vb*

aerospace *adj* **aerospace industry** industria aerospaziale *nf*

affidavit *n* affidavit *nm*, deposizione giurata *nf*

affiliated *adj* **affiliated company** azienda affiliata *nf*

affluent *adj* **affluent society** società del benessere *nf*

afford *vb* **I can't afford (to buy a new printer)** Non posso permettermi (di comprare una stampante nuova) **we cannot afford (to take) the risk** non possiamo permetterci di rischiare

after-sales service *n* assistenza alla clientela *nf*, servizio di assistenza post-vendita *nm*

agency *n* agenzia *nf* **advertising agency** agenzia di pubblicità **employment agency** agenzia di collocamento **travel agency** agenzia di viaggi

agenda *n* ordine del giorno *nm*

agent *n* agente *nm*, rappresentante *nm*, mandatario *nm*

AGM (Annual General Meeting) *abbr* assemblea generale degli azionisti *nf*

agrarian *adj* agricolo *adj*

agree *vb* concordare *vb*, convenire *vb*, mettersi d'accordo *vb*

agreed *adj* concordato *adj*, convenuto *adj*, pattuito *adj*

agreement *n* accordo *nm*, consenso *nm* **by mutual agreement** per mutuo consenso **verbal agreement** accordo verbale **wage agreement** accordo salariale

agribusiness *n* agribusiness *nm*

agriculture *n* agricoltura *nf*

agronomist *n* agronomo *nm*

aid *n* **financial aid** assistenza finanziaria *nf*

air *n* **by air** in aereo **air-conditioned** ad aria condizionata **air freight** nolo aereo *nm*, trasporto aereo *nm* **air traffic controller** controllore di volo *nm*

airline *n* linea aerea *nf*

airmail *n* posta aerea *nf*

airport *n* aeroporto *nm*

allocate *vb* stanziare *vb*, ripartire *vb*, distribuire *vb*

allowance *n* indennità *nf*, detrazione *nf*, abbuono *nm* **family allowance** assegni familiari *nmpl*

amalgamate *vb* incorporare *vb*, fondere *vb*

amalgamation *n* fusione *nf*, incorporazione *nf*

amend *vb* rettificare *vb*, riformare *vb*

amendment *n* emendamento *nm*, rettifica *nf*, riforma *nf*

amends *npl* **to make amends** fare ammenda *vb*

amenities *npl* impianti *nmpl*, conforts *nmpl*, strutture *nfpl*

amortization *n* ammortamento *nm*

amortize *vb* ammortizzare *vb*, ammortare *vb*

amount *n* ammontare *nm*, somma *nf*, quota *nf*

amount to *vb* costituire *vb*, equivalere a *vb*

analysis *n* analisi *nf* **cost-benefit analysis** analisi dei costi e dei benefici **systems analysis** analisi dei sistemi

analyze *vb* analizzare *vb*

annual *adj* **annual general meeting (AGM)** assemblea generale degli azionisti *nf*, assemblea ordinaria *nf* **annual report** relazione annuale di bilancio *nf*

annuity *n* rendita *nf*, assegno annuale *nm*

annulment *n* annullamento *nm*, revoca *nf*, rescissione *nf*

Ansaphone (R) *n* segreteria telefonica *nf*

answer 1. *n* risposta *nf*, riscontro *nm* 2. *vb* rispondere a *vb*

answering *n* **answering machine** segreteria telefonica *nf*

anti-inflationary *adj* **anti-inflationary measures** misure antinflazionistiche *nfpl*

antitrust *adj* **antitrust laws** leggi antitrust *nfpl*

appeal 1. *n* richiamo *nm*, ricorso *nm*, appello *nm* 2. *vb* fare appello a *vb*, ricorrere a *vb*

application *n* **application form** modulo di domanda *nm*, modulo di sottoscrizione *nm* **letter of application** lettera di richiesta di impiego *nf*

apply for *vb* fare domanda di *vb*, richiedere *vb*

appoint *vb* **to appoint sb to a position** incaricare *vb*, nominare *vb*

appointment *n* (to meet) appuntamento *nm* (to a position) nomina *nf* **to make an appointment** fissare *vb*, prendere un appuntamento *vb*

appraisal *n* valutazione *nf*, stima *nf*

appreciate *vb* (rise in value) aumentare di prezzo *vb*

appreciation *n* (in value) aumento di valore *nm*

apprentice *n* apprendista *nmf*, tirocinante *nmf*

apprenticeship *n* apprendistato *nm*, tirocinio *nm*

appropriation *n* stanziamento *nm*, ripartizione *nf*, appropriazione *nf*

approval *n* approvazione *nf*, benestare *nm*, omologazione *nf*, ratifica *nf* **on approval** salvo vista e verifica, in esame

approve *vb* approvare *vb*, ratificare *vb*, omologare *vb*

approximate *adj* approssimativo *adj*

approximately *adv* approssimativamente *adv*, circa *adv*

arbitrage *n* arbitraggio *nm*

arbitrary *adj* arbitrario *adj*, discrezionale *adj*

arbitrate *vb* arbitrare *vb*, sottoporre ad arbitrato *vb*

arbitration *n* arbitrato *nm*, arbitraggio *nm*

arbitrator *n* arbitro *nm*

area *n* **area manager** direttore di zona *nm*, manager di zona *nm*

arithmetic *n* aritmetica *nf*

arithmetical *adj* **arithmetical mean** media aritmetica *nf*, media *nf*

arms *npl* **arms trade** traffico d'armi *nm*

arrangement *n* (agreement) accordo *nm*, concordato *nm*

arrears *npl* arretrati *nmpl* **in arrears** in arretrato **to fall/get into arrears** essere moroso *vb*, essere in arretrato *vb*

articulated *adj* **articulated lorry** auto articulato *nm*

asap (as soon as possible) *abbr* il più presto possibile

asking *adj* **asking price** prezzo di domanda *nm*

assembly *n* **assembly line** catena di montaggio *nf*

assess *vb* stimare *vb*, valutare *vb*, stabilire *vb*, accertare *vb*

assessment *n* determinazione *nf*, accertamento *nm*, valutazione *nf*, stima *nf*

asset *n* attività *nf*, attivo *nm*, bene *nm* **capital assets** capitale fisso

assign *vb* assegnare *vb*, incaricare *vb*, cedere *vb*

assignee *n* assegnatario *nm*, cessionario *nm*, avente causa *nm*

assignment *n* incarico *nm*, compito *nm*, nomina *nf*, cessione *nf*

assistant *adj* **assistant manager** vicemanager *nm*, vicedirettore *nm*

associate 1. *adj* **associate director** condirettore *nm* 2. *n* collaboratore in affari *nm*

attestation *n* attestazione *nf*, attestato *nm*,

autenticazione *nf*
attorney *n* procuratore legale *nm*, avvocato *nm* **power of attorney** procura *nf*, atto di procura *nm*
auction 1. *n* asta *nf*, incanto *nm* 2. *vb* vendere all'asta *vb*
auctioneer *n* banditore *nm*
audit *n* revisione contabile *nf*, controllo dei conti *nm*
auditor *n* revisore dei conti *nm*, sindaco revisore dei conti *nm*
authority *n* (official) autorità *nf*, potere *nm*, ente *nm*
authorize *vb* autorizzare *vb*
authorized *adj* **authorized dealer** operatore autorizzato *adj*
automatic *adj* automatico *adj* **automatic cash dispenser** cassa automatica *nf*
automation *n* automazione *nf*
automobile *n* **automobile industry** industria automobilistica *nf*
autonomous *adj* autonomo *adj*
auxiliary *adj* ausiliare *adj*, strumentale *adj*, accessorio *adj*
average 1. *adj* **average unit** unità media *nf* 2. *n* media *nf*, avaria *nf*
avoid *vb* evitare *vb*
avoidance *n* **tax avoidance** minimizzazione dell'onere fiscale *nf*, elusione fiscale *nf*
axe, ax (US) *vb* **to axe expenditure** ridurre drasticamente i costi *vb*
back *vb* **to back a venture** appoggiare un'impresa rischiosa *vb*
back pay *n* arretrati di paga *nmpl*
backdate *vb* **to backdate a cheque** retrodatare un assegno *vb*
backer *n* avallante *nm*, finanziatore *nm*, garante *nm*
backhander* *n* tangente *nf*, bustarella *nf*
backing *n* appoggio *nm*, copertura *nf*
backlog *n* arretrato *nm*, ordinazioni inevase *nfpl*
bad *adj* **bad cheque** assegno scoperto *nm* **bad debt** credito inesigibile *nm*
bail *n* cauzione *nf*, garanzia *nf*
bailiff *n* ufficiale giudiziario *nm*
balance 1. *n* (financial) saldo *nm*, residuo *nm* **bank balance** saldo di conto bancario **final balance** saldo finale **balance in hand** saldo in cassa **balance of payments** bilancia dei pagamenti *nf* **balance of payments deficit** deficit della bilancia dei pagamenti *nm* **balance of payments surplus** surplus della bilancia dei pagamenti *nm* **balance of trade** bilancia commerciale *nf* **balance sheet** bilancio patrimoniale *nm* **trade balance** bilancia commerciale *nf* 2. *vb* **to balance the books** fare il bilancio dei libri contabili *vb* **to balance the budget** pareggiare il bilancio *vb*
bank 1. *n* banca *nf*, istituto di credito *nm* **bank account** conto bancario *nm* **bank balance** saldo di conto bancario *nm* **bank**

card carta di credito *nf* **bank charges** commissioni bancarie *nfpl*, spese bancarie *nfpl* **bank clerk** impiegato,a di banca *nm,f* **bank draft** assegno circolare *nm* **bank holiday** bank holiday *nf*, festa civile *nf* **bank loan** prestito bancario *nm* **bank manager** direttore di banca *nm* **bank overdraft** scoperto *nm*, credito allo scoperto *nm* **bank rate** tasso ufficiale di sconto *nm* **bank statement** rendiconto *nm*, estratto conto *nm* 2. *vb* **to bank a cheque** versare un assegno *vb*
banker *n* banca *nf*, banchiere *nm* **banker's order** ordine di banca *nm*, ordine di pagamento *nm*
banking *n* **banking circles** il mondo bancario *nm*, le banche *nfpl* **banking hours** orario di sportello *nm*
banknote *n* banconota *nf*
bankrupt *adj* fallito *adj* **to be bankrupt** fallire *vb*
bankruptcy *n* fallimento *nm*
bar code *n* barcode *nm*
bargain 1. *n* affare *nm*, operazione in compravendita *nf* **it's a bargain** è un buon affare, è un'occasione **bargain offer** offerta speciale *nf* **bargain price** prezzo di affare *nm*, prezzo di occasione *nm* 2. *vb* contrattare *vb*, mercanteggiare *vb*, tirare sul prezzo *vb*
barrier *n* **trade barrier** barriera commerciale *nf*, barriera al libero scambio *nf*
barrister, lawyer (US) *n* avvocato *nm*, avvocatessa *nf*
barter 1. *n* baratto *nm* **barter agreement** accordo di scambio *nm* **barter transaction** operazione di scambio *nf* 2. *vb* barattare *vb*
base *adj* **base lending rate** tasso d'interesse ufficiale di base *nm*
basic *adj* basilare *adj*, fondamentale *adj* **basic commodity** bene economico basilare *nm* **basic income** reddito minimo *nm* **basic rate** salario base *nm* **basic training** addestramento di base *nm*, training di base *nm*
basis *n* **basis of assessment** criterio basilare di accertamento *nm*
basket *n* **basket of currencies** paniere valutario *nm*
batch *n* (of goods) lotto *nm*, partita *nf* **batch processing** (DP) lavorazione per lotti *nf*
bear 1. *n* (stock exchange) ribassista *nm* **bear market** mercato al ribasso *nm*, mercato con tendenza al ribasso *nm* 2. *vb* **to bear interest** dare interesse *vb*, produrre interesse *vb*
bearer *n* portatore *nm* **bearer bond** obbligazione al portatore *nf*, titolo al portatore *nm* **bearer cheque** assegno al portatore *nm* **bearer share** azione al portatore *nf*
bench *n* **bench mark** punto di riferimento *nm* **bench mark price** prezzo di riferimento *nm*
benefactor *n* benefattore *nm*
benefit 1. *n* (social security) indennità *nf*,

vantaggio *nm*, beneficio *nm*, sussidio *nm*
2. *vb* beneficiare *vb*, trarre profitto *vb*
giovare a *vb*
bequeath *vb* lasciare in eredità *vb*
bequest *n* lascito *nm*, legato *nm*
best *adj* **best-before date** da consumarsi
entro *vb* **best seller** best seller *nm*
biannual *adj* semestrale *adj*
bid **1.** *n* offerta *nf*, licitazione *nf*, offerta
d'appalto *nf* **2.** *vb* (auction) offrire *vb*, fare
un'offerta *vb*, licitare *vb*
biennial *adj* biennale *adj*
bilateral *adj* **bilateral trade** commercio
bilaterale *nm*, scambi bilaterali *nmpl*
bill **1.** *n* (invoice) conto *nm*, fattura *nf* **bill of
exchange** cambiale *nf*, tratta *nf* **bill of lading**
polizza di carico *nf* **bill of sale** atto di
cessione *nm*, atto di vendita *nm* **bills
discounted** effetti scontati *nmpl* **to pay a
bill** pagare il conto *vb* **2.** *vb* (invoice)
fatturare *vb*
bimonthly *adj* bimensile *adj*, bimestrale *adj*
binding *adj* vincolante *adj* **legally binding**
legalmente vincolante *adj*
biweekly *adj* quindicinale *adj*, bimensile *adj*
black *adj* **black economy** economia nera *nf*
black market borsa nera *nf* **to be in the
black** essere in credito *vb*, avere un saldo
attivo *vb*
blank *adj* **blank cheque** assegno in bianco
nm
block **1.** *n* blocco *nm*, lotto *nm*, pacchetto
nm **2.** *vb* bloccare *vb*
blockade **1.** *n* blocco *nm*, assedio *nm* **2.** *vb*
bloccare *vb*, assediare *vb*
blocked *adj* **blocked account** conti bloccati
nmpl
blue *adj* **blue-chip company** società industriale di prim'ordine *nf*, società Blue Chip *nf*
blue-collar worker operaio *nm*, colletto blu
nm **blue-chip securities** titoli Blue Chip
nmpl
board *n* **Board of Trade** Ministero (britannico) del commercio estero *nm* **board
meeting** riunione del consiglio di
amministrazione *nf* **board of directors** consiglio di amministrazione *nm* **board room**
sala riunioni del consiglio di
amministrazione *nf*
bona fide *adj* in buona fede *adv*
bond *n* obbligazione *nf*, titolo *nm* **bond
certificate** certificato obbligazionario *nm*,
manto *nm* **government bond** titolo di stato
nm **in bond** in magazzino doganale, soggetto a vincolo doganale
bonded *adj* **bonded warehouse** magazzino
doganale *nm*, deposito franco *nm*
bondholder *n* obbligazionista *nm*
bonus *n* premio *nm*, gratifica *nf*, dividendo
extra *nm*
book **1.** *n* **cheque book** libretto di assegni
nm **book profit** utile contabile *nm* the

books libri contabili *nmpl* **book value**
valore contabile *nm* **2.** *vb* **to book a hotel
room** prenotare una camera d'albergo *vb*
to book in advance prenotare in anticipo *vb*
book-keeper *n* contabile *nm*
book-keeping *n* contabilità *nf*, tenuta dei libri
nf
booking *n* (reservation) prenotazione *nf*
bookseller *n* libraio *nm*
bookshop, bookstore (US) *n* libreria *nf*
boom **1.** *n* **economic boom** boom
economico *nm* **boom in demand** boom
della domanda *nm* **2.** *vb* espandere *vb*
booming *adj* fiorente *adj*, dinamico *adj*
boost **1.** *n* spinta *nf*, lancio *nm* **2.** *vb* **to
boost demand** incrementare la domanda *vb*
to boost morale sostenere il morale *vb* **to
boost production** aumentare la produzione
vb **to boost sales** aumentare le vendite *vb*,
incrementare le vendite *vb*
boot *vb* **to boot a computer** dar il via alle
attività del sistema operativo *vb*,
inizializzare *vb*, lanciare *vb*
booth *n* (voting) cabina *nf*
borrow *vb* prendere in prestito *vb*, mutuare
vb
borrowing *n* indebitamento *nm*, credito
passivo *nm*
boss *n* capo *nm*, principale *nm*, padrone *nm*,
dirigente *nm*
bottleneck *n* strozzatura *nf* **bottleneck inflation** inflazione da strozzatura *nf*
bottom **1.** *adj* **bottom price** prezzo minimo
nm **2.** *n* **at the bottom** (letter) in calce *adv*,
in fondo *adv* **3.** *vb* **to bottom out** toccare il
fondo *vb*
bought *adj* **bought ledger** libro mastro dei
torniton *nm*
bounce* *vb* (cheque) respingere un assegno
vb
bound *n* **out of bounds** proibito *adj*, vietato
adj
box **1.** *n* **box number** numero di casella
postale *nm* **box office** botteghino (ticket
office) *nm*, box-office (proceeds of a film)
nm **PO box** casella postale *nf* **2.** *vb* **to box
sth up** inscatolare *vb*, incassare *vb*
boycott **1.** *n* boicottaggio *nm* **2.** *vb*
boicottare *vb*
bracket *n* **tax bracket** categoria fiscale *nf*
branch *n* filiale *nf* **branch company** filiale *nf*,
succursale *nf* **branch manager** direttore di
filiale *nm* **branch office** ufficio distaccato
nm
brand *n* marca *nf*, marchio di fabbrica *nm*
brand image immagine della marca *nf*
brand leader marca leader *nf*, brand leader
nm
breach *n* **breach of contract** inadempimento
di un contratto *nm*
break **1.** *n* **to take a break** fare una sosta *vb*,
fare una pausa *vb* **2.** *vb* **to break an**

agreement violare un accordo *vb*, venir meno ad un accordo *vb*
break even *vb* chiudere un bilancio in pareggio *vb*
break up *vb* cessare l'attività *vb*, ritirarsi dall'attività *vb*
break-even *adj* **break-even point** punto di equilibrio *nm*, punto di pareggio *nm*
breakdown *n* (of figures) analisi stratificata delle cifre *nf* **breakdown service** soccorso stradale *nm*
breakthrough *n* conquista *nf*, varco *nm* **to make a breakthrough** fare un importante passo avanti *vb*
breakup *n* svendita *nf*, realizzo *nm*, demolizione *nf*
bribe 1. *n* tangente *nf* 2. *vb* corrompere *vb*, comprare *vb*
bribery *n* corruzione *nf*
bridging *adj* **bridging loan, bridge loan** (US) prestito compensativo *nm*
brief 1. *n* informazioni *nfpl*, brevi istruzioni *nfpl* 2. *vb* dare istruzioni a *vb*
briefing *n* informazioni *nfpl*, istruzioni *nfpl*, briefing *nm*
bring down *vb* (prices) abbassare *vb*
bring forward *vb* riportare *vb*
bring out *vb* (product) lanciare *vb*
brinkmanship *n* politica del rischio calcolato *nf*
Britain *n* Gran Bretagna *nf*
British *adj* britannico *adj* **British Isles** le Isole Britanniche *nfpl*, Gran Bretagna *nf*
broad *adj* **broad market** mercato ampio *nm*
broadcast 1. *n* diffusione *nf*, trasmissione *nf* 2. *vb* diffondere *vb*, trasmettere *vb*
broadsheet *n* giornale formato normale *nm*
brochure *n* opuscolo *nm*, brochure *nf*
broker *n* intermediario *nm*, broker *nm*
brokerage *n* intermediazione *nf*, brokeraggio *nm* **brokerage firm** agenzia di compravendita *nf*, agenzia d'intermediazione *nf*
buck* *n* (US familiar: dollar) dollaro *nm* **to pass the buck*** lavarsi le mani di *vb*, fare a scaricabarile *vb*
budget *n* budget *nm*, bilancio preventivo *nm* **to draw up a budget** redigere il bilancio *vb*
budget for *vb* programmare *vb*, stanziare *vb*
budgetary *adj* **budgetary deficit** disavanzo *nm*, deficit di bilancio *nm* **budgetary policy** politica di bilancio *nf*
bug 1. *n* (listening device) microfono spia *nm*, (computer) baco *nm* 2. *vb* **to bug a call** registrare abusivamente una telefonata *vb*
build *vb* **to build a reputation** farsi un buon nome *vb*
builder *n* costruttore *nm*, imprenditore edile *nm*
building *adj* **building contractor** appaltatore edile *nm* **building firm** società edilizia *nf* **building industry/trade** edilizia *nf* **building**

permit licenza edilizia *nf* **building site** cantiere edilizio *nm*, area fabbricabile *nf*
building society società di credito edilizio *nf*
built-in *adj* incorporato *adj*, incassato *adj*, automatico *adj*
built-up *adj* **built-up area** zona urbana *nf*, zona abitata *nf*
bulk *n* massa *nf*, volume *nm* **the bulk of** la maggior parte di *nf* **to buy in bulk** acquistare all'ingrosso *vb*
bull 1. *n* (stock exchange) rialzista *nm* **bull market** mercato al rialzo *nm* 2. *vb* (stock exchange) speculare al rialzo *vb*
bulletin *n* bollettino *nm*, comunicato *nm* **bulletin board** bacheca *nf*
bullion *n* metallo prezioso *nm*
bump up *vb* (prices) aumentare i prezzi *vb*
bundle *n* balla *nf*
bundle up *vb* imballare *vb*
buoyant *adj* **buoyant market** mercato al rialzo *nm*
bureau *n* **bureau de change** agenzia di cambiavalute *nf* **Federal Bureau (US)** Federal Bureau *nm*
bureaucracy *n* burocrazia *nf*
bureaucrat *n* burocrate *nm*
bureaucratic *adj* burocratico *adj*
bursar *n* economo *nm*, tesoriere *nm*
bus *n* autobus *nm* **bus station** autostazione *nf*, stazione degli autobus *nf*
business 1. *adj* **business address** recapito *nm*, sede legale *nf* **business associate** socio in affari *nm* **business consultant** consulente *nmf* **business expenses** spese generali *nfpl* **business hours** ore d'ufficio *nfpl* **business premises** locali aziendali *nmpl* **business studies** studi di amministrazione aziendale *nmpl* **business suit** completo *nm* **business transaction** operazione commerciale *nf* **business trip** viaggio di affari *nm* 2. *n* affari *nmpl* **to go out of business** fallire *vb* **big business** i grossi affari *nmpl*, l'alta finanza *nf*, business ad alto livello *nm* **family business** impresa familiare *nf* **to set up in business** avviare un'azienda *vb*
businesslike *adj* efficiente *adj*, pratico *adj*, metodico *adj*
busy *adj* impegnato *adj*, indaffarato *adj*, occupato *adj* **busy signal (US)** segnale di occupato *nm*
buy 1. *n* **a good buy** un buon affare *nm* 2. *vb* **to buy sth at a high price** comprare a prezzo alto *vb* **to buy sth on credit** comprare a credito *vb* **to buy sth second hand** acquistare di seconda mano *vb* **to buy sth wholesale** acquistare all'ingrosso *vb*
buy out *vb* rilevare il pacchetto di azioni *vb*
buy-out *n* acquisto in blocco *nm*, rilevamento *nm*
buyer *n* compratore *nm*, addetto agli acquisti *nm* **buyer's market** mercato al ribasso *nm*
buying *n* **buying and selling** compravendita

nf **buying power** potere di acquisto *nm*
buying price prezzo di acquisto *nm* **buying
rate** cambio di acquisto *nm*, corso di
acquisto *nm*
by-product *n* sottoprodotto *nm*
bypass *vb* aggirare *vb*
byte *n* byte *nm*
c.i.f. (cost, insurance and freight) *abbr* c.i.f.
(costo, assicurazione e nolo) *abbr*
**CAD (computer-aided or assisted
design)** *abbr* CAD (Design assistito da
calcolatore) *abbr*
calculate *vb* calcolare *vb*
calculation *n* calcolo *nm*, previsione *nf*
calculator *n* calcolatrice *nf*
call 1. *n* **call money** denaro a richiesta *nm*
person-to-person call telefonata con
preavviso *nf* **reverse-charge call, collect call**
(US) telefonata a carico del destinatario *nf*
2. *vb* **to call a meeting** convocare una
riunione *vb*, convocare un'assemblea *vb* **to
call it a deal** Affare fatto! *nm*
call back *vb* (on phone) richiamare *vb*
call for *vb* avere bisogno di *vb*, richiedere *vb*
call in *vb* (demand the repayment of a loan)
richiedere un prestito *vb*
campaign *n* **advertising campaign** campagna pubblicitaria *nf* **publicity campaign**
campagna pubblicitaria *nf* **sales campaign**
campagna di vendita *nf* **to run a campaign**
fare una campagna *vb*
cancel *vb* **cancel a contract** rescindere un
contratto *vb* **cancel an appointment** disdire
un appuntamento *vb*
cancellation *n* cancellazione *nf*, estinzione
nf, annullamento *nm* **cancellation charge**
spese di annullamento *nfpl*, costo di
rescissione *nm*
candidate *n* (for job) candidato,-a *nm,f*
cap *vb* **to cap the interest rate** limitare il
tasso d'interese *vb*
CAP (Common Agricultural Policy) *abbr*
Politica Agricola Comunitaria *nf*
capacity *n* **earning capacity** capacità di
reddito *nf* **industrial capacity** capacità
industriale *nf* **in my capacity as chairman** in
veste di presidente *prep* **manufacturing
capacity** capacità industriale *nf* **storage
capacity** capacità di magazzinaggio *nf* **to
expand capacity** ampliare la capacità *vb* **to
work to full capacity** operare a piena
capacità *vb*
capital 1. *adj* **capital assets** capitale fisso
nm **capital budget** piano degli investimenti
nm, budget degli investimenti di capitale
nm **capital cost** costo di capitale *nm* **capital
expenditure** spese in conto capitale *nfpl*,
spese di capitale *nfpl* **capital exports**
esportazioni di capitale *nfpl* **capital funds**
fondi di capitale *nmpl*, stanziamenti di
capitale *nmpl* **capital gains** plusvalenza *nf*,
reddito del capitale *nm* **capital gains tax**

imposta sui redditi di capitale *nf*, imposta
sulle plusvalenze *nf* **capital goods** beni
capitali *nmpl*, beni indiretti *nmpl*, beni
strumentali *nmpl* **capital loss** perdita di
capitale *nf* **capital market** mercato
finanziario *nm* **capital turnover** indice di
rotazione del capitale *nm* **2.** *n* capitale *nm*
fixed capital capitale fisso *nm*, capitale
investito *nm* **initial capital** capitale
d'impianto *nm* **invested capital** capitale
investito *nm* **to raise capital** procurarsi il
capitale *vb* **venture capital** capitale di
rischio *nm* **working capital** capitale netto di
esercizio *nm*
capitalism *n* capitalismo *nm*
capitalist *n* capitalista *nm*
capitalize *vb* capitalizzare *vb*, finanziare *vb*
card *n* **bank card** carta di credito *nf* **business
card** biglietto di visita *nm* **chargecard** carta
di addebito *nf* **cheque card** carta assegni *nf*
credit card carta di credito *nf* **identity card**
carta d'identità *nf* **smart card** carta
intelligente *nf*, smart card *nf*
career *n* carriera *nf*, professione *nf* **careers
advice** psicotecnica *nf*
cargo *n* carico *nm* **bulk cargo** carico alla
rinfusa *nm*, carico a massa *nm* **cargo ship**
nave da carico *nf*, mercantile *nm*
carriage *n* **carriage charge** spese di trasporto
nfpl **carriage costs** costi di trasporto *nmpl*
carriage forward porto assegnato *nm* **carriage included** spese di trasporto incluse
nfpl **carriage paid** porto pagato *nm*
carrier *n* vettore *nm* **bulk carrier** portarinfuse
nf **express carrier** vettore per espresso *nm*
carry *vb* (stock) mantenere scorte *vb*
carry forward *vb* riportare *vb*
carry out *vb* eseguire *vb*, condurre *vb*,
effettuare *vb*
carry over *vb* (to next month) riportare *vb*,
prorogare *vb*
carrying *adj* **carrying cost** costo di
utilizzazione *nm*
cartel *n* cartello *nm*, consorzio *nm*
cash 1. *adj* **cash crop** raccolto per la vendita
nm **cash desk** cassa *nf* **cash discount**
sconto di cassa *nm* **cash flow** cash flow *nm*,
flusso di cassa *nm* **cash machine/dispenser**
cassa automatica *nf* **cash offer** offerta in
contanti *nf* **cash payment** pagamento in
contanti *nm*, pagamento a pronti *nm* **cash
sale** vendita per contanti *nf* **cash transaction** operazione a pronti *nf* **2.** *n* contante
nm, contanti *nmpl*, denaro liquido *nm* **cash
and carry** cash and carry *nm* **cash before
delivery** pagamento in contanti prima della
consegna *nm* **for cash** in contanti *adv*, a
pronti *adv* **cash on delivery (COD)** pagamento contrassegno *nm* **cash on receipt of
goods** pagamento in contanti alla ricevuta
della merce *nm* **to pay in cash** pagare in
contanti *vb* **cash with order** contanti

all'ordinazione *nmpl* **3.** *vb* **to cash a cheque** incassare un assegno *vb*
cash up *vb* chiudere la cassa *vb*
cashier *n* cassiere, -a *nm,f*
cater for *vb* soddisfare *vb*, tenere conto di *vb*
caution *n* **caution money** cauzione *nf*
ceiling *n* (on prices) calmiere *nm* **to put a ceiling on sth** imporre un calmiere su *vb*
central *adj* **central bank** banca centrale *nf* **central planned economy** economia a pianificazione centrale *nf* **central planning** pianificazione centrale *nf* **central processing unit (CPU)** (DP) unità centrale di elaborazione (CPU) *nf*
centralization *n* accentramento *nm*, centralizzazione *nf*
centralize *vb* centralizzare *vb*, accentrare *vb*
centre *n* **business centre** centro commerciale *nm* **Jobcentre** ufficio di collocamento *nm*
certificate **1.** *n* certificato *nm*, attestato *nm* **clearance certificate** permesso di partenza *nm* **marriage certificate** certificato di matrimonio *nm* **certificate of employment** certificato di lavoro *nm* **certificate of origin** certificato di origine *nm* **certificate of ownership** atto *nm*, certificato di nazionalità *nm* **share certificate, stock certificate** (US) certificato azionario *nm*, manto *nm* **2.** *vb* certificare *vb*, attestare *vb*
certified *adj* **certified cheque** assegno bancario a copertura garantita *nm*
certify *vb* certificare *vb*, attestare *vb*, autenticare *vb*
chain *n* **chain of shops** catena di negozi *nf* **retail chain** catena di negozi al dettaglio *nf* **chain store** grande magazzino appartenente ad una catena *nm*
chair *vb* **to chair a meeting** presiedere a una riunione *vb*
chamber *n* **Chamber of Commerce** camera di commercio *nf*
chancellor *n* **chancellor of the exchequer (GB)** Cancelliere dello Scacchiere *nm*
change *n* (from purchase) cambio *nm*, spiccioli *nmpl*, resto *nm* **bureau de change** agenzia di cambiavalute *nf* **loose/small change** (coins) spiccioli *nmpl*
charge **1.** *adj* **charge account** conto di credito *nm* **2.** *n* **bank charges** spese bancarie *nfpl*, competenze bancarie *nfpl* **delivery charges** spese di consegna *nfpl* **handling charges** spese di approntamento *nfpl* **legal charge** ipoteca legale *nf* **to be in charge** avere la responsabilità *vb*, comandare *vb* **3.** *vb* **to charge commission** addebitare la provvigione *vb* **to charge for sth** far pagare qualcosa *vb* **to charge a price** addebitare *vb*, mettere in conto *vb* **to charge sth to an account** addebitare una somma su un conto *vb* **to take charge of sth** assumere la responsabilità *vb*, prendersi cura di *vb* **to charge sb with sth** accusare *vb*, imputare *vb*,

incriminare *vb*, tassare di *vb*
chargeable *adj* imponibile *adj*, da addebitarsi
charitable *adj* **charitable trust** charitable trust *nm*, negozio fiduciario *nm*
charity *n* beneficenza *nf*
chart *n* **bar chart** diagramma a colonne *nm* **flow chart** flussoschema *nm*, flussogramma *nm* **pie chart** diagramma a settori *nm*
charter *n* **charter flight** volo charter *nm*
chartered *adj* **chartered accountant** (GB) commercialista *nmf* **chartered bank** chartered bank *nf* **chartered surveyor** topografo *nm*
chattels *npl* beni mobili *nmpl*
check **1.** *n* **customs check** controllo doganale *nm* **to make a check on sth** effettuare un controllo di *vb* **2.** *vb* controllare *vb*, verificare *vb*
check in *vb* (at airport) fare il check-in *vb* (in hotel) presentarsi alla reception dell'albergo *vb*
check out *vb* (from hotel) saldare il conto in albergo *vb*
checkbook (US) *n* libretto di assegni *nm*
chemical *adj* **chemical industry** industria chimica *nf* **chemical products** prodotti chimici *nmpl*
cheque, check (US) *n* assegno *nm* **return a cheque to drawer** restituire un assegno all'emittente *vb* **blank cheque** assegno in bianco *nm* **cheque book** libretto di assegni *nm* **crossed cheque** assegno sbarrato *nm* **dud cheque** assegno scoperto *nm*, assegno a vuoto *nm* **a cheque for the amount of £100** assegno per la somma di 100 sterline *nm* **to bounce a cheque** restituire un assegno all'emittente *vb* **to cash a cheque** incassare un assegno *vb* **to make out a cheque** scrivere un assegno *vb* **to pay by cheque** pagare con assegno *vb* **to sign a cheque** firmare un assegno *vb* **to stop a cheque** bloccare un assegno *vb*, mettere un fermo ad un assegno *vb* **traveller's cheque, traveler's cheque** (US) travellers' cheque *nmpl*
chief *adj* **chief accountant** ragioniere capo *nm* **chief cashier** cassiere capo *nm* **chief executive** direttore esecutivo *nm*, direttore generale *nm* **chief financial officer** direttore finanziario generale *nm*
circular *n* (letter) circolare *nf*
circulate *vb* (document) circolare *vb*, far circolare *vb*, distribuire *vb*
circulation *n* **in circulation** in circolazione *adv*
circumstance *n* circostanza *nf* **circumstances beyond our control** circostanze al di fuori del nostro controllo **due to unforeseen circumstances** a causa di circostanze impreviste **under no circumstances** in nessun caso
civil *adj* **civil engineering** ingegneria civile *nf* **civil servant** impiegato statale *nm*, funzionario statale *nm* **civil service** amministra-

zione pubblica *nf*
claim 1. *n* **claim form** modulo di reclamo *nm* **claims department** reparto risarcimenti *nm* **claims procedure** procedura di reclamo *nf* **to put in a claim** presentare una richiesta di risarcimento *vb* **to settle a claim** comporre una lite *vb* **wage claim** richiesta d'aumento salariale *nf* **2.** *vb* (demand) **to claim for damages** pretendere il risarcimento dei danni *vb*
claimant *n* ricorrente *nm*, attore *nm*
class *n* **business class** (plane) classe business *nf* **first class** (plane) prima classe *nf*
classified *adj* **classified advertisement** annuncio economico *nm*, inserzione pubblicitaria *nf* **classified information** dati riservati *nmpl*
clause *n* (in contract) clausola *nf*, comma *nm* **escape clause** clausola di storno *nf* **option clause** clausola di opzione *nf*
clear 1. *adj* **clear loss** perdita netta *nf* **to make oneself clear** spiegarsi *vb* **2.** *vb* **to clear a cheque** compensare un assegno *vb* **to clear sth through customs** sdoganare *vb*
clearance *n* **clearance offer** saldo *nm* **clearance sale** liquidazione *nf*, vendita di liquidazione *nf*
clearing *adj* **clearing bank** banca affiliata alla stanza di compensazione *nf* **clearing house** stanza di compensazione *nf* **clearing payment** pagamento di compensazione *nm*
clerical *adj* **clerical error** errore di scrittura *nm* **clerical work** lavoro impiegatizio *nm*
clerk *n* impiegato, -a *nm,f*
client *n* cliente *nm*
clientele *n* clientela *nf*
clinch *vb* **clinch a deal** concludere un affare *vb*
clock in *vb* timbrare il cartellino in entrata *vb*
clock out *vb* timbrare il cartellino in uscita *vb*
close *vb* **to close a business** chiudere un'azienda *vb* **to close a deal** concludere un affare *vb* **to close a meeting** togliere la seduta *vb* **to close an account** chiudere un conto *vb*
closed *adj* chiuso *adj* **closed session/meeting** riunione chiusa *nf* **closed shop** closed shop *nm*
closing *adj* **closing bid** offerta finale *nf* **closing price** prezzo di chiusura *nm* **closing time** orario di chiusura *nm*
closure *n* **closure of a company** chiusura di un'azienda *nf*, liquidazione di un'azienda *nf*
COD (cash on delivery), (collect on delivery) (US) *abbr* contrassegno *nm*
code *n* **bar code** bar code *nm* **professional code of practice** normativa *nf* **post code, zip code** (US) CAP - codice di avviamento postale *abbr* **telephone code** prefisso *nm* **tax code** codice fiscale *nm*
collaborate *vb* collaborare *vb*

collaborative *adj* **collaborative venture** iniziativa in collaborazione *nf*
collapse *n* (of company) fallimento *nm* (of economy) rovina *nf* (on stock market) crollo (del mercato finanziario) *nm*
collateral 1. *adj* **collateral security** garanzia reale *nf*, garanzia collaterale *nf* **2.** *n* garanzia reale *nf*, garanzia collaterale *nf*
colleague *n* collega *nm*, collega *nf*
collect *vb* **to collect a debt** riscuotere un credito *vb*
collecting *adj* **collecting agency** agenzia di riscossione *nf*
collection *n* **debt collection** esazione di crediti *nf*
collective 1. *adj* **collective agreement** contratto collettivo di lavoro *nm* **collective bargaining** contrattazione collettiva *nf* **2.** *n* collettivo *nm* **workers' collective** collettivo operaio *nm*
colloquium *n* riunione *nf*
comment *n* commento *nm*
commerce *n* commercio *nm*
commercial *adj* commerciale *adj* **commercial bank** banca di credito ordinario *nf*, banca commerciale *nf* **commercial traveller, commercial traveler** (US) commesso viaggiatore *nm* **commercial vehicle** veicolo industriale *nm*
commission *n* commissione *nf*, provvigione *nf* **commission agent** commissionario *nm* **commission broker** commissionario di borsa valori *nm* **commission fee** competenza di commissione *nf* **to charge commission** addebitare *vb*, far pagare la provvigione *vb*
commit *vb* commettere *vb*, affidare *vb*
commitment *n* impegno *nm*
committee *n* comitato *nm*, commissione *nf* **advisory committee** comitato consultivo *nm* **committee meeting** riunione di comitato *nf*
common *adj* **Common Agricultural Policy (CAP)** politica agricola comunitaria *nf* **Common Market** Mercato Comune *nf* **common law** diritto consuetudinario *nm*
communication *n* comunicazione *nf* **communication network** rete di comunicazione *nf*
company *n* società *nf*, azienda *nf*, compagnia *nf* **holding company** holding *nf*, società finanziaria *nf* **incorporated company** (US) società regolare *nf*, società registrata *nf* **joint-stock company** società per azioni *nf*, società di capitali *nf* **company law** legislazione societaria *nf* **limited company** società a responsabilità limitata *nf* **parent company** società madre *nf*, casa madre *nf* **company policy** politica aziendale *nf* **private limited company** società privata a responsabilità limitata *nf* **public limited company** società pubblica *nf*, società per azioni *nf* **registered**

company società registrata *nf* **company secretary** segretario di una società *nm* **sister company** consorella *nf* **subsidiary company** società consociata *nf*, società affiliata *nf*

comparative *adj* comparato *adj*

compatible *adj* compatibile *adj*

compensate for *vb* compensare *vb*

compensation *n* risarcimento *nm*, compenso *nm*, indennizzo *nm*, compensazione *nf* **to claim compensation** chiedere il risarcimento dei danni *vb* **to pay compensation** risarcire i danni *vb*

compete *vb* competere *vb*, concorrere *vb*, fare concorrenza *vb* **to compete with a rival** fare concorrenza a *vb*

competing *adj* **competing company** società competitiva *nf*, concorrente *nf*

competition *n* concorrenza *nf* **cut-throat competition** concorrenza spietata *nf* **market competition** concorrenza del mercato *nf* **unfair competition** concorrenza sleale *nf*

competitive *adj* competitivo *adj*, concorrenziale *adj*

competitiveness *n* competitività *nf*

competitor *n* concorrente *nm*

complain *vb* **to complain about sth** lamentarsi di *vb*, reclamare *vb*

complaint *n* reclamo *nm* **to make a complaint** reclamare *vb* **complaints department** reparto reclami *nm*

complete *vb* completare *vb*, compilare *vb*

complex 1. *adj* complesso *adj* **2.** *n* **housing complex** complesso urbano *nm*

complimentary *adj* in omaggio *adv*

comply *vb* **to comply with legislation** rispettare la legge *vb* **to comply with the rules** attenersi alle regole *vb*

compound *adj* **compound interest** interesse composto *nm*

comprehensive *adj* generale *adj*, totale *adj*, completo *adj* **comprehensive insurance policy** polizza di assicurazione contro tutti i rischi *nf*

compromise *n* compromesso *nm* **to reach a compromise** venire a un compromesso *vb*

computer 1. *n* computer *nm*, elaboratore elettronico *nm* **computer-aided design (CAD)** CAD - disegno assistito da computer **computer-aided learning (CAL)** CAL - computer aided learning **computer-aided manufacture (CAM)** CAM - produzione assistita dal calcolatore **computer centre, center (US)** centro di calcolo *nm*, centro informatico *nm* **computer file** file di computer *nm* **computer language** linguaggio di programmazione *nf* **laptop computer** laptop computer *nm* **computer literate** abile nell'uso dei computer *adj* **mainframe computer** mainframe *nm* **computer operator** operatore informatico *nm* **personal computer (PC)** PC *nm*, personal *nm*, personal computer *nm* **portable computer** computer portatile *nm* **computer program** programma *nm* **computer programmer** programmatore *nm* **computer terminal** terminale *nm*

concern 1. *n* **going concern** azienda in attività *nf*, azienda avviata *nf* **2.** *vb* (be of importance to) riguardare *vb*, concernere *vb*

concur *vb* concordare *vb*, condividere *vb*

condition *n* **living conditions** condizioni di vita *nfpl* **conditions of purchase** condizioni di acquisto *nfpl* **conditions of sale** condizioni di vendita *nfpl* **working conditions** condizioni di lavoro *nfpl*

conference *n* conferenza *nf* **conference proceedings** verbali della conferenza *nmpl* **to arrange a conference** organizzare una conferenza *vb* **conference venue** luogo del convegno *nm*

confidence *n* **in strictest confidence** in via strettamente confidenziale

confidential *adj* riservato *adj*

confirm *vb* **to confirm receipt of sth** accusare ricevuta di *vb*

confirmation *n* conferma *nf*

conglomerate *n* conglomerato di aziende *nm*, conglomerata *nf*

congress *n* congresso *nm*

connect *vb* **could you connect me to...** (telephone) potrebbe mettermi in comunicazione con

connection *n* **business connections** rapporti d'affari *nmpl*

consent 1. *n* consenso *nm*, benestare *nm*, omologazione *nf* **2.** *vb* acconsentire a *vb*

consequence *n* conseguenza *nf*

consideration *n* (for contract) considerazione *nf*

consignee *n* destinatario *nm*, consegnatario *nm*

consigner/or *n* mittente *nmf*

consignment *n* spedizione *nf*, partita *nf*

consolidate *vb* consolidare *vb*

consolidated *adj* **consolidated figures** cifre consolidate *nfpl*

consortium *n* consorzio *nm*

construction *n* **construction industry** industria edile *nf*

consul *n* console *nm*

consulate *n* consolato *nm*

consult *vb* consultare *vb* **to consult with sb** consultare con qualcuno *vb*

consultancy, consulting (US) *n* **consultancy firm** consulenza *nf* **consultancy fees** diritti di consulenza *nmpl* **consultancy work** attività di consulenza *nf*

consultant *n* consulente *nm*

consumer 1. *adj* **consumer credit** credito al consumo *nm* **consumer demand** domanda dei consumatori *nf* **consumer habits** abitudini del consumatore *nfpl* **consumer research** ricerca sui consumatori *nf* **consumer satisfaction** soddisfazione dei consumatori

nf **consumer survey** indagine sui consumatori *nf* **consumer trends** trend dei consumatori *nmpl* **2.** *n* consumatore *nm*
consumerism *n* consumerismo *nm*
contact 1. *n* **business contacts** contatti di affari *nmpl* **to get in contact with sb** mettersi in contatto con *vb* **2.** *vb* contattare *vb*
container *n* contenitore *nm*, container *nm* **container depot** deposito per container *nm* **container ship** nave portacontainer *nf* **container terminal** terminal container *nm*
contract 1. *adj* **contract labour** manodopera temporanea *nf*, manodopera contrattuale *nf* **contract work** lavoro in appalto *nm* **2.** *n* contratto *nm* **breach of contract** inadempimento di contratto *nm* **draft contract** contratto preliminare *nm* **law of contract** diritto contrattuale *nm* **the terms of the contract** clausole del contratto *nfpl*, condizioni del contratto *nfpl* **the signatories to the contract** i firmatari del contratto *nmpl* **to cancel a contract** rescindere un contratto *vb* **to draw up a contract** redigere un contratto *vb* **to sign a contract** firmare un contratto *vb* **to tender for a contract** concorrere ad un appalto *vb*, fare un'offerta per un appalto *vb* **under the terms of the contract** secondo le clausole del contratto
contracting *adj* **the contracting parties** le parti contraenti *nfpl*, le parti in causa *nfpl*
contractor *n* appaltatore *nm* **building contractor** appaltatore edile *nm* **haulage contractor** vettore a contratto *nm*
contractual *adj* **contractual obligations** obbligazioni contrattuali *nfpl*
contravene *vb* contravvenire a *vb*, violare *vb*, trasgredire *vb*
contravention *n* contravvenzione *nf*, infrazione *nf*
contribute *vb* contribuire *vb*
contribution *n* **social security contributions** contributi previdenziali *nmpl*
control *n* **financial control** controllo finanziario *nm* **production control** controllo della produzione *nm* **quality control** controllo della qualità *nm* **stock control** controllo del livello delle scorte *nm*
convene *vb* **to convene a meeting** convocare un'assemblea *vb*
convenience *n* **at your earliest convenience** al più presto possibile
convenient *adj* conveniente *adj*, a portata di mano
convertible *adj* **convertible currency** valuta convertibile *nf*
copier *n* (photocopier) fotocopiatrice *nf*
copy 1. *n* copia *nf* **2.** *vb* (photocopy) fotocopiare *vb*
copyright *n* diritto di autore *nm*, copyright *nm* **copyright law** legge sui diritti d'autore *nf*

corporate *adj* sociale *adj*, societario *adj*, aziendale *adj* **corporate image** immagine aziendale *nf* **corporate investment** investimento aziendale *nm*
corporation *n* persona giuridica *nf*, società legalmente costituita (US) *nf* **corporation tax** imposta sulle società *nf*
correspondence *n* corrispondenza *nf*
corruption *n* corruzione *nf*
cosignatory *n* cofirmatario *nm*
cost 1. *n* costo *nm* **cost breakdown** ripartizione dei costi *nf* **cost centre** centro di costi *nm* **cost-cutting** riduzione dei costi *nf* **cost of living** carovita *nm* **operating cost** costi di esercizio *nmpl*, spese di gestione *nfpl* **cost price** prezzo di costo *nm* **running cost** costi correnti *nmpl* **2.** *vb* **to cost a job** stabilire i costi di commessa *vb*
counterfeit 1. *n* falsificazione *nf*, contraffazione *nf* **2.** *vb* falsificare *vb*, contraffare *vb*
counterfoil *n* matrice *nf*, madre *nf*
countersign *vb* controfirmare *vb*
country *n* **developing country** nazione in via di sviluppo *nf* **third-world country** paese del terzo mondo *nm*
coupon *n* buono *nm*, tagliando *nm*, coupon *nm*
courier 1. *n* corriere *nm*, accompagnatore turistico *nm* **by courier service** tramite servizio di corrieri **2.** *vb* spedire con corriere *vb*
court *n* **Court of Appeal, Court of Appeals** (US) Corte d'Appello *nf* **criminal court** tribunale penale *nm* **in court** in tribunale
covenant *n* convenzione *nf*, patto *nm*
covenantee *n* creditore *nm*
covenantor *n* debitore *nm*
cover *n* **insurance cover** copertura assicurativa *nf* **cover note** nota di copertura *nf*
credit 1. *adj* **credit agency** agenzia di informazioni commerciali *nf* **credit card** carta di credito *nf* **credit company** società creditrice *nf* **credit control** controllo del credito *nm* **credit enquiry** richiesta di informazioni commerciali *nf* **credit note** nota di accredito *nf* **credit rating** posizione finanziaria *nf*, posizione creditizia *nf* **credit terms** condizioni di credito *nfpl* **2.** *n* credito *nm*, accredito *nm*, avere *nm* **to buy sth on credit** comprare a credito *vb* **in credit** in credito **letter of credit** lettera di credito *nf* **long credit** credito a lunga scadenza *nm* **3.** *vb* **to credit sth to an account** accreditare un conto di una somma *vb*
creditor *n* creditore *nm*
creditworthiness *n* capacità di credito *nf*
creditworthy *adj* meritevole di credito *adj*
crossed *adj* **crossed cheque** assegno sbarrato *nm*
currency *n* valuta *nf*, divisa *nf* **convertible**

currency valuta convertibile *nf* **foreign currency** valuta estera *nf*, divisa estera *nf* **hard currency** valuta forte *nf*, moneta forte *nf* **legal currency** valuta legale *nf* **paper currency** cartamoneta *nf* **soft currency** moneta debole *nf*, valuta debole *nf* **currency transfer** trasferimento di valuta *nf*

current *adj* **current account** conto corrente *nm*

curriculum vitae (CV), résumé (US) *n* curriculum vitae *nm*, curricolo *nm*

customer *n* cliente *nm* **customer loyalty** fedeltà del consumatore *nf* **regular customer** cliente abituale *nm*, cliente regolare *nm* **customer relations** rapporti con la clientela *nmpl*

customs *npl* dogana *nf*, ufficio doganale *nm* **customs charges** spese doganali *nfpl* **customs clearance** sdoganamento *nm* **customs declaration** dichiarazione doganale *nf* **customs office** dogana *nf* **customs officer** funzionario di dogana *nm* **customs regulations** regolamenti doganali *nmpl* **to clear sth through customs** sdoganare *vb* **customs union** unione doganale *nf* **customs warehouse** magazzino doganale *nm*, deposito franco *nm*

cut 1. *n* **tax cut** sgravio fiscale *nm* 2. *vb* (reduce) diminuire *vb*, ridurre *vb*, calare *vb*

damage 1. *n* danno *nm*, avaria *nf* **to cause extensive damage** causare danni ingenti *vb* **to claim damages** (legal) richiedere il risarcimento dei danni *vb* **damage to goods in transit** danni alle merci in transito *nmpl* **damage to property** danni a proprietà *nm pl* 2. *vb* danneggiare *vb*

data *npl* dati *nmpl* **data bank** banca dati *nf* **data capture** raccolta dei dati *nf*, reperimento dei dati *nm* **data processing** elaborazione dati *nf*

database database *nf*, base dati *nf*

date *n* **delivery date** data di consegna *nf* **out of date** (product) scaduto *adj*, (fashion) fuori moda *adv* **up to date** aggiornato *adj*, d'attualità

deal *n* trattativa *nf*, operazione commerciale *nf* **it's a deal!** affare fatto!

dealer *n* operatore commerciale *nm*, venditore *nm* **foreign exchange dealer** cambiavalute *nm*, cambiavalute *nf*

dealing, trading (US) *n* contrattazione *nf* **foreign exchange dealings** operazioni in valuta estera *nfpl* **insider dealing** insider dealing *nm*, insider trading *nm*

debenture *n* obbligazione *nf* **debenture bond** obbligazione non garantita *nf* **debenture capital, debenture stock** (US) capitale obbligazionario *nm* **debenture loan** prestito obbligazionario *nm*

debit 1. *n* addebito *nm* **debit balance** saldo a debito *nm*, saldo passivo *nm* 2. *vb* (account) addebitare *vb*

debiting *n* **direct debiting** addebitamento diretto *nm*

debt *n* debito *nm* **corporate debt** debito aziendale *nm* **to get into debt** indebitarsi *vb* **to pay off a debt** saldare un debito *vb* **to reschedule a debt** rinegoziare un debito *vb* **debt service** servizio del debito pubblico *nm*, servizio di un prestito *nm*

debtor *n* debitore *nm*

decline *n* declino *nm*

decrease 1. *n* calo *nm*, flessione *nf* 2. *vb* decrescere *vb*

deduct *vb* dedurre *vb*, scontare *vb*

deductible *adj* detraibile *adj*

deduction *n* detrazione *nf*, trattenuta *nf*

deed *n* (law) atto scritto *nm* **deed of sale** atto di compravendita *nm* **deed of transfer** atto di cessione *nm*

default 1. *n* inadempienza *nf* 2. *vb* essere inadempiente *vb*

defect *n* difetto *nm*, vizio *nm*

defective *adj* difettoso *adj*, imperfetto *adj*

defer *vb* (postpone) differire *vb*, posticipare *vb*

deferment *n* risconto *nm*, proroga *nf*

deferred *adj* (tax) differito *adj*

deficiency *n* mancanza *nf*

deficient *adj* manchevole *adj*, difettoso *adj*

deficit *n* deficit *nm*, disavanzo *nm* **deficit financing** finanziamento in disavanzo *nm*

deflation *n* deflazione *nf*

deflationary *adj* deflazionistico *adj*, deflatorio *adj*

defraud *vb* defraudare *vb*, truffare *vb*

del credere *adj* **del credere agent** agente del credere *nm*

delay 1. *n* ritardo *nm*, mora *nf* **without delay** senza indugio *adv* 2. *vb* ritardare *vb*, prorogare *vb*

delegate 1. *n* delegato *nm*, delegata *nf* 2. *vb* delegare *vb*

delegation *n* delega *nf*

deliver *vb* (goods) consegnare *vb*

delivery 1. *adj* **delivery date** data di consegna *nf* **delivery time** tempo di consegna *nm* 2. *n* consegna *nf* **cash on delivery** pagamento contrassegno *nm* **free delivery** consegna franco spese *nf*, consegna gratuita *nf* **general delivery** (US) fermo posta *nm* **recorded delivery** consegna registrata con ricevuta di ritorno *nf*

demand 1. *n* domanda *nf* **supply and demand** domanda e offerta *nf* 2. *vb* domandare *vb*, esigere *vb*

demography *n* demografia *nf*

demote *vb* (employee) degradare *vb*

denationalize *vb* privatizzare *vb*

department *n* dipartimento *nm*, reparto *nm* **government department** ministero *nm* **personnel department** ufficio del personale *nm* **department store** grande magazzino *nm*

depletion *n* esaurimento *nm*, dissipazione *nf*

deposit *n* deposito *nm*, versamento *nm*
depositare *vb*, versare *vb* **deposit account**
deposito a risparmio *nm*
depository *n* depositario *nm*
depreciate *vb* deprezzare *vb*, svalutare *vb*
depreciation *n* deprezzamento *nm*,
ammortamento *nm*
depression *n* depressione *nf*
deputy 1. *adj* vice *adj*, sostituto *adj* **deputy
director** vicedirettore *nm* 2. *n* facente
funzione *adj*, sostituto *nm*
design 1. *n* design *nm*, progetto *nm* **a
machine of good/bad design** una macchina
progettata bene/male *nf* 2. *vb* progettare
vb, disegnare *vb*
designer *n* designer *nmf*, progettista *nmf*
devaluation *n* svalutazione *nf*
developer *n* developer *nm*, sviluppatore *nm*
digital *adj* digitale *adj*
diminishing *adj* **diminishing returns** rendimenti decrescenti *nmpl*
director *n* amministratore *nm*, direttore *nm*
board of directors consiglio di
amministrazione *nm* **managing director**
amministratore delegato *nm*
disburse *vb* sborsare *vb*, erogare *vb*
discount *n* sconto *nm* **at a discount** sotto
prezzo *adv* **discount rate** tasso di sconto
nm
discounted *adj* **discounted cash flow (DCF)**
flusso di cassa attualizzato *nm*, cash flow
attualizzato *nm*
disk *n* disco *nm* **disk drive** disk drive *nm*
floppy disk floppy disk *nm* **hard disk** hard
disk *nm* **magnetic disk** disco magnetico *nm*
dismiss *vb* (employee) licenziare *vb*
dispatch 1. *n* **date of dispatch** data di
spedizione *nf* 2. *vb* (goods) spedire *vb*
dispatcher *n* addetto all'ufficio spedizioni *nm*
display 1. *n* (of goods) esposizione *nf* 2. *vb*
esporre *vb*, esibire *vb*
disposable *adj* (not for reuse) disponibile *adj*
disposable income reddito disponibile *nm*
dispute *n* vertenza *nf* **industrial dispute**
conflitto industriale *nm*
distribution *n* distribuzione *nf*
distributor *n* distributore *nm*, società
distributrice *nf*
diversification *n* diversificazione *nf*
diversify *vb* diversificare *vb*
dividend *n* dividendo *nm*
division *n* (of company) divisione *nf* **division
of labour** divisione del lavoro *nf*
dock 1. *n* (for berthing) bacino *nm*, dock *nm*
2. *vb* (ship) mettere in bacino *vb* (ship)
attraccare *vb*, entrare in bacino *vb*
dockyard *n* cantiere navale *nm*, darsena *nf*
document *n* documento *nm* **document
retrieval** recupero di un documento *nm*
domestic *adj* **domestic policy** politica
nazionale *nf*
door *n* **door-to-door selling** vendita porta a

porta *nf*
double *adj* **double-entry** (bookkeeping) partita doppia *nf*
Dow-Jones average (US) *n* indici Dow-
Jones (US) *nmpl*
down *adj* **down payment** acconto *nm*
downturn *n* (economic) contrazione *nf*
downward 1. *adj* discendente *adj* 2. *adv* al
ribasso *adv*
draft *n* (financial) tratta *nf*
draw *vb* (cheque) emettere un assegno *vb*
dry *adj* **dry goods** merci secche *nfpl*
dumping *n* esportazione sottocosto *nf*,
dumping *nm*
durable *adj* **durable goods** beni non
deperibili *nmpl*
duty *n* (customs) dazio *nm* **duty-free** (goods)
esente da dazio *adj*
dynamic *adj* dinamico *adj*
dynamics *npl* dinamica *nf*
early *adj* **early retirement** pensionamento
anticipato *nm*
earn *vb* guadagnare *vb* **earned income**
reddito di lavoro *nm*, reddito guadagnato
nm **earned surplus** utili non distribuiti
nmpl, capitale di risparmio *nm*
earnest *adj* **earnest money** caparra *nf*,
anticipo *nm*
earning 1. *adj* **earning capacity** capacità di
reddito *nf* **earning power** capacità di
reddito *nf* 2. *n* **earnings** utili *nmpl*, entrate
nfpl, reddito *nm* **earnings drift** slittamento
salariale *nm* **loss of earnings** perdita di
reddito *nf* **earnings-related pension** pensione calcolata in funzione del reddito *nf*
earnings yield rendimento complessivo *nm*
easy *adj* **easy-money policy** politica del
denaro facile *nf*
EC (European Community) *abbr* CE (Comunità Europea) *abbr*
econometrics *n* econometria *nf*
economic *adj* **economic adviser** consigliere
economico *nm* **economic analysis** analisi
economica *nf* **economic crisis** crisi
economica *nf* **economic cycle** ciclo
economico *nm* **economic decline** declino
economico *nm* **economic development**
sviluppo economico *nm* **Economic and
Monetary Union** Unione monetaria ed
economica *nf* **economic expansion** espansione economica *nf*, sviluppo economico
nm **economic forecast** previsioni
economiche *nfpl* **economic geography**
geografia economica *nf* **economic growth**
crescita economica *nf* **economic infrastructure** infrastruttura economica *nf* **economic integration** integrazione economica
nf **economic objective** obiettivo economico
nm **economic performance** prestazione
economica *nf*, performance economica *nf*
economic planning pianificazione
economica *nf* **economic policy** politica

economica *nf* **economic sanction** sanzione economica *nf* **economic slowdown** rallentamento economico *nm* **economic strategy** strategia economica *nf* **economic superpower** superpotenza economica *nf* **economic survey** relazione sullo stato dell'economia *nf* **economic trend** trend dell'economia *nm* **economic union** unione economica *nf*

economical *adj* economico *adj*

economics economia *nf*

economist *n* economista *nmf*

economy *n* economia *nf* **advanced economy** economia avanzata *nf*, economia progredita *nf* **developing economy** economia in via di sviluppo *nf* **free market economy** economia di mercato libero *nf* **global economy** economia globale *nf* **economies of scale** economie di scala *nfpl* **national economy** economia nazionale *nf* **planned economy** economia pianificata *nf* **underdeveloped economy** economia sottosviluppata *nf*

ECSC (European Coal and Steel Community) *abbr* CECA (Comunità europea del carbone e dell'acciaio) *abbr*

ECU (European Currency Unit) *abbr* ECU (Unità monetaria europea) *abbr*

edge *n* **competitive edge** vantaggio competitivo *nm*

effect *n* effetto *nm*, vigore *nm* **financial effects** ripercussioni finanziarie *nfpl*

efficiency *n* efficienza *nf*

efficient *adj* efficiente *adj*

EFT (electronic funds transfer) *abbr* EFTS (sistema elettronico di trasferimento fondi) *abbr*

EFTA (European Free Trade Association) *abbr* EFTA (Associazione europea di libero scambio) *abbr*

elasticity *n* elasticità *nf* **income elasticity** elasticità del reddito *nf* **elasticity of demand** elasticità della domanda *nf* **elasticity of production** elasticità della produzione *nf*

election *n* elezione *nf* **general election** elezioni politiche *nfpl* **local election** elezioni amministrative *nfpl*

electronic *adj* elettronico *adj* **electronic banking** operazioni bancarie elettroniche *nfpl* **electronic data processing** elaborazione dati elettronica (EDP) *nf* **electronic mail** posta elettronica *nf*

elimination *n* **elimination of tariffs** abolizione delle tariffe *nfpl*

email *n* posta elettronica *nf*

embargo *n* embargo *nm* **to impose an embargo** mettere un embargo *vb* **to lift an embargo** togliere un embargo *vb* **trade embargo** embargo *nm*

embassy *n* ambasciata *nf*

embezzle *vb* appropriarsi indebitamente di *vb*

embezzlement *n* peculato *nm*, appropriazione indebita *nf*

embezzler *n* malversatore *nm*

emergency *n* emergenza *nf* **emergency fund** fondo di emergenza *nf*

emigration *n* emigrazione *nf*

employ *vb* impiegare *vb*, occupare *vb*

employee *n* dipendente *nm* **employee recruitment** reclutamento del personale *nm* **employee training** addestramento del personale *nm*

employer *n* datore di lavoro *nm*, principale *nm* **employer's federation** unione industriale *nf*, associazione dei datori di lavoro *nf* **employers' liability insurance** assicurazione contro la responsabilità civile del datore di lavoro *nf*

employment *n* impiego *nm*, occupazione *nf* **employment agency** agenzia di collocamento *nf* **employment contract** contratto di lavoro *nm* **full employment** piena occupazione *nf* **employment law** diritto sull'occupazione *nm*

encashment *n* incasso *nm*

enclose *vb* allegare *vb*, accludere *vb*

enclosure *n* allegato *nm*

end *n* **end consumer** consumatore finale *nm* **end user** utente finale *nm*, utente finale *nf*

endorse *vb* (cheque) girare (un assegno) *vb*

endorsement *n* girata *nf*

endowment *n* dotazione *nf* **endowment insurance** assicurazione mista *nf*, assicurazione per il caso di sopravvivenza *nf* **endowment policy** polizza mista *nf*

enforce *vb* (policy) rendere esecutivo *vb*, applicare *vb*

enforcement *n* esecuzione *nf*, applicazione *nf*

engagement *n* (meeting) impegno *nm*

engineering *n* ingegneria *nf* **civil engineering** ingegneria civile *nf* **electrical engineering** ingegneria elettrica *nf* **mechanical engineering** ingegneria meccanica *nf* **precision engineering** ingegneria di precisione *nf*

enhance *vb* (value) aumentare *vb*, accrescere *vb*

enlarge *vb* ampliare *vb*

enquire *vb* informarsi *vb*

enquiry *n* richiesta d'informazioni *nf*

enterprise *n* (project) impresa *nf*, iniziativa *nf* **private enterprise** impresa privata *nf*, iniziativa privata *nf*

entertain *vb* **to entertain a client** ospitare un cliente *vb*

entrepôt *n* punto franco *nm*, deposito franco *nm*

entrepreneur *n* imprenditore *nm*

entrepreneurial *adj* imprenditoriale *adj*

entry *n* **entry for free goods** bolla di merce esente *nf* **entry into force** entrata in vigore *nf* **port of entry** porto di arrivo *nm* **entry visa** visto d'ingresso *nm*

equalization *n* **equalization of burdens** perequazione dei carichi tributari *nf*

equalize *vb* livellare *vb*, perequare *vb*
equilibrium *n* equilibrio *nm*
equip *vb* dotare *vb*, equipaggiare *vb*
equipment *n* attrezzatura *nf*, impianto *nm*
  equipment leasing leasing di impianti *nm*
equity *n* capitale netto *nm*, equità *nf* **equity capital** capitale netto *nm* **equity financing** equity financing *nm*, vendita di capitale azionario *nf* **equity interests** partecipazioni azionarie *nfpl* **equity share** azione ordinaria *nf* **equity trading** operare con capitale di prestito *nm* **equity transaction** operazione di capitale *nf*
ergonomics *n* ergonomia *nf*
escalate *vb* aggravarsi *vb*, intensificarsi *vb*, aumentare *vb*, salire *vb*
escalation *n* (prices) aumento *nm*, escalation *nf*
escalator *n* scala mobile *nf*
escudo *n* escudo *nm*
establish *vb* (company) fondare *vb*, (decide) decidere *vb*
establishment *n* sistema *nm*, costituzione *nf*, fondazione *nf*
estate *n* **estate agency, real estate agency** (US) agenzia immobiliare *nf* **estate agent, real estate agent** (US) agente immobiliare *nm*
estimate 1. *n* preventivo *nm*, stima *nf* **estimate of costs** stima dei costi *nf* 2. *vb* preventivare *vb*, stimare *vb*
eurobond *n* euro-obbligazione *nf*
eurocapital *n* eurocapitale *nm*
eurocheque *n* eurocheque *nm*
eurocracy *n* eurocrazia *nf*
eurocrat *n* eurocrate *nm*
eurocredit *n* eurocredito *nm*
eurocurrency *n* eurovaluta *nf*, euromoneta *nf*, eurodivisa *nf* **eurocurrency market** mercato delle eurovalute *nm*
eurodollar *n* eurodollaro *nm*
eurofunds *npl* eurofondi *nmpl*
euromarket *n* euromercato *nm*
euromerger *n* eurofusione *nf*
euromoney *n* euromoneta *nf*, eurovaluta *nf*
European *adj* europeo *adj* **European Advisory Committee** European Advisory Committee **European Commission** Commissione delle comunità europee **European Community (EC)** Comunità Europea (CE) **European Council** Consiglio europeo **European Court of Justice (ECJ)** Corte di giustizia europea **European Development Fund (EDF)** Fondo europeo per lo sviluppo (FES) **European Investment Bank (EIB)** Banca europea degli investimenti (BEI) **European Monetary Agreement (EMA)** Accordo monetario europeo (AME) **European Monetary Cooperation Fund (EMCF)** Fondo europeo di cooperazione monetaria (FECOM) **European Monetary System (EMS)** Sistema monetario europeo (SME) **European Mo-**

netary Union (EMU) Unità monetaria europea (UME) **European Parliament** parlamento europeo **European Recovery Plan** programma per la ripresa economica europea **European Regional Development Fund (ERDF)** Fondo europeo di sviluppo regionale **European Social Fund (ESF)** Fondo sociale europeo **European Unit of Account (EUA)** unità di conto europea (UCE)
eurosceptic *n* euroscettico *nm*
evade *vb* evadere *vb*, evitare *vb*, sottrarsi a *vb*
evasion *n* **tax evasion** evasione fiscale *nf*
eviction *n* sfratto *nm*
ex *prep* **ex factory/works** franco fabbrica **ex gratia payment** pagamento a titolo transativo *nm* **ex interest** ex interessi, secco **ex quay** franco banchina **ex repayment** senza rimborso *adv* **ex ship** franco bordo nave a destino, f.o.b. destino **ex stock** da magazzino **ex store/warehouse** franco deposito **ex wharf** franco banchina
examination *n* esame *nm*
examine *vb* esaminare *vb*, verificare *vb*
exceed *vb* eccedere *vb*
excess *adj* **excess capacity** eccesso di capacità produttiva *nm*, sovracapitalizzazione *nf* **excess demand inflation** inflazione da eccesso di domanda *nf* **excess profit(s) tax** imposta sui soprapprofitti *nf* **excess reserves** eccesso di riserve bancarie *nm*
exchange 1. *adj* **exchange broker** operatore di cambio *nm* **exchange cheque** assegno incrociato *nm*, assegno di comodo *nm* **exchange clearing agreement** accordo di compensazione di cambio *nm* **exchange control** controllo dei cambi *nm* **exchange market** mercato valutario *nm* **exchange rate** cambio *nm*, corso del cambio *nm*, tasso di cambio *nm* **exchange rate mechanism (ERM)** Meccanismo di regolazione dei cambi **exchange restrictions** restrizioni valutarie *nfpl* **exchange risk** rischio di cambio *nm* 2. *n* **foreign exchange** cambio estero *nm*, divisa estera *nf* **Stock Exchange** borsa valori *nf*
excise *adj* **excise duty** imposta sui consumi *nf* **the Board of Customs and Excise** organo statale britannico che gestisce il servizio doganale *nm*
exclude *vb* escludere *vb*
exclusion *n* **exclusion clause** clausola d'esclusione *nf* **exclusion zone** zona di esclusione *nf*
executive 1. *adj* **executive committee** comitato esecutivo *nm* **executive compensation** retribuzione dei dirigenti *nf* **executive duties** mansioni dirigenziali *nfpl* **executive hierarchy** gerarchia direttiva *nf* **executive personnel** personale direttivo *nm* 2. *n* funzionario *nm*, dirigente *nm*, esecutivo *nm*

exempt *adj* esente *adj* **tax-exempt** esente da imposte *adj*
exemption *n* esenzione *nf*, esonero *nm*
exhaust *vb* (reserves) esaurire *vb*
exhibit *vb* esporre *vb*, esibire *vb*
exhibition *n* mostra *nf*, esposizione *nf*
exorbitant *adj* eccessivo *adj*
expand *vb* espandere *vb*
expansion *n* espansione *nf* **expansion of capital** aumento del capitale *nm* **expansion of trade** moltiplicarsi degli scambi *nm*
expectation *n* aspettativa *nf* **consumer expectations** aspettative dei consumatori *nfpl*
expedite *vb* accelerare *vb*, sbrigare *vb*
expenditure *n* spesa *nf* **expenditure rate** tetto di spesa *nm* **state expenditure** spesa statale *nf* **expenditure taxes** imposte sulle spese *nfpl*
expense 1. *adj* **expense account** conto spese *nm* **expense control** controllo delle spese *nm* 2. *n* spesa *nf* **entertainment expenses** spese di rappresentanza *nfpl* **travelling expenses, travel expenses** (US) spese di trasferta *nfpl*
experience 1. *n* esperienza *nf* **experience curve** curva di esperienza *nf* 2. *vb* fare esperienza di *vb*, subire *vb*
experienced *adj* esperto *adj*, competente *adj*
expert 1. *adj* esperto *adj*, competente *adj* 2. *n* esperto *nm*, perito *nm*
expertise *n* competenza *nf*
expiration *n* (contract) scadenza *nf*
expire *vb* scadere *vb*
expiry, expiration (US) *n* scadenza *nf*, termine *nm* **expiry date** data di scadenza *nf*
export 1. *adj* d'esportazione *adj* **export bill of lading** polizza di carico per l'estero *nf* **export credit** credito all'esportazione *nm* **export credit insurance** assicurazione-credito nel commercio estero *nf* **export department** ufficio esportazioni *nm* **export-led growth** sviluppo alimentato dalle esportazioni *nm* **export licence** licenza di esportazione *nf* **export marketing** marketing delle esportazioni *nm* **export operations** operazioni d'esportazione *nfpl* **export strategy** strategia delle esportazioni *nf* **export subsidies** sovvenzioni alle esportazioni *nfpl* **export surplus** eccedenza delle esportazioni *nf* **export tax** dazio d'esportazione *nm* **export trade** commercio di esportazione *nm* 2. *n* esportazione *nf*, bene d'esportazione *nm* **export of capital** esportazione di capitale *nf* 3. *vb* esportare *vb*
exporter *n* esportatore *nm*
express *adj* **express agency** agenzia di spedizioni per espresso *nf* **express delivery** consegna per espresso *nf* **express service** servizio per espresso *nm*
expropriate *vb* espropriare *vb*
expropriation *n* esproprio *nm*
extend *vb* **to extend a contract** dilazionare

vb, prorogare *vb* **to extend credit** estendere il credito *vb* **to extend the range** ampliare la gamma *vb*
extension *n* (of contract) ampliamento *nm*, proroga *nf*
extent *n* **extent of cover** ammontare della copertura *nm*
external *adj* esterno *adj* **external audit** revisione contabile esterna *nf*
extortion *n* estorsione *nf*
extra *adj* addizionale *adj*, supplementare *adj* **extra cost** costo aggiuntivo *nm* **extra profit** extraprofitto *nm*
extraordinary *adj* **extraordinary meeting** assemblea straordinaria *nf* **extraordinary value** valore straordinario *nm*
facility *n* impianto *nm*, installazione *nf*, struttura *nf* **facility planning** pianificazione delle strutture *nf*
facsimile (fax) *n* fax *nm*
factor 1. *adj* **factor income** reddito dei fattori *nm* **factor market** mercato dei fattori della produzione *nm* **factor price** prezzo del fattore della produzione *nm* 2. *n* (buyer of debts) factor *nm*, fattore *nm*, commissionario *nm* **limiting factor** fattore limitante *nm* **factor of production** fattore della produzione *nm* 3. *vb* (debts) cedere i debiti dell'impresa ad un factor *vb*
factoring *n* (of debts) factoring *nm*, trasferimento dei credito *nm*
factory *n* fabbrica *nf*, stabilimento *nm* **factory board** consiglio di fabbrica *nm* **factory costs** costi di fabbricazione *nmpl* **factory inspector** ispettore di fabbrica *nm* **factory ledger** mastro di contabilità di fabbrica *nm* **factory overheads** spese generali di fabbricazione *nfpl* **factory price** prezzo di fabbrica *nm*
fail *vb* (attempts, negotiations) non riuscire *vb*
failure *n* fallimento *nm*, stato d'insolvenza *nm*
fair *adj* equo *adj*, leale *adj* **fair competition** concorrenza leale *nf* **fair market value** valore equo di mercato *nm* **fair rate of return** tasso di remunerazione equo *nm* **fair-trade agreement** accordo di prezzo imposto *nm*, accordo di mantenimento dei prezzi *nm* **fair-trade policy** politica di reciprocità *nf* **fair-trade practice** correttezza commerciale *nf* **fair trading** correttezza commerciale *nf* **fair wage** salario equo *nm*
fall due *vb* scadere *vb*
falling *adj* **falling prices** prezzi al ribasso *nmpl* **falling rate of profit** tasso decrescente del profitto *nm*
false *adj* **false representation** frode *nf*
falsification *n* falsificazione *nf* **falsification of accounts** falso contabile *nm*
family *n* **family allowance** assegno familiare *nm* **family branding** family branding *nm* **family corporation** società a carattere familiare *nf* **family income** reddito familiare *nm* **family industry** industria domestica *nf*

farm out *vb* dare in appalto *vb*
farming *n* agricoltura *nf* **farming of taxes** concessione del diritto di esazione delle imposte *nf* **farming subsidies** sussidi agricoli *nmpl*
FAS (free alongside ship) *abbr* FAS (franco lungo bordo) *abbr*
fast *adj* **fast-selling goods** articoli di rapida vendita *nmpl* **fast track** a mobilità verso l'alto
fault *n* guasto *nm*, colpa *nf* **minor fault** guasto *nm*, errore di lieve entità *nm* **serious fault** guasto *nm*, errore grave *nm* **to find fault with** lagnarsi di *vb*, criticare *vb*
faulty *adj* **faulty goods** merci difettose *nfpl* **faulty workmanship** lavorazione difettosa *nf*
favour *n* favore *nm* **to do sb a favour** fare un favore a qualcuno *vb*
favourable *adj* **favourable balance of payments** saldo attivo della bilancia dei pagamenti *nm* **favourable balance of trade** bilancia commerciale attiva *nf* **favourable exchange** cambio favorevole *nm* **favourable price** prezzo vantaggioso *nm* **favourable terms** condizioni vantaggiose *nfpl*
fax 1. *n* fax *nm* 2. *vb* spedire per fax *vb*
feasibility *n* fattibilità *nf*, praticabilità *nf* **feasibility study** studio della praticabilità *nm*
feasible *adj* fattibile *adj*
federal *adj* federale *adj*
federation *n* federazione *nf*
fee *n* onorario *nm*, diritto *nm* **to charge a fee** addebitare un onorario/ una tassa/ un compenso *vb* **to pay a fee** pagare un onorario *vb*
feedback *n* retroazione *nf*, feedback *nm*, informazioni di ritorno *nfpl* **to give feedback** dare informazioni *vb*, dare feedback *vb*
fiat *n* **fiat money** moneta a corso forzoso *nf*
fictitious *adj* **fictitious assets** attività fittizie *nfpl* **fictitious purchase** acquisto fittizio *nm* **fictitious sale** vendita fittizia *nf*
fidelity *n* **fidelity bond** contratto di assicurazione di fedeltà *nm* **fidelity insurance** assicurazione di fedeltà *nf*, assicurazione contro l'infedeltà *nf*
fiduciary *adj* **fiduciary bond** fideiussione *nf* **fiduciary issue** emissione fiduciaria *nf*
field *n* **field investigation** indagine esterna *nf* **field manager** direttore di zona *nm* **field personnel** personale esterno *nm* **field research** ricerca esterna *nf* **field test** prova preliminare *nf* **field work** lavoro esterno *nm*
FIFO (first in first out) *abbr* FIFO (First In First Out) *abbr*
file 1. *n* fascicolo *nm*, archivio *nm*, file *nm* 2. *vb* archiviare *vb*
filing *n* **filing cabinet** schedario *nm*, casellario *nm* **filing system** sistema di archiviazione *nm*
final *adj* **final accounts** rendiconti finali *nmpl*

final demand richiesta finale *nf*, domanda finale *nf* **final entry** trasferimento di una scrittura contabile dal libro di prima nota al mastro *nm* **final invoice** fattura definitiva *nf* **final offer** offerta definitiva *nf* **final products** prodotti finiti *nmpl* **final settlement** saldo finale *nm* **final utility** utilità finale *nf*
finance 1. *adj* **finance bill** cambiale finanziaria *nf*, cambiale di credito *nf*, proposta di legge finanziaria *nf* **finance company** società finanziaria *nf* **Finance Act** legge finanziaria *nf* 2. *n* finanza *nf* 3. *vb* finanziare *vb*
financial *adj* finanziario *adj* **financial accounting** contabilità finanziaria *nf* **financial assets** attivi finanziari *nmpl* **financial balance** bilancio finanziario *nm* **financial company** società finanziaria *nf* **financial consultancy** consulenza finanziaria *nf* **financial consultant** consulente finanziario *nm* **financial control** controllo finanziario *nm* **financial crisis** crisi finanziaria *nf* **financial difficulty** difficoltà finanziaria *nf* **financial exposure** rischio finanziario *nm* **financial incentive** incentivo finanziario *nm* **financial institution** istituzione finanziaria *nf* **financial investment** investimento finanziario *nm*, investimento mobiliare *nm* **financial loan** credito finanziario *nm* **financial management** gestione finanziaria *nf* **financial market** mercato dei capitali *nm* **financial measures** misure finanziarie *nfpl* **financial operation** operazione finanziaria *nf* **financial planning** pianificazione finanziaria *nf* **financial policy** politica finanziaria *nf* **financial report** rapporto finanziario *nm* **financial resources** mezzi finanziari *nmpl* **financial risk** rischio finanziario *nm* **financial situation** situazione finanziaria *nf* **financial stability** stabilità finanziaria *nf* **financial statement** rendiconto finanziario *nm* **financial strategy** strategia finanziaria *nf* **financial structure** struttura finanziaria *nf* **financial year** esercizio finanziario *nm*, anno contabile *nm*
financier *n* finanziere *nm*, finanziatore *nm*
financing *n* finanziamento *nm* **financing surplus** eccedenza di finanziamento *nf*
fine *adj* **fine rate of interest** tasso primario d'interesse *nm*
finished *adj* **finished goods** prodotti finiti *nmpl* **finished stock** prodotti finiti *nmpl* **finished turnover** rotazione dei prodotti finiti *nf*
fire* *vb* licenziare *vb*
firm *adj* **firm offer** offerta ferma *nf* **firm price** prezzo fermo *nm*
first *adj* **first bill of exchange** prima di cambio *nf*, prima copia di cambiale *nf* **first class** prima classe *nf*, prim'ordine *nm* **first-class paper** carta di prim'ordine *nf* **first customer** primo cliente *nm* **first-hand** di

prima mano **first mortgage** ipoteca di primo grado *nf*, prima ipoteca *nf* **first-rate** di prim'ordine

fiscal *adj* **fiscal agent** agente finanziario *nm* **fiscal balance** bilancio fiscale *nm*, bilancio finanziario *nm* **fiscal charges** oneri fiscali *nmpl* **fiscal measures** misure fiscali *nfpl* **fiscal policy** politica fiscale *nf* **fiscal receipt** ricevuta fiscale *nf* **fiscal year** anno finanziario *nm* **fiscal year end (fye)** fine anno finanziario *nf* **fiscal zoning** lottizzazione fiscale *nf*, suddivisione in zone fiscali *nf*

fix *vb* **fixed assets** attività fisse *nfpl*, immobilizzazioni *nfpl* **fixed asset turnover** indice di rotazione delle attività fisse *nm* **fixed budget** budget rigido *nm*, budget fisso *nm* **fixed charges** oneri fissi *nmpl* **fixed costs** costi fissi *nmpl* **fixed credit** credito fisso *nm* **fixed income** reddito fisso *nm* **fixed interest** interesse fisso *nm* **fixed liabilities** passività fisse *nfpl* **fixed price** prezzo fisso *nm* **to fix the price** fissare il prezzo *vb*

fixture *n* **fixtures and fittings** impianti fissi *nmpl*, immobili e impianti *nmpl*

flat *adj* **flat bond** obbligazione senza interessi *nf* **flat market** mercato fiacco *nm* **flat rate** rendimento uniforme *nm*, tariffa forfettaria *nf*, aliquota fissa *nf* **flat-rate income tax** imposta sul reddito a aliquota fissa *nf* **flat-rate tariff** tariffa ad aliquota unica *nf*

flexibility *n* flessibilità *nf*

flexible *adj* **flexible budget** budget flessibile *nm* **flexible exchange rate** tasso di cambio flessibile *nm* **flexible price** prezzo flessibile *nm*

flexitime, flextime (US) *n* flexitime *nm*, orario flessibile *nm*

flight *n* (aviation) volo *nm* **flight of capital** fuga di capitali *nf* **to book a flight** prenotare un biglietto aereo *vb*

float *vb* (currency) fluttuare *vb*, (company) lanciare *vb*

floating *adj* **floating assets** attività correnti *nfpl* **floating exchange rate** tasso di cambio fluttuante *nm* **floating rate interest** tasso di interesse fluttuante *nm*

floor *n* **floor broker** intermediario di borsa *nm* **shopfloor** base operaia *nf*

flotation *n* lancio *nm*

flow *n* **cash flow** cash flow *nm*, flusso di cassa *nm* **flow chart** flussoschema *nm*, flussogramma *nm* **flow line production** produzione a flusso continuo *nf* **flow of income** flusso del reddito *nm* **flow production** produzione a flusso continuo *nf*

fluctuate *vb* fluttuare *vb*, oscillare *vb*

fluctuation *n* fluttuazione *nf* **fluctuation in sales** fluttuazione delle vendite *nf*

fluid *adj* fluido *adj* **fluid market** mercato instabile *nm*

FOB (free on board) *abbr* FOB (franco a bordo) *abbr*

for *prep* **for sale** in vendita

forced *adj* **forced currency** carta-moneta inconvertibile *nf*

forecast 1. *n* previsione *nf* 2. *vb* prevedere *vb*

forecasting *n* previsione *nf*

foreclose *vb* pignorare *vb*, escludere *vb*

foreclosure *n* pignoramento *nm*

foreign *adj* estero *adj* **foreign aid** aiuto all'estero *nm* **foreign aid programme** programma di aiuti all'estero *nm* **foreign bank** banca estera *nf* **foreign company** società estera *nf* **foreign competition** concorrenza estera *nf* **foreign currency** valuta estera *nf* **foreign exchange** cambio estero *nm* **foreign exchange dealer** cambiavalute *nm* **foreign exchange market** mercato dei cambi *nm* **foreign currency holdings** proprietà all'estero *nfpl* **foreign investment** investimento estero *nm* **foreign loan** prestito estero *nm* **foreign travel** viaggi all'estero *nmpl*

foreman *n* capo reparto *nm*

forestall *vb* precedere *vb*, accaparrare *vb*

forestalling *adj* **forestalling policy** politica di accaparramento *nf*

forfeit 1. *n* ammenda *nf*, penalità *nf*, confisca *nf* (shares) confisca di azioni *nf* 2. *vb* perdere un diritto a *vb*

forfeiture *n* confisca *nf*

forgery *n* contraffazione *nf*

form *n* (document) modulo *nm*

formal *adj* formale *adj* **formal agreement** accordo formale *nm* **formal contract** contratto formale *nm*

formality *n* **customs formalities** formalità doganali/legali *nfpl* **to observe formalities** rispettare le formalità *vb*

formation *n* (of company) costituzione *nf* **capital formation** formazione di capitale *nf*

forward 1. *adj* **forward contract** contratto di cambio per consegna differita *nm* **forward cover** operazioni di copertura per consegna differita *nfpl* **forward market** mercato delle operazioni per consegna differita *nm* **forward transaction** operazione per consegna differita *nf* 2. *vb* inoltrare *vb*, spedire *vb*

forwarder *n* spedizioniere *nm*

forwarding *n* inoltro *nm*, spedizione *nf* **forwarding agency** agenzia di spedizioni *nf* **forwarding agent** spedizioniere *nm* **forwarding charges** spese di spedizione *nfpl* **forwarding note** bollettino di spedizione *nm*

found *vb* **to found a company** fondare una società *vb*

founder *n* fondatore *nm*

fraction *n* frazione *nf*

fractional *adj* frazionario *adj* **fractional money** moneta divisionaria *nf*, moneta frazionaria *nf* **fractional shares** riserve proporzionali *nfpl*

franc *n* **Belgian franc** franco belga *nm*
French franc franco francese *nm* **Swiss**
franc franco svizzero *nm*
franchise 1. *adj* **franchise outlet** affiliante
nm 2. *n* franchise *nm*, affiliazione
commerciale *nf* 3. *vb* concedere il franchising di *vb*
franchisee *n* esclusivista *nm*, affiliato *nm*
franchising *n* franchising *nm*
franchisor *n* affiliante *nm*
franco *adj* **franco domicile** franco domicilio
franco price prezzo franco *nm* **franco zone**
zona del franco *nf*
frank *vb* affrancare *vb*
franked *adj* **franked income** reddito franco
da imposta *nm*
franking *n* **franking machine** macchina
affrancatrice *nf*
fraud *n* frode *nf*
fraudulent *adj* fraudolento *adj*, doloso *adj*
free *adj* **free agent** agente generale *nm* **free**
alongside ship (FAS) franco sottobordo **free**
on board (FOB) franco bordo **free of charge**
gratuito *adj*, a titolo gratuito, franco di spese
adj **free competition** libera concorrenza *nf*
free delivery consegna franco spese *nf* **duty**
free esente da dazio *adj* **free economy**
economia liberale *nf*, economia liberista *nf*
free entry bolla di merce esente *nf* **free of**
freight franco di nolo *adj* **free goods** merci
esenti *nfpl* **free market** mercato libero *nm*
free market economy economia di mercato
libero *nf* **free movement of goods** movimento libero della merce *nm* **free port**
porto franco *nm* **free on quay** franco banchina partenza **free of tax** esente da tasse
adj **free trade** libero scambio *nm* **free trade**
area area di libero scambio *nf*
freedom *n* **freedom of choice** libertà di scelta
nf
Freefone (R) (GB) *n* Freefone (R) (GB)
telefonata a carico del destinatario *nf*,
Numero Verde *nm*
freelance 1. *adj* freelance *adj*, indipendente
adj 2. *n* freelance *nmf*, professionista
freelance *nmf*
freelancer *n* professionista indipendente
nmf, professionista libero *nmf*
Freepost (R) (GB) *n* Freepost (GB) - affran-
catura a carico del destinatario *nf*
freeze 1. *n* (on prices, wages) blocco *nm*,
congelamento *nm* 2. *vb* (prices, wages)
congelare *vb*, bloccare *vb*
freight *n* nolo *nm*, trasporto *nm* **freight**
forwarder spedizioniere *nm* **freight traffic**
traffico merci *nm*
freighter *n* noleggiatore *nm*, spedizioniere
nm, nave da carico *nf*, nave cargo *nf*
frequency *n* frequenza *nf*
friendly *adj* **Friendly Society** *n* società di
mutuo soccorso *nf*
fringe *adj* **fringe benefits** benefici aggiuntivi

nmpl, benefici accessori *nmpl* **fringe mar-**
ket mercato marginale *nm*
frontier *n* frontiera *nf*
fronting *n* fronting *nm*
frozen *adj* **frozen assets** attività congelate
nfpl, attività di non immediato realizzo *nfpl*
frozen credits crediti congelati *nmpl*
FT Index (Financial Times Index) *n* Indice
azionario del Financial Times *nm*
full *adj* **full cost** costo pieno *nm* **full liability**
piena responsabilità *nf* **full payment** pagamento a saldo *nm*, pagamento totale *nm*
full-time *adj, adv* a tempo pieno *adj, adv*, full-
time *adj, adv*
function *n* funzione *nf*
functional *adj* **functional analysis** analisi
funzionale *nf* **functional organization** organizzazione funzionale *nf*, organizzazione per
funzioni *nf*
fund 1. *n* fondo *nm*, stanziamento *nm*
funds *npl* fondi *nmpl*, titoli del debito
consolidato *nmpl* **funds flow** flusso di
cassa *nm*, flusso di tesoreria *nm* **funds**
surplus eccedenza di stanziamento *nf* 2. *vb*
finanziare *vb*
funded *adj* **funded debt** debito fondato *nm*
funding *n* consolidamento *nm*,
finanziamento *nm* **funding bonds** titoli di
consolidamento *nmpl*
furlough (US) 1. *n* congedo *nm* 2. *vb*
concedere il congedo a *vb*
future *adj* **future commodity** merce a
termine *nf* **future delivery** consegna futura
nf **future goods** beni a termine *nmpl*
futures 1. *adj* **futures contract** contratto a
termine *nm* **futures exchange** borsa dei
contratti a termine *nm* **futures market** mercato a termine *nm* **futures marketing** contrattazione a termine *nf* **futures price** prezzo
a termine *nm*, corso a termine *nm* **futures**
trading operazioni commerciali a termine
nfpl 2. *npl* contratti a termine *nmpl*
fye (fiscal year end) *abbr* fine anno
finanziario *nf*
gain 1. *n* **capital gain** reddito di capitale *nm*,
plusvalenza *nf* **capital gains tax** imposta sui
redditi di capitale *nf* **gain in value** aumento
del valore *nm* **gain sharing** partecipazione
agli utili *nf* 2. *vb* guadagnare *vb*
gainful *adj* **gainful employment** impiego
remunerativo *nm*, occupazione
remunerativa *nf*
galloping *adj* **galloping inflation** inflazione
galoppante *nf*
Gallup *n* **Gallup poll (R)** sondaggio d'opi-
nioni Gallup *nm*
gap *n* **population gap** saldo demografico *nm*
trade gap deficit della bilancia commerciale
nm
gas *n* **natural gas** gas naturale *nm*
GATT (General Agreement on Tariffs and
Trade) *abbr* GATT (Accordo generale sulle

tariffe e il commercio) *abbr*
gazump *vb* gazump (vendere al maggior offerente non mantenendo l'impegno) *vb*
GDP (Gross Domestic Product) *abbr* PIL (Prodotto Interno Lordo) *abbr*
general *adj* **general accounting** contabilità generale *nf* **general agencies (US)** agenzie di assicurazioni generali *nfpl* **general agent** agente generale *nm* **general average** avaria generale *nf* **general election** elezioni politiche *nfpl* **general management** direzione generale *nf* **general manager** direttore generale *nm* **general partner** socio accomandatario *nm* **general partnership** società in nome collettivo *nf*, società semplice *nf* **general strike** sciopero generale *nm*
generate *vb* **to generate income** generare reddito *vb*
generation *n* **income generation** generazione di reddito *nf*
generosity *n* generosità *nf*
gentleman *n* **gentleman's agreement** accordo tra gentiluomini *nm*
gilt-edged *adj* **gilt-edged market** mercato dei titoli di stato *nm* **gilt-edged security** titolo di stato *nm*, titolo di prim'ordine *nm*
gilts *npl* titoli di stato *nmpl*
giveaway *n* articolo in omaggio *nm*, omaggio *nm*
global *adj* globale *adj* **global economy** economia globale *nf* **global market** mercato globale *nm* **global marketing** commercializzazione globale *nf*, marketing globale *nm*
globalization *n* globalizzazione *nf*
GMT (Greenwich Mean Time) *abbr* ora di Greenwich *nf*
gnome *n* **the Gnomes of Zurich** gli gnomi di Zurigo *nmpl*
GNP (Gross National Product) *abbr* PNL (Prodotto Nazionale Lordo) *abbr*
go-slow *n* (strike) sciopero bianco *nm*
going *adj* corrente *adj* **going concern** azienda avviata *nf*
gold **1.** *adj* **gold bullion** verghe auree *nfpl*, lingotti d'oro *nmpl* **gold coin** moneta d'oro *nf* **gold market** mercato dell'oro *nm* **gold reserves** riserve auree *nfpl* **gold standard** sistema monetario standard *nm* **2.** *n* oro *nm*
golden *adj* **golden handcuffs** manette d'oro *nfpl* **golden handshake** liquidazione *nf*, buonuscita *nf* **golden hello** premio d'ingaggio *nm* **golden parachute** paracadute d'oro *nm*
goods *npl* merci *nfpl*, beni *nmpl* **goods on approval** merci soggette a verifica *nfpl* **bulk goods** merci alla rinfusa *nfpl*, merci in massa *nfpl* **goods on consignment** merci in conto deposito *nfpl* **domestic goods** merci nazionali *nfpl* **export goods** merci d'esportazione *nfpl* **import goods** merci d'importazione *nfpl* **goods in process**

semilavorati *nmpl* **goods in progress** semilavorati *nmpl* **goods transport** trasporto merci *nm*
goodwill *n* avviamento *nm*
govern *vb* governare *vb*, amministrare *vb*
government *n* governo *nm* **government body** ente statale *nm* **government bond** titolo di stato *nm* **government enterprise** impresa statale *nf* **government loan** prestito pubblico *nm* **government policy** politica statale *nf* **government sector** settore pubblico *nm* **government security** titolo di stato *nm* **government subsidy** sovvenzione statale *nf*
graduate **1.** *n* (of university) laureato *nm*, laureata *nf* **2.** *vb* conferire la laurea *vb*, laurearsi *vb*
grant **1.** *n* (of a patent) concessione *nf*, assegnazione *nf* **regional grant** sovvenzione regionale *nf* **2.** *vb* concedere *vb*
graphics *npl* **computer graphics** grafica computerizzata *nf*
gratuity *n* gratifica *nf*, (tip) mancia *nf*
green *adj* **green card** carta verde *nf* **green currency** valuta verde *nf* **green pound** sterlina verde *nf*
Greenwich *n* **Greenwich Mean Time (GMT)** ora di Greenwich *nf*
grievance *n* vertenza *nf*
gross *adj* lordo *adj* **gross amount** ammontare lordo *nm*, somma lorda *nf* **gross domestic product (GDP)** prodotto interno lordo (PIL) *nm* **gross interest** interesse lordo *nm* **gross investment** investimento lordo *nm* **gross loss** perdita lorda *nf* **gross margin** margine lordo *nm* **gross national product (GNP)** prodotto nazionale lordo (PNL) *nm* **gross negligence** negligenza grave *nf*, colpa grave *nf* **gross output** prodotto lordo *nm* **gross sales** fatturato lordo *nm* **gross weight** peso lordo *nm*
group *n* **group insurance** assicurazione collettiva *nf* **group of countries** gruppo di nazioni *nm* **group travel** viaggio in gruppo *nm*
growth *n* crescita *nf* **annual growth rate** tasso annuo di crescita *nm* **economic growth** crescita economica *nf* **export-led growth** crescita indotta dalle esportazioni *nf* **market growth** crescita del mercato *nf* **growth rate** tasso di crescita *nf* **sales growth** aumento delle vendite *nm* **growth strategy** strategia di sviluppo *nf*
guarantee *n* garanzia *nf* **quality guarantee** garanzia di qualità *nf*
guarantor *n* garante *nm*, mallevadore *nm*
guest *n* **guest worker** lavoratore ospite *nm*
guild *n* gilda *nf*
guilder *n* gulden *nm*, fiorino olandese *nm*
h *abbr* (hour) ora *nf*
half *n* metà *nf*, mezzo *adj* **half-an-hour** mezz'ora *nf* **half-board** mezza pensione *nf*

half-pay mezza paga *nf* **half-price** a metà prezzo *adv* **to reduce sth by half** dimezzare *vb* **half-year** semestre *nm*

hall *n* **exhibition hall** sala d'esposizione *nf*

hallmark *n* marchio ufficiale di saggio *nm*, marchio di garanzia *nm*

halt *vb* (inflation) arrestare *vb*

halve *vb* dimezzare *vb*

hand *n* **in hand** in corso *adv* **to hand** a portata di mano

hand over *vb* consegnare *vb*

handbook *n* manuale *nm*

handle *vb* (deal) trattare *vb*, occuparsi di *vb* (money) gestire *vb* trattare *vb* **handle with care** Attenzione!

handling *n* **handling charges** spese di approntamento *nfpl* **data handling** gestione dei dati *nf*

handmade *adj* fatto a mano *adj*

handshake *n* stretta di mano *nf*

handwritten *adj* scritto a mano *adj*

handy *adj* a portata di mano *adv*, utile *adj*

hang on *vb* (wait) attendere *vb*, tener duro *vb* (on telephone) attendere *vb*

hang together *vb* (argument) essere coerente *vb*, essere ben congegnato *vb*

hang up *vb* (telephone) riattaccare *vb*

harbour *n* porto *nm* **harbour authorities** ente portuale *nm* **harbour dues** diritti di porto *nmpl* **harbour facilities** attrezzature portuali *nfpl* **harbour fees** diritti di porto *nmpl*

hard *adj* **hard bargain** affare a condizioni poco vantaggiose *nm* **hard cash** circolante *nm*, medio circolante *nm* **hard currency** valuta forte *nf* **hard disk** hard disk *nm* **hard-earned** guadagnato col sudore della fronte, guadagnato con fatica **hard-hit** colpito duramente **hard-line** linea dura *nf* **hard loan** prestito in valuta forte *nm* **hard news/information** notizie di prima pagina *nfpl* **hard price** prezzo alto *nm* **hard sell** hard sell (politica di vendite estremamente aggressiva) *nm* **the hard facts** fatti incontrovertibili *nmpl*, la realtà nuda e cruda *nf* **hard-working** laborioso *adj*, operoso *adj*

hardware (computer) hardware *nm*

haul *n* **long-haul** distanza lunga *nf*, tirata *nf* **short-haul** breve distanza *nf*

haulage *n* **road haulage, freight** (US) costo di trasporto *nm* **haulage company** vettore *nm*

haulier *n* vettore a contratto *nm*

hazard *n* pericolo *nm* **natural hazard** pericolo naturale *nm* **occupational hazard** rischio professionale *nm*

hazardous *adj* pericoloso *adj*

head 1. *adj* **head accountant** ragioniere capo *nm* **head office** sede centrale *nf* 2. *n* **at the head of** alla testa di *prep*, a capo di *prep* **head of department** direttore di reparto *nm*, capufficio *nm* **head of government** capo di governo *nm* **per head** pro capite *adv* **to be head of** dirigere *vb*, essere a capo di *vb* 3. *vb* (department) dirigere *vb*

head for *vb* dirigersi a *vb*

headed *adj* **headed notepaper** carta intestata *nf*

heading *n* intestazione *nf*

headquarters *n* quartiere generale *nm*

headway *n* progresso *nm* **to make headway** fare progressi *vb*

health *n* **health benefits** sussidio di malattia *nm* **health care industry** industria assistenziale medica *nf* **health hazard** pericolo per la salute *nm* **industrial health** igiene del lavoro *nf* **health insurance** assicurazione contro le malattie *nf* **Ministry of Health** Ministero della Sanità *nm*

healthy *adj* (finances) prospero *adj*

heavy *adj* **heavy-duty** per servizio pesante *adj* **heavy goods vehicle** veicolo per merci pesanti *nm* **heavy industry** industria pesante *nf* **heavy trading** intensa attività di borsa *nf* **heavy user** gran consumatore *nm*

hedge *n* **hedge against inflation** protezione antinflazionistica *nf*, hedging *nm* **hedge clause (US)** clausola di protezione *nf*

hidden *adj* **hidden assets** attività occulta *nf* **hidden defect** vizio occulto *nm*

hierarchy *n* gerarchia *nf* **data hierarchy** gerarchia dei dati *nf* **hierarchy of needs** gerarchia dei bisogni *nf*

high *adj* **high-class** di prim'ordine *adj* **higher bid** offerta più alta *nf* **high finance** alta finanza *nf* **high-grade** di qualità superiore *adj* **high-income** alto reddito *nm* **high-level** ad alto livello **high-powered** potente *adj*, dinamico *adj* **high-priced** a prezzo alto *adj* **high-ranking** altolocato *adj* **high-risk** ad alto rischio *adj* **high season** alta stagione *nf* **high-tech** high-tech *nf*, tecnologia avanzata *nf*

hire 1. *adj* **hire charges** canoni di nolo *nmpl*, canoni di fitto *nmpl* **hire contract** contratto di nolo *nm* **hire purchase** vendita con pagamento rateale *nf* 2. *n* nolo *nm* **for hire** da nolo *adj*, libero *adj* 3. *vb* (person) noleggiare *vb*

history *n* **employment/work history** impiego precedente *nm*, occupazione precedente *nf*

hit *vb* **hit-or-miss** casuale *adj* **to hit the headlines** fare notizia *vb* **to hit the market** essere lanciato sul mercato *vb* **to be hard hit by** essere duramente colpiti da *vb*

HO (head office) *abbr* sede centrale *nf*

hoard *vb* accumulare *vb*

hold 1. *adj* **hold area** stiva *nf* **on hold** (on phone) attendere *vb*, essere in linea *vb* 2. *vb* **to hold a meeting** tenere una riunione *vb* **to hold sth as security** tenere come garanzia *vb* **to hold sb liable** tenere responsabile *vb* **to hold the line** (on phone) restare in linea *vb* **to hold sb responsible** considerare

qualcuno responsabile di qualcosa *vb*
hold back *vb* (not release) trattenere *vb*
hold on *vb* (on phone) attendere *vb*
hold over *vb* (to next period) rinviare *vb*
hold up *vb* (delay) ostruire *vb*, ostacolare *vb*
(withstand scrutiny) reggere *vb*, mostrarsi
valido *vb*
holder *n* titolare *nm*, detentore *nm*,
possessore *nm* **joint holder** titolare
congiunto *nm* **licence holder** licenziatario
nm **office holder** che ricopre una carica *adj*,
ricoprente una carica *adj* **policy holder**
assicurato *nm*, detentore di polizza *nm*
holding 1. *adj* **holding company** holding *nf*,
società finanziaria *nf* **2.** *n* partecipazione *nf*
foreign exchange holdings riserve valutarie
nfpl **majority/minority holding** partecipazione di maggioranza/di minoranza *nf* **to
have holdings** possedere titoli *vb*, possedere
pacchetti azionari *vb*
holdup *n* arresto *nm*, interruzione *nf*
holiday, vacation (US) *n* **bank holiday** (GB)
festa civile osservata dalle banche *nf* **on
holiday** in ferie *adv* **holiday pay** retribuzione
per le ferie *nf* **tax holiday** periodo di
esenzione fiscale *nm*
home *adj* **home address** recapito personale
nm **home buyer** compratore nazionale *nm*
home country paese d'origine *nm*, patria *nf*
home delivery consegna a domicilio *nf*
home industry industria nazionale *nf* **home
loan** mutuo edilizio *nm* **home market** mercato interno *nm* **home owner** proprietario
d'abitazione *nm* **home sales** vendite sul
mercato nazionale *nfpl* **home service** servizio a domicilio *nm* **home shopping** home
shopping *nm*, spese da casa *nfpl*
honorary *adj* onorario *adj*
horizontal *adj* **horizontal analysis** analisi
orizzontale *nf* **horizontal integration** integrazione orizzontale *nf*
host *n* ospite *nm*, ospitante *nm* **host country**
nazione ospitante *nf*
hot *adj* **hot line** linea calda *nf*, linea diretta *nf*
hot money capitali vaganti *nmpl*, moneta
calda *nf*, denaro scottante *nm* **hot seat**
carica di grande responsabilità *nf* **to be in
hot demand** essere richiestissimi *vb*
hotel *n* albergo *nm* **hotel accommodation**
alloggio in albergo *nm*, camere d'albergo
nfpl **hotel chain** catena alberghiera *nf* **five-
star hotel** albergo cinque stelle *nm* **hotel
industry/trade** industria alberghiera *nf* **hotel management** direzione dell'albergo *nf*,
gestione alberghiera *nf* **to run a hotel**
gestire un albergo *vb*
hour *n* **after hours** dopo l'orario di chiusura
business hours ore d'ufficio *nfpl* **busy hours**
(US) ore di attività intensa *nfpl* **fixed hours**
ore fisse *nfpl* **office hours** orario d'ufficio
nm **per hour** ad ora, per ogni ora **per hour
output** produzione oraria *nf*

hourly *adj* **hourly-paid work** lavoro retribuito
con paga oraria *nm* **hourly rate** paga oraria
nf **hourly workers** lavoratori retribuiti a ore
nmpl
house *n* **clearing house** stanza di
compensazione *nf* **house duty** (US) imposta
sugli immobili *nf* **house journal/magazine**
giornale aziendale *nm* **mail-order house**
casa di vendita per corrispondenza *nf*
packing house (US) impresa di
confezionamento *nf* **house prices** prezzi
delle case *nmpl*, prezzi degli immobili *nmpl*
publishing house casa editrice *nf* **house sale**
vendita di una casa *nf* **house telephone**
telefono interno *nm*
household *n* nucleo familiare *nm* **household
expenditure** spesa del nucleo familiare *nf*
household goods articoli casalinghi *nmpl*
household survey indagine sui nuclei
familiari *nf*
householder *n* capofamiglia *nmf*
housewares (US) *npl* articoli casalinghi *nmpl*
housing *n* **housing estate, tenement** (US)
complesso urbano *nm*, quartiere *nm* **housing industry** industria dell'edilizia abitativa
nf **housing project** progetto edilizio *nm*
housing scheme piano edilizio *nm*
hull *n* scafo *nm* **hull insurance** assicurazione
sullo scafo *nf*
human *adj* umano *adj* **human relations**
relazioni umane *nfpl* **human resource management (HRM)** gestione delle risorse
umane *nf* **human resources** risorse umane
nfpl
hundred *adj* cento *adj* **one hundred per cent**
cento per cento *nm*
hydroelectricity *n* energia idroelettrica *nf*
hype *n* pubblicità stravagante *nf*, pubblicità
sensazionalistica *nf*
hyperinflation *n* iperinflazione *nf*
hypermarket *n* ipermercato *nm*
hypothesis *n* ipotesi *nf*
idle *adj* inattivo *adj* **idle capacity** capacità
inutilizzata *nf*
illegal *adj* illegale *adj*, illecito *adj*
implication *n* **this will have implications for
our sales** questo avrà conseguenze sulle
nostre vendite
import 1. *adj* **import agent** agente
importatore *nm* **import barrier** barriera
doganale sull'importazione *nf* **import control** controllo sulle importazioni *nm* **import
department** reparto importazione *nm*, ufficio
importazione *nm* **import duty** dazio
d'importazione *nm* **import licence** licenza
d'importazione *nf* **import office** ufficio
importazioni *nm* **import quota** contingente
d'importazione *nm* **import restrictions**
restrizioni delle importazioni *nfpl* **import surplus** eccedenza delle importazioni *nf* **2.** *n*
importazione *nf* **imports** *npl* importazioni
nfpl, articoli d'importazione *nmpl* **3.** *vb*

importare *vb*

importation *n* importazione *nf*

importer *n* importatore *nm*

importing *adj* **importing country** paese importatore *nm*

impose *vb* **to impose a tax** imporre un'imposta *vb*, imporre un dazio *vb* **to impose restrictions** imporre restrizioni *vb*

imposition *n* (of tax) imposta *nf*, imposizione *nf*

impound *vb* confiscare *vb*, sequestrare *vb*

imprint *n* **to take an imprint** (credit card) fare un'impronta *vb*

improve *vb* migliorare *vb* **we must improve our performance** dobbiamo migliorare la nostra performance

inadequate *adj* inadeguato *adj*, insufficiente *adj*

incentive *n* incentivo *nm*

incidental *adj* **incidental expenses** spese occasionali *nfpl*

include *vb* **our price includes delivery** nel nostro prezzo è compresa la consegna **taxes are included** le imposte sono compres-ese, i dazi sono compresi

inclusive *adj* **inclusive of tax and delivery costs** dazi e costi di consegna inclusi, inclusivo di dazi e costi di consegna **the prices quoted are inclusive** i prezzi citati sono complessivi

income *n* reddito *nm* **gross income** reddito lordo *nm* **net income** reddito netto *nm* **private income** reddito personale *nm* **income tax** imposta sul reddito *nf*

inconvenience *n* inconveniente *nm*, svantaggio *nm*

inconvenient *adj* sconveniente *adj*, importuno *adj*

increase 1. *n* **increase in the cost of living** aumento del carovita *nm* **price increase** aumento dei prezzi *nm* **wage increase** aumento salariale *nm* 2. *vb* (prices, taxes) aumentare *vb*

incur *vb* (expenses) sostenere *vb*, subire *vb*

indebted *adj* indebitato *adj*, (thankful) grato *adj*

indemnify *vb* indennizzare *vb*, risarcire *vb*

indemnity *n* indennità *nf*, risarcimento *nm* **indemnity insurance** assicurazione contro i danni *nf*

index *n* indice *nm* **cost of living index** indice del costo della vita *nm* **growth index** indice di crescita *nm* **price index** indice dei prezzi *nm* **share index** indice azionario *nm*

indicate *vb* indicare *vb*

indication *n* indicazione *nf*

indirect *adj* indiretto *adj* **indirect cost** costo indiretto *nm* **indirect expenses** spese indirette *nfpl* **indirect tax** imposta indiretta *nf*

industrial *adj* industriale *adj* **industrial accident** infortunio sul lavoro *nm* **industrial**

arbitration arbitrato industriale *nm* **industrial democracy** democrazia industriale *nf* **industrial dispute** disputa industriale *nf* **industrial expansion** espansione industriale *nf* **industrial region** regione industriale *nf* **industrial relations** relazioni industriali *nfpl* **industrial tribunal** tribunale industriale *nm* **industrial union** sindacato industriale *nm*

industry *n* industria *nf*

inefficient *adj* inefficiente *adj*

inferior *adj* (goods) scadente *adj*

inflation *n* inflazione *nf* **rate of inflation** tasso d'inflazione *nm*

inflationary *adj* inflazionistico *adj* **inflationary gap** scarto inflazionistico *nm* **inflationary spiral** spirale inflazionistica *nf*

inform *vb* informare *vb*

information 1. *adj* **information desk** ufficio informazioni *nm*, banco informazioni *nm* **information management** gestione delle informazioni *nf* **information office** ufficio informazioni *nm* **information processing** elaborazione di informazioni *nf* **information retrieval** reperimento di informazioni *nm* **information storage** memorizzazione di informazioni *nf* **information systems** sistema informativo *nf* **information technology (IT)** informatica *nf*, tecnologia dell'informazione *nf* 2. *n* informazione *nf*

infrastructure *n* infrastruttura *nf*

inherit *vb* ereditare *vb*

inheritance *n* eredità *nf* **inheritance laws** leggi sulle successioni *nfpl*

inhouse *adj* **inhouse training** addestramento sul posto di lavoro *nm*

injunction *n* ingiunzione *nf* **to take out an injunction** richiedere l'emissione di un'ingiunzione *vb*

inland *adj* interno *adj*, nazionale *adj* **the Inland Revenue, The Internal Revenue Service (IRS)** (US) fisco *nm*, erario *nm*

insider *n* chi ha accesso ad informazioni riservate *nm*, membro *nm* **insider dealing, insider trading** (US) insider dealing *nm*

insist on *vb* insistere su *vb*

insolvency *n* insolvenza *nf*

insolvent *adj* insolvente *adj*

inspect *vb* ispezionare *vb*, controllare *vb*

inspection *n* ispezione *nf*

inspector *n* ispettore *nm* **customs inspector** doganiere *nm*

instability *n* instabilità *nf*

install, instal (US) *vb* installare *vb*, insediare *vb*

installation *n* installazione *nf*

installment, instalment (US) *n* rata *nf*

institute *n* istituto *nm*

institution *n* istituzione *nm* **credit institution** istituto di credito *nm*

instruction *n* istruzione *nf* **instruction book** manuale d'istruzioni *nm* **instruction sheet** scheda d'istruzioni *nf* **to follow instructions**

seguire le istruzioni *vb*
insurable *adj* **insurable risk** rischio assicurabile *nm*
insurance 1. *adj* **insurance agent** agente di assicurazioni *nm* **insurance broker** broker di assicurazioni *nm* **insurance certificate** certificato di assicurazione *nm* **insurance company** compagnia di assicurazione *nf* **insurance contract** contratto di assicurazione *nm* **insurance fund** fondo di autoassicurazione *nm* **insurance policy** polizza di assicurazione *nf* **insurance premium** premio di assicurazione *nm* **insurance representative** agente d'assicurazioni *nm* **insurance salesperson** agente di assicurazioni *nm* **insurance underwriter** assicuratore *nm* **2.** *n* assicurazione *nf* **car insurance** assicurazione auto *nf* **comprehensive insurance** assicurazione contro tutti i rischi *nf* **fire insurance** assicurazione contro l'incendio *nf* **National Insurance (GB)** assicurazioni sociali *nfpl* **third party insurance** assicurazione contro la responsabilità civile *nf* **to take out insurance** sottoscrivere una polizza assicurativa *vb* **unemployment insurance** assicurazione contro la disoccupazione *nf*
insure *vb* assicurare *vb*
intangible *adj* **intangible asset** attività immateriali *nfpl*
intensive *adj* intensivo *adj* **capital-intensive** ad uso intensivo di capitale **labour-intensive** ad uso intensivo di lavoro
interest *n* interesse *nm* **interest period** periodo d'interesse *nm* **interest rate** tasso d'interesse *nm* **to bear interest** fruttare interesse *vb*, generare interesse *vb* **to charge interest** caricare interessi *vb* **to pay interest** pagare gli interessi *vb*
interest-bearing fruttifero *adj*
interest-free senza interessi *adj*
interface *n* interfaccia *nf*
interim *adj* provvisorio *adj*, interinale *adj*
intermediary *adj* intermediario *adj*
internal *adj* **internal audit** revisione contabile interna *nf*, audit interno *nm* **internal auditor** revisore contabile interno *nm* **the Internal Revenue Service (IRS) (US)** Dipartimento delle imposte (US) *nm*
international *adj* internazionale *adj* **international agreement** accordo internazionale *nm* **international competition** concorrenza internazionale *nf* **International Date Line** linea del cambiamento di data *nf* **international organization** organizzazione internazionale *nf* **international trade** commercio internazionale *nm*
intervene *vb* intervenire *vb*
intervention *n* intervento *nm* **state intervention** intervento statale *nm*
interview 1. *n* colloquio *nm*, intervista *nf* **to attend for interview** presentarsi ad un colloquio *vb* **to hold an interview** fare un colloquio *vb*, intervistare *vb* **to invite sb to interview** invitare qualcuno *vb* **2.** *vb* intervistare *vb*
introduce *vb* introdurre *vb*, presentare *vb*
inventory *n* inventario *nm* **inventory control** controllo del livello delle scorte *nm*
invest *vb* (money) investire *vb*
investment *n* investimento *nm* **investment adviser** consulente finanziario *nm* **investment portfolio** portafoglio titoli *nm* **investment programme, investment program** (US) programma degli investimenti *nm* **investment strategy** strategia degli investimenti *nf*
investor *n* investitore *nm*, risparmiatore *nm*
invisible *adj* **invisible exports** esportazioni invisibili *nfpl* **invisible imports** importazioni invisibili *nfpl*
invitation *n* invito *nm*
invite *vb* invitare *vb*
invoice *n* fattura *nf* **duplicate invoice** copia della fattura *nf* **to issue an invoice** emettere una fattura *vb* **to settle an invoice** pagare una fattura *vb*
irrecoverable *adj* (loss) irrecuperabile *adj*
irrevocable *adj* irrevocabile *adj* **irrevocable letter of credit** lettera di credito irrevocabile *nf*
issue 1. *n* **bank of issue** banca di emissione *nf* **share issue, stock issue** (US) emissione azionaria *nf* **2.** *vb* emettere *vb*, rilasciare *vb* **to issue sb with sth** provvedere qualcuno di *vb*
issuing *adj* **issuing bank** banca emittente *nf*
item *n* articolo *nm*, voce *nf*
itemize *vb* specificare *vb* **itemized account** conto dettagliato *nm*
itinerary *n* itinerario *nm*
jackpot *n* successo strabiliante *nm*, monte premi *nm*
jingle *n* **advertising jingle** jingle *nm*, sigla musicale *nf*
job *n* **job analysis** analisi delle mansioni *nf* **job creation** creazione di posti di lavoro *nf* **job description** descrizione delle mansioni *nf* **job offer** offerta di lavoro *nf* **job rotation** rotazione delle mansioni *nf* **job satisfaction** soddisfazione nel lavoro *nf* **job shop** ufficio di collocamento (GB) *nm*
jobber *n* operatore di borsa *nm*
Jobcentre (GB) *n* ufficio di collocamento in Gran Bretagna *nm*
jobless *adj* disoccupato *adj* **the jobless** i disoccupati *nmpl*
joint *adj* congiunto *adj* **joint account** conto congiunto *nm*, conto a più firme *nm* **joint obligation** obbligazione solidale *nf* **joint ownership** comproprietà *nf* **joint responsibility** responsabilità collettiva *nf* **joint-stock company** società per azioni *nf* **joint venture** joint venture *nf*, impresa in partecipazione *nf*
jointly *adv* collettivamente *adv*, insieme *adv*
journal *n* giornale *nm*, libro giornale *nm*,

periodico *nm*

journalism *n* giornalismo *nm*

judicial *adj* giudiziale *adj*

junior *adj* di secondo grado *adj*, più giovane *adj*, subalterno *adj*

junk *n* **junk bond** junk bond *nm*, obbligazione di rischio *nf*

jurisdiction *n* giurisdizione *nf*

juror *n* giurato *nm*

jury *n* giuria *nf*

keen *adj* (competition) vivace *adj* (price) conveniente *adj*

keep *vb* (goods) conservarsi *vb* **to keep an appointment** tenere un appuntamento *vb* **to keep the books** tenere la contabilità *vb* **to keep the business running** mandare avanti la baracca *vb*

keep back *vb* (money) trattenere soldi *vb*

keep down *vb* (prices) tener bassi i prezzi *vb*

keep up with *vb* (events) tenersi aggiornati *vb*

key *adj* **key currency** valuta chiave *nf* **key industry** industria chiave *nf* **key person** persona chiave *nf* **key question** domanda determinante *nf*, domanda chiave *nf*

key in *vb* inserire per mezzo di tastiera *vb*

keyboard *n* tastiera *nf*

keynote *adj* **keynote speech** discorso chiave *nm*

keyword *n* parola chiave *nf*

kg *abbr* kg (chilogrammo) *abbr (nm)*

kill *vb* **to kill a project** respingere un progetto *vb*, terminare un progetto *vb*, bocciare un progetto *vb*

kilowatt *n* chilowatt *nm*, kilowatt *nm*

kind 1. *adj* cortese *adj*, gentile *adj* **would you be so kind as to...** potreste .... 2. *n* natura *nf*

king-size(d) *adj* di misura superiore al normale

kiosk *n* (phone) cabina telefonica *nf*

kit *n* (equipment) kit *nm*, scatola di montaggio *nf*

kite *n* **kite mark (GB)** marchio apposto dalla British Standards Institution *nm*

km, kilometer (US) *abbr* km (chilometro) *abbr (nm)*

knock *vb* (disparage) denigrare *vb*, screditare *vb*

knock down *vb* (price) ribassare *vb*

knock off* *vb* (finish work) smontare dal lavoro *vb*

knock-for-knock *adj* **knock-for-knock agreement** accordo di indennizzo diretto *nm*

knock-on *adj* **knock-on effect** effetto a catena *nm*

knockdown *adj* **knockdown price** prezzo minimo *nm*, prezzo di liquidazione *nm*

know-how *n* know-how *nm*

knowledge *n* conoscenza *nf* **knowledge base** conoscenza di base *nf* **it is common knowledge** fatto noto a tutti *nm* **to have a**

thorough knowledge of sth conoscere in profondità *vb* **to have a working knowledge of sth** essere pratico di *vb*, intendersi di *vb* **to my knowledge** per quanto mi risulta

knowledgeable *adj* bene informato *adj*

known *adj* **known facts** fatti noti *nmpl*

krona *n* (Swedish) corona svedese *nf*

krone *n* (Danish, Norwegian) corona norvegese *nf*, corona danese *nf*

kudos *n* prestigio *nm*

kW *abbr* kw (chilowatt) *abbr (nm)*

kWh *abbr* chilowattora *nm*

label 1. *n* etichetta *nf* 2. *vb* etichettare *vb*

labour, labor (US) 1. *adj* **labour costs** costi della manodopera *nmpl* **labour dispute** controversia sindacale *nf* **labour-intensive** ad uso intensivo di lavoro **labour law** legislazione del lavoro *nf* **labour market** mercato del lavoro *nm* **labour relations** relazioni industriali *nmpl* 2. *n* lavoro *nm*, manodopera *nf*

labourer *n* manovale *nm*, bracciante *nm*

lack *n* mancanza *nf* **lack of investment** mancanza di investimenti *nf*

land *adj* **land purchase** acquisto di terreni *nm* **land reform** riforma fondiaria *nf* **land register** catasto *nm* **land tax** imposta fondiaria *nf* **land tribunal** tribunale con giurisdizione in materia di espropri *nm*

landlord *n* locatore *nm*, proprietario di immobile *nm*

landowner *n* proprietario terriero *nm*

language *n* lingua *nf*, linguaggio *nm* **language specialist** specialista linguistico *nm*

large *adj* **large-scale** su vasta scala *adv*

launch 1. *n* **product launch** lancio di un nuovo prodotto *nm* 2. *vb* (product) lanciare *vb*

law *n* legge *nf* **business law** diritto commerciale *nm* **civil law** diritto civile *nm* **criminal law** diritto penale *nm* **international law** diritto internazionale *nm* **law of diminishing returns** legge dei rendimenti decrescenti *nf* **public law** diritto pubblico *nm*

lawsuit *n* causa *nf*, querela *nf*

lay off *vb* (workers) sospendere temporaneamente dal lavoro *vb*, licenziare *vb*

LBO (leveraged buy-out) *abbr* rilevamento di un'azienda con leverage *nm*

leader *n* **market leader** leader del mercato *nmf*

leadership *n* leadership *nf*, egemonia *nf*

leading *adj* **leading product** prodotto principale *nm*

lease *vb* dare in locazione *vb*

leasehold *n* possesso immobiliare *nm*

leaseholder *n* locatario *nm*

leave 1. *n* licenza *nf*, aspettativa *nf*, congedo *nm* **leave of absence** congedo *nm* **sick leave** congedo per malattia *nm* **to take**

leave prendere congedo *vb* **to take leave of sb** accomiatarsi *vb* **2.** *vb* lasciare *vb* (resign from) dimèttersi *vb*

ledger *n* libro mastro *nm* **bought ledger** partitario fornitori *nm* **ledger entry** voce contabile *nf*

left *adj* **left luggage** bagaglio depositato *nm* **left-luggage locker** deposito bagagli *nm* **left-luggage office** ufficio deposito bagagli *nm*

legacy *n* lascito *nm*

legal *adj* legale *adj* **legal tender** moneta a corso legale *nf* **to take legal action** intentare una causa *vb*

legislate *vb* promulgare leggi *vb*, legiferare *vb*

legislation *n* legislazione *nf* **to introduce legislation** presentare un progetto di legge *vb*

lend *vb* prestare *vb*, concedere in prestito *vb*, mutuare *vb*

lender *n* mutuante *nm*

lessee *n* locatario *nm*

lessor *n* locatore *nm*

let *vb* (property) dare in affitto *vb*, affittare *vb*

letter *n* **letter of application** domanda di sottoscrizione *nf*, domanda d'assunzione *nf*, domanda *nf* **letter of credit** lettera di credito *nf* **letter of introduction** lettera di presentazione *nf*

letterhead *n* foglio di carta intestata *nm*, intestazione *nf*

level *n* **level of employment** livello dell'occupazione *nm* **level of inflation** livello dell'inflazione *nm* **level of prices** livello dei prezzi *nm*

levy *vb* (tax) imporre *vb*, riscuotere *vb*

liability *n* responsabilità *nf*, passività *nf* **current liabilities** passività correnti *nfpl* **fixed liability** passività fissa *nf* **limited liability** responsabilità limitata *nf*

liable *adj* responsabile *adj*, passibile *adj* **liable for damages** tenuto a risarcire i danni **liable for tax** soggetto a tassazione, soggetto a imposta

libel *n* pubblicazione diffamatoria *nf*, diffamazione *nf*, libello *nm*

licence *n* licenza *nf*, autorizzazione *nf* **licence fee** tassa di licenza *nf*

license *vb* autorizzare *vb*, dar licenza a *vb*

licensee *n* concessionario di licenza *nm*

licensor *n* concessore di licenza *nm*

life *n* **life assurance/insurance** assicurazione sulla vita *nf* **life member** iscritto a vita *adj*, membro a vita *nm*

LIFO (last in first out) *abbr* LIFO (ultimo entrato prima uscito) *abbr*

limit *n* limite *nm*, prezzo limite *nm* **credit limit** limite di credito *nm*

limited *adj* limitato *adj* **limited capital** capitale limitato *nm* **limited company** società a responsabilità limitata *nf*, società per azioni

nf **limited liability** responsabilità limitata *nf* **limited partnership** società in accomandita *nf*

line *n* **assembly line** catena di montaggio *nf* **line management** la direzione di reparto *nf*, il line management *nm* **line manager** line manager *nm* **line of business** settore di attività *nm* **product line** linea di prodotti *nf*, classe di merci *nf*, gamma *nf*

liquid *adj* liquido *adj* **liquid assets** attività liquide *nfpl* **liquid capital** capitale liquido *nm*

liquidate *vb* liquidare *vb*, realizzare *vb*

liquidation *n* liquidazione *nf* **liquidation value** valore di liquidazione *nm*

liquidity *n* liquidità *nf*

list *n* listino *nm*, lista *nf*, elenco *nm* **listed share, listed stock** (US) titoli quotati in borsa *nmpl* **list price** prezzo di listino *nm*

litigant *n* parte in causa *nf*

litigate *vb* contestare *vb*, litigare *vb*

litigation *n* lite *nf*, causa *nf*

load 1. *n* carico *nm* **2.** *vb* caricare *vb*

loan *n* prestito *nm*, mutuo *nm* **loan agreement** contratto di prestito *nm* **bank loan** prestito bancario *nm* **bridging loan, bridge loan** (US) prestito compensativo *nm* **personal loan** prestito personale *nm* **to grant a loan** concedere un prestito *vb* **to request a loan** richiedere un prestito *vb*

local *adj* locale *adj* **local taxes** imposte locali *nfpl*

location *n* ubicazione *nf*, localizzazione *nf*

lockout *n* (of strikers) serrata *nf*

logistics *npl* logistica *nf*

Lombard Rate *n* tasso lombard *nm*

long *adj* **long capital** capitale a lunga scadenza *nm* **long credit** credito a lunga scadenza *nm* **long deposit** deposito a lunga scadenza *nm* **long-distance** lontano *adj*, interurbano *adj* **long-range** a lungo termine *adj* **long-term** a lungo termine *adj* **long-term planning** pianificazione a lungo termine *nf*

lose *vb* (custom) perdere clienti *vb*

loss *n* perdita *nf* **financial loss** perdita finanziaria *nf* **gross loss** perdita lorda *nf* **loss leader** articolo civetta *nm* **net loss** perdita netta *nf* **loss of earnings** perdita di reddito *nf* **loss of job** perdita del lavoro *nf* **to minimise losses** minimizzare i danni *vb*

lost-property *adj* **lost-property office** ufficio oggetti smarriti *nm*

lot *n* (at auction) lotto *nm*, partita *nf*

low *adj* (price) basso *adj*

lower *vb* (price, interest rate) ridurre *vb*, abbassare *vb*

lucrative *adj* lucrativo *adj*

luggage *n* **excess luggage** bagaglio in eccedenza *nm* **luggage insurance** assicurazione per il bagaglio personale *nf*

lump *n* **lump sum settlement** pagamento in

unica soluzione *nm*, pagamento forfettario *nm*

luxury *adj* **luxury goods** beni di lusso *nmpl* **luxury tax** imposta sui beni di lusso *nf*

machine 1. *n* macchina *nf* 2. *vb* fare a macchina *vb*, lavorare *vb*

machinery *n* macchinario *nm*, macchine *nfpl* **machinery of government** macchina dello Stato *nf*

macroeconomics *n* macroeconomia *nf*

made *adj* **made in France** fabbricato in Francia *prep*

magazine *n* (journal) periodico *nm*, rivista *nf*

magnate *n* magnate *nm*

magnetic *adj* **magnetic tape** (DP) nastro magnetico *nm*

mail order *n* ordinazione per corrispondenza *nf*

mailing *n* **mailing list** indirizzario *nm*

main *adj* principale *adj* **main office** ufficio centrale *nm* **main supplier** fornitore principale *nm*

mainframe *n* (DP) mainframe *nm*

maintenance *n* manutenzione *nf* **maintenance costs** costi di manutenzione *nmpl*

major *adj* maggiore *adj*, principale *adj*

majority *n* maggioranza *nf* **majority holding** azionariato di maggioranza *nm* **in the majority** nella maggior parte

make *vb* **to make a fortune** far fortuna *vb* **to make a living** guadagnarsi da vivere *vb* **to make money** far quattrini *vb*

malingerer *n* che si dà malato *adj*, che marca visita *adj*, lavativo *nm*

mall *n* **shopping mall** shopping mall *nm*, centro commerciale *nm*

malpractice *n* negligenza nell'esercizio professionale *nf*

man-made *adj* fatto dall'uomo *prep*

manage *vb* amministrare *vb*, dirigere *vb*

management 1. *adj* **management buy-out** management buy-out *nm* **management consultant** consulente di direzione e organizzazione *nm* **management training** addestramento alla direzione *nm* 2. *n* gestione *nf*, amministrazione *nf* **business management** direzione aziendale *nf* **management by objectives** direzione per obiettivi *nf* **financial management** gestione finanziaria *nf* **middle management** direzione a medio livello *nf* **personnel management** gestione del personale *nf* **top management** top management *nm*, alta direzione *nf*

manager *n* manager *nmf*

manpower *n* forza lavoro *nf*, manodopera *nf*

manual *adj* **manual worker** operaio *nm*

manufacture 1. *n* fabbricazione *nf*, produzione *nf*, lavorazione *nf* 2. *vb* fabbricare *vb*

manufacturer *n* produttore *nm*, fabbricante *nm*

margin *n* margine *nm* **profit margin** margine di profitto *nm*

marginal *adj* marginale *adj* **marginal cost** costo marginale *nm* **marginal revenue** ricavo marginale *nm*

marine 1. *adj* marittimo *adj* **marine engineering** ingegneria marittima *nf* **marine insurance** assicurazione marittima *nf* 2. *n* **merchant marine** marina mercantile *nf*

mark *n* **Deutsche Mark** marco tedesco *nm*

mark down *vb* (price) ribassare *vb*

mark up *vb* alzare il prezzo di *vb*

markdown *n* ribasso *nm*

market 1. *adj* **market analysis** analisi di mercato *nf* **down-market** (product) (articolo) a basso prezzo destinato ad una clientela mediocre *adj* **market economy** economia di mercato *nf* **market forces** forze di mercato *nfpl* **market leader** leader del mercato *nmf* **market opportunity** opportunità di mercato *nf* **market price** prezzo di mercato *nm* **property/real estate (US) market** mercato immobiliare *nm* **market research** ricerca di mercato *nf* **market segmentation** segmentazione di un mercato *nf* **market share** quota di mercato *nf* **up-market** (product) esclusivo *adj*, selettivo *adj* **market value** valore di mercato *nm* 2. *n* mercato *nm* **bear market** mercato al ribasso *nm* **black market** mercato nero *nm* **bond market** mercato delle obbligazioni *nm* **bull market** mercato al rialzo *nm* **buyer's market** mercato al ribasso *nm*, mercato del compratore *nm* **capital market** mercato finanziario *nm* **Common Market** Mercato Comune *nm* **domestic market** mercato nazionale *nm*, mercato interno *nm* **falling market** mercato tendente al ribasso *nm* **firm market** mercato stabile *nm*, mercato sostenuto *nm* **foreign market** mercato estero *nm* **futures market** mercato a termine *nm* **labour market** mercato del lavoro *nm* **money market** mercato monetario *nm* **retail market** mercato al dettaglio *nm* **seller's market** mercato al rialzo *nm*, mercato del venditore *nm* **stock market** mercato azionario *nm* **the bottom has fallen out of the market** Non c'è mercato per questo prodotto **to play the market** speculare in borsa *vb* **wholesale market** mercato all'ingrosso *nm* 3. *vb* vendere *vb*, mettere in commercio *vb*

marketable *adj* commerciabile *adj*

marketing *n* marketing *nm* **marketing consultant** consulente di marketing *nmf* **marketing department** ufficio marketing *nm* **marketing director** direttore dell'ufficio marketing *nm*

markup *n* aumento *nm*, rialzo *nm*

mart *n* mercato *nm*

mass *adj* **mass marketing** marketing di massa *nm* **mass media** mass media *nmpl*

mass production produzione di massa *nf,*
produzione in serie *nf* **mass unemployment**
disoccupazione di massa *nf*
material 1. *adj* **material needs** bisogni
materiali *nmpl* **2.** *n* **materials** materiali
nmpl **building materials** materiali edili *nmpl*
raw materials materie prime *nfpl*
maternity *n* **maternity leave** congedo per
maternità *nm*
matrix *n* matrice *nf*
mature *vb* (business, economy) maturare *vb,*
scadere *vb*
maximise *vb* massimizzare *vb*
maximum *adj* **maximum price** prezzo
massimo *nm*
**MBA (Master of Business
Administration)** *abbr* MBA (Master in amministrazione aziendale) *abbr*
mean 1. *adj* (average) medio *adj* **2.** *n*
(average) media *nf* **means** *npl* mezzi *nmpl*
financial means mezzi finanziari *nmpl* **to live
beyond one's means** seguire un tenore di
vita non conforme alle proprie possibilità
we do not have the means to... non
disponiamo dei mezzi per ...
measure 1. *n* misura *nf* **financial measure**
misure finanziarie *nfpl* **safety measure**
provvedimento di sicurezza *nm,* misura di
sicurezza *nf* **2.** *vb* misurare *vb*
mechanical *adj* meccanico *adj* **mechanical
engineering** ingegneria meccanica *nf*
media *n* mezzi pubblicitari *nmpl*
median *adj* mediano *adj,* di mezzo *adj*
mediate *vb* fare da mediatore *vb,* raggiungere un accordo tramite mediazione *vb*
mediation *n* mediazione *nf*
mediator *n* mediatore *nm*
medical *adj* medico *adj* **medical insurance**
assicurazione contro le malattie *nf,* assicurazione malattie *nf*
medium 1. *adj* medio *adj* **medium-sized
firm** media impresa *nf* **medium term** a
medio termine *adv* **2.** *n* **advertising medium** veicolo pubblicitario *nm*
meet *vb* incontrare *vb*
meeting *n* incontro *nm,* riunione *nf,*
assemblea *nf* **board meeting** riunione del
consiglio di amministrazione *nf* **business
meeting** riunione di lavoro *nf* **to hold a
meeting** tenere una riunione *vb*
megabyte *n* megabyte *nm*
member *n* membro *nm,* socio *nm,* iscritto *nm*
Member of Parliament (MP) (GB) deputato
nm **Member of the European Parliament
(MEP)** deputato del Parlamento Europeo *nm,*
Eurodeputato *nmf*
memo *abbr* (= memorandum) memorandum
nm
memory *n* (DP) memoria *nf* **memory capacity** capacità di memoria *nf*
mercantile *adj* mercantile *adj*
merchandise *vb* commerciare *vb*

merchandizer *n* merchandiser *nm*
merchandizing *n* merchandising *nm*
merchant *n* commerciante *nm* **merchant
bank** banca mercantile *nf* **merchant navy,
merchant marine** (US) marina mercantile *nf*
merchant ship nave mercantile *nf,*
mercantile *nm*
merge *vb* fondersi *vb,* incorporarsi *vb*
merger *n* incorporazione *nf,* merger *nm*
merit *n* **merit payment** salario a incentivo *nm*
message *n* messaggio *nm*
messenger *n* messaggero *nm*
metal *n* metallo *nm*
meter *n* contatore *nm*
method *n* **method of payment** metodo di
pagamento *nm* **production method** metodo
di produzione *nm*
metre, meter (US) *n* metro *nm* **cubic metre**
metro cubo *nm* **square metre** metro quadro
nm
metric *adj* metrico *adj*
metrication *n* conversione nel sistema metrico decimale *nf*
metropolis *n* metropoli *nf*
microchip *n* microchip *nm,* circuito integrato
molto minaturizzato *nm*
microcomputer *n* microcomputer *nm*
microeconomics *n* microeconomia *nf*
microfiche *n* microscheda trasparente *nf*
microprocessor *n* microprocessore *nm*
middle *adj* **middle management** direzione a
medio livello *nf* **middle manager** direttore di
medio livello *nm*
middleman *n* intermediario *nm*
migrant *n* **migrant worker** lavoratore
migratore *nm*
mile *n* miglio *nm* **nautical mile** miglio marino
nm
mileage *n* indennità di percorso *nf,* distanza
percorsa in miglia *nf*
million *n* milione *nm*
millionaire *n* milionario *nm*
mine *n* miniera *nf* **coal mine** miniera di
carbone *nf*
mineral *n* minerale *nm*
minimal *adj* minimo *adj*
minimum *adj* **index-linked minimum wage**
salario minimo indicizzato *nm* **minimum
lending rate** tasso minimo di sconto *nm*
mining *n* attività mineraria *nf* **mining industry** industria mineraria *nf*
minister *n* ministro *nm*
ministry *n* ministero *nm,* dicastero *nm*
Ministry of Transport Ministero dei trasporti
nm
minor *adj* minore *adj,* di poca importanza *adj*
minority *n* minoranza *nf* **minority holding**
azionariato di minoranza *nm* **in the minority**
in minoranza
mint 1. *n* zecca *nf* **2.** *vb* coniare *vb* **he/she
mints money** conia monete
minutes *npl* **the minutes of the meeting** il

verbale dell'assemblea *nm*
misappropriation *n* appropriazione indebita
nf
miscalculation *n* errore di calcolo *nm*
misconduct *n* (bad management) cattiva
amministrazione *nf*, cattiva condotta *nf*
mishandling *n* cattiva conduzione *nf*
mismanagement *n* cattiva gestione *nf*
mistake *n* errore *nm*, sbaglio *nm* **to make a
mistake** commettere un errore *vb*, fare uno
sbaglio *vb*
mix *n* **marketing mix** marketing mix *nm*,
insieme degli elementi di marketing *nm*
product mix mix dei prodotti *nm*
mixed *adj* **mixed economy** economia mista
nf
mode *n* (method) modo *nm*, moda *nf*
model *n* (person) modello *nm*
modem *n* modem *nm*
moderate 1. *adj* moderato *adj* 2. *vb*
moderare *vb*
moderation *n* moderazione *nf*
modern *adj* moderno *adj*
modernization *n* ammodernamento *nm*
modernize *vb* modernizzare *vb*
module *n* modulo *nm*
monetarism *n* monetarismo *nm*
monetary *adj* monetario *adj* **European Monetary System (EMS)** Sistema monetario
europeo (SME) *nm* **International Monetary
Fund (IMF)** Fondo monetario internazionale
(FMI) *nm* **monetary policy** politica
monetaria *nf*
money *n* **dear money** denaro caro *nm*
money market mercato monetario *nm*
money order vaglia postale *nm* **public
money** denaro pubblico *nm* **money supply**
offerta di moneta *nf* **to raise money** ottenere fondi *vb*, ottenere denaro liquido *vb*
money trader broker *nm*
moneymaking *adj* (profitable) molto
remunerativo *adj*
monopoly *n* monopolio *nm* **Monopolies and
Mergers Commission** Commissione per i
monopoli e le fusioni *nf*
monthly *adj* mensile *adj*
moonlight* *vb* svolgere contemporaneamente due professioni *vb*, avere un secondo
lavoro *vb*
moor *vb* attraccare *vb*
mooring *n* ormeggio *nm* **mooring rights**
diritti di ormeggio *nmpl*
mortgage *n* ipoteca *nf* **mortgage deed**
contratto ipotecario *nm* **mortgage loan**
prestito ipotecario *nm*
mortgagee *n* creditore ipotecario *nm*
mortgagor *n* debitore ipotecario *nm*
motor *n* **motor industry** industria
automobilistica *nf*
multilateral *adj* multilaterale *adj*
multinational *adj* multinazionale *adj* **multinational corporation** multinazionale *nf*

multiple *adj* **multiple store** grande
magazzino *nm*
multiply *vb* moltiplicare *vb*
multipurpose *adj* pluriuso *adj*, plurimpiego
adj
municipal *adj* **municipal bonds** obbligazione
municipale *nf*
mutual *adj* mutuo *adj*, reciproco *adj* **mutual
fund (US)** fondo comune d'investimento a
capitale variabile *nm*
mutually *adv* reciprocamente *adv*
N/A (not applicable) *abbr* non pertinente *adj*
name 1. *n* **brand name** marchio di fabbrica
nm **by name** di nome *adv* **named person**
persona designata *nf* **full name** nome e
cognome *nm* & *nm* **in the name of** in nome
di *prep* **registered trade name** marchio
depositato *nm* 2. *vb* chiamare *vb*
narrow *adj* **narrow margin** margine stretto
nm **narrow market** mercato languido *nm*
nation *n* nazione *nf*, stato *nm* **the United
Nations** Nazioni Unite (ONU) *nfpl*
national *adj* **national debt** debito nazionale
nm **national income** reddito nazionale *nm*
national insurance (NI) (GB) assicurazioni
sociali *nfpl* **national interest** interesse
nazionale *nm* **National Bureau of Economic
Research (US)** National Bureau of Economic
Research, (organizzazione privata statunitense di ricerca)
nationality *n* nazionalità *nf*
nationalization *n* nazionalizzazione *nf*
nationalize *vb* nazionalizzare *vb* **nationali-
zed industry** industria nazionalizzata *nf*
nationwide *adj* a carattere nazionale *adv*
natural *adj* **natural rate of increase** tasso
naturale di crescita *nm* **natural resources**
risorse naturali *nfpl*
necessary *adj* necessario *adj* **necessary
qualifications** titoli necessari *nmpl*, qualifiche necessarie *nfpl*
necessity *n* (goods) necessità *nf*
need *n* **needs assessment** accertamento
delle necessità *nm* **needs of industry** esigenze dell'industria *nfpl* **to be in need** aver
bisogno di *vb*
negative *adj* **negative cash flow** cash flow
negativo *nm* **negative feedback** feedback
negativo *nm*, retroazione negativa *nf*
negative (US) *vb* respingere *vb*
neglect *adj* **neglect clause** clausola di
negligenza *nf*
negligence *n* negligenza *nf* **negligence
clause** clausola di negligenza *nf* **contributory negligence** concorso di colpa *nm* **gross
negligence** colpa grave *nf*
negligent *adj* negligente *adj*
negotiable *adj* negoziabile *adj* **negotiable
bill** cambiale trasferibile *nf* **negotiable cheque** assegno trasferibile *nm*
negotiate *vb* negoziare *vb*, contrattare *vb*
negotiated price prezzo negoziato *nm*

negotiating *adj* **negotiating session** seduta di negoziazione *nf* **negotiating skills** abilità di contrattazione *nfpl*

negotiation *n* negoziazione *nf* **by negotiation** tramite negoziazione, in seguito a trattativa **to begin negotiations** intavolare trattative *vb*, iniziare le trattative *vb* **under negotiation** in fase di trattativa **wage negotiations** trattativa salariale *nf*

negotiator *n* negoziatore *nm*

net, nett **1.** *adj* netto *adj* **net amount** ammontare netto *nm* **net assets** attività nette *nfpl* **net cost** costo netto *nm* **net earnings** utile netto di esercizio *nm* **net interest** interesse netto *nm* **net investment** investimento netto *nm* **net loss** perdita netta di esercizio *nf* **net price** prezzo netto *nm* **net proceeds** provento netto *nm* **net profit** utile di esercizio *nm* **net result** risultato netto *nm* **net sales** fatturato netto *nm* **net saving** risparmio netto *nm* **terms strictly net** condizioni di pagamento rigorosamente nette *nfpl* **net wage** salario netto *nm* **net weight** peso netto *nm* **2.** *vb* ricavare *vb*, dare un utile netto di *vb*

network **1.** *n* **banking network** rete bancaria *nf* **computer network** rete informatica *nf* **distribution network** rete di distribuzione *nf* **2.** *vb* trasmettere *vb*

neutral *adj* neutrale *adj*

new *adj* **new account** nuovo conto *nm*, nuovo account *nm* **new business** nuova azienda *nf*, nuovi affari *nmpl* **new product** nuovo prodotto *nm* **new technology** nuova tecnologia *nf*

newly *adv* **newly-appointed** designato di recente **newly-industrialised** recentemente industrializzato *adj*

news *n* notizie *nfpl* **news agency** agenzia di stampa *nf* **bad news** brutte notizie *nfpl* **news bulletin** notiziario *nm*, giornale radio *nm* **news coverage** trattazione delle notizie *nf*, cronaca *nf* **financial news** notizie finanziarie *nfpl* **good news** buone notizie *nfpl*

newsdealer (US) *n* edicolante *nmf*

newsletter *n* bollettino *nm*, notiziario *nm*

newspaper *n* giornale *nm* **newspaper advertisement** pubblicità a mezzo stampa *nf* **daily newspaper** quotidiano *nm* **newspaper report** servizio giornalistico sulla stampa *nm*

nil *n* nulla *nf*, zero *nm* **nil profit** senza profitto *nm*

no *det* **no agents wanted** non si cercano agenti **no-claims bonus** sconto condizionato *nm* **no commercial value** senza valore commerciale

nominal *adj* nominale *adj* **nominal amount** somma nominale *nf* **nominal assets** attività nominali *nfpl* **nominal damages** danni nominali *nmpl* **nominal inflation** inflazione nominale *nf* **nominal price** prezzo nominale *nm* **nominal value** valore nominale *nm*,

valore facciale *nm*

nominate *vb* nominare *vb* **nominate sb to a board/committee** designare *vb*, proporre la candidatura di qualcuno ad un comitato *vb*

nomination *n* nomina *nf*

nominee *n* intestatario *nm* **nominee shareholder** azionista prestanome *nmf*, azionista intestatario *nmf*

non-acceptance *n* mancata accettazione *nf*

non-attendance *n* assenza *nf*

non-completion *n* mancato perfezionamento *nm*

non-contributory *adj* non contributivo *adj*

non-convertible *adj* non convertibile *adj*

non-delivery *n* mancata consegna *nf*

non-discriminatory *adj* non discriminatorio *adj*

non-essential *adj* non essenziale *adj*

non-interest-bearing *adj* infruttifero *adj*

non-intervention *n* non intervento *nm*

non-negotiable *adj* non negoziabile *adj*

non-payment *n* mancato pagamento *nm*

non-profitmaking *adj* senza scopo di lucro

non-returnable *adj* non rimborsabile *adj*, non a rendere *adj*

non-stop *adj* ininterrotto *adj*

non-transferable *adj* non trasferibile *adj*

norm *n* norma *nf*, regola *nf*

normal *adj* **normal trading hours** orario d'apertura dei negozi *nm*, orario d'ufficio *nm*

not *adv* **not applicable** non pertinente *adj* **not available** non disponibile *adj* **not dated** non datato *adj*

notary *n* notaio *nmf*

note *n* **advice note** avviso *nm* **cover note** nota di copertura *nf* **credit note** nota di accredito *nf* **debit note** nota di addebito *nf* **delivery note** bolla di consegna *nf* **dispatch note** bollettino di spedizione *nm* **open note (US)** credito aperto in conto corrente *nm* **to compare notes** raffrontare idee con *vb* **to make a note of sth** prendere appunti su *vb*, annotare *vb*

noteworthy *adj* degno di nota *adj*

notice *n* **advance notice** preavviso *nm* **at short notice** con breve preavviso **final notice** ultimo avviso *nm* **notice period** termine di preavviso *nm* **term of notice** preavviso di licenziamento *nm* **to come to the notice of sb** apprendere *vb* **to give notice of sth** annunciare *vb*, comunicare *vb* **to take notice** osservare *vb*, notare *vb* **until further notice** fino a nuovo avviso

notification *n* notifica *nf*

notify *vb* notificare *vb*, avvisare *vb*

null *adj* **null and void** nullo e di nessun effetto *adj*, privo di valore legale *adj*

number *n* **account number** numero di conto *nm* **opposite number** equivalente *nmf*, corrispondente *nmf* **order number** numero d'ordine *nm*, numero dell'ordinativo *nm* **serial number** numero di serie *nm* **tele-**

phone number numero di telefono *nm*
wrong number numero sbagliato *nm*
numeracy *n* saper far di conto *nm*
numerate *adj* che sa far di conto *adj*
numeric *adj* **numeric-alphabetic**
alfanumerico *adj* **numeric character** carattere numerico *nm*, cifra *nf*
numerical *adj* **numerical analysis** analisi numerica *nf*
NYSE (New York Stock Exchange) *abbr* Borsa Valori di New York *nf*
object *vb* opporsi a *vb*
objection *n* obiezione *nf* **to make/raise an objection** sollevare un'obiezione *vb*
objective *n* obiettivo *nm* **to reach an objective** raggiungere un obiettivo *vb*
obligation *n* obbligazione *nf*, impegno *nm* **to meet one's obligations** far fronte ai propri impegni *vb*
obligatory *adj* obbligatorio *adj*
oblige *vb* **to be obliged to do sth** essere obbligato a *vb*, dovere *vb*
observation *n* **under observation** sotto osservazione *adv*
observe *vb* **observe the rules** osservare le regole *vb*
obsolescence *n* obsolescenza *nf* **built-in obsolescence** obsolescenza automatica *nf*
obsolete *adj* obsoleto *adj*
obtain *vb* ottenere *vb* **to obtain credit** ottenere credito *vb*
occupant *n* affittuario *nm*, locatario *nm*
occupation *n* occupazione *nf*
occupational *adj* **occupational disease** malattia professionale *nf* **occupational hazard** rischio professionale *nm*
occupier *n* locatario *nm*, affittuario *nm*
occupy *vb* (premises) occupare *vb*
off-the-job *adj* **off-the-job training** addestramento fuori sede *nm*
offence, offense (US) *n* reato *nm*, trasgressione *nf*
offer *n* **firm offer** offerta ferma *nf* **offer in writing** offerta proposta per iscritto *nf* **offer subject to confirmation** offerta salvo conferma *nf* **offer valid until...** offerta valida fino a ... *nf*
offeree *n* destinatario *nm*
offeror *n* proponente *nmf*
office *n* ufficio *nm* **office equipment** attrezzatura di ufficio *nf* **office hours** orario di ufficio *nm* **office management** direzione di ufficio *nf* **office staff** personale di ufficio *nm* **to hold office** essere in carica *vb* **to resign from office** dimettersi da *vb*
official *n* ufficiale *adj* **official strike** sciopero ufficiale *nm*
offshore *adj* **offshore company** società offshore *nf*
oil *n* **oil industry** industria petrolifera *nf* **oil state** paese produttore di petrolio *nm*
oilfield *n* giacimento petrolifero *nm*

oligopoly *n* oligopolio *nm*, mercato oligopolistico *nm*
ombudsman *n* ombudsman *nm*, difensore civico *nm*
on-line *adj* on-line *adj*
on-the-job *adj* **on-the-job training** addestramento sul lavoro *nm*
onus *n* **the onus is on us to...** abbiamo l'obbligo di, abbiamo la responsabilità di
open 1. *adj* **open cheque** assegno aperto *nm*, assegno al portatore *nm* **open credit** credito in bianco *nm*, credito scoperto *nm* **open market** mercato aperto *nm* 2. *vb* **to open an account** aprire un conto *vb*
open up *vb* (market) aprire il mercato *vb*
opening *adj* **opening price** prezzo di apertura *nm* **opening times** orario d'apertura *nm*
operate *vb* **to operate a business** gestire un'impresa *vb*
operating *adj* **operating expenditure** spese di gestione *nfpl*, costi di esercizio *nmpl* **operating expenses** spese di gestione *nfpl*, costi di esercizio *nmpl* **operating income** utile di gestione *nm* **operating profit** utile di gestione *nm* **operating statement** conto economico operativo *nm*, conto profitti e perdite operativo *nm*
operation *n* (of business) operazione *nf*, conduzione *nf*, funzionamento *nm* (of machine) operazione *nf*, funzionamento *nm*
operator *n* operatore *nm*
opportunity *n* opportunità *nf*, occasione *nf* **market opportunities** opportunità del mercato *nfpl* **to seize an opportunity** cogliere l'occasione *vb*
option *n* opzione *nf*, alternativa *nf* **share option, stock option** (US) contratto a premio *nm* **options market** mercato a termine *nm* **option to buy** opzione di acquisto *nf* **option to cancel** opzione di annullamento *nf*
optional *adj* opzionale *adj*, facoltativo *adj*
order 1. *adj* **order book** libro ordinazioni *nm* **order form** buono d'ordine *nm*, modulo di ordinazione *nm* **order number** numero di ordine *nm* 2. *n* **pay to the order of...** pagare all'ordine di *vb* **to cancel an order** annullare un ordine *vb* **to place an order** ordinare *vb*
ordinary *adj* **ordinary general meeting** assemblea generale ordinaria *nf* **ordinary share, ordinary stock** (US) azione ordinaria *nf*
organization *n* organizzazione *nf*
organize *vb* organizzare *vb* **organized labour** (trade unions) lavoratori organizzati in sindacati *nmpl*
origin *n* (of a product) origine *nf* **country of origin** paese d'origine *nm* **statement of origin** dichiarazione di origine *nf*
original *adj* **original cost** costo originario *nm*
outbid *vb* offrire di più di *vb*

outcome *n* esito *nm*, risultato *nm*
outgoings *npl* esborsi *nmpl*
outlay *n* **capital outlay** spesa in conto capitale *nf*
outlet *n* **market outlet** punto di vendita *nm* **sales outlet** sbocco di vendita *nm*
outlook *n* **business outlook** prospettive commerciali *nfpl*
output *n* produzione *nf* **to increase output** incrementare la produzione *vb*
outstanding *adj* **outstanding amount** somma scoperta *nf*, ammontare in arretrato *nm* **outstanding debt** debiti insoluti *nmpl* **outstanding stock** capitale sociale in circolazione *nm*
overcharge *vb* fare prezzi troppo alti *vb*, far pagare troppo caro *vb* addebitare in più *vb*
overdraft *n* scoperto di conto *nm*, conto scoperto *nm* **to request an overdraft** richiedere uno scoperto di conto *vb*
overdraw *vb* andare allo scoperto *vb*, andare in rosso *vb* **overdrawn account** conto scoperto *nm*
overdue *adj* scaduto *adj*, in sospeso *adj*
overhead *adj* **overhead costs** costi comuni *nmpl*, costi generali *nmpl*
overheads *npl* costi comuni *nmpl*, spese comuni *nfpl*
overheating *n* surriscaldamento *nm*
overload *vb* sovraccaricare *vb*
overlook *vb* lasciarsi sfuggire *vb*
overman *vb* impiegare personale in soprannumero *vb* **overmanned** con eccesso di personale, con eccesso di manodopera
overmanning *n* (excess staff) eccesso di personale *nm*
overnight *adj* **overnight delivery** consegna il giorno dopo *nf*
overpay *vb* pagare troppo *vb*, remunerare eccessivamente *vb*
overpayment *n* pagamento eccessivo *nm*, remunerazione eccessiva *nf*
overpopulation *n* sovrappopolazione *nf*
overproduce *vb* sovrapprodurre *vb*
overproduction *n* sovrapproduzione *nf*
overseas *adj* estero *adj* **overseas market** mercato estero *nm* **overseas territory** territorio estero *nm* **overseas trade** commercio con l'estero *nm*
oversell *vb* vendere più di quanto si ha a disposizione *vb*
oversight *n* omissione *nf*, svista *nf* **due to an oversight** a causa di una svista, per sbaglio
oversold *adj* supervenduto *pp*
oversubscribed *adj* sottoscritto in eccesso *pp*
oversupply *vb* rifornire eccessivamente *vb*
overtime *n* straordinario *nm*
overvalue *vb* sopravvalutare *vb*
overworked *adj* con eccesso di lavoro *adj*, strapazzato *adj*
owe *vb* dovere *vb*, essere in debito di *vb*
own *vb* possedere *vb*

owner *n* proprietario *nm*, titolare *nmf*
owner-occupier *n* proprietario-occupante *nm*
ownership *n* proprietà *nf*
pack *vb* imballare *vb*
package *n* collo *nm*, pacco *nm* **package deal** pacchetto *nm* **package tour** viaggio tutto compreso *nm*
packaging *n* confezione *nf*, imballaggio *nm*
packet *n* pacco *nm*, pacchetto *nm*
pallet *n* pallet *nm*
palletized *adj* **palletized freight** trasporto pallettizzato *nm*
paper *n* **commercial paper** carta commerciale *nm* **paper loss** perdita nominale *nf* **paper profit** profitto nominale *nm*
paperwork *n* lavoro d'ufficio *nm*, documenti *nmpl*
par *n* **above par** sopra la pari **below par** sotto la pari
parent *n* **parent company** società madre *nf*, società di controllo *nf*
parity *n* parità *nf*
part *n* (of a machine) parte *nf*, pezzo *nm* **part payment** pagamento parziale *nm*, acconto *nm* **part shipment** spedizione parziale *nf* **spare part** (for machine) parte di ricambio *nf*, ricambio *nm*
part-time *adj, adv* a tempo parziale *adj, adv*, part-time *adj, adv*
participation *n* **worker participation** partecipazione operaia *nf*
partner *n* socio *nm* **sleeping partner** socio non amministratore *nm*
partnership *n* società semplice *nf*, società di persone *nf* **trading partnership** società commerciale *nf*
passenger *n* passeggero *nm*
patent *n* brevetto *nm* **patented** brevettato *adj & pp*
patronage *n* clientela *nf*, patrocinio *nm*
pattern *n* **spending patterns** trend della spesa *nmpl*
pay 1. *n* (salary, wages) paga *nf*, retribuzione *nf*, remunerazione *nf* **equal pay** parità salariale *nf* **pay rise** aumento di paga *nm* **severance pay** indennità di licenziamento *nf* **unemployment pay** indennità di disoccupazione *nf* 2. *vb* **paid holiday** vacanza pagata *nf*, ferie pagate *nfpl* **paid-up capital** capitale interamente versato *nm* **to pay an invoice** pagare una fattura *vb* **to pay by credit card** pagare con la carta di credito *vb* **to pay for a service** pagare un servizio *vb* **to pay in advance** pagare in anticipo *vb* **to pay in cash** pagare in contanti *vb*
payable *adj* **accounts payable** conto creditori diversi *nm*
payee *n* beneficiario *nm*
payer *n* **prompt payer** pagatore puntuale *nm* **slow payer** pagatore lento *nm*
payload *n* (of vehicle) carico remunerativo *nm*, carico pagante *nm*

payment *n* pagamento *nm* **down payment** acconto *nm*

payola (US) *n* tangente *nf*, sottomano *nm*

payroll *n* ruolo paga *nm* **to be on the payroll** essere compreso nel ruolo paga *vb*

peak 1. *adj* **peak demand** domanda di punta *nf* **peak period** periodo di punta *nm* **2.** *n* valore massimo *nm*, punta *nf*

pecuniary *adj* **for pecuniary gain** per guadagno finanziario

peddle *vb* fare il venditore ambulante *vb*, spacciare *vb*

peg *vb* (prices) sostenere *vb*, stabilizzare *vb* **the HK dollar is pegged to the US dollar** il dollaro di Hong Kong è sostenuto rispetto al dollaro americano

penetration *n* **market penetration** penetrazione del mercato *nf*

pension *n* pensione *nf* **pension fund** fondo pensioni *nm* **retirement pension** pensione di vecchiaia *nf* **pension scheme** piano di pensionamento *nm*

per *prep* **per annum** all'anno *adv* **per capita** pro capite *adv* **per cent** per cento *adv*

percentage *n* percentuale *nf* **percentage of profit** percentuale di profitto *nf*

performance *n* performance *nf*, prestazione *nf* **performance appraisal** valutazione del personale *nf* **performance-related bonus** premio in funzione della performance *nm*

period *n* **cooling-off period** periodo di raffreddamento *nm* **period of grace** periodo di grazia *nm*

peripheral *adj* periferico *adj*

perishable *adj* **perishable goods** beni deperibili *nmpl*

perk *n* gratifica *nf*

permanent *adj* **permanent employment** impiego permanente *nm*

permit *n* permesso *nm*, autorizzazione *nf* **building permit** licenza edilizia *nf*

perquisite *n* (formal) gratifica *nf*

person *n* **third person** terzo *nm*

personal *adj* personale *adj*

personnel *n* **personnel department** ufficio del personale *nm* **personnel management** gestione del personale *nf*

peseta *n* peseta *nf*

petrodollar *n* petrodollaro *nm*

petroleum *n* **petroleum industry** industria petrolifera *nf*

pharmaceutical *adj* **pharmaceutical industry** industria farmaceutica *nf*

phoney* *adj* **phoney* company** società fittizia *nf*

photocopier *n* fotocopiatrice *nf*

photocopy 1. *n* fotocopia *nf*, copia fotostatica *nf* **2.** *vb* fotocopiare *vb*

pick up *vb* (improve) riprendere vigore *vb*

picket *n* (strike) picchetto *nm*

piecework *n* cottimo *nm*, lavoro a cottimo *nm*

pig iron *n* ghisa di alto forno *nf*

pilferage *n* perdita per piccolo furto *nf*

pilot *n* **pilot plant** impianto pilota *nm* **pilot scheme** piano pilota *nm*

pipeline *n* oleodotto *nm*, gasdotto *nm*

piracy *n* (at sea) pirateria *nf* **software piracy** pirataggio *nm*, esecuzione non autorizzata di copie di software *nf*

place *vb* **to place an order** dare un'ordinazione *vb*

plan 1. *n* **economic plan** piano economico *nm* **plan of campaign** piano della campagna *nm* **to make plans** fare progetti *vb* **2.** *vb* pianificare *vb* fare programmi *vb*, fare piani *vb* **planned economy** economia pianificata *nf* **planned obsolescence** obsolescenza programmata *nf*

planning *n* pianificazione *nf* **regional planning** pianificazione regionale *nf*

plant *n* (machinery) impianto *nm* **plant hire** locazione di impianto *nf* **plant manager** direttore degli impianti *nm*

plastic *n* **plastics industry** industria delle materie plastiche *nf*

pledge *n* pegno *nm*, garanzia *nf*

plenary *adj* (assembly, session) plenario *adj*

plough back, plow back, to (US) *vb* (profits) reinvestire *vb*

point *n* **point of sale** punto di vendita *nm*

policy *n* **insurance policy** polizza assicurativa *nf* **pricing policy** politica dei prezzi *nf*

political *adj* politico *adj*

politics *n* politica *nf*

port *n* porto *nm*

portable *adj* portatile *adj*

portfolio *n* **investment portfolio** portafoglio titoli *nm*

post 1. *n* (job) posto *nm*, impiego *nm* **post office** ufficio postale *nm* **2.** *vb* imbucare *vb*

postal *adj* **postal services** servizi postali *nmpl*

postdate *vb* postdatare *vb*

poste restante *n* fermo posta *nm*

poster *n* (advertising) poster *nm*, manifesto *nm*

postpone *vb* posticipare *vb*, rimandare *vb*

potential *n* **sales potential** potenziale di vendita *nm*

pound *n* (weight) libbra *nf* **pound sterling** sterlina *nf*, lira sterlina *nf*

power *n* facoltà *nf*, capacità *nf*, potere *nm*, potenza *nf* **power of attorney** procura *nf*, atto di procura *nm*

preference *n* **community preference** preferenza comunitaria *nf*

preferential *adj* preferenziale *adj*, privilegiato *adj*

premises *npl* locali *nmpl* **office premises** locali adibiti a uffici *nmpl*

premium *n* premio *nm* **at a premium** sopra la pari

prepayment *n* pagamento anticipato *nm*

president *n* presidente *nm*
press *n* **press baron** barone della stampa *nm*
  press conference conferenza stampa *nf*
price *n* prezzo *nm* **market price** prezzo di
  mercato *nm* **stock exchange prices** prezzi di
  borsa *nmpl* **threshold price** prezzi di soglia
  nmpl
pricing *n* **pricing policy** politica di determinazione dei prezzi *nf*
primary *adj* **primary industry** industria
  primaria *nf*
prime *adj* **prime lending rate** tasso primario
  d'interesse ufficiale *nm*
priority *n* priorità *nf*
private *adj* **private sector** settore privato *nm*
privatization *n* privatizzazione *nf*
privatize *vb* privatizzare *vb*
pro 1. *n* **pros and cons** pro e contro *nmpl*
  2. *prep* **pro rata** proporzionale *adj*
probate *n* copia autenticata di testamento *nf*
proceeds *npl* ricavo *nm*, proventi *nmpl*
process 1. *n* processo *nm*, processo
  operativo *nm* 2. *vb* lavorare *vb*
produce 1. *n* prodotto *nm*, genere *nm* 2. *vb*
  produrre *vb*
producer *n* produttore *nm*
product *n* prodotto *nm* **primary product**
  prodotto primario *nm*
production *n* produzione *nf* **production line**
  linea di lavorazione *nf*, linea di produzione *nf*
productive *adj* produttivo *adj*
productivity *n* produttività *nf* **productivity
  gains** incrementi della produttività *nmpl*
profession *n* professione *nf* **the professions**
  le libere professioni *nfpl*
profit *n* profitto *nm* **profit and loss** profitti e
  perdite *nmpl* & *nfpl* **profit margin** margine
  di profitto *nm* **net profit** profitto netto *nm*,
  utile di esercizio *nm* **operating profit** utile di
  gestione *nm* **profit-sharing scheme** piano di
  compartecipazione agli utili *nm* **to make a
  profit** registrare un profitto *vb*, guadagnare
  vb
profitability *n* redditività *nf*
profiteer *vb* affarista *nm*, speculatore *nm*
program *n* (DP) programma *nm*
programmer *n* (DP) programmatore *nm*
programming *n* (DP) programmazione *nf*
progress 1. *n* progresso *nm* 2. *vb* (research,
  project) procedere *vb*, avanzare *vb*
project *n* progetto *nm*
promissory *adj* **promissory note** pagherò
  nm, pagherò cambiario *nm*
promote *vb* promuovere *vb*
promotion *n* promozione *nf*
promotional *adj* promozionale *adj*, di
  sviluppo *adj* **promotional budget** budget
  promozionale *nm*
prompt *adj* sollecito *adj*, immediato *adj*
property *n* proprietà *nf*, patrimonio *nm*
  property company società immobiliare *nf*
  property developer sviluppatore di proprietà

immobiliare *nm* **private property** proprietà
  privata *nf*
proprietary *adj* brevettato *adj* **proprietary
  brand** marca esclusiva *nf*
proprietor *n* proprietario *nm*, titolare *nm*
prospect *n* **future prospects** prospettive
  future *nfpl*
prospectus *n* prospetto *nm*, programma *nm*
prosperous *adj* prospero *adj*
protectionism *n* protezionismo *nm*
protectionist *adj* protezionista *adj*,
  protezionistico *adj*
provide *vb* (supply) fornire *vb*
provision *n* (stipulation) disposizione *nf*,
  norma *nf*
proxy *n* (power) delega *nf*
public *adj* pubblico *adj* **public company**
  società pubblica *nf*, società per azioni *nf*
  public funds fondi pubblici *nmpl* **public
  relations** relazioni pubbliche *nfpl* **public
  sector** settore pubblico *nm* **public service**
  servizio pubblico *nm*
publicity *n* pubblicità *nf*, propaganda *nf*
publishing *n* editoria *nf* **desk-top publishing**
  desk-top publishing *nm*
purchase 1. *n* acquisto *nm*, compera *nf*
  purchase price prezzo d'acquisto *nm* 2. *vb*
  acquistare *vb*, comprare *vb*
purchasing *n* **purchasing power** potere di
  acquisto *nm*
pyramid *n* **pyramid scheme** sistema di
  partecipazione piramidale *nm* **pyramid selling** pyramid selling *nm*, vendita piramidale
  nf
qualification *n* qualifica *nf*, titolo *nm* **academic qualification** titolo di studio *nm* **educational qualification** titolo di studio *nm*
  professional qualification qualifica
  professionale *nf*
qualified *adj* **qualified acceptance** accettazione condizionata *nf* **qualified personnel**
  personale qualificato *nm*
qualitative *adj* qualitativo *adj*
quality *n* qualità *nf* **quality control** controllo
  della qualità *nm* **quality report** relazione
  sulla qualità *nf* **quality standard** standard di
  qualità *nm*
quantitative *adj* quantitativo *adj*
quantity *n* quantità *nf*, quantitativo *nm*
  quantity discount sconto di quantità *nm*
  quantity theory of money teoria quantitativa
  della moneta *nf*
quarter *n* (of year) trimestre *nm*
quarterly *adj* trimestrale *adj* **quarterly interest** interessi trimestrali *nmpl* **quarterly trade
  accounts** estratti conto trimestrali *nmpl*
quasi-contract *n* quasi-contratto *nm*
quasi-income *n* quasi-rendita *nf*
quay *n* banchina *nf*, molo *nm*
quayage *n* diritti di banchina *nmpl*
questionnaire *n* questionario *nm* **market
  research questionnaire** questionario di ri-

cerca di mercato *nm*
queue *n* coda *nf*
quick *adj* **quick assets** attività di pronto realizzo *nfpl*
quiet *adj* **quiet market** mercato tranquillo *nm*
quit *vb* (resign) andarsene *vb*, cessare *vb*, abbandonare un impiego *vb*
quittance *n* saldo *nm*
quorate *adj* **quorate meeting** avente un quorum *adj*, avente un numero legale *adj*
quorum *n* numero legale *nm*, quorum *nm* **quorum of creditors** quorum di creditori *nm*
quota 1. *adj* **quota agreement** accordo di contingente *nm* **quota buying** criterio del riordino per quote *nm* **quota sampling** campionamento proporzionale *nm* **quota system** sistema del contingentamento *nm* 2. *n* quota *nf*, contingente *nm* **import quota** contingente d'importazione *nm* **sales quota** quota di vendite *nf*
quotation *n* (price) quotazione *nf*, preventivo *nm*
quoted *adj* **quoted company** società quotata in borsa *nf* **quoted investment** investimento in valori mobiliari *nm* **quoted share, quoted stocks** (US) azioni quotate in borsa *nfpl*
racket *n* racket *nm*, truffa *nf*
racketeer *n* truffatore *nm*
racketeering *n* attività illegali per estorcere denaro *nfpl*
rag *n* **the rag trade** (informal) industria della confezione *nf*, industria dell'abbigliamento *nf*
rail *n* **by rail** in treno, per ferrovia
railway, railroad (US) *n* ferrovie *nfpl*
raise *vb* (price, interest rate) aumentare *vb* (capital, loan) aumentare *vb*, rincarare *vb*
RAM (random access memory) *abbr* (DP) RAM (random access memory) *abbr*
random 1. *adj* **random selection** selezione casuale *nf* 2. *n* **at random** a casaccio, alla cieca
range *n* gamma *nf*
rate *n* **base rate** saggio base *nm* **rate of exchange** cambio *nm*, corso del cambio *nm* **rate of expansion** tasso di espansione *nm* **rate of growth** tasso di crescita *nm* **rate of inflation** tasso inflazionistico *nm* **rate of interest** tasso d'interesse *nm* **rate of investment** tasso di investimento *nm* **rate of return** tasso di rendimento *nm* **rates** (tax) imposte locali *nfpl*
ratification *n* ratifica *nf*
ratify *vb* ratificare *vb*
ratio *n* rapporto *nm*
rationale *n* base razionale *nf*, giustificazione logica *nf*
rationalization *n* razionalizzazione *nf* **rationalization measures** misure di razionalizzazione *nfpl*

rationalize *vb* razionalizzare *vb*, organizzare razionalmente *vb*
raw *adj* (unprocessed) greggio *adj*
re *prep* in relazione a *prep*, in riferimento a *prep*, oggetto *nm*
re-elect *vb* rieleggere *vb*
re-election *n* rielezione *nf*
ready *adj* **ready for despatch** pronto per la consegna *adj*
real *adj* **real estate** proprietà immobiliare *nf* **real price** prezzo reale *nm* **real time** tempo reale *nm* **real value** valore reale *nm* **real wages** salario reale *nm*
realization *n* **realization of assets** realizzo di attività *nm*
realize *vb* (profit) realizzare *vb*
reallocate *vb* (funds) ripartire *vb*, ridistribuire *vb*
reallocation *n* (of funds) ripartizione *nf*, ridistribuzione *nf*
realtor (US) *n* agente immobiliare *nm*
reappoint *vb* rinominare *vb*, rieleggere *vb*
reappointment *n* nuova nomina *nf*
reasonable *adj* (price) ragionevole *adj*
rebate *n* ribasso *nm*, rimborso *nm* **to grant a rebate** concedere un rimborso *vb*
receipt *n* **to acknowledge receipt** accusare ricevuta *vb* **to issue a receipt** rilasciare una ricevuta *vb*, emettere una ricevuta *vb*
receive *vb* ricevere *vb*
receiver, administrator (US) *n* (bankruptcy) curatore *nm*, amministratore giudiziale *nm*
recession *n* recessione economica *nf*
recipient *n* destinatario *nm*
reciprocal *adj* reciproco *adj*
reclaimable *adj* (materials) recuperabile *adj*
recommend *vb* raccomandare *vb*
recommendation *n* raccomandazione *nf*
recompense *n* ricompensa *nf*
record *n* registrazione *nf*, documentazione *nf*, trascrizione *nf* **according to our records** risulta dai dati a nostra disposizione
recover *vb* **to recover money from sb** ricuperare una somma di denaro da *vb*
recovery *n* (of debt) ricupero *nm* (economic) ripresa economica *nf*
recruit *vb* reclutare *vb*, assumere *vb*
recruitment *n* reclutamento *nm* **recruitment campaign** campagna di reclutamento *nf*, campagna di assunzione *nf*
recyclable *adj* riciclabile *adj*
recycle *vb* riciclare *vb*
red *adj* **red tape** burocrazia *nf* **to be in the red** essere in deficit *vb*, essere allo scoperto *vb*
redeem *vb* riscattare *vb*, ammortare *vb*
redeemable *adj* riscattabile *adj* **redeemable bond** obbligazione redimibile *nf*
redemption *n* riscatto *nm* **redemption fund** ammortamento *nm*, redenzione *nf*
redirect *vb* (mail) rispedire ad un nuovo indirizzo *vb*

reduce *vb* ridurre *vb* **at a greatly reduced price** ad un prezzo nettamente ridotto
reduction *n* riduzione *nf*
redundancy *n* esuberanza di personale *nf*
redundant *adj* esuberante *adj* **to make sb redundant** dichiarare esuberante *vb*
refer *vb* **we refer to our letter of...** in riferimento alla nostra lettera del .... **we refer you to our head office** vogliate consultare il nostro ufficio centrale
referee *n* arbitro *nm* **to act as referee** agire da referenza *vb*
reference *n* referenza *nf*, attestato *nm*, riferimento *nm* **credit reference** attestato di posizione creditizia *nm* **reference number** numero di riferimento *nm* **to take up a reference** richiedere una referenza *vb* **with reference to** in riferimento a *prep*
referendum *n* referendum *nm*
reflation *n* reflazione *nf*
reflationary *adj* reflazionistico *adj*
reform *n* riforma *nf* **currency reform** riforma monetaria *nf*
refund 1. *n* rimborso *nm* 2. *vb* rimborsare *vb*
refundable *adj* rimborsabile *adj*, risarcibile *adj*
refurbish *vb* mettere a nuovo *vb*
refurbishment *n* ammodernamento *nm*
refusal *n* rifiuto *nm*
refuse *vb* **to refuse a claim** respingere una richiesta d'indennizzo *vb* **to refuse goods** rifiutare merci *vb* **to refuse payment** rifiutare pagamento *vb*
regard *n* **with regard to...** riguardo a *prep*, in quanto a *prep*
regarding *prep* relativamente a *prep*, concernente *adj*
regional *adj* **regional office** ufficio regionale *nm*
register *n* registro *nm*
registered *adj* **registered bond** titolo nominativo *nm* **registered capital** capitale sociale nominale *nm* **registered company** società costituita mediante registrazione *nf* **registered letter** lettera raccomandata *nf* **registered mail** posta raccomandata *nf* **registered office** sede legale *nf*, sede sociale *nf* **registered share** azione nominativa *nf* **registered trademark** marchio depositato *nm*
regret *vb* **we regret to inform you that...** ci rincresce informarvi che ...
regular *adj* **regular customer** cliente abituale *nmf*
regulation *n* regolamento *nm*, direttiva *nf* **according to the regulations** secondo le regole
reimburse *vb* rimborsare *vb*
reimbursement *n* rimborso *nm*, risarcimento *nm*
reimport *vb* reimportare *vb*, importare di nuovo *vb*

reimportation *n* reimportazione *nf*
reinsurance *n* riassicurazione *nf*
reinsure *vb* riassicurare *vb*
reject *vb* (goods) scartare *vb*
relation *n* **business relations** rapporti di affari *nmpl* **industrial relations** relazioni industriali *nfpl*
relationship *n* **working relationship** rapporto di lavoro *nm*
relax *vb* (restrictions) rilassare *vb*
relevant *adj* pertinente *adj*
reliability *n* affidabilità *nf*, attendibilità *nf*
reliable *adj* affidabile *adj*, attendibile *adj*
relocate *vb* trasferire *vb*
relocation *n* trasferimento *nm*
remaining *adj* (sum) rimanente *adj*
reminder *n* lettera di sollecito *nf*
remittance *n* rimessa *nf* **remittance advice** distinta di accompagnamento *nf*
remunerate *vb* remunerare *vb*
remuneration *n* remunerazione *nf*
renew *vb* (policy, contract) rinnovare *vb*
renewable *adj* rinnovabile *adj*
rent *vb* (house, office) affittare *vb*, dare in affitto *vb*, prendere in affitto *vb*
rental *n* canone di affitto *nm*
repair 1. *n* **costs of repair** costi di riparazione *nmpl* 2. *vb* riparare *vb*
reparation *n* riparazione *nf*
repatriation *n* rimpatrio *nm*
repay *vb* rimborsare *vb*
repayment *n* (of loan) restituzione (di un prestito) *nf*
repeat *adj* **repeat order** ordinazione ripetuta *nf*
replace *vb* sostituire *vb*
replacement *n* (person) sostituzione *nf*
reply *n* **in reply to your letter of...** in risposta alla vostra lettera del ...
report *n* rapporto *nm*, relazione *nf* **annual report** relazione annuale *nf* **to draw up a report** redigere una relazione *vb* **to submit/present a report** presentare una relazione *vb*
repossess *vb* riprendere possesso di *vb*
repossession *n* ripresa di possesso *nf*
representative *n* rappresentante *nm* **area representative** rappresentante di zona *nm* **sales representative** rappresentante di commercio *nm*, rappresentante di vendite *nm*
repudiate *vb* (contract) ripudiare *vb*
reputation *n* reputazione *nf* **to enjoy a good reputation** avere un buon nome *vb*
request *n* richiesta *nf* **request for payment** richiesta di pagamento *nf*
requirement *n* fabbisogno *nm*, esigenze *nfpl* **in accordance with your requirements** conformemente alle vostre esigenze **it is a requirement of the contract that...** secondo le disposizioni del contratto ...
resale *n* rivendita *nf*, dettaglio *nm*
rescind *vb* rescindere *vb*

research *n* ricerca *nf* **research and development (R&D)** ricerca e sviluppo (R&S) *nf &
nm* **market research** ricerca di mercato *nf*
reservation *n* prenotazione *nf*, riserva *nf* **to
make a reservation** fare una prenotazione
vb
reserve 1. *adj* **reserve currency** valuta di
riserva *nf* **reserve stock** scorta di riserva *nf*
2. *n* **currency reserve** riserva valutaria *nf* **to
hold sth in reserve** tenere in riserva *vb* **3.** *vb*
riservare *vb*, prenotare *vb*
residual *adj* residuo *adj*, residuale *adj*
resign *vb* rinunciare a *vb*, rassegnare le
dimissioni *vb*, dimettersi *vb*
resignation *n* dimissioni *nf pl* **to hand in
one's resignation** dare le dimissioni *vb*
resolution *n* (decision) delibera *nf* **to make a
resolution** adottare una delibera *vb*, prendere una decisione *vb*
resolve *vb* (sort out) decidere *vb* **to resolve
to do sth** decidere di fare qualcosa *vb*
resort to *vb* (have recourse) ricorrere a *vb*
resources *npl* risorse *nfpl*, mezzi *nmpl*
respect *n* **in respect of...** riguardo a *prep*
response *n* **in response to...** in risposta a
prep
responsibility *n* **to take responsibility for
sth** assumersi la responsabilità *vb*
responsible *adj* responsabile *adj*
restrict *vb* limitare *vb*, ridurre *vb*
restriction *n* limitazione *nf* **to impose restrictions on** imporre limitazioni a *vb*
restrictive *adj* restrittivo *adj* **restrictive
practices** pratiche restrittive *nfpl*
restructure *vb* ristrutturare *vb*
retail *adj* **retail outlet** punto di vendita al
dettaglio *nm* **retail price** prezzo al dettaglio
nm, prezzo al minuto *nm* **retail sales tax**
imposta sulle vendite al dettaglio *nf* **retail
trade** commercio al dettaglio *nm*
retain *vb* trattenere *vb*, contenere *vb*
retention *n* trattenuta *nf* **retention of title**
conservazione del titolo *nf*
retire *vb* andare in pensione *vb*
retirement *n* pensionamento *nm* **to take
early retirement** andare in pensione
anticipatamente *vb*
retrain *vb* riqualificare *vb*
retraining *n* riqualificazione *nf* **retraining
programme, retraining program** (US) programma di riqualificazione *nf*
return *n* **in return** in cambio di *prep* **return
on capital** utile sul capitale *nm* **return on
equity** rendimento del capitale netto *nm*
return on investment utile sul capitale
investito *nm* **return on sales** utile sulle
vendite *nm* **returns** *npl* utili *nmpl*
returnable *adj* (deposit) restituibile *adj*
revaluation *n* (of currency) rivalutazione *nf*
revalue *vb* (currency) rivalutare *vb*
revenue *n* entrate *nfpl*, ricavi *nmpl*
reverse *vb* invertire *vb*

revert *vb* tornare *vb*
revert to *vb* tornare a *vb*
revise *vb* revisionare *vb*, ritoccare *vb*
revocable *adj* **revocable letter of credit**
lettera di credito revocabile *nf*
revoke *vb* (offer) revocare *vb*, abrogare *vb*
(licence) revocare *vb*
right *n* diritto *nm* **right of recourse** diritto di
rivalsa *nm* **right of way** servitù di passaggio
nf **rights issue** emissione riservata agli
azionisti *nf* **sole rights** diritti esclusivi *nmpl*
the right to do sth il diritto di fare qualcosa
nm **the right to sth** il diritto a qualcosa *nm*
rise, raise (US) **1.** *n* aumento *nm*, rialzo *nm*
2. *vb* aumentare *vb*
risk 1. *adj* **all-risks insurance** assicurazione
contro tutti i rischi *nf* **risk analysis** analisi
del rischio *nf* **risk assessment** perizia del
rischio *nf* **risk capital** capitale di rischio *nm*,
capitale azionario *nm* **risk management**
gestione del rischio *nf* **2.** *n* rischio *nm* **at
the buyer's risk** a rischio dell'acquirente **the
policy covers the following risks...** la polizza
copre i seguenti rischi
road *n* **by road** su strada *adv* **road haulage**
trasporto su strada *nm* **road haulage company** vettore stradale *nm* **road traffic** circolazione stradale *nf* **road transport**
trasporto su strada *nm*
ROM (read only memory) *n* ROM (read only
memory) *abbr*
Rome *n* **the Treaty of Rome** Trattato di Roma
nm
room *n* **room for manoeuvre** possibilità di
manovra *nf & nfpl*
royal *adj* **the Royal Mint (GB)** Zecca reale
britannica *nf*
RSVP (répondez s'il vous plaît) *abbr* è
gradita una risposta
run *vb* (manage) condurre *vb*, dirigere *vb*,
gestire *vb* **running costs** costi correnti *nmpl*
run down *vb* (stocks) ridurre *vb*
run low *vb* (stocks) diminuire le scorte *vb*
rush *adj* **rush hour** ora di punta *nf* **rush job**
lavoro urgente *nm* **rush order** ordine
urgente *nm*
sack, fire* (US) *vb* licenziare *vb*
safe *adj* sicuro *adj*
safety *n* **safety officer** responsabile
dell'antifortunistica *nm*
salary *n* stipendio *nm*, retribuzione *nf*, salario
nm **salary scale** scala retributiva *nf*
sale 1. *adj* **sales campaign** campagna di
vendita *nf* **sales conference** conferenza del
personale addetto alle vendite *nf* **sales
department** reparto vendite *nm* **sales figures** ammontare delle vendite *nm* **sales
forecast** previsione delle vendite *nf* **sales
ledger** partitario vendite *nm* **sales management** management delle vendite *nm*,
gestione delle vendite *nf* **2.** *n* vendita *nf*,
smercio *nm*, saldo (end of season sale) *nm*

closing-down sale, closing-out sale (US) svendita per cessazione di esercizio *nf*
export sales vendite per esportazione *nfpl*
home sales vendite sul mercato interno *nfpl*
salesperson *n* venditore *nm*
salvage *vb* salvare *vb*, ricuperare *vb*
sample 1. *n* campione *nm* 2. *vb* campionare *vb*, distribuire *vb*, formare campioni *vb*
sampling *n* campionamento *nm*, campionatura *nf*
sanction *n* **trade sanctions** sanzioni commerciali *nfpl*
savings *npl* risparmi *nmpl* **savings bank** banca di risparmio *nf*, cassa di risparmio *nf*
scab* *n* crumiro *nm*
scale *n* scala *nf*
scarcity *n* scarsità *nf*, penuria *nf*
schedule 1. *n* programma *nm*, piano *nm*, allegato *nm* 2. *vb* programmare *vb*
scheme *n* **pension scheme** piano di pensionamento *nm* **recovery scheme** programma di risanamento *nm*
scrap *n* (metal) rottami di ferro *nmpl*
scrip *n* buono frazionario *nm*
SDRs (special drawing rights) *abbr* diritti speciali di prelievo *nmpl*
sea *n* **by sea** via mare **sea freight** trasporto marittimo *nm*
seal 1. *n* sigillo *nm* 2. *vb* sigillare *vb* **sealed bid** offerta segreta *nf*
season *n* stagione *nf* **high season** alta stagione *nf* **low season** bassa stagione *nf*
seasonal *adj* stagionale *adj*
SEC (Securities and Exchange Commission) (UK) *abbr* SEC (Securities and Exchange Commission) (GB) *abbr*
secondary *adj* **secondary industry** industria secondaria *nf* **secondary market** mercato secondario *nm*
secondment *n* distaccamento *nm*
secretary *n* segretario *nm*, segretaria *nf* **executive secretary** segretario dirigenziale *nm*, segretario esecutivo *nm*
sector *n* settore *nm* **primary sector** settore primario *nm* **secondary sector** settore secondario *nm* **tertiary sector** settore terziario *nm*
secure *adj* sicuro *adj*, garantito
secured *adj* **secured loan** mutuo garantito *nm*
securities *npl* **gilt-edged securities** titoli di stato *nmpl* **listed securities** titoli quotati in borsa *nmpl* **unlisted securities** titoli non quotati in borsa *nmpl*
security *n* sicurezza *nf*, garanzia **Social Security (GB)** previdenza sociale *nf*
self-assessment *n* autotassazione *nf*
self-employed *adj* autonomo *adj*, indipendente
self-financing *adj* autofinanziamento *nm*
self-management *n* autogestione *nf*
self-sufficient *adj* autosufficienza *adj*

sell 1. *n* **hard sell** hard sell *nm*, politica di vendite estremamente aggressiva *nf* **soft sell** soft sell *nm*, politica di vendita basata sulla persuasione *nf* 2. *vb* vendere *vb* **to sell sth at auction** vendere all'asta *vb* **to sell sth in bulk** vendere all'ingrosso *vb* **sell off** *vb* svendere *vb*, liquidare *vb* **to sell sth on credit** vendere a credito *vb* **to sell sth retail** vendere al dettaglio *vb* **this article sells well** questo articolo vende bene **sell up** *vb* mettere in liquidazione *vb* **to sell sth wholesale** vendere all'ingrosso *vb*
seller *n* venditore *nm*
semi-skilled *adj* semispecializzato *adj*
send *vb* spedire *vb*, inviare *vb*, mandare *vb* **send back** *vb* rispedire *vb*, rinviare *vb*
sendee *n* destinatario *nm*
sender *n* mittente *nm*
senior *adj* di primo grado *adj*, anziano *adj*, superiore *adj* **senior management** dirigenti di primo grado *nmpl*, senior management *nm*
seniority *n* anzianità di servizio *nf*
service *n* **after-sales service** servizio di assistenza *nm* **civil service** amministrazione pubblica *nf* **service included** servizio compreso *nm* **service industry** industria terziaria *nf* **National Health Service (GB)** Servizio sanitario nazionale (GB) *nm*
set up *vb* (company) avviare *vb*
settle *vb* (dispute) appianare (una lite) *vb* (account) saldare *vb*
severance *n* **severance pay** indennità di licenziamento *nf*
shady* *adj* (dealings) disonesto *adj*, equivoco
share 1. *n* azione *nf*, titolo azionario *nm* **a share in the profits** partecipazione ai profitti *nf* **market share** mercato finanziario *nm*, mercato dei titoli *nm* **ordinary share** azione ordinaria *nf* 2. *vb* **to share the responsibilities** condividere le responsabilità *vb*
shareholder *n* azionista *nm*, socio *nm*
shark* *n* imbroglione *nm*
sharp *adj* **sharp practice** pratica spregiudicata *nf*
shift *n* turno *nm* **the three-shift system** sistema a turni continui *nm* **shift work** lavoro a turni *nm*
shipbuilding *n* costruzioni navali *nfpl*
shipment *n* (consignment) spedizione *nf*
shipper *n* caricatore *nm*, mittente *nm*
shipping *n* **shipping agent** spedizioniere marittimo *nm* **shipping broker** spedizioniere *nm* **shipping line** linea di navigazione *nf*
shipyard *n* cantiere navale *nm*
shirker* *n* scansafatiche *nm*, imboscato *nm*
shoddy* *adj* scadente *adj*
shop *n* **shop assistant** commesso *nm*, commessa *nf* **closed shop** closed shop *nm* **shop steward** rappresentante sindacale *nm*, delegato di fabbrica *nm* **to shut up shop** (informal) chiudere bottega *vb*, sospendere

ogni attività *vb* **to talk shop** (informal) parlare di lavoro *vb*

shopping *n* **shopping centre** shopping center *nm*, centro commerciale *nm*

short *adj* **short delivery** consegna in meno *nf* **to be on short time** lavorare a orario ridotto *vb*

shortage *n* carenza *nf*, ammanco *nm*, scarsità *nf*

show *n* (exhibition) mostra *nf*, esposizione *nf*

showroom *n* salone da esposizione *nm*, showroom *nf*

shredder *n* macchina distruggi documenti *nf*

shrink *vb* contrarre *vb*

shrinkage *n* **stock shrinkage** contrazione delle scorte *nf*

shutdown *n* fermata temporanea *nf*

shuttle *n* shuttle *nm*, navetta *nf*

SIB (Securities and Investment Board) (GB) *abbr* SIB *abbr*

sick *adj* **sick leave** congedo per malattia *nm*

sickness *n* **sickness benefit** sussidio di malattia *nm*

sight *n* **sight draft** tratta a vista *nf*

sign *vb* firmare *vb*

signatory *n* firmatario *nm*

signature *n* firma *nf*

silent *adj* **silent partner** socio non amministratore *nm*

sinking *adj* **sinking fund** fondo di ammortamento *nm*

sit-in *n* (strike) sit-in *nm*, raduno di protesta

size *n* dimensione *nf*

skill *n* abilità *nf*, capacità *nf*

skilled *n* (worker) operaio specializzato *nm*

slackness *n* (laxity) inerzia *nf*, inattività *nf*

sliding *adj* **sliding scale** scala mobile *nf*

slogan *n* slogan *nm*, motto pubblicitario

slow down *vb* rallentare *vb*

slowdown (economy) rallentamento *nm* (strike) sciopero bianco *nm*, sciopero di non collaborazione *nm*

slump 1. *n* congiuntura bassa *nf* 2. *vb* crollare *vb*, entrare in crisi *vb*

slush *adj* **slush fund** fondo nero *nm*, denaro destinato a tangenti *nm*

small *adj* **small ads** piccola pubblicità *nf* **small scale** su piccola scala

smuggle *vb* contrabbandare *vb*

society *n* **building society** società di credito edilizio *nf* **consumer society** società cooperativa di consumatori *nf*

socio-economic *adj* **socio-economic categories** categorie socioeconomiche *nfpl*

software *n* software *nm* **software package** pachetto software *nm*

sole *adj* **sole agent** esclusivista *nm*, agente esclusivo *nm*

solicitor, lawyer (US) *n* avvocato *nm*, procuratore legale *nm*

solvency *n* solvibilità *nf*

solvent *adj* solvibile *adj*

source *n* fonte *nf*, risorsa

sourcing *n* individuazione

specialist *n* specialista *nmf*

speciality *n* specialità *nf*

specialize *vb* specializzarsi *vb*

specification *n* specifica *nf*, capitolato *nm*

specify *vb* specificare *vb*

speculate *vb* speculare *vb*

speculator *n* speculatore *nm*

spend *vb* (time) trascorrere *vb* (money) spendere *vb*

spending *n* spesa *nf*

spendthrift *adj* scialacquatore *adj*, spendaccione *nm*

sphere *n* **sphere of activity** sfera di attività *nf*

spin-off *n* (product) succedaneo *adj*, spin-off *nm*

split 1. *adj* **split division** divisione *nf* 2. *vb* spaccarsi *vb*, aprirsi *vb* dividere *vb*

spoilage *n* deterioramento *nm*

spoils *npl* cariche *nfpl*, prede di guerra *nfpl*

spokesperson *n* portavoce *nmf*

sponsor *n* sponsor *nm*, patrocinatore *nm*

sponsorship *n* sponsorizzazione *nf*, patrocinio *nm*

spot *adj* **spot cash** pronti *nmpl* **spot market** mercato a pronti *nm* **spot price** prezzo a pronti *nm* **spot rate** tasso di cambio a pronti *nm*

spread *vb* (payments) distribuire *vb*

spreadsheet *n* spreadsheet *nm*, foglio elettronico *nm*

squander *vb* sperperare *vb*

squeeze 1. *n* **credit squeeze** stretta creditizia *nf* 2. *vb* (spending) stringere *vb*, restringere *vb*

stable *adj* (economy) stabile *adj*

staff *n* staff *nm*, personale *nm*

staffing *n* dotazione di personale *nf*

stage *n* **in stages** in varie fasi

staged *adj* **staged payments** pagamenti scaglionati *nmpl*

stagger *vb* (holidays, hours, shifts) scaglionare nel tempo *vb*

stagnation *n* ristagno *nm*

stake *n* posta *nf*, puntata *nf*

stakeholder *n* chi tiene le poste *nm*, partecipante *nmf, adj*

stalemate *n* punto morto *nm*, stallo *nm*

standard 1. *adj* standard *adj*, modello *adj* **standard agreement** contratto tipo *nm* 2. *n* **gold standard** sistema monetario aureo *nm* **standard of living** tenore di vita *nm*

standardization *n* standardizzazione *nf*

standardize *vb* standardizzare *vb*

standing *adj* **standing charges** oneri fissi *nmpl* **standing order** commessa permanente *nf*

staple *adj* **staple commodities** prodotti principali *nmpl*

start-up *n* avviamento *nm* **start-up capital** capitale iniziale *nm*

state *n* **state-owned enterprises** aziende statali *nfpl*
statement *n* **bank statement** estratto conto *nm*
statistics *npl* statistica *nf*
status *n* **financial status** posizione finanziaria *nf* **status quo** status quo *nm*
statute *n* statuto *nm*, legge *nf*
steel *n* **steel industry** industria dell'acciaio *nf*
sterling *n* sterlina *nf*, lira sterlina *nf* **sterling area** area della sterlina *nf* **sterling balance** saldi in sterline *nmpl* **pound sterling** lira sterlina *nf*, sterlina *nf*
stock, inventory (US) *n* (goods) scorte *nfpl*, giacenze *nfpl*, stock *nm*, stoccaggio *n* **stock control** controllo del livello delle scorte *nm* **stock exchange** borsa valori *nf* **in stock** in stock *adv* **stock market** mercato dei titoli *nm* **out of stock** non in stock *adv* **stocks and shares** valori mobiliari *nmpl*
stockbroker *n* mediatore di borsa *nm*, stockbroker *nm*
stockholder *n* azionista *nm*, socio *nm*
stocktaking *n* inventario *nm*
stoppage *n* (strike) sospensione *nm*, sciopero *nm*
storage *n* **storage capacity** capacità di magazzinaggio *nf* **cold storage plant** magazzino refrigerato *nm*
store *n* (shop) negozio *nm*, grande magazzino *nm* **chain store** negozio a catena *nm*, grande magazzino a filiali multiple *nm* **department store** grande magazzino *nm*
stowage *n* stivaggio *nm*
strategic *adj* strategico *adj*
strategy *n* strategia *nf*
stress *n* **executive stress** executive stress *nm*
strike 1. *n* sciopero *nm* **strike action** azione di sciopero *nf* **strike ballot** ballotaggio *nm* **wildcat strike** sciopero selvaggio *nm* 2. *vb* scioperare *vb*
strikebreaker *n* crumiro *nm*
striker *n* scioperante *nm*
subcontract *vb* subappaltare *vb*
subcontractor *n* subappaltatore *nm*
subordinate *n* subordinato *nm*, subalterno *nm*
subscribe *vb* sottoscrivere *vb*, iscriversi *vb*
subsidiary *n* società consociata *nf*, società affiliata *nf*
subsidize *vb* sovvenzionare *vb*
subsidy *n* **state subsidy** sussidio statale *nm*, sovvenzione statale *nf*
suburbs *npl* periferia *nf* **outer suburbs** sobborghi e zone limitrofe
supermarket *n* supermercato *nm*, supermarket *nm*
supertanker *n* superpetroliera *nf*
supertax *n* supertassa *nf*, supertax *nf*, imposta sul reddito addizionale *nf*
supervisor *n* supervisore *nm*
supervisory *adj* **supervisory board** consiglio

direttivo *nm*, consiglio di supervisione *nm*
supplementary *adj* supplementare *adj*, integrativo *adj*
supplier *n* fornitore *nm*
supply 1. *n* offerta *nf*, fornitura *nf*, approvvigionamento *nm* **supply and demand** domanda e offerta *nf* 2. *vb* fornire *vb*, rifornire *vb*, offrire *vb*
surface *n* **surface mail** posta ordinaria *nf*
surplus *n* eccedenza *nf*, surplus *nm* **budget surplus** avanzo di bilancio *nm* **trade surplus** saldo attivo *nm*
surtax *n* imposta addizionale *nf*
survey *n* **market research survey** inchiesta di mercato *nf*
swap 1. *n* swap *nm*, riporto valutario *nm* 2. *vb* scambiare *vb*
sweetener* *n* (bribe) tangente *nf*
swindle* *n* truffa *nf*, imbroglio *nm*
swindler* *n* imbroglione *nm*
switchboard *n* centralino *nm* **switchboard operator** centralinista *nmf*
syndicate *n* consorzio industriale *nm*, sindacato industriale *nm*
synergy *n* sinergia *nf*
synthesis *n* sintesi *nf*
synthetic *adj* sintetico *adj*, artificiale *adj*
system *n* sistema *nm*, metodo *nm* **expert system** sistema esperto *nm* **systems analyst** analista di sistemi *nm*, systems analyst *nm*
table *vb* (motion, paper) proporre *vb*
tabulate *vb* (data) disporre in tabelle *vb* **tabulated data** dati tabulati *nmpl*
tacit *adj* tacito *adj*, implicito *adj* **by tacit agreement** per tacito accordo
tactic *n* tattica *nf* **delaying tactics** tattiche dilazionatorie *nfpl* **selling tactics** tattiche di vendita *nfpl*
tailor *vb* (adapt) adattare *vb*, personalizzare *vb*
take *vb* **to take legal action** adire le vie legali *vb* **to take notes** prendere appunti *vb* **to take part in** partecipare a *vb* **to take the chair** presiedere *vb* **to take the lead** prendere il comando *vb* **to take one's time** volerci tempo *vb*, richiedere tempo *vb*
take over *vb* (company) rilevare *vb*, acquisire il controllo di *vb*
takeover *n* acquisizione di controllo *nf*
takeup *n* accaparramento *nm*
takings *npl* incassi *nmpl*
talk 1. *n* **sales talk** trattative di vendita *nfpl* 2. *vb* **to talk business** parlare d'affari *vb*, discutere di affari *vb*
tally 1. *n* riscontro *nm*, verifica *nf* 2. *vb* controllare *vb*, fare la spunta *vb*
tally up *vb* calcolare *vb*, contare *vb*
tally with corrispondere a *vb*
tangible *adj* **tangible asset** attività materiali *nfpl*
tap *vb* **to tap a market** sfruttare un mercato

vb, utilizzare un mercato *vb* **to tap resources** sfruttare le risorse *vb*
target 1. *adj* **target date** data obiettivo *nf*,
data traguardo *nf* **target market** mercato
obiettivo *nm*, mercato traguardo *nm* 2. *n*
obiettivo *nm*, traguardo *nm* **production
target** obiettivo della produzione *nm*, produzione traguardo *nf* **sales target** obiettivo
delle vendite *nm* **to set a target** stabilire un
traguardo *vb*, stabilire un obiettivo *vb*
targeted *adj* **targeted campaign** campagna
indirizzata a un settore specifico *nf*
tariff 1. *adj* **tariff barrier** barriera tariffaria *nf*
tariff negotiations negoziati tariffari *nmpl*,
contrattazioni tariffarie *nfpl* **tariff quota**
contingente tariffario d'importazione *nm*
tariff reform riforma tariffaria *nf* 2. *n* tariffa
nf, tariffa doganale *nf* **to raise tariffs**
riscuotere le tariffe *vb*, aumentare le tariffe
vb
task *n* compito *nm*, funzioni *nfpl* **task
management** direzione per funzioni *nf*, task
management *nm*
tax 1. *adj* **tax allowance** sgravio d'imposta
nm, detrazione d'imposta *nf* **tax claim**
ricorso per rimborso di imposte *nm* **tax-
deductible** detraibile *adj* **tax-free** esentasse
adj, esente da imposte *adj* **tax liability**
imposizione dell'onere fiscale *nf*,
imponibilità *nf* **tax rate** aliquota d'imposta
nf **tax year** anno fiscale *nm*, esercizio
finanziario *nm* 2. *n* tassa *nf*, imposta *nf*
after tax a netto di tasse, al netto di imposte
before tax a lordo di imposte **capital gains
tax** imposta sui redditi di capitale *nf* **direct
tax** imposta diretta *nf* **income tax** imposta
sul reddito *nf* **indirect tax** imposta indiretta
nf **to levy taxes** esigere tributi *vb*, riscuotere tributi *vb*, stabilire imposizioni *vb*
value-added tax, sales tax (US) imposta
valore aggiunto (IVA) *nf*
taxable *adj* **taxable income** reddito
imponibile *nm*
taxation *n* tassazione *nf* **corporate taxation**
imposta sulle società *nf*
taxpayer *n* contribuente *nm*
team *n* **research team** équipe di ricerca *nf*
technical *adj* **technical director** direttore
tecnico *nm*
technician *n* tecnico *nm*, perito *nm*
technique *n* **sales technique** tecnica di
vendita *nf*
technology *n* tecnologia *nf* **information
technology** informatica *nf*, tecnologie dell'
informazione *nfpl* **technology transfer**
trasferimento di tecnologia *nm*
telebanking *n* telebanking *nm*
telecommunications *npl* telecomunicazioni
nfpl
telecopier *n* facsimile *nm*, telecopiatrice *nf*
telefax *n* fax *nm*, facsimile *nm*, telefax *nm*
telephone *n* telefono *nm* **telephone box,**

telephone booth (US) cabina telefonica *nf*
telephone call telefonata *nf*, chiamata *nf*
telephone directory elenco telefonico *nm*
telephone number numero telefonico *nm*,
numero di telefono *nm*
teleprocessing *n* elaborazione a distanza *nf*,
teleelaborazione *nf*, operazione telematica
nf
telesales *npl* televendite *nfpl*
televise *vb* trasmettere per televisione *vb*,
teletrasmettere *vb*
teleworking *n* lavoro a distanza *nm*
telex 1. *n* telex *nm* 2. *vb* (message)
trasmettere un messaggio a mezzo telex *vb*,
inviare un telex *vb*
teller *n* cassiere *nm*, cassiera *nf*
temporary *adj* provvisorio *adj*, temporaneo
adj **temporary employment** occupazione
temporanea *nf*
tenant *n* locatario *nm*, inquilino *nm*,
conduttore *nm*
tend *vb* **to tend toward** tendere a *vb*
tendency *n* tendenza *nf* **market tendencies**
tendenze del mercato *nfpl*
tender 1. *adj* **tender offer** offerta pubblica di
acquisizione *nf* **tender price** prezzo d'offerta
di appalto *nm* 2. *n* offerta di appalto *nf*,
offerta di fornitura *nf* **sale by tender** vendita
con gara di appalto *nf* **to lodge a tender**
presentare un'offerta *vb* **to put sth out for
tender** indire una gara d'appalto per *vb*
tenderer *n* offerente *nm*
tendering *n* licitazione *nf*
tentative *adj* **tentative offer** offerta
provvisoria *nf* **tentative plan** piano
provvisorio *nm*
tenure *n* possesso *nm*, occupazione *nf*
term *n* **at term** a termine, a scadenza **long
term** a lungo termine **medium term** a
medio termine **term of office** periodo di
permanenza in carica *nm* **terms and conditions** condizioni *nfpl* **short term** a breve
termine **terms of reference** termini di
riferimento *nmpl* **terms of trade** termini di
scambio *nmpl*
terminal 1. *adj* finale *adj* **terminal bonus**
terminal bonus *nm* **terminal market** mercato a termine *nm* 2. *n* **air terminal** terminal
nm **computer terminal** periferica *nf*
termination *n* terminazione *nf*, rescissione
nf, estinzione *nf* **termination date** scadenza
nf **termination of employment** cessazione
di impiego *nf*, licenziamento *nm*
tertiary *adj* **tertiary industry** settore terziario
nm
test *n* **test case** causa legale che serve a
creare un precedente *nf* **test data** test data
nmpl, dati di prova *nmpl* **to put sth to the
test** mettere a prova *vb* **to stand the test**
reggere alla prova *vb*
test-market *vb* testare il mercato *vb*
testimonial *n* attestato di buona condotta

nm, benservito *nm*, certificato di servizio *nm*
textile *n* **textile industry** industria tessile *nf*
theory *n* **in theory** in teoria, teoricamente *adv*
third *adj* **third party** terzi *nmpl* **third-party insurance** assicurazione sulla responsabilità civile *nf* **the Third World** il terzo mondo *nm*
thirty *adj* **Thirty-Share Index (GB)** indice delle azioni ordinarie del Financial Times *nm*
thrash out *vb* (agreement, policy) chiarire *vb*, scoprire *vb*
three *adj* **three-way split** divisione in tre parti *nf*
threshold *n* **tax threshold** scaglione fiscale *nm*, aliquota fiscale *nf*
thrive *vb* prosperare *vb*, crescere *vb*
through *prep* **to get through to sb** (phone) riuscire a comunicare con qualcuno *vb*, pervenire a qualcuno *vb* **to put sb through (to sb)** (phone) mettere in comunicazione *vb*, mettere in linea *vb*
tick over *vb* segnare il passo *vb*, ristagnare *vb*
ticket *n* (receipt) scontrino *nm*, foglio *nm*, cartellino *nm* (air, train, bus) biglietto *nm* **ticket agency** agenzia per la vendita di biglietti *nf* **ticket office** biglietteria *nf* **price ticket** cartellino del prezzo *nm*, prezzo del biglietto *nm* **return ticket, round-trip ticket** (US) biglietto di andata e ritorno *nm* **season ticket** abbonamento *nm*, tessera *nf* **single/one-way ticket** (rail/flight) biglietto di sola andata *nm*
tide over *vb* far fronte *vb*, superare *vb*
tie up *vb* (capital) immobilizzare *vb*
tied *adj* **tied loan** prestito vincolato *nm*
tier *n* **two-tier system** sistema a due livelli *nm*
tight *adj* **to be on a tight budget** avere un budget limitato *vb*
time *n* **time and a half** lavoro straordinario *nm* **double time** pagamento orario doppio *nm* **time frame** time frame *nm* **lead time** intervallo fra progettazione e produzione *nm*, intervallo fra ordinazione e conseguimento *nm* **time limit** limite di tempo *nm* **time management** gestione del tempo *nf*
time-consuming *adj* comportante una considerevole quantità di tempo *adj*
time-saving *adj* con risparmio di tempo *adj*
timescale *n* durata *nf*
timeshare *n* timeshare *nm*
timetable *n* orario *nm*
timing *n* tempestività *nf*, misurazione dei tempi *nf*
tip *n* (restaurant) mancia *nf* (suggestion) suggerimento *nm*, consiglio *nm* **market tip** informazione riservata sul mercato *nf*
title *n* (to goods) titolo *nm* **title deed** titolo di proprietà *nm*, istrumento *nm*
token *n* **token payment** anticipo *nm*, pagamento simbolico *nm* **token strike** sciopero dimostrativo *nm*

toll *n* pedaggio *nm*, tassa di transito *nf*
ton *n* tonnellata *nf* **metric ton** tonnellata metrica *nf*
tone *n* **dialling tone, dial tone** (US) (phone) segnale acustico di linea libera *nm*
tonnage *n* tonnellaggio *nm*, stazza *nf* **bill of tonnage** polizza di stazza *nf* **gross tonnage** tonnellaggio lordo *nm*, stazza lorda *nf* **net tonnage** tonnellaggio netto *nm*, stazza netta *nf*
top *adj* **top management** alta direzione *nf* **top prices** prezzi più alti *nmpl* **top priority** priorità assoluta *nf*
top-level *adj* a livello dirigenziale *adv*
top-of-the-range *adj* d'altissima qualità *adj*
total 1. *adj* totale *adj*, complessivo *adj* **total sales** vendite totali *nfpl* 2. *n* totale *nm* **the grand total** somma complessiva *nf*, totale generale *nm*
tough *adj* **tough competition** concorrenza spietata *nf*
tour *n* **tour of duty** viaggio di dovere *nm*
tourism *n* turismo *nm*
tourist *n* turista *nm* **the tourist trade** turismo *nm*
town *adj* **town centre** centro cittadino *nm* **town council** consiglio comunale *nm* **town hall** municipio *nm* **town planning** urbanistica *nf*
TQM (Total Quality Management) *abbr* TQM (gestione della qualità totale) *abbr*
track *n* **track record** performance *nf*, prestazione *nf*, conseguimenti *nmpl* **to be on the right track** essere sulla strada giusta *vb*
trade 1. *adj* **trade agreement** accordo commerciale *nm* **trade balance** bilancia commerciale *nf* **trade barrier** barriera commerciale *nf*, barriera al libero scambio *nf* **trade cycle** ciclo economico *nm* **trade directory** guida commerciale *nf* **trade fair** fiera commerciale *nf*, mostra commerciale *nf* **trade figures** statistiche commerciali *nfpl* **trade name** marchio di commercio *nm*, nome commerciale *nm* **trade price** prezzo al rivenditore *nm* **trade restrictions** restrizioni commerciali *nfpl* **trade secret** segreto commerciale *nm* **trade talks** negoziati commerciali *nmpl* **Trade Descriptions Act** Trade Descriptions Act *nf*, legge britannica per la protezione dei consumatori *nf* **Trades Union Congress** Confederazione sindacale britannica *nf* **trade union** sindacato *nm* 2. *n* commercio *nm*, trade *nm*, esercenti *nmpl* **balance of trade** bilancia commerciale *nf* **by trade** di mestiere **fair trade** reciprocità commerciale *nf* **foreign trade** commercio estero *nm* **retail trade** commercio al dettaglio *nm* **to be in the trade** (informal) essere del mestiere *vb* 3. *vb* commerciare *vb* **to trade as** (name) svolgere attività commerciale come *vb* **to trade with sb** essere

clienti di *vb*, fare affari con *vb*

trademark *n* marchio di fabbrica *nm* **registered trademark** marchio depositato *nm*

trader *n* commerciante *nmf*, esercente *nmf*

trading *adj* **trading area** area commerciale *nf* **trading capital** capitale di esercizio *nm* **trading company** compagnia commerciale *nf*, trading company *nf*, trading *nf* **trading estate** zona industriale *nf* **trading loss** perdita di esercizio *nf* **trading margin** margine di utile *nm* **trading nation** nazione commerciale *nf* **trading partner** partner commerciale *nm* **trading standards** normative commerciali *nfpl* **Trading Standards Office (US)** Trading Standards Office *nm* **trading year** anno commerciale *nm*

traffic *n* **air traffic** traffico aereo *nm* **rail traffic** traffico ferroviario *nm* **road traffic** traffico stradale *nm* **sea traffic** traffico marittimo *nm*

train 1. *n* **goods train, freight train (US)** treno merci *nm* **passenger train** treno passeggeri *nm* 2. *vb* (staff) addestrare *vb*, istruire *vb*, formare *vb*

trainee *n* apprendista *nmf*, tirocinante *nmf* **trainee manager** manager tirocinante *nmf*

training *n* addestramento *nm*, formazione professionale *nf* **advanced training** addestramento avanzato *nm*, formazione professionale avanzata *nf* **training centre** centro di addestramento *nm*, centro di formazione professionale *nm* **training course** corso di addestramento *nm*

transaction *n* operazione commerciale *nf*, transazione *nf* **cash transaction** operazione a pronti *nf* **transaction management** gestione delle transazioni *nf*

transcribe *vb* trascrivere *vb*, trasmettere *vb*

transfer 1. *adj* **transfer desk** (transport) banco transiti *nm* **transfer duty** imposta di bollo sui trasferimenti di titoli azionari *nf* **transfer lounge** (transport) sala trasbordi *nf* **transfer payments** trasferimenti *nmpl* **transfer price** prezzo di trasferimento *nm* **transfer tax** imposta sul trasferimento di titoli *nf* **transfer technology** trasferimento di tecnologie *nf* 2. *n* **bank transfer** bonifico bancario *nm* **capital transfer** trasferimento di capitale *nm* **credit transfer** bonifico *nm* 3. *vb* (call) trasferire *vb* (ownership) cedere la proprietà *vb*, trasferire *vb* (transport) fare un trasbordo *vb*, trasbordare *vb*

transferable *adj* trasferibile *adj*, cedibile *adj*

transit 1. *adj* **transit goods** merci in transito *nfpl* **transit lounge** (transport) sala transiti *nf* **transit passenger** (transport) passeggero in transito *nm* 2. *n* transito *nm* **in transit** in transito, in viaggio **lost in transit** perso in viaggio

transmit *vb* trasmettere *vb*

transnational *adj* transnazionale *adj*

transport 1. *adj* **transport agent** spedizioniere *nm* **transport company** società di trasporti *nf* 2. *n* **air transport** trasporto aereo *nm* **public transport** trasporti pubblici *nmpl* **rail transport** trasporto ferroviario *nm* **road transport** trasporto stradale *nm*

transportation *n* trasporto *nm*

transship *vb* trasbordare *vb*

travel 1. *adj* **travel agency** agenzia di viaggi *nf* **travel insurance** assicurazione viaggi *nf* 2. *n* **air travel** viaggio aereo *nm* **business travel** viaggio d'affari *nm*

traveller, traveler (US) *n* viaggiatore *nm* **traveller's cheque, traveler's check (US)** traveller's cheque *nm*, assegno turistico *nm*

travelling, traveling (US) *adj* **travelling expenses, travel expenses (US)** spese di missione *nfpl*, spese di viaggio *nfpl*

treasurer *n* **treasurer check (US)** assegno circolare *nm*, credenziale *nf* **company treasurer** tesoriere di impresa *nm*

treasury *n* **Treasury bill** buono del tesoro (BOT) *nm* **the Treasury** Tesoro *nm*, Ministero del tesoro *nm* **the Treasury Department (US)** Ministero del tesoro statunitense *nm*

treaty *n* trattato *nm*, accordo *nm* **commercial treaty** trattato commerciale *nm* **to make a treaty** raggiungere un accordo *vb*

trend *n* trend *nm*, tendenza *nf* **trend analysis** analisi di tendenza *nf* **current trend** trend attuale *nm* **economic trend** trend economico *nm* **market trend** trend del mercato *nm* **price trend** trend dei prezzi *nm* **to buck a trend** opporsi ad un trend *vb* **to set a trend** creare un trend *vb*

trial 1. *adj* **trial offer** offerta di prova *nf* **trial period** periodo di prova *nm* 2. *n* **trial and error** tentativi *nmpl* **to carry out trials** effettuare prove *vb*

tribunal *n* **industrial tribunal** tribunale industriale *nm*

trim *vb* (investment) apportare tagli a *vb* (workforce) tagliare *vb*

trimming *n* **cost trimming** taglio delle spese *nm*, riassetto delle spese *nm*

trip *n* **business trip** viaggio d'affari *nm* **round trip** viaggio d'andata e ritorno *nm*

triplicate *n* **in triplicate** in triplice copia

trust 1. *adj* **trust agreement** negozio fiduciario *nm* **trust company** società fiduciaria *nf*, società di gestione del portafoglio *nf* **trust estate** proprietà tenuta in amministrazione fiduciaria *nf* **trust fund** fondo fiduciario *nm*, fondo comune d'investimento *nm* 2. *n* **investment trust** società d'investimento *nf*, fondo comune d'investimento mobiliare *nm* **to hold sth in trust** avere l'amministrazione fiduciaria di *vb* **to set up a trust** istituire un fondo comune d'investimento *vb*, istituire un trust *vb* **to supply sth on trust** fornire a credito

vb **unit trust** società d'investimento a capitale variabile *nf*, fondo aperto *nm*
trustee *n* fiduciario *nm*, amministratore fiduciario *nm* **trustee department** (bank) ufficio amministratori fiduciari *nm*
trusteeship *n* amministrazione fiduciaria *nf*
try out *vb* provare *vb*, mettere alla prova *vb*
turn *vb* (market) cambiare *vb*
turn down *vb* (offer) rifiutare un'offerta *vb*, declinare *vb*
turn on *vb* (machine) accendere *vb*
turn out *vb* (end) risultare *vb*, andare a finire *vb*
turn over *vb* consegnare *vb*, inoltrare *vb*, avere un volume d'affari di *vb*
turn round, turn around (US) *vb* (company) risanare *vb*
turnabout *n* inversione di tendenza *nf*, cambiamento repentino *nm*
turning *adj* **turning point** svolta *nf*
turnover *n* rotazione delle giacenze *nf*, giro d'affari *nm* **capital turnover** indice di rotazione del capitale *nm* **turnover rate** indice di rotazione *nm* **turnover ratio** indice di rotazione *nm* **turnover tax** imposta sugli affari *nf*
twenty-four *adj* **twenty-four-hour service** servizio continuo *nm*, servizio ininterrotto *nm*
two *adj* **two-speed** a due velocità **two-tier** doppio *adj*, duplice *adj*, a due livelli **two-way** a due direzioni, a due vie, a due sensi
tycoon *n* magnate *nm*, capitano d'industria *nm*
type 1. *n* **bold type** neretto *nm*, grassetto *nm* **italic type** carattere corsivo *nm* **large type** caratteri grandi *nm pl* **small type** caratteri piccoli *nm pl* 2. *vb* battere a macchina *vb*, dattilografare *vb*
typewriter *n* macchina da scrivere *nf*
typing *adj* **typing error** errore di battuta *nm*
typist *n* dattilografo *nm*, dattilografa *nf*
ultimo *adj* ultimo scorso *adv*, u.s. *abbr*
unanimous *adj* unanime *adj*
uncleared *adj* (customs) non sdoganato *adj* (cheque) assegno non passato alla stanza di compensazione *nm*, assegno non incassato *nm*
unconditional *adj* incondizionato *adj*, senza condizioni
unconfirmed *adj* non confermato *adj*
undeclared *adj* (goods) non dichiarato *adj*
undercapitalized *adj* sottocapitalizzato *adj*
undercharge *vb* addebitare in meno *vb*, far pagare meno *vb*
undercut *vb* vendere a prezzo inferiore a quello di *vb*
underdeveloped *adj* **underdeveloped country** paese sottosviluppato *nm*
underemployed *adj* sottoccupato *adj*
underinsured *adj* sottoassicurato *adj*
underpay *vb* retribuire inadeguatamente *vb*

underpayment *n* retribuzione inadeguata *nm*
undersell *vb* svendere *vb*, vendere sottocosto *vb*, vendere a un prezzo inferiore *vb*
understanding *n* intesa *nf*, accordo *nm*
undersubscribed *adj* non completamente sottoscritto *adj*
undertake *vb* assumere *vb*, assumersi l'impegno di *vb*
undertaking *n* impresa *nf*, impegno *nm*
undervalue *vb* svalutare *vb*, deprezzare *vb*, sottovalutare *vb*
underwrite *vb* (shares) sottoscrivere *vb* assicurare *vb* (risk) assumere un rischio *vb*
underwriter *n* sottoscrittore *nm*, assicuratore *nm*, finanziatore *nm*, società garante *nf*
undischarged *adj* (bankrupt) fallito non riabilitato *adj*
unearned *adj* **unearned income** risconto passivo *nm*, reddito di capitale *nm*, rendita *nf*
unemployed *adj* disoccupato *adj*
unemployment 1. *adj* **unemployment benefit** sussidio di disoccupazione *nm*, indennità di disoccupazione *nf* **unemployment insurance** assicurazione contro la disoccupazione *nf* 2. *n* disoccupazione *nf* **level of unemployment** livello della disoccupazione *nm* **rate of unemployment** tasso di disoccupazione *nm*
unexpected *adj* imprevisto *adj*
unfair *adj* **unfair dismissal** licenziamento iniquo *nm*
unforeseen *adj* **unforeseen circumstances** circostanze impreviste *nfpl*
unification *n* unificazione *nf*
unilateral *adj* (contract) unilaterale *adj*
uninsurable *adj* non assicurabile *adj*
union 1. *adj* **union membership** iscrizione al sindacato *nf*, iscritti al sindacato *nmpl* **union representative** sindacalista *nmf* 2. *n* **trade union, labor union** (US) sindacato *nm*
unit 1. *adj* **unit cost** costo unitario *nm* **unit price** prezzo unitario *nm* **unit trust** fondo comune d'investimento *nf* 2. *n* **unit of production** unità di produzione *nf*
united *adj* **United Nations** Nazioni Unite (ONU) *nfpl*
unlimited *adj* **unlimited company** società a responsabilità illimitata *nf*, società in nome collettivo *nf* **unlimited credit** credito illimitato *nm* **unlimited liability** responsabilità illimitata *nf*
unload *vb* scaricare *vb*
unmarketable *adj* invendibile *adj*, non commerciabile *adj*
unofficial *adj* **unofficial strike** sciopero spontaneo *nm*
unpack *vb* disimballare *vb*, disfare *vb*
unpaid *adj* **unpaid balance** saldo insoluto *nm*, saldo in sofferenza *nm* **unpaid bill** cambiale insoluta *nf*, sofferenza *nf* **unpaid cheque** assegno non onorato *nm*

unprofessional adj non professionale adj, scorretto adj
unprofitable adj non redditizio adj, non remunerativo adj
unsaleable adj invendibile adj
unsatisfactory adj insoddisfacente adj
unsecured adj **unsecured bond** obbligazione senza garanzia nf **unsecured credit** credito non garantito nm, credito in bianco nm
unskilled adj **unskilled worker** operaio non specializzato nm
unsold adj invenduto adj
unsolicited adj **unsolicited offer** offerta non sollecitata nf
up-to-date adj aggiornato adj **to bring sth up-to-date** aggiornare vb
update vb (records) aggiornare vb
upgrade vb (computer) potenziare vb migliorare vb, migliorare la qualità di vb, sostituire con un prodotto migliore vb
upswing n periodo di prosperità nf
upturn n ripresa nf
upward adj, adv verso l'alto adv
urban adj **urban renewal** bonifica urbana nf **urban sprawl** espansione urbana incontrollata nf
urgency n **a matter of urgency** una faccenda urgentissima nf
urgent adj urgente adj
urgently adv urgentemente adv
usage n **intensive usage** uso intenso nm
use n **to make use of sth** utilizzare vb
user-friendly adj user-friendly adj, amichevole per l'utente adj, facile da usare adj
usury n usura nf
utility n **marginal utility** utilità marginale nf **public utility** impresa di pubblici servizi nf
utilization n utilizzo nm, impiego nm
utilize vb utilizzare vb
vacancy n posto vacante nm
vacant adj vacante adj, libero adj, sfitto adj
valid adj valido adj
validate vb convalidare vb, omologare vb
validity n validità nf
valuable adj prezioso adj, di valore adj
valuation n valutazione nf, determinazione del valore nf, stima nf
value n valore nm **face value** valore nominale nm **market value** valore di mercato nm **to gain value** acquisire valore vb, aumentare di valore vb **to get value for one's money** spendere bene il proprio denaro vb **to lose value** diminuire di valore vb
variable adj variabile adj **variable costs** costi variabili nmpl, costi di funzionamento nmpl **variable rate** tasso variabile nm
variance n **budget variance** scostamento dalle previsioni di budget nm
VAT (value added tax) abbr IVA (imposta valore aggiunto) abbr
vendee n acquirente nmf

vending machine n distributore automatico nm
vendor n venditore nm, fornitore nm **vendor capital** capitale del venditore nm **joint vendor** venditore congiunto nm, venditore in partecipazione nm
verbatim adv parola per parola, letteralmente adv
vertical adj **vertical integration** integrazione verticale nf
vested adj **vested interests** interessi acquisiti nmpl **vested rights** diritti acquisiti nmpl
veto 1. n veto nm 2. vb mettere il veto vb
viability n vitalità nf, attuabilità nf
video n video nm **video facilities** attrezzature video nfpl, mezzi video nmpl, impianti video nmpl
viewer n spettatore nm, telespettatore nm
VIP (very important person) abbr VIP (very important person) abbr
visa n visto nm
visible adj **visible exports** esportazioni visibili nfpl
visit 1. n visita nf 2. vb visitare vb
visitor n visitatore nm
visual adj **visual display unit (VDU)** VDU nf, visualizzatore nm **visual telephone** videotelefono nm
vocational adj attitudinale adj, professionale adj, vocazionale adj
volatile adj (prices) variabile adj, volubile adj, mutevole adj
volume n **volume discount** sconto per volume nm **trading volume** volume delle contrattazioni nm
voluntary adj **to go into voluntary liquidation** mettersi in liquidazione volontaria vb **voluntary wage restraint** tregua salariale volontaria nf
vote 1. n **vote of no confidence** voto di sfiducia nm **vote of thanks** ringraziamento pubblico nm 2. vb votare vb, dare il voto vb
voting adj **voting right** diritto di voto nm
voucher n buono nm, voucher nm
wage 1. adj **wage demand** richiesta di aumento salariale nf **wage earner** salariato nm **wage increase** aumento salariale nm **wage negotiations** trattative salariali nfpi **wage packet, salary package** (US) busta paga nf **wage policy** politica salariale nf **wage restraint** tregua salariale nf, pausa salariale nf **wage rise** aumento di salario nm, aumento salariale nm **wage(s) agreement** accordo salariale nm **wage(s) bill** conto degli aumenti salariali nm **wage scale** scala retributiva nf, scala dei salari nf **wage(s) claim** richiesta d'aumento salariale nf **wage(s) freeze** blocco dei salari nm **wage(s) settlement** accordo salariale nm 2. n salario nm **average wage** salario medio nm **minimum wage** salario minimo nm,

minimo salariale *nm* **net wage** salario netto *nm* **real wage** salario reale *nm* **starting wage** salario iniziale *nm* **3.** *vb* **to wage a campaign** intraprendere una campagna *vb*

waiting *adj* **waiting list** lista d'attesa *nf*

waive *vb* rinunciare a *vb*

waiver *n* rinuncia *nf*, abbandono *nm* **waiver clause** clausola di non pregiudizio *nf*, clausola di rinunzia *nf*

wall *n* **tariff wall** barriera tariffaria *nf* **to go to the wall** avere la peggio *vb*, fallire *vb*, far fiasco *vb* **Wall Street (US)** Wall Street (Borsa Valori di New York) *nf*

war *n* **price war** guerra dei prezzi *nf* **trade war** guerra commerciale *nf*

warehouse *n* magazzino *nm*, deposito *nm* **bonded warehouse** magazzino doganale *nm*

warehousing *n* immagazzinamento *nm*

wares *npl* merci *nfpl*, articoli *nmpl*

warn *vb* **to warn sb against doing sth** avvertire qualcuno di non fare qualcosa *vb*

warning *n* **due warning** debito avviso *nm* **warning sign** segnale di pericolo *nm* **without warning** senza preavviso

warrant **1.** *n* garanzia *nf*, mandato *nm*, nota di pegno *nf*, certificato di diritto di opzione *nm* **warrant for payment** mandato di pagamento *nm* **2.** *vb* garantire *vb*

warranty *n* garanzia *nf* **under warranty** sotto garanzia

wastage *n* spreco *nm* **wastage rate** tasso di scarto *nm*

waste **1.** *adj* **waste products** prodotti di scarto *nmpl*, rifiuti *nmpl* **2.** *n* **industrial waste** scarichi industriali *nmpl*, rifiuti industriali *nmpl* **waste of time** spreco di tempo *nm* **to go to waste** andare sprecato *vb* **3.** *vb* sprecare *vb*, perdere *vb*

wasting *adj* **wasting asset** risorsa soggetta a esaurimento *nf*, cespite ammortizzabile *nm*

watch *vb* **to watch developments** osservare gli sviluppi *vb*

watchdog *n* (fig.) organo di sorveglianza *nm* **watchdog committee** comitato di sorveglianza *nm*

water down *vb* mitigare *vb*, annacquare *vb*

watered *adj* **watered capital** capitale annacquato *nm* **watered stock** capitale azionario annacquato *nm*

watertight *adj* (fig.) perfetto *adj*, che non fa una grinza

wave *n* (of mergers, takeovers) ondata *nf*

wavelength *n* **to be on the same wavelength** essere in sintonia con qualcuno *vb*

weaken *vb* (market) indebolire *vb*

wealth *n* ricchezza *nf*, patrimonio *nm* **national wealth** patrimonio nazionale *nm* **wealth tax** imposta sul patrimonio *nf*

week *n* **twice a week** due volte alla settimana *adv* **working week** settimana lavorativa *nf*

weekly *adj* **weekly wages** paga settimanale *nf*

weigh *vb* **to weigh the pros and cons** soppesare il pro e il contro *vb*

weight *n* **dead weight** portata lorda *nf*, peso morto *nm* **excess weight** eccedenza di peso *nf* **gross weight** peso lordo *nm* **net weight** peso netto *nm* **weights and measures** pesi e misure *nmpl & nfpl*

weighted *adj* **weighted average** media ponderata *nf* **weighted index** indice ponderato *nm*

weighting *n* ponderazione *nf*

weighty *adj* grave *adj*, importante *adj*

welfare **1.** *adj* **welfare benefits** sussidi statali *nmpl* **welfare state** stato assistenziale *nm* **2.** *n* benessere *nm*, prosperità *nf*

well-advised *adj* avveduto *adj*

well-informed *adj* al corrente *adj*, bene informato *adj*

well-known *adj* rinomato *adj*

well-made *adj* ben fatto *adj*

well-paid *adj* ben pagato *adj*

well-tried *adj* provato *adj*, sicuro *adj*

WEU (Western European Union) *abbr* UEO (Unione dell'Europa occidentale) *abbr*

white *adj* **white-collar worker** colletti bianchi *nmpl*

wholesale **1.** *adj* **wholesale price** prezzo all'ingrosso *nm* **wholesale trade** commercio all'ingrosso *nm* **2.** *n* **at/by wholesale** all'ingrosso *adv*

wholesaler *n* grossista *nm*

wholly *adv* **wholly-owned subsidiary** consociata controllata nella misura del 100 per cento

wide-ranging *adj* ad ampio raggio

will *n* testamento *nm*

win *vb* **win customers** guadagnarsi dei clienti *vb*, cattivarsi dei clienti *vb* **to win support** ottenere il sostegno *vb*

wind up *vb* liquidare *vb*

windfall *n* colpo di fortuna *nm*, guadagno inaspettato *nm* **windfall profit** sopravvenienza attiva *nf*, utile d'esercizio inatteso *nm*

winding-up *n* liquidazione *nf* **winding-up arrangements** procedure di liquidazione *nfpl* **winding-up order** ordine di liquidazione *nm*

window *n* **window of opportunity** spiraglio di opportunità *nm*

withdraw *vb* **to withdraw an offer** ritirare un'offerta *vb*

withdrawal *n* prelievo *nm* **withdrawal of funds** prelievo di fondi *nm*

withhold *vb* **to withhold a document** rifiutare di dare un documento *vb*, nascondere un documento *vb*

withstand *vb* resistere a *vb*, opporsi a *vb*

witness **1.** *n* testimone *nm* **2.** *vb* testimoniare *vb* **to witness a signature** sottoscrivere l'apposizione di una firma come testimone *vb*

word *n* **to give one's word** dare la propria parola *vb* **to keep one's word** essere di parola *vb*

word processing word processing *nm*, elaborazione di testi *nf*

word processor word processor *nm*

wording *n* formulazione *nf*, dicitura *nf*

work 1. *adj* **work experience** esperienza di lavoro *nf* **work permit** permesso di lavoro *nm* **work schedule** programma di lavoro *nm* **work sharing** ripartizione del lavoro *nf* **work study** studio del lavoro *nm* 2. *n* **casual work** lavoro avventizio *nm* **day off work** giornata libera *nf* **day's work** giornata di lavoro *nf* **factory work** lavoro di fabbrica *nm* **office work** lavoro d'ufficio *nm* **to be in work** avere un lavoro *vb* **to be out of work** essere disoccupato *vb* **to look for work** cercare lavoro *vb* 3. *vb* lavorare *vb*, funzionare *vb* **to work to rule** fare lo sciopero bianco *nm* **to work unsocial hours** lavorare in orari scomodi *vb*

workable *adj* fattibile *adj*, operativo *adj*

workaholic *n* stacanovista *nm*, maniaco del lavoro *nm*, lavorodipendente *nm*

workday (US) *n* giornata lavorativa *nf*

worker *n* **casual worker** lavoratore avventizio *nm* **clerical worker** impiegato *nm* **worker-director** amministratore rappresentante i lavoratori *nm* **manual worker** operaio *nm*, manovale *nm* **worker participation** partecipazione operaia *nf* **skilled worker** lavoratore specializzato *nm* **unskilled worker** lavoratore non specializzato *nm*

workforce *n* forza lavoro *nf*

working *adj* **working agreement** accordo operativo *nm* **working area** area di lavoro *nf* **working capital** capitale netto di esercizio *nm* **working conditions** condizioni di lavoro *nfpl* **working environment** ambiente di lavoro *nm* **working hours** ore lavorative *nfpl* **working knowledge** conoscenza discreta *nf* **working language** lingua di lavoro *nf*, linguaggio di lavoro *nm* **working life** periodo di vita lavorativa *nm* **working majority** maggioranza effettiva *nf* **working model** modello funzionante *nm* **working paper** foglio di lavoro *nm* **working party** gruppo di lavoro *nm* **working population** popolazione attiva *nf* **working week (GB)** settimana lavorativa *nf*

workload *n* carico di lavoro *nm*

workmate *n* collega *nmf*

workplace *n* luogo di lavoro *nm*

works *n* stabilimento *nm*, fabbrica *nf* **public works programme (GB)** programma di lavori pubblici *nm* **works committee** consiglio di fabbrica *nm* **works council** consiglio di gestione *nm* **works manager** direttore di stabilimento *nm*

workshop *n* officina *nf*, stabilimento *nm*

workweek (US) *n* settimana lavorativa *nf*

world 1. *adj* **world consumption** consumo globale *nm* **world exports** esportazioni globali *nfpl* **world fair** mostra mondiale *nf* **World Bank** Banca Mondiale *nf* **World Court** Corte Internazionale di Giustizia *nf* 2. *n* mondo *nm* **the commercial world** mondo commerciale *nm*

worldwide *adj* su scala mondiale

worth *adj* **to be worth** valere *vb*

wpm (words per minute) *abbr* p/m (parole al minuto) *nfpl*

wreck *vb* mandare in rovina *vb*

writ *n* citazione in giudizio *nf*, querela *nf* **to issue a writ** emettere una citazione in giudizio *vb*, emettere una querela *vb*

write down *vb* (depreciation) svalutare *vb*

write off *vb* (debts) cancellare *vb*, stornare *vb* (vehicle) distruggere completamente *vb*, dichiarare non assicurabile *vb*

write-off *n* oggetto senza valore *nm*, perdita completa *nf*

wrongful *adj* **wrongful dismissal** licenziamento illecito *nm*

xerox *vb* fotocopiare *vb*

Xerox (R) *n* (machine) fotocopiatrice Xerox *nf*

year *n* **year-end dividend** dividendo di fine anno *nm* **year-end inventory** inventario di fine anno *nm* **financial year** anno finanziario *nm*, esercizio finanziario *nm* **fiscal year** anno finanziario *nm*, esercizio finanziario *nm* **tax year** anno fiscale *nm*

yearly *adj* **yearly income** reddito annuo *nm*

yellow *adj* **the Yellow pages (R) (GB)** le Pagine Gialle *nfpl*

yen *n* (currency) yen *nm* **yen bond** obbligazione in yen *nf*

yield 1. *adj* **yield curve** curva di rendimento *nf* 2. *n* **yield on shares** rendita derivante da titoli azionari *nf* 3. *vb* rendere *vb*

young *adj* **young economy** economia giovane *nf*

zenith *n* zenit *nm*, vertice *nm*

zero 1. *adj* **zero address** senza indirizzo **zero defect** senza difetti, assenza di difetti *nf* **zero growth** sviluppo zero *nm* **zero hour** l'ora zero *nf* **zero rate/rating** tasso zero *nm* **zero-rate taxation** tassazione a tasso zero *nf* **to be zero-rated for VAT** essere esenti dall'IVA *vb* 2. *n* zero *nm* **below zero** sotto zero

zip code (US) *n* codice di avviamento postale statunitense *nm*

zone 1. *n* **currency zone** area valutaria *nf* **enterprise zone** enterprise zone *nf* **postal zone** zona postale *nf* **time zone** fuso orario *nm* **wage zone** zona salariale *nf*, categoria salariale *nf* 2. *vb* suddividere in zone *vb*

zoning *n* suddivisione in zone *nf*

Index

Index

Business Situations
how to use 3

On the Telephone

Face to Face

Italian Business Correspondence

notes on 117

Business Correspondence

Business Practice

Grammar

Glossary